Enfant terrible

Luc Besson

Enfant terrible

Autobiographie

XO EDITIONS

ISBN : 978-2-37448-176-0

Préface

Depuis des années, des gens qui ne me connaissent pas parlent à ma place. J'ai donné des centaines d'interviews, on a fait de moi des dizaines de portraits, mais je ne m'y reconnais jamais. Comme si chacun voulait me modeler à sa manière, faire de moi l'exutoire de son propre rêve ou de sa propre faillite.

Nous avons tous, sans exception, le pouvoir de créer, mais peu d'entre nous osent s'en servir. Créer, c'est se montrer, se découvrir, s'exposer, se fragiliser. C'est beau, mais cela fait peur. Comme l'amour. Celui qui ose s'appelle un artiste.

On l'aime pour ce qu'il nous donne et on le hait pour avoir le courage de le faire. Quand on insulte un artiste, on se rassure. On lui jette à la gueule toutes nos règles qu'il ne respecte pas. On lui reproche en fait son propre regret de ne pas avoir osé.

Pourtant, l'artiste s'expose, dans tous les sens du terme, pour que nous puissions nous reconnaître et grandir. Il y a un petit bout de lui en nous et *vice versa*. Alors pourquoi haïr ce qu'il nous montre de nous-mêmes ? Quand l'équipe de France est championne du monde, tous les Français sont un peu champions du monde. Avec l'art, c'est la même chose. Nous sommes tous un peu Picasso, un peu Kubrick, un peu Mozart, à condition que nous sachions les aimer.

Luc Besson

Aujourd'hui, je vais vous raconter une histoire. La mienne. Sans distance. Sans intelligence. Sans artifice. Avec ma voix d'enfant. Ma pensée d'enfant. Juste la vérité brute, telle que je l'ai vécue avant que le temps ne la magnifie.

J'espère qu'elle vous fera du bien.

– 1 –

2 avril 1974
Pompidou est mort.
J'ai acheté une Ektachrome 250.

En relisant, il y a quelques années, cet extrait de mon journal intime, j'ai d'abord éclaté de rire.

Puis, rapidement, un frisson m'a envahi. Un désarroi.

Que peut bien avoir dans la tête ce petit garçon qui met au même niveau la mort d'un président de la République et l'achat d'une pellicule ?

Il doit être sacrément perdu.

1959

Année de ma naissance. Bien sûr, je ne me souviens de rien, mais profitons-en pour parler de ceux qui s'en souviennent.

Mon père, tout d'abord. Claude. Je ne commence pas par le plus important, mais par le plus gros. Normand d'origine, il est sur la plage le jour du débarquement, en juin 1944.

Les Allemands lâchent leurs obus qui enflamment la maison familiale.

Tous les survivants se regroupent autour du petit Claude, âgé de 7 ans, et partent en courant pour échapper aux flammes.

Mais les avions allemands larguent leurs bombes sans relâche, et l'une d'entre elles vient percuter la famille. Tout le monde est tué. Sauf lui. Il étouffe sous le poids des cadavres qui l'ont protégé. Dans un effort de survie, il repousse le corps de sa mère, décapitée, pour pouvoir s'extraire du charnier. La tête de sa mère a roulé un peu plus loin. Elle s'appelait Rose.

Sa famille est décimée. Il ne lui reste que son père, prisonnier de guerre dans un camp, quelque part en Allemagne.

Mon père erre pendant plusieurs jours dans les ruines normandes, un éclat d'obus fiché dans la jambe. L'armée américaine finit par le récupérer. On le soigne sous une tente. Il y retrouve son meilleur ami, amputé d'une jambe.

Les jours qui suivent sont compliqués, car il faut retrouver un parent vivant qui puisse prendre l'enfant en charge, mais la situation est confuse et les communications sont impossibles. De sa famille encore vivante, l'enfant ne se souvient que de quelques prénoms et du nom d'un village : Selles-Saint-Denis. Les autorités mettent plusieurs mois à retrouver un parent, et le petit Claude est envoyé chez ses cousins. Le problème, c'est qu'il y a deux cousins, qui habitent le même village et qui ne se parlent plus à cause de vieux conflits familiaux.

L'un des cousins vit en haut de la rue avec sa famille, l'autre cousin habite en bas. Mon père est accueilli par la famille du bas, ce qui exaspère fortement celle du haut : non qu'ils se sentent privés de la tendresse de cet enfant presque orphelin, mais ils enragent à l'idée que c'est le tuteur officiel qui gérera l'héritage des disparus. Mon père était, à ce moment-là, le seul légataire universel. Le tuteur aura donc la tâche de gérer ses biens, qui consistent dans plusieurs vieilles maisons et quelques terrains de pâturage.

Un jour, mon père voit débarquer ceux du haut chez ceux du bas. Ils sont armés de bâtons et de barres de fer. Mon père se cache sous la table et assiste à la bagarre – générale et familiale. Après quelques nez cassés et un mobilier en miettes, ceux du haut récupèrent mon père. Les vainqueurs amènent tout de suite l'enfant à la mairie pour qu'il puisse faire une belle croix sur le document qu'on lui tend. Évidemment, mon père ne lit pas le papier et s'applique à faire sa croix, disant ainsi adieu à la fortune familiale.

Le nouveau tuteur s'empresse alors de parfaire son éducation en lui inculquant une règle, une seule et absolue : celle de fermer sa gueule. Les mois passent sans forme, sans contour, sans contenu, comme un brouillard épais. Il ne sait pas si Paul, son père, est mort. Il ne sait pas non plus que ses parents ont divorcé avant la guerre et que Paul s'est remarié avec une dénommée Marguerite. En fait, Paul n'est pas mort, il est en prison.

Dans les années 1930, Paul est dans l'armée française. L'ordre et la morale sont ses deux chevilles. Impossible de se tenir droit sans elles. À l'été de ses 17 ans, Paul est en vacances dans un palace normand avec ses parents. Un soir, alors qu'il remonte de la plage, le concierge lui tend une lettre destinée à ses parents. L'adolescent s'étonne devant lui, car personne ne sait qu'ils sont en vacances dans cet endroit. Le concierge comprend aussitôt son erreur : il y a une autre famille Besson dans l'hôtel.

Réjoui à l'idée de rencontrer, peut-être, des cousins lointains, Paul demande l'autorisation d'apporter lui-même le courrier dans la chambre des « autres » Besson.

Le concierge, amusé, accepte et mon grand-père court dans les étages, à la recherche de la chambre indiquée. Il frappe. Rose, 16 ans, belle comme le jour, lui ouvre. Mon grand-père tombe sous le charme immédiatement. Quelques années plus tard, monsieur Besson Paul épouse mademoiselle Besson Rose.

Mais revenons à la guerre. Paul est dans l'armée française, où il s'ennuie à mourir : elle est trop laxiste, trop faignante. Une bande de planqués. Il démissionne et s'engage dans l'armée allemande, qu'il trouve beaucoup mieux organisée, et qui défend des valeurs essentielles à ses yeux. Plus carré que lui, tu meurs. Il assiste à la montée du nazisme et à l'ascension irrésistible d'Hitler, ce qui ne lui plaît pas du tout. Il est droit, à l'extrême, mais le fascisme ne rentre pas dans ses codes, dans ses valeurs. Alors il démissionne de l'armée allemande pour s'engager de nouveau dans l'armée française et combattre le nazisme.

Il finit officier, mais surtout prisonnier. Évidemment, avec son caractère, il s'évade. La guerre se termine. Des millions de morts. Des régions dévastées. Des familles mutilées. À la Libération, un nouveau gouvernement se met en place et mon grand-père devient fou :

— On ne s'est pas battus pour voir une bande de planqués récupérer le pouvoir ! grogne-t-il.

Paul décide alors de rejoindre un groupe d'anarchistes, appelé « la Cagoule ». Lui et ses camarades projettent une série d'attentats visant « ces nouveaux politiciens, opportunistes ». Il se fait évidemment arrêter avant de faire sauter qui que ce soit et prend perpète.

C'est donc de prison que mon grand-père envoie des nouvelles à mon père. Par des moyens qui demeurent encore mystérieux, Paul finit par localiser son fiston, toujours à Selles-Saint-Denis, et il envoie trois « amis », fraîchement élargis, récupérer sa progéniture chez ses fameux cousins. Claude a alors 9 ans et il voit débouler, au fond de sa campagne, trois malfrats, sortis tout droit de chez Audiard, dans une Cadillac « empruntée » pour l'occasion. Les rois mages font une proposition au cousin bienfaiteur. Une proposition que l'on ne peut pas refuser.

Le petit Claude fait ensuite rapidement sa valise et embarque pour Paris avec ses trois anges gardiens, qui le déposent chez Marguerite, sa belle-mère, qu'il n'a jamais rencontrée. C'est quand même mieux quand c'est votre père qui vous présente sa nouvelle femme, mais Paul est à la Santé et Marguerite se présente toute seule.

— Je suis ta belle-mère, lui dit Marguerite.

— Bonjour madame, lui répond mon père.

La glace est rompue, à coups de dynamite.

Marguerite est une femme forte, aussi droite que son mari. Elle vit sa séparation forcée avec beaucoup de courage et de dignité. Son mari lui a demandé de s'occuper de son fils : elle le fera sans sourciller et l'enfant ne manquera de rien. Sauf de l'essentiel : un cadre affectif où chaque enfant devrait avoir le droit et le temps de s'épanouir. Mais « c'est la guerre », explique-t-on à l'époque. La guerre, la grande responsable de tous nos malheurs et qui recalibre en permanence toutes nos aspirations. Vivre et manger, voilà l'essentiel. Le reste est superflu, le reste, c'est du luxe. Mon père va passer cinq années dans un désert affectif, en plein Paris.

Marguerite éduque mon père avec rigueur, tandis que Paul refuse de voir son fils au parloir si son carnet scolaire n'est pas excellent. La visite du samedi, à la prison de la Santé, n'étant pas la balade préférée de mon père, il accumulera rapidement les mauvaises notes afin d'y échapper.

Son manque affectif se creuse, mais à 12 ans, il rencontre son sauveur. Jacky a 13 ans, il vient d'une famille modeste. La guerre n'a pas épargné sa famille non plus, mais il est passé à travers les gouttes et le gamin tient la route. Jacky devient son meilleur ami, pour la vie. C'est Jacky qui, un peu plus tard, lui fait découvrir un nouveau quartier en pleine ébullition : Saint-Germain-des-Prés. L'après-guerre a fait éclore chez les jeunes des envies de liberté et de fête, et le jazz est le nouveau sang qui coule dans leurs veines. Mon père a 18 ans, vit tout à fond et peut enfin libérer son énergie, trop longtemps muselée. Sa tête explose, son corps aussi.

Oubliés les études, son père, Marguerite et toute cette droiture qui ne l'a jamais éduqué. Il fuit le malheur et la solitude à coups de be-bop et de nuits blanches. Il attrape la vie à pleines mains, à pleine bouche, comme s'il avait peur qu'elle l'abandonne de nouveau. Au passage, il attrape aussi ma mère. Ils se sont déjà rencontrés, il y a quelques années, à Selles-Saint-Denis. À l'époque, ma mère avait 7 ans. Elle se souvient de ce jeune garçon, timide et introverti, ce jeune chien apeuré que ses tuteurs tenaient toujours en laisse.

Neuf années plus tard, Danièle, ma mère, va ressentir, pour la première fois de sa vie, des papillons dans son ventre. La famille de ma mère s'appelle Belzick. Difficile de faire plus breton. La grand-mère tenait un « bouge » à Saigon. La mère, Yvonne, est alcoolique et le père, Maurice, est en prison, pour avoir épousé plusieurs femmes en même temps, sans avoir eu la délicatesse de les prévenir. Ma mère a été élevée sur la côte bretonne par sa tante. Tata Belzick mesure 1,50 mètre. Elle sent l'encaustique et elle est sourde comme un pot. Pour le reste, c'est juste un gros cœur immense, avec deux mains pour le servir. Ma mère lui doit tout, du moins le peu qu'elle a eu.

Ma mère passe son enfance les yeux fermés et les mains sur les oreilles. C'est la seule méthode qu'elle a trouvée pour grandir sans trop souffrir. Mais la guerre et la famille se chargeront de bousiller sa croissance. À force de se replier sur elle-même, elle développe une scoliose, et plutôt que de l'amener chez le kiné, on l'envoie chez les bonnes sœurs. Elle y passe toute son adolescence et ne dépassera jamais 1,60 mètre.

Libérée de la guerre, de sa famille et des bonnes sœurs, elle se retrouve à Paris et tombe sur mon père, son premier amour d'enfance. Il a maintenant 20 ans, elle en a 16 à peine. Mon père a commencé le culturisme. Il est beau, musclé et danse comme un dieu. Il n'est plus le petit garçon timide et muselé. Il est le King de Saint-Germain. C'est en tout cas avec ces yeux-là que ma mère le voit. À l'époque, elle ne sait pas qui elle est. Elle ne connaît ni sa tête ni son corps. Juste un peu son cœur, et celui-ci bat fort, pour la première fois.

Mon père la séduit, comme une vengeance sur son passé de pauvre môme. Ma mère n'a même pas le souvenir d'avoir résisté et le King l'entraîne dans son royaume. Quelques mois plus tard, elle est enceinte. Mon père est amoureux, l'histoire devrait donc bien finir. Le seul problème, c'est que mon père est amoureux toutes les cinq minutes. Son manque d'amour et d'affection est un puits sans fond, dans lequel tombent toutes les jeunes filles qui s'y penchent. Ma mère aussi est amoureuse. Trop peut-être. Elle l'idéalise complètement. Il faut dire que les bonnes sœurs ont passé cinq ans à lui expliquer que seul l'amour de Dieu était valable et qu'en cinq minutes, elle a remplacé Dieu par mon père.

La nouvelle de mon arrivée prochaine suscite des réactions différentes, selon la filiation. Du côté de ma mère, c'est simple : son père Maurice, fraîchement sorti de prison, propose tout de suite un mariage. Il faut dire qu'il est un peu spécialiste en la matière. Yvonne, sa mère, est d'accord avec tout, du moment qu'on lui apporte du rouge pour qu'elle puisse oublier immédiatement ce qu'on vient de lui dire. Du côté de mon père, la nouvelle de cette grossesse est très mal accueillie. Le hasard du calendrier fait que mon autre grand-père est aussi sorti de prison. En fait, il a un cancer généralisé. On l'a donc libéré et prié d'aller mourir un peu plus loin. Paul et Marguerite, dignité oblige, imposent immédiatement le mariage à mon père.

On l'organise à la va-vite. Il aura lieu à la mairie de Neuilly. Quelques copains de Saint-Germain, sortis de boîte pour l'occasion, peu de famille et Jacky comme témoin. On fait semblant d'écouter les promesses de fidélité, on s'échange les anneaux et on s'embrasse.

Ce mariage-là ne laissera aucun souvenir. Il faut dire que le matin même, mon père avait obligé ma mère à l'accompagner chez sa maîtresse pour récupérer son baise-en-ville, et le soir même, Maurice, mon grand-père maternel, avait insisté pour sortir les nouveaux mariés, qu'il avait royalement invités… au bordel. Et pourtant, ces deux enfants s'aimaient. Ils n'avaient juste aucune base, aucun repère, aucune structure. Le cœur en chiffon et la tête en guimauve. La guerre n'a pas seulement tué des millions de gens, elle a détruit l'ADN de tous les survivants.

Pour l'instant, je suis encore dans le noir, protégé par la chaleur du liquide amniotique, ignorant tout de ce monde hostile qui maudit déjà mon arrivée. Luc, Paul, Maurice naît le 18 mars 1959 à Neuilly. Refiler les prénoms des grands-pères est, paraît-il, une tradition. Je m'en serais passé.

Ma mère accouche seule. Mon père est à Blackpool, en Angleterre. Il a trouvé un boulot dans un cirque : il remplace un blessé. Son job est de sauter sur un tremplin pour envoyer dans les airs un trio d'acrobates polonais. Il n'y a pas de sot métier. À l'hôpital, nous ne devons pas intéresser grand-monde, car ma mère et moi n'avons aucune visite. Le lendemain de ma naissance, nous sommes priés de partir, car la chambre est déjà réservée pour une autre.

Ma mère va sonner chez Paul et Marguerite, mes grands-parents. La domestique lui dit qu'il va falloir patienter, car monsieur et madame n'ont pas fini de déjeuner. Ma mère s'assoit donc dans l'entrée, le couffin entre ses jambes. Elle pleure un peu. Pas beaucoup. Elle a déjà tellement pleuré. Moi je dors à ses pieds, ignorant totalement que je suis déjà un symbole, l'image vivante d'un fiasco total. Chacun a déjà une bonne raison de me haïr, au mieux de ne pas m'aimer. En même temps, ce n'est que le premier jour, cela peut s'améliorer.

Ma mère arrive à Blackpool et mon père nous met dans un petit hôtel. Lui dort chez sa nouvelle maîtresse, ramasseuse de crottes d'éléphants (selon ma mère) et dompteuse de fauves (selon mon père). Rapidement, mon père se lasse de sa compagne et de ses Polonais qu'il envoie en l'air trois fois par jour. Mais on ne démissionne pas chez les acrobates polonais et mon père est menacé. Nous fuyons donc Blackpool, de nuit, juste après la dernière représentation.

J'ai maintenant quelques mois. Mes parents ne sont plus des formes floues. Je peux enfin leur sourire. Avec un peu de chance, ils finiront peut-être par me le rendre.

1960

J'ai maintenant atteint ma première année. Je n'ai évidemment aucun souvenir personnel, seulement ceux que mes parents ont bien voulu partager, au fil du temps.

La famille s'installe à Paris, boulevard de Sébastopol, en face du square de la Gaîté-Lyrique. Ma mère est en mode survie. Elle a arrêté l'école à 15 ans et elle est tombée enceinte à 16. Son éducation se résume à réciter quelques prières inculquées par les bonnes sœurs, et à encaisser les torgnoles que lui mettait sa pochtronne de mère. Dans le cas présent, cette éducation minimaliste l'a bien préparée à la suite, car mon père la bastonne et elle passe son temps à prier pour que ça s'arrête. Ma mère n'a pas les mots qui lui permettraient de dialoguer avec mon père et, de toute façon, il n'aurait jamais eu la patience de les écouter.

Le jeune Claude passe sa vie dehors, à danser, à jouer, à baiser, à rattraper tout le temps qu'on lui a volé. Il vit comme si demain n'existait pas. Mon père n'a pas plus d'éducation que ma mère et, quand ils se parlent, c'est toujours lui qui a la dernière baffe. Il faut dire qu'en plus, il a ouvert une salle de musculation et le lascar approche les 100 kilos.

C'est l'époque où la bande de mon père se forme : des copains croisés dans les clubs de jazz, des potes des Halles, porteurs de viande, faisant partie du clan des « louchebems ». Tout ce petit monde se retrouve dans la salle de muscu de mon père, rue d'Enghien, et commence à soulever de la fonte. Entre-temps, une vieille connaissance du cirque demande un service à mon père : il doit s'absenter pour quelques mois et aimerait que mon père prenne soin de son animal de compagnie. Mon père accepte.

Offrir un animal de compagnie à un enfant de huit mois, afin d'égayer sa solitude, part d'une bonne intention ; sauf que l'animal en question est un lion et qu'il pèse déjà plus que ma mère. Au début, nous vivons tous dans l'appartement. Mon père et ma mère dans la chambre, moi dans mon berceau et le lion dans son panier. Mon père le descend tous les matins vers 6 heures, dans le square, pour qu'il fasse ses besoins, et ma mère lui achète ses trois kilos de viande quotidienne. Tout se passe relativement bien, même s'il n'est pas toujours facile de traverser le boulevard de Sébastopol avec un lion, même en laisse.

En revanche, une fois dans le parc, vous n'êtes pas dérangés par les chiens. Ils sont tous en haut des arbres. La seule qui râle c'est la concierge, une Portugaise à l'accent épais :

— Mossio Béssonne, les chiennes sont interdits dans l'immouble.

— C'est pas un chien, c'est un lion, lui rétorque mon père.

Aujourd'hui, si cet incident se produisait, on verrait débarquer le GIGN et BFM serait déjà en boucle. Mais notre concierge s'est contentée de verrouiller sa porte et de fermer sa gueule.

Je ne marche pas encore, mais je me débrouille pas mal à quatre pattes, ce qui me rapproche naturellement du lion.

Je dois être attiré par sa chaleur et la douceur de sa fourrure, et je finis régulièrement dans son panier pour faire la sieste. Le lion est en fait une lionne et, comme tous les animaux, son instinct maternel est plus développé que chez nous – en tout cas que chez ma mère. L'animal m'accepte. On va chercher l'affection là où elle est.

Je pense que mon amour pour les animaux a commencé là, au fond de ce panier. J'aime leur instinct, leur façon simple de voir les choses. Ils aiment, ils jouent, ils mangent et ne se défendent que si on les agresse. J'ai toujours trouvé leurs dents et leurs griffes beaucoup moins dangereuses que nos paroles et nos sourires.

L'animal pèse maintenant 80 kilos et, tous les matins, la concierge frôle l'infarctus. Il est temps que la lionne quitte l'appartement familial : mon père prend la sage décision de l'installer dans sa salle de gym. Ce n'est plus la concierge qui trinque, mais le facteur. D'ailleurs, il n'y a plus de facteur depuis que l'animal s'est jeté sur lui – pour jouer, évidemment.

Mais les facteurs ne sont pas joueurs, et un commissaire de police débarque. L'homme est sympathique et débonnaire, il n'a rien contre les animaux, mais les vieilles n'osent plus sortir leurs caniches depuis que le fauve est dans le quartier. Mon père se résout finalement à se séparer de la lionne. Il lui trouve un job dans un cirque, mais pas chez les trapézistes. À la maison, je me retrouve de nouveau seul, personne n'ayant pensé à remplacer le fauve par un ours en peluche.

1961

Comme mes souvenirs ne sont pas encore les miens, mais ceux des autres, il est difficile pour moi d'assembler les morceaux du puzzle. J'ai mis des années à collecter les pièces auprès de mes parents et de leurs amis. En plus, je soupçonne mon père de m'avoir livré ses souvenirs en arrondissant les angles, afin que je n'aie pas une trop mauvaise image de lui, et je crains que ma mère m'ait fourni une version hard afin de salir mon père au maximum.

Il me faudra près de quarante ans pour y voir un peu clair et me faire ma propre opinion. Ça ne sert à rien de s'inventer une belle image dans le passé : le présent vous rattrape toujours et vous montre tel que vous êtes. Mais aujourd'hui, un grand nombre de pièces manquent encore au puzzle.

Je sais, par exemple, que mon père a été appelé sous les drapeaux. La guerre s'enlisait en Algérie et il avait dû quitter les clubs de Saint-Germain-des-Prés pour un camp militaire, près de Bab el-Oued. On est en 1957. Je n'ai pas plus de détails. L'année suivante, je sais aussi qu'il travailla sur le film de Marcel Carné, *Les Tricheurs*. Il avait été engagé comme danseur. Par un hasard étrange, il y croisa Renée Silla, la mère de Virginie qui deviendrait la femme de ma vie quarante ans plus tard !

Ma mère n'a presque aucun souvenir de cette période. Mon père couchait à gauche à droite, et elle et moi habitions apparemment chez tata Belzick, à Neuilly. Moi, je ne me souviens que du boulevard de Sébastopol. Du 123, pour être précis. Je sais que mes grands-parents, Jacques et Marguerite, avaient un grand appartement au premier étage, qui servait d'atelier et de magasin de confection, mais je ne me souviens que de la chambre de bonne, au sixième. C'est là que nous vivions, ma mère et moi.

J'ai le souvenir d'un boulevard assez calme. Peu de voitures circulaient et on pouvait facilement le traverser pour aller jouer au parc. Le matin tôt, on croisait encore des carrioles à cheval qui tiraient leurs marchandises en direction des Halles et de ses pavillons de fer. C'était le plus grand marché de Paris et ma mère m'y emmenait régulièrement.

C'était toujours une fête. Tout m'y paraissait exotique et démesuré. Les maraîchers hurlaient pour vendre leurs produits et vous offraient de les goûter.

On y voyait passer des balèzes, un quartier de viande sur l'épaule ; on voyait aussi des forêts de salades et de poireaux, des champs de tomates, des murs de fleurs sur lesquelles je venais m'enivrer. Nous n'avions à cette époque ni télé ni radio, et pas les moyens d'aller au cinéma. Les Halles étaient mon seul spectacle et il était sacrément beau, car je ne l'ai jamais oublié.

Juste à côté, il y avait une autre salle de spectacle : l'église Saint-Eustache. Le lieu m'impressionnait – l'odeur d'encens, surtout. Dès l'entrée, la température descendait de 5 degrés. Les vitraux atténuaient la lumière et coloraient les rayons du soleil qui s'y aventuraient. Le silence était presque absolu, seul résistait cette rumeur de vie qui remontait des Halles. Ma mère ne m'emmenait pas à l'église pour prier, mais pour écouter du Bach. Il y avait régulièrement des concerts gratuits, souvent de clarinette.

L'acoustique du lieu donnait au son une qualité et un écho tout particuliers. La musique se déplaçait, tournait, rebondissait. Je découvrais la stéréo. Ce lieu sacré ne m'a jamais donné la foi, mais a formé mon oreille, ce qui m'a été extrêmement utile par la suite. Merci mon Dieu.

1962

Le cancer vient finalement à bout de ce dur à cuire de grand-père paternel. Jacques meurt chez lui, dans son lit. Je n'ai de lui qu'un seul souvenir, celui d'un vieil homme, recroquevillé dans son gros manteau, arpentant difficilement les allées d'un parc, près de Courbevoie. Nous avions une seule histoire en commun, que ma grand-mère se plut à me raconter régulièrement jusqu'à ma vingt-cinquième année…

Nous sommes au parc, mes grands-parents et moi. Je suis encore à l'âge où l'on doit me tenir la main pour marcher dans les allées boueuses. À cause du froid, ma grand-mère m'a habillé comme un oignon. En voyant un oiseau noir se poser sur une branche dénudée par l'hiver, je m'exclame :

— Oh ! le merde !

On dit que la vérité sort toujours de la bouche des enfants, mais dans ce cas précis, ma langue avait simplement fourché : il s'agissait d'un merle. Au lieu de me réprimander pour ce vilain mot, mon grand-père profite de l'ambiguïté pour devenir mon complice.

— Oui, effectivement, c'est un bien joli merde ! me répond-il.

Ma grand-mère affiche aussitôt un air offusqué, et moi un sourire de vainqueur. Me sentant autorisé à l'espièglerie, je renchéris :

— Oh ! Là encore, un merde !

C'est la seule histoire que j'ai avec mon grand-père. Le souvenir d'avoir échangé quelques « merdes ». C'est toujours mieux que mon autre grand-père (qui n'avait de maternel que le nom), avec qui je n'ai aucun souvenir, de qui je ne possède aucune photo. Je ne connais même pas son visage, car il ne s'est jamais approché suffisamment de moi pour que je m'en souvienne.

Mon père n'avait pas de bonnes relations avec le sien. Il ne l'avait en fait que très peu connu, et les seuls moments un peu intimes qu'ils avaient partagés avaient eu lieu au parloir de la Santé.

À sa mort, mon père hérite du grand appartement du boulevard de Sébastopol. Marguerite, ayant perdu son époux et son statut de belle-mère, est priée d'aller pleurer ailleurs.

Elle s'installe dans un deux pièces à La Garenne-Colombes. L'appartement familial est rapidement vendu et, aux dires de ma mère, l'argent récolté est dilapidé dans une longue et grande fête qui durera plus d'un an.

Rue d'Enghien, à la salle de sport, la bande s'étoffe. Jacky, évidemment, l'ami de toujours ; les frères Pernel, René et Jean-Pierre ; Belanger et Raymond Lhomme, rencontrés pendant des vacances aux Sables-d'Olonne ; Tom Beglin, qui finit ses études d'architecte ; et quelques autres, dont j'ai oublié les noms. En face de la salle, il y a un bar où tout ce petit monde se retrouve, entre deux gonflages de biceps. Le serveur s'appelle Kéké : 1,60 mètre, une énergie de dingue et une folie qui frôle la bêtise. Si je devais le comparer à un animal, ce serait le marsupilami. Il ressemble aussi à ces bonhommes en caoutchouc que l'on jette sur les vitres et qui descendent en pirouettes à l'infini. Il a un sourire ravageur. Kéké s'inscrit à la salle et devient rapidement la mascotte du club.

Cette bande de potes a eu la guerre pour seule enfance et ils ont du plaisir en retard. La nuit se passe donc à Saint-Germain-des-Prés, à boire, danser et attraper les filles, tandis que la journée est consacrée à soulever de la fonte. À ce rythme, chacun d'eux prend dix kilos de muscles en quelques mois. Mon père n'est plus cet ado fébrile qui baisse les yeux quand on lui parle. Il pèse 95 kilos, son torse est bombé comme une marmite et ses bras sont puissants comme des pinces de crabe. Encouragé par la bande, il se présente aux championnats de France de culturisme. Il gagne et finit en couverture de quelques magazines qui prônent la force et la santé.

Dans la foulée, on lui propose les championnats d'Europe. Mon père s'y prépare, mais les boîtes et les filles ne lui laissent pas vraiment le temps de s'entraîner sérieusement.

Un jeune Autrichien vient s'exercer à la salle, rue d'Enghien, en vue des championnats d'Europe. Le gaillard est déjà très costaud et son ambition sans limite. Il s'appelle Arnold Schwarzenegger. Mon père fera les préqualifications, lors desquelles les seringues circulent déjà, et abandonnera dès le premier tour. L'ambition n'a jamais guidé mon père, seulement le plaisir, celui qu'on lui a volé dans sa jeunesse. Arnold, lui, deviendra Monsieur Univers.

La bande est réunie au bar, rue d'Enghien, quand mon père leur annonce la nouvelle : il vient de trouver du boulot pour tout le monde. Mieux que du boulot : une aventure, une vie entière. Il a lu une petite annonce. Le CET (ancêtre du Club Med) vient d'ouvrir un village de vacances en Croatie. Ils cherchent des gentils organisateurs pour amuser la clientèle. À l'époque, la Croatie paraît aussi loin que l'Amazonie, et le groupe se rue sur une carte pour voir où ça se trouve. Le village s'appelle Poreč, il se situe sur la côte Adriatique.

L'entretien d'embauche dure quelques minutes et ils sont tous engagés comme moniteurs de voile ou de ski nautique. Inutile de préciser qu'ils n'ont jamais vu un bateau de leur vie. Même pas sûr qu'ils aient déjà vu la mer. Le départ s'organise. En voiture. Mon père s'est acheté une Triumph TR3 décapotable rouge, très pratique pour draguer à Saint-Germain, mais compliqué pour emmener sa famille et des bagages pour six mois. Qu'importe, on verra mieux le paysage. Et puis, une fois sur place, deux maillots de bain et une paire de tongs feront l'affaire.

Après un voyage long et chaotique, l'arrivée est magique. La mer brille à l'infini, le chant des grillons est incessant, les vagues courtes clapotent, le soleil vous oblige à plisser les yeux. J'ai enfin mes premiers souvenirs, rien que pour moi. J'ai 4 ans.

– 2 –

1963

Le village de Poreč est coupé en deux par une route. D'un côté, toutes les activités de plage ; de l'autre, les habitations, la réception et le restaurant. La moitié des logements sont en dur, l'autre moitié est un village de tentes, situées un peu plus haut. Le restaurant est un grand rectangle, couvert par des canisses et bordé de lauriers-roses. Pour aller à la mer, il faut traverser la route. La seule consigne de sécurité que je reçois de mes parents est de « bien regarder avant de traverser ».

En réalité, il passe une voiture toutes les dix minutes et l'essentiel du danger n'est pas là. Il est partout ailleurs. Mais les adultes sont bien trop occupés avec leurs nouveaux métiers pour s'occuper de moi. Pas grave. Je connais déjà trop la solitude pour qu'elle m'embarrasse. Je commence à découvrir les lieux, pieds nus, vêtu seulement de mon petit maillot. Après la route, il y a une grande pinède qui soulage du soleil. Les épines me piquent, mais bientôt quelques centimètres de corne recouvriront la plante de mes pieds. Plus loin, il y a l'ensemble « loisir » composé d'un bar, d'une piste de danse et d'une scène pour les spectacles. Les coulisses sont derrière, à l'air libre, car il ne pleut presque jamais. Plus loin, le terrain de volley, celui de boules, puis la case de voile où les frères Pernel galèrent à monter une voile.

Plus loin encore, un long ponton de bois donne accès à la plate-forme de ski nautique, dont mon père est l'un des moniteurs. Ma mère est monitrice de plongée. Elle a fait un stage avant de partir. Elle adore, car sous l'eau, il n'y a pas mon père. Très vite, les premiers vacanciers arrivent et la saison démarre. Il n'y a pas d'enfants dans le village, même pas des Croates. Qu'importe, je viens de rencontrer ma meilleure amie, que je garderai toute ma vie : la mer. Mon attirance, mon respect et mon amour pour elle sont nés à cet endroit : une baie rocailleuse brisant une eau bleue profonde, paisible et envoûtante. La Méditerranée est particulière. Non seulement elle est le berceau de toutes nos civilisations, mais elle semble immuable, créée en l'état.

La mer est un spectacle qui jamais ne cesse. Ni le jour ni la nuit. Son visage se renouvelle en permanence, afin de ne jamais vieillir. Toujours sa musique vous accompagne, toujours son état vous charme. Qu'elle soit furieuse ou endormie, toujours elle vous parle. Et pour peu que vous sachiez l'écouter, elle vous enseigne et vous apaise. Je passe des heures à la regarder, à découvrir chaque caillou qui la borde. Entre le ponton du ski et la case de voile, il y a une centaine de mètres que j'explore de fond en comble. Ça devient mon territoire, avec ses mini-piscines privées et ses réserves de bigorneaux.

C'est en regardant ma mère que j'ai appris à décortiquer les coquillages à l'aide d'une épingle, mais c'est le cuisinier qui m'a conseillé de les faire bouillir avant de les manger. Le chef du village s'appelle Hubert. Il a recueilli un chien, un corniaud : sa mère est un berger allemand et son père un berger de passage. Il s'appelle Socrate. Nos solitudes finissent par se croiser et je peux enfin m'enorgueillir d'avoir officiellement un ami. Du jour au lendemain, on ne se quitte plus. Impossible de voir l'un sans apercevoir l'autre. On joue ensemble, on mange ensemble, on dort ensemble et je ne parle qu'à lui. Ce n'est pas un simple jeu de mots : je ne parle littéralement à personne, à tel point que ma mère s'en inquiète. Il serait temps.

Un jour, un client vient se plaindre auprès de ma mère :

— Votre fils m'a insulté. Il m'a dit d'aller me faire cuire un œuf !

— Ça m'étonnerait, mon fils ne parle pas, lui rétorque ma mère.

Cette anecdote l'a toujours fait rire sans qu'elle ait jamais vraiment pris conscience de la gravité de la situation. Un enfant livré à lui-même, qui ne parle qu'à la mer et à son chien, n'est pas un enfant normal. Mais pour ces nouveaux adultes, survivants de la grande guerre, tout est normal et la vie est belle.

Pendant ce temps, j'apprends des choses essentielles : comment attraper un crabe sans se faire pincer ; comment faire griller des kebabs entre deux pierres ; et surtout, comment apprendre à Socrate à nager. D'ailleurs, il apprend vite et devient rapidement meilleur que moi. Nous sommes enfin prêts pour de nouvelles aventures et, lassés d'arpenter ma bande de cailloux, nous décidons de construire un bateau. C'est dans les coulisses, qui servent d'atelier, que je vais trouver mon bonheur. Une porte en bois sans serrure – probablement un accessoire de théâtre. Elle est suffisamment épaisse pour supporter mon poids et celui de Socrate. Ça sera le corps du bateau. Pour les pagaies, il me faut du solide et je vais jusqu'à la sortie du village, bordé par un champ de roseaux. J'en choisis un, bien costaud.

Ensuite je cherche Jean-Pierre, qui était tellement mauvais en sports nautiques qu'ils l'ont mis à la déco. Mais il dessine très bien et c'est un bon bricoleur. Je lui fournis deux petites planches de bois, récupérées dans les poubelles de la déco, et Jean-Pierre me les cloue à chaque extrémité de mon bambou. J'ai maintenant une belle pagaie et l'aventure peut commencer. L'inauguration du bateau se fait sans grande pompe. Je préfère rester discret. J'ai juste besoin de trouver une âme charitable pour porter ma planche jusqu'à la mer. Un couple de vacanciers aura cette bonté.

Socrate a très vite compris la manœuvre et, dès que la planche flotte sur l'eau, il grimpe dessus et s'assied au bout, comme une figure de proue. Les premiers coups de pagaies sont concluants. La porte est légèrement sous l'eau, mais nous supporte. Une fois tous ces contrôles techniques effectués, nous décidons de tenter un galop d'essai. La première mission sera de partir de la plage principale, puis de longer les rochers sur une centaine de mètres afin de rejoindre la petite plage de la voile. L'opération prend une quinzaine de minutes et se déroule sans encombre. Rapidement, l'équipage prend confiance et nous parcourons la distance plusieurs fois par jour, au grand plaisir des baigneurs qui nous encouragent. Les gens ont toujours aimé regarder passer les bateaux.

Mais il est temps de passer aux choses sérieuses, de voir plus grand et surtout plus loin. De l'autre côté de la baie, il y a un champ de pastèques, inaccessible par la terre car les rochers qui le bordent sont beaucoup trop dangereux. L'accès par la mer est plus facile, mais il faudra être discret, car le champ appartient à un paysan croate qui n'a aucune intention de se laisser voler ses pastèques.

D'après mes calculs, le temps de choisir une belle pastèque et de revenir, il nous faut trois heures. Nous devons donc nous assurer que la météo sera clémente et que la marée ne nous jouera pas de vilain tour. Socrate et moi passons plusieurs jours à observer les éléments afin de déterminer le bon timing pour cette transatlantique en double. Après plusieurs essais et une bonne dizaine de faux départs, nous acquérons l'expérience nécessaire et, un matin, les éléments sont avec nous. La mer est un miroir, le vent ne caresse personne et la marée semble en berne. Le casse du siècle aura lieu aujourd'hui.

J'avais déjà essayé une fois de récupérer une pastèque, en passant par la route. Elles étaient rondes et bien vertes, dispersées au milieu des bambous. J'étais persuadé qu'elles avaient poussé là par le plus grand des hasards. Le paysan m'avait fait vite comprendre le contraire en m'insultant dans sa langue natale, que j'étais bien heureux de ne pas comprendre. Après un solide petit déjeuner, nous embarquons. Il est 7 heures du matin. La mer commence à frétiller, mais rien d'alarmant : il y a toujours cette petite brise qui accompagne le soleil à son réveil. Socrate est assis à l'avant et scrute l'horizon, afin d'éviter toute collision avec un autre navire.

La traversée se passe sans encombre. La mer est belle et brillante. L'air est doux. Le soleil mordille un peu la peau, juste ce qu'il faut. Mon chien a l'air heureux. C'est le premier moment de bonheur dont je me souvienne. Un sentiment d'équilibre, une nature qui m'intègre avec bonté. La vraie vie est là, dans cette simplicité, cette harmonie. Je le sens, je le sais, même si je l'ai parfois oublié au cours de ma vie. Mais pour l'instant, je regarde mon chien, mon chien regarde la mer, et tout va bien.

La traversée est un peu plus longue que prévu, à cause de la brise légère qui s'est levée. Socrate tire la langue, mais j'ai emporté une bouteille d'eau pour nous désaltérer, ainsi que quelques tartines afin de reprendre des forces avant de commettre notre larcin. Le paysan croate à qui appartient le champ habite à l'autre bout de la propriété et ne sait probablement pas nager, comme tout bon terrien. On a donc tout notre temps pour nous emparer de notre pastèque. Je choisis bien sûr la plus belle, la plus grosse, par conséquent la plus lourde. Comme Socrate refuse de m'aider à la porter, je la fais rouler dans le champ, puis dans les cailloux, puis dans le sable afin de rejoindre notre bateau. L'opération a pris du temps et le soleil indique déjà midi. Le vent a fini par se lever, la mer aussi.

Je remonte chercher une deuxième pastèque, plus petite. Celle-ci est destinée à être mangée sur place. Je l'éclate à coups de pierres et j'en arrache quelques morceaux que je partage avec mon équipage. Socrate adore la pastèque, et moi j'adore le voir faire des grimaces pour se débarrasser des pépins. Le vent s'est amplifié et nous fredonne une belle musique à travers les bambous. Ces sons mélancoliques, mêlés à ceux des vagues, sont d'une telle douceur que je finis par m'assoupir ; pas longtemps, mais quand j'ouvre les yeux, le soleil commence à redescendre. Il est temps de rentrer. La mer chahute un peu et le vent est sur notre mauvais travers. Le retour va être plus long que prévu.

Je pousse un peu sur les pagaies, histoire de gagner du temps, mais Jean-Pierre ne m'a pas construit du solide. À sa décharge, il ne savait pas que j'allais partir en pleine mer sur une porte en bois. La mer grossit maintenant et le courant s'inverse. Doucement, je m'éloigne de la côte et, à cette distance, les bateaux de la voile paraissent tout petits sur la plage. Loin de nous affoler, Socrate et moi restons sereins. Plus longtemps en mer signifie plus de plaisir. En fait, au lieu de suivre la côte, j'ai coupé en traversant la baie. Un bateau s'approche. C'est une caravelle, un bateau école de huit places. Je vois déjà les vacanciers me montrer du doigt, comme s'ils avaient découvert un naufragé. Ils sont tous morts de rire, probablement à cause de Socrate qui les ignore avec superbe. Le seul qui ne rit pas, c'est mon père. Il est à bord. Sa surprise est totale. La mienne aussi – je le croyais au ski nautique.

Il me regarde avec des grands yeux, comme si j'avais de la confiture plein le visage.

— Mais qu'est-ce que tu fous là ? En pleine mer ! me lance-t-il, avec un ton mélangeant le reproche et l'inquiétude.

— J'ai été chercher une pastèque, je lui réponds avec la candeur d'un enfant qui vit dans un monde parallèle.

Les clients rient tellement que mon père n'ose pas m'engueuler comme il aimerait. Il me confisque ma pastèque et me lance :

— Rentre à la maison !

Il me faudra près de deux bonnes heures pour rejoindre la côte, deux heures pendant lesquelles la caravelle de mon père tourne au loin, pour assurer une vague surveillance. Il est environ 17 heures quand je touche enfin la terre ferme. Les rochers sont moins chauds sous les pieds, mais le soleil est encore assez gentil pour me sécher rapidement. Je rentre à la maison, comme me l'a ordonné mon père.

Je n'ai pas de chambre, juste un lit que mes parents ont aménagé sur le côté du salon. C'est un lit pliant, le même que ceux des clients dans leurs tentes. Je m'y laisse tomber, épuisé. Socrate se glisse dessous et nous nous endormons tous les deux dans la seconde. Seule ombre au tableau : mon père ne m'a jamais rendu ma pastèque.

Je sens bien que cette aventure l'a un peu remué. Et dans un élan de responsabilité, il décide de m'apprendre à faire du ski nautique, afin de m'avoir à l'œil. Il avait toujours refusé sous le prétexte que mes jambes étaient encore trop frêles. Il est vrai que je n'ai que 5 ans. Les premiers essais sont catastrophiques et je pars à plat ventre, ou en grand écart, à chaque tentative. Mes jambes sont effectivement trop frêles et je n'arrive pas à tenir mes skis parallèles. Mais mon père aime l'adversité, nous avons cela en commun. Il récupère deux planches et cloue les deux skis ensemble afin qu'ils soient solidaires et ne s'écartent plus.

Grâce à ce bricolage, je sors de l'eau immédiatement et la sensation est incroyable. On marche sur l'eau. On court sur l'eau. Le bruit est sec, comme une voile qui claque par grand vent. On sent l'air sur son visage et l'eau picote les yeux. Il me fallait des heures pour arpenter la côte avec ma porte, et maintenant je la vois défiler tellement vite que j'ai à peine le temps de la reconnaître. Je finis mon premier tour avec succès, sous les applaudissements des vacanciers, amusés de voir ce gamin flotter comme un bouchon. Cet accueil chaleureux donne des idées à mon père qui décide de m'intégrer au prochain spectacle nautique. J'abandonne définitivement mon bateau, et le ponton de ski nautique devient mon nouveau quartier général.

Socrate repère un banc et se glisse dessous pour y trouver un peu d'ombre. Le pauvre chien restera là pendant des heures, à me regarder tourner sur l'eau, tout en veillant sur moi, persuadé qu'en cas de problème il serait le plus à même de me secourir. Socrate est vraiment mon meilleur ami. Entre deux tours de ski, je viens le voir et lui raconte. Puis, quand ses soupirs se font plus longs, nous quittons le ponton pour d'autres aventures.

Pour le show nautique, mon père a son idée. Il sera en monoski, ma mère sur ses épaules et moi sur les épaules de ma mère. Le cirque l'a marqué et il nous prend pour des acrobates polonais, mais je suis super excité par l'idée. Pas ma mère, qui craint pour son dos, mais elle n'a pas vraiment le choix : c'est mon père qui décide.

Les entraînements commencent dès le lendemain et nous essayons toutes les formules pour arriver à nos fins. Au début, mon père et ma mère partent ensemble et c'est un autre skieur qui m'amène à eux, mais j'ai beaucoup de mal à passer du skieur à mon père à cette vitesse et je finis au bouillon à chaque tentative. Cette formule est abandonnée et mon père en propose une autre : « la méthode du singe ». Je m'accroche sur le ventre de ma mère, comme un petit singe, elle a des skis aux pieds et mon père est derrière nous, avec ses skis à lui. La sortie de l'eau est un vrai problème et j'ai, à chaque fois, l'impression de mettre ma tête dans une machine à laver, mais mon père ne lâche pas l'affaire. Jamais.

On finit par sortir de l'eau. Le plus dur est fait. Une fois qu'on est bien stabilisés, ma mère abandonne ses skis et met ses pieds sur les skis de mon père. J'en fais autant, pour permettre à ma mère de monter là-haut, sur les épaules de mon père. Une fois qu'ils sont bien stables tous les deux, j'escalade à mon tour, jusque sur les épaules de ma pauvre mère et sa double scoliose.

Le bruit de l'eau sous nos skis est assourdissant et le vent et les éclaboussures nous empêchent de savourer le moment, mais mon père, solide comme un roc, nous hurle que tout va bien.

Le bateau s'aligne et fait un passage devant le ponton, où des centaines de touristes, ébahis par cette pyramide familiale, nous réservent un tonnerre d'applaudissements que le bruit de l'eau n'arrive pas à couvrir. Ce jour-là, je suis devenu populaire et désormais chaque client se sent autorisé à me frotter la tête.

Ma mère est très discrète pendant cette période. Je sens à peine sa présence. Je la vois peu. Elle ne va probablement pas très bien, car mon père vit sa vie et elle n'en fait pas vraiment partie. Officiellement, elle travaille à la plongée sous-marine. Il y a une dizaine de bouteilles jaunes qui pèsent une tonne et un matériel très rudimentaire. Les gilets de stabilisation n'existent pas encore, les palmes sont petites et les masques ressemblent à des seaux munis d'une vitre.

La plongée est jugée trop dangereuse pour un enfant de mon âge et ma mère refuse de m'apprendre. Il me faudra patienter encore quelques années.

Peu de clients sont intéressés par la discipline et elle a rarement plus de cinq élèves.

Ils partent le matin et reviennent vers 11 heures. Je m'arrange pour être sur le ponton à cette heure-là, ça me permet de voir un peu ma mère. De temps en temps, elle me rapporte une nacre que je nettoie aussitôt, avant de la faire sécher ; elle décorera les murs de notre petit appartement. Plusieurs fois, je l'ai vue revenir avec des amphores romaines. Il faut dire que personne ne plonge à cette époque, et le fond de la mer est un immense musée naturel. Quelques-unes sont entières, mais la plupart du temps, elle remonte des cols. Sa meilleure prise est une petite amphore à parfums, qui trône encore aujourd'hui dans son salon.

Une anecdote me revient en mémoire à propos de ces amphores. En fin de saison, mon père décide de rapporter en France quelques amphores entières, ce qui est totalement illégal : elles appartiennent à l'État croate. Mais mon père a un plan infaillible. Il allonge et entasse les amphores au pied de la banquette arrière, jette quelques couvertures et me demande de faire semblant de dormir dessus. Nous passons la frontière vers minuit, histoire d'être plus crédibles. À l'approche de la guérite des douanes, mon père me rappelle mon rôle. Je ferme alors les yeux et simule un sommeil profond.

Mon père s'arrête devant la barrière et le douanier lui réclame ses papiers.

— Rien à déclarer ? demande le fonctionnaire, probablement pour la centième fois de la journée.

Mon père baisse le ton et me montre du doigt pour expliquer son chuchotement. Je vis la scène les yeux fermés, ce qui est pire que tout. J'interprète chaque bruit, chaque déplacement du douanier qui se penche vers moi. J'essaye d'imaginer son visage. Est-il suspicieux ? Je n'ai pas envie que mes parents aillent en prison parce que leur fils est mauvais comédien. Je décide de lâcher un soupir, comme pour donner une touche de vérité à mon interprétation. Ça a l'air de marcher, car le douanier rend ses papiers à mon père.

La voiture roule de nouveau, mais je garde les yeux fermés, au cas où le douanier nous aurait tendu un piège et qu'il soit encore agrippé à la portière.

— Tu peux ouvrir les yeux maintenant ! me lance mon père au bout de cinq minutes.

Je me redresse et vérifie aussitôt, à travers la lunette arrière, que la guérite des douaniers est bien en train de s'éloigner. Mon cœur se calme peu à peu. Je m'allonge, épuisé par cette aventure, et trouve rapidement le sommeil. Un vrai, cette fois.

Régulièrement, ma mère m'amène en ville, à Poreč, sur le port. La marche prend une petite heure. Le long du chemin, il y a des bambous, des lauriers-roses et des acacias. Ma mère cueille une feuille d'acacia et la place dans sa bouche, entre la langue et le palais. En soufflant d'une certaine façon sur la feuille, elle arrive à émettre un sifflement. Ça fait le bruit d'un rossignol qui aurait une chenille en travers de la gorge. Ma mère essaye de m'apprendre, ça fait passer le temps sur ce long chemin.

Le vieux port est pavé d'immenses dalles de pierre, posées là il y a plusieurs siècles. Il y a quelques modestes bateaux de pêche et plus de mouettes que de touristes. Ma mère et moi venons toujours à l'heure du goûter. Nous avons nos habitudes dans une boulangerie qui a installé, en terrasse, quelques petites tables rondes. Le menu est toujours le même : un yaourt en pot de verre, plus épais que de la crème fraîche, et un biscuit local. C'est un sablé en forme de couronne, avec de la confiture d'abricot au milieu. Le tout est saupoudré de sucre glace qui se colle sur le bout de mon nez. Ma mère prend un thé et nous nous asseyons en terrasse pour observer les marins qui raccommodent leurs filets. Nous restons là un moment, sans échanger un mot. Je ne sais rien de ses malheurs, elle ne sait rien de ma solitude. Le soleil descend et la ville prend des tons orangés. Il est temps de rentrer ; il me tarde de retrouver Socrate pour lui raconter mon après-midi.

Une fois toutes les deux semaines, les caravelles de l'école de voile partent en file indienne et déposent une cinquantaine de clients dans une petite crique magnifique, à quelques encablures de là.

Le bivouac est l'occasion de faire le plein de nouveaux décors. La plage tout d'abord. Elle est vraie, celle-ci, contrairement à celle du club qui ressemble à un grand bac de béton. Le grain est fin, salé et brille au soleil. Je peux enfin constuire des châteaux. À la main, bien sûr : car je ne sais même pas qu'il existe des petits kits pour enfants avec pelle et râteau. Qu'importe. Ma main est le meilleur des outils.

Ma mère fait partie du bivouac. Elle est assise devant une grande casserole qui fait bouillir de l'eau sur un feu de fortune. Elle épluche des légumes qu'elle jette régulièrement dans la casserole. Je lui donne un coup de main, trop content d'être autorisé à me servir d'un couteau. Une fois tous les légumes dans la bassine, nous partons dans les terres à la recherche d'aromates. Ma mère sent tout ce qu'elle trouve et je fais de même, après son passage. Elle récolte un peu de thym, de romarin et d'autres herbes qui feront très bien l'affaire. Je la suis comme un petit chien trop content d'être en balade avec sa maîtresse. On jette les aromates dans la marmite, tandis qu'un homme nous apporte quelques poissons pêchés au harpon. Le poisson ne peut pas être plus frais, l'homme a encore son masque sur le front. Ma mère les nettoie. Quelques rougets, un sar et une rascasse. Elle les coupe en morceaux et les jette dans la marmite. Un peu d'huile d'olive et, dans moins d'une heure, la bouillabaisse sera prête.

Les touristes ont fait un grand feu sur la plage pour remplacer le soleil qui va bientôt se coucher.

Ma mère me sert un peu de soupe dans un bol en fer qui me brûle les mains. Je vais m'installer en tailleur sur la plage et je regarde le soleil disparaître à l'horizon, les mains collées sur mon bol. Aujourd'hui encore, je ne peux pas manger une bouillabaisse sans me projeter immédiatement dans cette image. J'entends encore les grillons, je sens les herbes brûlées par le soleil et je vois le sel séché qui blanchit mes pieds.

De nos jours, on court après la vie, mais on finit par oublier à quoi elle ressemble. Une plage n'est plus qu'une photo saturée, avec un prix promotionnel collé dessus. On se la rêve ou on se la paye, mais on ne la ressent plus. On a oublié la sensation. Celle de plonger ses doigts dans le sable encore chaud, quand le soleil a disparu, d'enlever les petits grains collés sur la peau, d'édifier des barrages pour amuser les vagues, de dessiner des cœurs que la mer effacera, ou bien de s'allonger, tout simplement, pour se chauffer le dos et s'endormir, bercé par le bruit des vagues. La nature est belle quand on en fait partie, pas quand on s'érige en puissant et en propriétaire.

1964

Nous passons notre troisième et avant-dernière saison à Poreč, et je dois avouer que mes souvenirs se mélangent. Impossible de les mettre dans l'ordre. Même ma mère en est incapable. Il me reste les sensations de la période. Il me reste la nature, la mer, la solitude et Socrate. Pendant ces quatre années, Poreč a alterné avec Valloire, dans les Alpes, une charmante station de ski familiale. Le CET y possédait un hôtel à la sortie de la ville et la bande de mon père s'y installait pour la saison d'hiver. Ça ressemblait à un chalet géant posé sur la neige, entre deux montagnes. À droite le Crêt-Rond, à gauche la Sétaz. Le changement d'ambiance était radical.

L'entrée de l'hôtel démarre par un large escalier blanc qui monte à la réception.

Jean-Pierre, qui a définitivement abandonné le sport au profit de la déco, a caricaturé tous les employés et les a peints sur les murs. Hubert y est présenté comme le chef de village. Mon père est aussi sur le mur, avec son bronzage de Poreč.

Il est maintenant « animateur ». Il devra amuser les clients pendant leur séjour. Ma mère n'est pas sur le mur, mais en coulisse. Elle fait des costumes et des chapeaux pour les spectacles que mon père essaye de monter. Elle n'aime pas la neige et je crois ne l'avoir jamais vue sur des planches. Ce n'est pas mon cas et je suis excité à l'idée d'essayer. Ça ne devrait pas être plus compliqué que le ski nautique.

Si Hubert est là, il y a une chance que Socrate le soit aussi. J'aperçois mon corniaud et son dos bigarré en train de manger de la neige. Les retrouvailles sont émouvantes. L'animal m'a tout de suite reconnu, malgré mon gros anorak et mon passe-montagne. Quel bonheur de retrouver mon ami, mon partenaire. Nous passons les premiers jours à explorer l'hôtel, avant de nous aventurer à l'extérieur. On a vite fait le tour du propriétaire, car tout est gelé et blanc jusqu'à la ville, à 3 kilomètres. Socrate et moi comprenons rapidement que notre terrain de jeu sera assez limité cette année. Une seule solution pour sortir de cette prison de sapins : apprendre à faire du ski.

Les chaussures sont en cuir et à lacets. C'est chiant à mettre, c'est humide au bout de dix minutes et j'ai les pieds gelés en permanence. Pour les skis, on passe un câble derrière la chaussure et on le tend avec un clapet situé à l'avant. Le clapet est trop loin pour mes petits bras. Il me faudra, tous les matins, trouver un bénévole pour m'aider à chausser mes skis.

Devant l'hôtel, la pente descend doucement vers Valloire. C'est là que les moniteurs ont aménagé la piste des débutants. Le froid est une tannée. Je suis engoncé sous trois couches de vêtements boursouflants et mes skis pèsent une tonne. Dès que je chute, la neige s'infiltre partout. Mes gants sont trempés, mes pieds sont gelés, mon nez coule sur ma cagoule et le froid me pique les yeux. Elle est loin, la plage de Poreč.

Mais ce n'est effectivement pas plus compliqué que le ski nautique et je comprends assez vite le principe. En revanche, la neige est très dure et les chutes font beaucoup plus mal que sur l'eau. Espérons que mon père n'ait pas l'idée d'une pyramide.

Le meilleur moment du ski reste celui où l'on enlève ses chaussures. Je monte en chaussettes jusque devant l'immense cheminée et je laisse le feu me griller comme du bon pain, un épais chocolat chaud dans les mains.

Malgré le froid et le peu d'envie, je progresse assez vite en ski et j'obtiens fièrement ma première étoile. Je revois le gros Savoyard, moniteur de ski, qui épingla la médaille sur mon pull. Ça me rappelle une aquarelle accrochée dans l'appartement de Marguerite. C'était un autoportrait de mon grand-père en costume militaire, la poitrine bardée de médailles. La mienne brille plus encore et je fais crânement le tour de l'hôtel pour récolter les compliments de tous. Mais ma première étoile ne me permet pas encore de m'échapper réellement. Il me faut persévérer. J'obtiens assez rapidement la deuxième, mais la troisième sera plus difficile.

La neige commence à fondre et la rivière est de nouveau visible. Le printemps est proche. Socrate et moi pouvons enfin nous balader un peu plus loin. Plus d'anorak, un gros pull suffit. Nos bonhommes de neige se déforment sous l'effet du soleil et je m'amuse à observer leurs grimaces. De temps en temps, par jour de grand soleil, on longe la rivière jusqu'à l'entrée de la ville. Après le pont, il y a une grotte, dans laquelle trône une Vierge en plâtre. On me raconte qu'un jour, une bonne sœur y aurait vu la Vierge. Je ne comprends pas bien l'histoire, puisque moi aussi je peux la voir, sur son socle de pierre.

— Pas celle en plâtre, la vraie, imbécile ! me rétorque-t-on.

Je fais semblant de comprendre, mais l'affaire reste confuse : une bonne sœur a croisé la mère d'un certain

Jésus, alors elle a fait une statue en plâtre à son effigie pour s'en souvenir ? Ça ne m'explique toujours pas ce qu'est une vierge, ni ce que foutait la mère de ce Jésus au fond d'une grotte à Valloire ? Socrate n'a pas la réponse, alors nous décidons de remonter vers l'hôtel et d'attendre l'été.

La saison reprend à Poreč et, en quelques semaines, j'ai de nouveau de la corne sous les pieds. Socrate a fait le voyage et je retrouve mon ami, mais cette année, il va falloir qu'il partage, car j'ai ma première petite amie. Je ne sais plus son nom, mais sa robe était bleue, elle avait des cheveux blonds, légèrement bouclés, et de grands yeux noisette. D'après mes parents, nous formions, avec Socrate, un trio inséparable et nous passions nos journées à arpenter le village.

La petite fille était en vacances avec ses parents et au bout de quelques semaines, le jour du départ approcha. La séparation s'annonçait difficile et je demandai à mes parents si je pouvais partir avec elle. Mon père, amusé, m'expliqua que ce n'était pas possible. C'est étrange, un petit garçon dans un tel désarroi affectif qu'il est prêt à suivre la première inconnue qu'il rencontre. Ce n'est pas grave, je trouve la solution.

— Je vais me cacher dans le coffre de la voiture, et quand ton père s'arrêtera pour prendre de l'essence, tu viendras me donner de l'eau, j'explique à la petite fille qui acquiesce, trop contente de partager le secret.

Ses parents serrent quelques mains autour d'un pot de départ et j'en profite pour me glisser dans le coffre de la voiture que ma complice ferme derrière moi. Il fait déjà chaud, mais ça ira mieux en roulant. Son père se met au volant, sa femme à ses côtés. La petite est à l'arrière. La voiture démarre et s'éloigne. Ma victoire est totale. J'ai réussi à quitter cette famille de bronzés. J'ai suivi l'amour, celui qui s'offrait à moi. À l'arrière de la voiture, la petite fille s'inquiète. Elle commence à se dire qu'il y a peut-être du danger à faire 2 000 kilomètres dans le coffre d'une voiture. Au bout d'une heure, elle alerte son père qui pile aussitôt et se rue sur le coffre. Tout va bien, je me suis même endormi. Je ferai le chemin du retour sur la banquette arrière, à côté de mon amie. Mes parents ont toujours ri de cette histoire, sans jamais prendre la peine de l'analyser.

– 3 –

1965

Retour à Valloire. Les chaussures ont des crochets et mes skis des fixations. C'est mieux.

Ma troisième étoile en poche, je peux enfin passer aux choses sérieuses.

La navette de l'hôtel me dépose, tous les matins, au pied de la Sétaz.

Il y a deux télésièges, un debout et un assis. Le « debout » est plus lent, mais il y a beaucoup moins de queue. Je le prends quelquefois, au début, mais je suis frustré car ils ne veulent pas laisser monter Socrate. Il va falloir ruser.

Le télésiège « assis » est à deux places. Pour entrer dans la queue, je prends la ligne réservée aux moniteurs et me colle à un groupe. Je gagne dix minutes. À l'approche de mon tour, je prétexte une chaussure mal fixée pour ralentir les skieurs derrière moi. Puis, au dernier moment, j'accélère afin d'être seul sur mon télésiège. Ceux qui font du ski savent que le télésiège avance d'abord lentement, avant de se lancer sur le premier pylône. C'est là que Socrate m'attend, les fesses posées sur la neige. Je lui donne le signal et il saute sur le télésiège juste avant qu'il accélère. Je rabats la barre de protection et nous voilà partis. Socrate est assis et regarde la montagne, comme il regardait la mer.

Il y a une confiance dans son regard, comme s'il connaissait tout ça depuis des siècles.

En haut du premier tronçon, il y a deux tire-fesses et quelques pistes au soleil, où nous passons notre journée. Socrate m'attend sur la terrasse du restaurant d'altitude, car il n'aime pas le tire-fesses. Avant qu'il ne fasse trop froid, nous redescendons vers la ville. En bas des pistes, il y a un petit bar, chez Nénéss. C'est le point de ralliement. J'y croise souvent ma mère qui bronze en terrasse. Le ski n'est toujours pas son truc. La crêpe aux myrtilles remplace le sablé aux abricots de Poreč. Puis il est temps de prendre la dernière benne, qui remonte au premier tronçon. De là, il y a un chemin, sur un autre versant, qui me ramènera directement à l'hôtel.

En fin de saison, je commence à bien me débrouiller et Socrate n'arrive plus à suivre. En haut de la Sétaz, quelques skieurs s'entraînent au slalom. Je les observe longuement afin de comprendre leur technique, puis je passe quelques portes et trouve cela grisant. Je décide de venir m'entraîner tous les jours.

L'hiver suivant, je m'inscris au chamois et j'obtiens mon cabri. Pas mal, pour un début de saison. La grande nouveauté, cette année-là, c'est que je dois aller à l'école.

Il y a trois niveaux dans la même classe. Trois niveaux différents, un par rangée. Je suis dans la classe des plus petits. Ce sont tous des Savoyards, pur jus, avec l'accent. Je fais partie des plus mauvais. De loin. Les études ne m'intéressent pas. Je veux apprendre la vie dehors, pas le cul sur une chaise.

Le matin, tout le monde vient à l'école à skis et on est prié de laisser ses chaussures à l'entrée de la classe. Nous avons des casiers avec chacun une paire de chaussons. Je n'ai aucun souvenir de mon instit'. À la récréation, c'est la course car, si on est bien organisé, on a le temps de se faire une Sétaz. Après le déjeuner, on a des lits pliants pour faire la sieste. À 4 heures pile, c'est la fin des classes et Socrate m'attend devant l'école. Un jour, il est même rentré dans la classe pour venir me chercher.

Tous les soirs, nous remontons ensemble à la Sétaz, pour rejoindre l'hôtel par le petit chemin. J'arrive maintenant à descendre la Sétaz d'une seule traite et je m'amuse à aller de plus en plus vite. La dernière portion est un plat assez long qui donne sur le mur d'arrivée. Il faut partir de très haut si on ne veut pas pousser sur les bâtons.

En voulant éviter un groupe de débutants, dans le schuss d'arrivée, je m'étale de tout mon long. Cheville foulée. Heureusement, Jacky est là. C'est le moins fou de la bande, et même s'il les suivait en saison, il n'a jamais arrêté ses études de kiné. Jacky m'installe chez Nénéss et s'occupe de ma cheville. Ses mains sont magiques, encore aujourd'hui. Elles sont tellement larges qu'on a l'impression qu'elles ont six doigts chacune. Il a appris le métier à 16 ans avec un maître. Jacky est un génie. Il pose sa main sur votre dos et c'est tout juste s'il ne vous dit pas ce que vous avez mangé la veille. Jacky reboute toute la famille, depuis cinquante ans. À l'époque, il est marié avec Nani. C'est la blonde qui bronze en terrasse à côté de ma mère. Je me souviens de son sourire d'enfant.

En une semaine, ma cheville est réparée et je reprends l'entraînement. C'est là que je vois débarquer une bande de furieux. Ils ont 20 ans en moyenne, viennent tous de Chambéry et font partie d'un club de ski qui s'appelle le Técam. Je ne sais plus vraiment comment la rencontre s'est faite, mais je leur colle aux basques, toute la journée. Le groupe est ultra-rapide et passe n'importe où et surtout n'importe comment. Les arbres, la poudreuse, les rochers. Je me retrouve à sauter des barres rocheuses, des troncs d'arbres et des rivières. Tous les soirs, j'ai les jambes en coton et des courbatures plein le corps, mais je m'accroche et ils s'étonnent de me voir encore là, tous les matins. Je devrais être à l'hôpital. Je deviens rapidement leur mascotte, au point qu'ils m'offriront un tee-shirt du club.

Il y en a surtout deux qui sont vraiment gentils avec moi : Josette et Jean-Léon. Je me souviens de leurs sourires et de leurs regards bienveillants. Josette me pose plein de questions et m'oblige à m'ouvrir un peu. En fait, c'est agréable, quelqu'un qui s'occupe de vous. Ils nous invitent à leur mariage, à Aix-les-Bains. Cette bande-là est encore plus folle que celle de mon père, et ce mariage est délirant. Le Savoyard sait faire la fête, je vous le confirme, et il va très vite en descente, sur la neige comme sur la boisson. Le mariage dure vingt-quatre heures, *non stop*, à entonner des chansons locales.

Le lendemain, Jean-Léon et Josette partent en voyage de noces à Venise et, pour une raison que j'ignore, je fais partie des bagages. Ils ont certes une passion pour moi, mais je pense maintenant qu'il y avait une autre raison. Mon père et ma mère se disputaient de plus en plus et ne voulaient pas de témoin. J'ai donc passé trois jours à Venise, des pigeons plein les épaules, avec des jeunes mariés qui auraient dû être mes parents. Plus tard, Josette a eu trois enfants, je crois, et nous nous sommes perdus de vue, mais j'ai été heureux d'avoir été leur enfant « de passage » et d'avoir pu goûter au plaisir d'une vraie famille. Ils m'ont aussi fait comprendre que la solitude et le manque d'amour ne sont pas une fatalité, mais juste une mauvaise période, un orage que l'on doit patiemment laisser passer. Merci à eux.

À partir de cette période, les choses deviennent un peu confuses. Quand un enfant n'est pas tranquille, sa mémoire diminue. Il vit au présent, oublie son passé et ne se projette pas dans l'avenir. Il ferme les volets par crainte de la tempête.

Cette année-là, à Valloire, mon père rencontre Cathy. Elle a à peine 18 ans. C'est une jolie blonde aux yeux bleus. Sa famille est bourgeoise à souhait et habite Neuilly. Ils sont en vacances à Valloire et Cathy tombe sous le charme du bad boy de Poreč. L'idylle paraît sérieuse, mais à la fin de la saison, contre toute attente, mon père, ma mère et moi partons pour la Grèce. Je ne reverrai jamais Poreč.

Cette fois-ci, nous ne partons pas en Triumph, mais en 4L. C'est beaucoup plus grand, mais beaucoup plus lent. Nous mettons cinq jours pour rejoindre Athènes. Sur l'île où nous allons, il n'y a pas de route et la 4L doit rester dans la capitale. Mon père interpelle la concierge d'un immeuble et lui demande s'il peut laisser la voiture devant chez elle pendant six mois. Mon père ne parle pas un mot de grec mais il fait le pitre et finit par se faire comprendre. La concierge accepte et nous embarquons sur le ferry, les bagages sur le dos. Cette année-là, le CET s'est fait absorber par le Club Med et mon père ne faisait pas partie de la fusion. Il a donc dû chercher du boulot ailleurs et il a trouvé deux places de moniteur de plongée dans un petit village de vacances, au sud de l'île de Ios. Il n'a pas de diplôme de plongée, mais, à l'époque, il suffit de dire qu'on en a un pour être engagé.

L'hôtel s'appelle Manganari. D'après les rumeurs, un Allemand richissime l'a fait construire pour lui tout seul.

À l'arrière d'une crique, deux rangées de bungalows longent une roche argentée. Devant, face à la mer, s'étalent un ensemble réception-restaurant et la piste de danse en plein air. C'est tout blanc, succinct mais authentique. Les volets bleus viennent juste d'être peints. L'eau du port est turquoise et on y voit les poissons. La petite cabine de plongée est au bout de la crique. Elle doit faire 3 mètres carrés. Il y a quatre bouteilles jaunes, mais pour l'instant, aucun client.

Nous arrivons début mai et je vais vivre ce qui est probablement la plus belle période de mon enfance. Mes parents n'ont rien à faire et je les ai pour moi tout seul. Tous les deux. Ensemble. Je les vois le matin, le midi et le soir. Incroyable. Dès le lever du soleil, nous prenons le bateau pour aller plonger. Je reste à bord, à surveiller les bulles. Mon père ramène des mérous à la pelle, des monstres de plusieurs dizaines de kilos. Nous allons régulièrement les vendre sur le port de Ios. L'après-midi, il fait trop chaud et la sieste est de rigueur. Quand le soleil se fait plus clément, je descends au port. Ma mère m'apprend à plonger. En fait, je ne suis pas assez costaud pour porter la bouteille, alors je me balade, accroché à elle, tétant régulièrement son détendeur pour avoir de l'air.

Dès que la corne sous mes pieds me le permet, je commence à explorer les environs. Nous sommes à l'autre bout de l'île, à plusieurs kilomètres de la ville, et aucune route ne mène jusqu'à nous. Par temps clair, on aperçoit Santorin sur la droite, puis Amorgos sur la gauche. Il faut près d'une demi-heure, par les rochers, pour arriver à la plage de Manganari. Elle est immense et déserte, à part une cabane de pêcheur. Le sable est très fin et contient des paillettes de roche qui le fait scintiller dès que le soleil se lève.

Souvent je marche jusqu'à la plage et je reviens à la palme. En fin de journée, le soleil est plus bas et quand on rase le fond de l'eau, près du sable, on peut voir les yeux des soles briller. C'est le seul moyen de les repérer, tellement elles sont bien camouflées sur le sable blanc.

Mon père m'a acheté un petit harpon muni d'un trident. J'ai un peu de mal à tirer sur le tendeur et ça me fait une plaque rouge sur le ventre. Mais au bout de quelques jours, j'ai pris le coup et un peu d'abdos. De retour à l'hôtel, je monte à la cuisine, exhibant fièrement les quelques soles qui pendent à mon accroche-poissons. Le cuistot me les prépare et je les fais griller sur le barbecue.

Le cuistot n'a pas vraiment la même méthode de pêche que moi. Une fois par semaine, il descend au port, jette un bâton de dynamite et ramasse à l'épuisette les poissons qui flottent en surface. Dès que j'entends le coup de tonnerre, je me rue sur mon masque et saute dans le port, car les deux tiers des poissons assommés par la déflagration restent au fond de l'eau. Il faut faire vite car la plupart d'entre eux reprennent conscience après quelques minutes.

Les premiers clients sont annoncés pour bientôt et mon père demande au cuistot d'aller, à l'avenir, pêcher un peu plus loin.

C'est l'excitation dans les rangs, car tout le personnel tourne en rond depuis déjà deux mois. Un matin, un beau yacht, d'environ 40 mètres, mouille devant la baie. Il est bien trop gros pour rentrer dans le petit port. Les clients sont sur le toit de la cabine et nous font une démonstration de plongeon. De vrais pros. Ils arrivent à la nage. Ce sont de beaux Allemands, blonds aux yeux bleus, taillés dans la masse. Ils ont à peine la trentaine. Vus de mon 1,30 mètre, ils me font penser à une équipe de water-polo.

Ça parle allemand, ça se bourre la gueule, ça ne dort jamais et ça s'en va au bout de quinze jours. Ce sont les seuls clients qu'on aura de toute la saison. J'espère que le proprio est bien milliardaire, sinon, dans un an, il fait faillite. Ma mère leur a donné quelques cours de plongée au passage, mais n'a noyé personne. Nous retrouvons rapidement notre rythme de vie. Mon père repart à la chasse au mérou, et moi je passe de la sole au rouget, histoire de varier les menus.

Le temps passe paisiblement et je chasse déjà à plus de 10 mètres. Un jour, je repère un mérou dans une faille. Il doit bien faire 10 kilos. Je m'oxygène au maximum et j'arme mon harpon. Je descends lentement, j'entre dans la faille et tends mon bras armé. Le mérou me regarde. J'hésite à tirer.

Il y a quelque chose de trop humain dans son regard. Mais l'air commence à me manquer et je décoche ma flèche qui, à ma grande surprise, rebondit sur le mérou ! L'animal est trop costaud et mon harpon pour enfant trop ridicule. Le mérou me jette un regard qui me glace. Il ne comprend pas l'agression. Il ne comprend pas pourquoi j'ai voulu lui ôter la vie. Je me sens con d'avoir tiré sur un être qui, au fond, porte la même solitude que la mienne. Ce jour-là, je décide de ne plus jamais tuer qui que ce soit.

Régulièrement, les pêcheurs du coin jettent un long filet en travers de la baie, puis ils ramènent les deux extrémités sur la plage et tirent tous ensemble. Toutes les familles des alentours s'y mettent. Je viens souvent les aider. La première heure est pénible, car on ne voit rien venir, mais au coucher du soleil apparaît enfin la poche gorgée de poissons qui se débattent. Le bruit est assourdissant et assez désagréable, voire dérangeant. L'agonie des poissons est un spectacle qui, à chaque fois, me met mal à l'aise.

Une fois le filet sur la plage, les adultes font le tri et partagent le butin, tandis que les enfants vont jouer plus loin. C'est la seule occasion que j'ai de jouer avec des enfants de mon âge. Le jeu est simple et il n'y en a qu'un : le foot. Quatre pierres sont posées sur la plage et un vieux ballon commence à circuler entre les pieds nus. Je ne suis pas vraiment bon, mais je m'en fous. Je suis content de faire semblant de partager un moment avec ces gamins qui s'insultent en grec. Au moment de partir, le pêcheur me donne deux beaux mulets pour ma participation.

Pour une fois, ma mère a l'air de bien aller. Il faut dire que mon père est plutôt calme, car les tentations sont rares. J'ai même le souvenir de les avoir vus allongés au soleil, côte à côte, sur une grande serviette. C'est la seule image que j'ai de leur complicité. Je ne les ai jamais vus se tenir la main, s'enlacer ou encore moins s'embrasser. Je ne les ai même jamais vus se sourire. Juste dormir, côte à côte, assommés par le soleil. Cette image m'a marqué, comme un bonheur possible ou, du moins, une trace de son existence. Ma mère semblait profiter de son bonheur comme on profite d'une éclaircie. Mon père, lui, profitait, comme d'habitude.

Durant cette saison, ma mère n'avait qu'un seul véritable problème : celui de m'attraper pour me faire l'école. En partant de Paris, elle avait acheté des cours par correspondance et s'était juré de me faire la leçon. Il serait temps, j'ai déjà 8 ans et je sais à peine lire et écrire. Mais, pour ce faire, il faut d'abord me mettre le grappin dessus, car il m'arrive parfois de disparaître pendant plusieurs jours.

Je prends un petit sac à dos, avec mes palmes, mon masque et mon tuba et je vais jusqu'à la baie appelée « les Trois Églises ». En effet, trois églises blanches, situées chacune au sommet d'une colline, surplombent cette baie magnifique. Au fond, il y a deux plages : une petite sur la gauche, très abritée du vent, et une autre plus longue où viennent dormir les chèvres. Ces animaux jouent un rôle clé dans les îles. Ce sont des tondeuses professionnelles. Dès qu'on veut nettoyer un champ, on loue un troupeau de chèvres pendant quelques semaines et ça vous nettoie tout, les bonnes et les mauvaises herbes. Le prix est à la semaine et toujours augmenté de 50 % des fromages de chèvre que le locataire pourra produire pendant la location.

Généralement, je dors sur la plage des chèvres. Si elles ont choisi l'endroit, c'est qu'il doit y avoir une raison. Toujours faire confiance à l'instinct des animaux.

Les chèvres acceptent ma présence et me font une petite place. Je dors à la belle étoile, à même le sable, emmitouflé dans un pull piqué à ma mère. Il m'est arrivé, à cette période, de ne pas parler pendant plusieurs jours. Juste de me nourrir des sons du vent et de celui des clochettes qui pendent au cou des chèvres.

Ma mère réussit quelquefois à m'attraper pour me faire cours, mais devant ma nullité et mon obstination à ne pas progresser, elle ne tarde pas à laisser tomber. Mon année scolaire sera un désastre. Pourtant, j'ai le sentiment d'apprendre tous les jours quelque chose : à chasser le poisson, à le nettoyer, à faire du feu, à calculer les marées, à raccommoder des filets, et tellement d'autres choses qui rendent mes journées passionnantes. J'ai même appris à copiner avec un poulpe. Il était au fond de son trou, à l'entrée du port. Je venais le voir tous les soirs à la même heure. Au début, je l'observais à distance. Il changeait en permanence de couleur, pour me faire croire qu'il était méchant. Mais je ne me laissais pas impressionner et je restais là, de longues minutes, à l'observer.

Tous les jours, je me rapprochais de quelques centimètres. Ma présence lui était maintenant familière et je me décidai, un jour, à approcher lentement ma main. Il colla deux tentacules sur mon bras, changea plusieurs fois de couleur, mais me laissa finalement poser mon doigt entre ses deux yeux. J'avais trouvé le point magique. Il se figea et me fit des yeux de chat. Je frottais doucement, et ça avait l'air de beaucoup lui plaire. S'il avait pu, il aurait ronronné. Très vite, ses ventouses ne collèrent plus et ses bras se firent accueillants.

Au bout de quelques jours, le poulpe, en me voyant arriver, sortait immédiatement de son trou. Il me plaquait un tentacule sur le masque et m'enroulait le visage avec les autres. C'est bon, les câlins, surtout quand on a huit bras. Il adorait se faire tripoter, comme une pâte à modeler trop tendre. Je pouvais le prendre dans tous les sens, il se laissait faire. La peau du poulpe n'est visqueuse que quand il est hors de l'eau. Dans son habitacle naturel, on dirait de la soie fine, plus douce que la peau d'un nouveau-né.

En l'absence de Socrate, ce poulpe est devenu mon meilleur ami.

Un peu plus tard, sur le chemin de mon poulpe, je croisai une murène. Elle avait, elle aussi, élu domicile dans un trou. Elle était marron foncé, presque grise, mais je n'avais aucune idée de sa taille, car je ne voyais pour l'instant que sa tête. Elle avait les yeux bleus et me montrait ses dents régulièrement. En l'observant, je compris assez vite que ce n'était pas un signe d'agressivité. Elle se ventilait, tout simplement. Un minuscule poisson bleu lui nettoyait les ouïes et les dents en permanence. Elle avait bien de la chance d'échapper à cette corvée.

Pour l'approcher, j'employai la même technique qu'avec mon poulpe. Je me rapprochai tous les jours de quelques centimètres. En passant mon doigt devant elle, je compris qu'elle n'avait pas une bonne vue. En revanche, elle était extrêmement sensible à tous les déplacements d'eau. Au bout d'un moment, je tendis le bras et passai ma main sous sa mâchoire. Elle ne broncha pas. Puis je la caressai doucement. Sa peau était aussi très douce. Au fur et à mesure, elle sortit de son trou et je pus la caresser à deux mains. Sans qu'elle s'en rende vraiment compte, je finis un jour par la sortir entièrement de son trou. Elle mesurait au moins 1,80 mètre – j'en faisais à peine 1,50 ! Pour ne pas faire de jaloux, je décidai de rendre visite le matin à la murène et l'après-midi à mon poulpe.

Plus tard dans la saison, nous attendons deux copains de la bande de mon père : Jacky et Fouk, les deux seuls qui ont eu le courage de faire le voyage – à moto. Mon père et moi allons les chercher au port de Ios. Le ferry qui vient d'Athènes deux fois par semaine arrive à quai et nos deux motards sortent de la cale. Mais leur périple s'arrête là, car il n'y a pas de route sur l'île. Les motos tournent vite en rond sur le morceau de bitume, comme deux souris dans leur cage. Mon père est hilare. Les deux engins devront rester derrière le bar du port pendant quinze jours.

Il n'y a qu'un seul chemin sur l'île, celui qui monte à Chora, le village qui surplombe le port. Le sentier est un fond de ruisseau asséché que la voierie a aménagé sommairement. On peut monter au village à dos de mule, moyennant quelques drachmes, la monnaie locale. J'y suis monté quelquefois. C'était la grande « sortie ». On allait à la ville. Ma mère y faisait les boutiques sans jamais rien acheter. Moi, je cherchais désespérément un jouet au fond des étalages. Un jouet, un seul : n'importe lequel aurait fait l'affaire.

De retour à Manganari, je reprenais mes cailloux et mes morceaux de bois et je construisais des mondes imaginaires. Je me souviens particulièrement d'un galet bien lissé par la mer, un peu plat d'un côté, arrondi de l'autre. Il était gros, avec de petites paillettes d'argent à l'intérieur. Sa forme était suffisamment modeste pour que je puisse l'imaginer en toutes sortes de choses. Je le faisais voler dans l'espace infini, puis je lui faisais suivre des petites crevasses, en imitant le bruit du char d'assaut. La minute suivante, il se transformait en bolide sur la plage, capable, d'un seul coup, de plonger dans le sable et de disparaître, comme un sous-marin. Mon imagination était sans limite.

Je ne pense pas avoir une faculté particulière, mais simplement un muscle qui s'est hypertrophié à cause de deux facteurs essentiels : la solitude et le manque de moyens.

La solitude est terrible pour un enfant, c'est une prison dangereuse. S'il ne se sent pas accepté dans ce monde, il en crée un autre et s'en va, au risque de ne jamais revenir.

Mon monde à moi était constitué d'une murène, d'un poulpe et d'un galet. Ce monde-là me protégeait, parce qu'il me donnait le sentiment d'exister. La murène se laissait caresser, le poulpe me faisait des câlins et le galet m'offrait tous les jouets du monde. J'étais vivant. Mon monde intérieur n'était pas en opposition avec celui des adultes, c'était juste un monde parallèle et je m'y réfugiais dès que je sentais une douleur inconnue dans ma poitrine.

Un enfant ne comprend pas la solitude ou le manque d'amour, mais il les ressent. Dans mon monde, je n'étais jamais seul, j'étais aimé et je ressens encore aujourd'hui les bras tendres de ce poulpe autour de mon cou, alors que je n'ai aucun souvenir de ceux de mon père.

Il y avait aussi un autre monde que j'appréciais tout particulièrement. Le monde des rêves. Aller me coucher était pour moi comme aller à l'aéroport. Je choisissais ma destination, mes amis imaginaires et l'aventure démarrait. Ceux qui m'accompagnaient dans mon voyage étaient souvent des animaux, ce qui me paraît logique puisque je ne fréquentais qu'eux à cette époque. Dans mes rêves, ils étaient doués de parole. Il m'arrivait même, en début d'aventure, d'essayer des voix différentes pour chacun d'eux, afin de trouver la plus convaincante.

Sans le savoir, je faisais déjà du cinéma.

Le retour à Paris est brutal. Boulevard de Sébastopol. On me met à l'école publique, rue Dussoubs, derrière la rue Saint-Denis. La cour est en béton. Entre les murs, il y a quatre arbres qui marquent les angles. Leurs troncs sont mutilés par des années de jeux d'enfants sadiques et ils ont des grilles autour de leurs racines.

— Pourquoi les arbres sont en prison ? je demande à ma mère, de retour de mon premier jour d'école.

Au fond de la cour, il y a la pissotière. C'est une espèce de plaque de fer rouillée, surmontée d'une gouttière d'où l'eau ruisselle. J'avais l'habitude de pisser face à la mer, maintenant je le fais face à un mur.

Le plus choquant, dans cette école, c'est le bruit. Deux cents élèves dans une cour fermée font plus de bruit qu'un 747 qui décolle. Je n'ai pas l'habitude, et le soir mes oreilles sifflent, comme après un concert.

L'autre chose insupportable, ce sont mes chaussures. Cela fait six mois que je marche pieds nus et je ne les supporte pas.

— Besson, remettez vos chaussures !

C'est la première phrase qu'un prof, censé m'apprendre la vie, m'a balancée. Ça démarre fort.

Les autres élèves ont du mal à m'accepter. Ma peau est presque noire à cause du soleil, mes cheveux sont blancs à cause du sel marin et je ne pense qu'à enlever mes chaussures. Je ne suis décidément pas d'ici. On me regarde comme un étranger et ce regard est meurtrier. Il faut l'avoir connu pour comprendre. Au lieu d'être accueilli pour ma différence et la nouveauté qu'elle apporte, je suis rejeté comme un paria.

Notre ego nous pousse à aimer ceux qui nous ressemblent. Pourtant, la différence est une richesse pour tous. Certes, je ne peux pas débattre des derniers sujets à la mode, mais je pourrais leur expliquer comment on pêche la sole et le rouget, ou comment on nettoie une nacre. Mais ils s'en foutent, ils ne savent pas ce qu'est une nacre et n'ont pas envie de le savoir. Ils sont déjà formatés pour rester dans leurs petites vies. Je ne sais pas bien lire ni écrire, mais ma vie est déjà plus riche que la leur.

Le premier jour de classe, le prof me demande d'où je viens. Je réponds fièrement, comme si j'y étais né :

— De Ios !

Éclats de rire dans la classe. Ils pensent que je déconne et qu'aucune ville au monde ne peut avoir un nom aussi ridicule.

— Montrez-nous sur la carte, me dit le professeur, qui pense à l'époque que « Péloponnèse » est un adjectif.

Mais la carte plastifiée qui trône au tableau ne représente que la France. Le prof sort alors la carte poussiéreuse de l'Europe et l'accroche au mur. J'ai du mal à me repérer sur ce vaste territoire.

— On est où, là ? je demande naïvement.

Le prof soupire et pointe Paris de son gros doigt. Mes yeux fixent la capitale, puis je dessine, dans ma tête, le trajet que mes parents et moi avons fait en voiture.

Descendre la France jusqu'à Marseille, longer l'Italie en passant par Venise, contourner l'Albanie interdite, traverser les terres arides qui mènent à Athènes, puis le ferry. On passe quatre îles avant d'arriver à Naxos, l'imposante. Ios se cache derrière et je mets mon doigt tout frêle sur la carte. Je suis ému de revoir mon île, même sur une carte. Derrière moi, la classe est bouche bée. J'aurais pointé la lune que ça leur aurait fait le même effet. Je comprends ce jour-là que je suis dans la merde et que je vais y rester pour longtemps.

Tous les matins, je quitte le 123 du boulevard de Sébastopol et je prends le passage du Pradeau qui m'amène rue Saint-Denis. Je récupère, au passage, quelques copains de classe qui m'attendent dans la rue. Dès 8 heures du matin, les trottoirs sont pleins de femmes qui tapinent sous les portes cochères. Avec leurs tenues soyeuses et colorées, je pense évidemment au cirque. Les maquillages sont outranciers, les rouges à lèvres rutilants. Ce sont peut-être des clowns de rue ? J'avoue ne pas bien comprendre, car il est un peu tôt pour faire le spectacle. Mes copains de trajet m'expliquent rapidement. Ils sont évidemment au courant, puisque la plupart d'entre eux me parlent de leurs mères. J'habite dans le seul quartier de Paris où « fils de pute » n'est pas une insulte, mais un titre. Bizarrement, l'autre moitié des enfants sont des « fils de flic ». Cette situation leur vaut, à tous, de s'insulter mutuellement à longueur de journée. Les dames m'aiment bien, à cause de ma différence, probablement. Tous les matins, la plupart d'entre elles passent leurs mains dans mes cheveux blonds en me disant : « T'es trop mignon, toi ! »

J'avoue que je ne suis pas insensible à ces marques d'affection et c'est toujours une petite joie de croiser ces dames dont les tenues festives débordent d'imagination. Elles parlent fort, chantent parfois, haranguent le client avec des petites danses rigolotes.

Rien à voir avec aujourd'hui, où des maquereaux sans scrupule jettent sur le trottoir des déshéritées de la Terre.

Dans la cour, nous jouons principalement à « la tique ». Je n'ai jamais compris l'origine du nom, mais le jeu consiste à lancer une pièce vers le mur sans le toucher. Celui qui s'arrête au plus près du mur remporte les autres pièces. Le seul argent que je possède est celui que je gagne en descendant la poubelle. Ma mère me donne vingt centimes à chaque fois. Je n'ai donc pas les fonds nécessaires pour me lancer dans cette affaire, alors je les regarde jouer.

Plus loin, assis dans la cour, certains jouent aux osselets – enfin, ceux qui en possèdent. En revanche, tout le monde a quelques billes et elles s'échangent sous le manteau, comme des trésors.

Le jeu le plus populaire reste « Ben-Hur ». Le film est sorti il y a quelques années, mais a fortement marqué les esprits. Le jeu consiste à former des attelages de trois et à courir le plus vite possible autour des quatre arbres de la cour. Deux garçons puissants cherchent un troisième pour faire le pilote. Timidement, je me propose et, après un galop d'essai, je suis engagé. Les deux garçons se tiennent la main et je suis derrière eux, agrippant fermement la ceinture de leur pantalon.

Les attelages participent aux qualifications en courant par séries de trois. Seul le vainqueur de la manche est retenu pour le tour suivant. Nous arrivons rapidement en finale et nous devons affronter les invaincus. Leur attelage est impressionnant et Pépin est le cheval de corde. C'est un grand Noir enragé. Il a déjà redoublé deux fois et fait donc trois têtes de plus que tout le monde. Pépin ne peut pas finir sa journée sans s'être battu au moins une fois. Leur cheval extérieur s'appelle Pierrot, un petit voleur à l'étalage qui s'entraîne beaucoup à l'école. Quant au conducteur, il se fait tout simplement appeler Ben-Hur. Son vrai nom est Ben Saïd et sa famille tient un magasin de confection, rue d'Aboukir. Mes deux chevaux sont deux frères assez discrets, mais leurs corps sont taillés pour le sport.

Toutes les classes se sont collées contre le mur pour voir la finale. Même quelques surveillants, amusés, sont venus assister au spectacle. Cinq tours, et que le meilleur gagne ! Ben-Hur part en tête, et Pépin hurle sans arrêt pour nous déstabiliser.

Mais Ben-Hur est parti trop vite et, dans le dernier tour, je plonge à l'intérieur et nous passons la ligne d'arrivée en vainqueurs, sous des tonnerres d'applaudissements. Tout le monde est fou de joie que nous ayons battu Pépin, ce grand dadais qui, lui, humilie tout le monde à longueur d'année. Dans un coin, Ben-Hur pleure d'être redevenu Ben Saïd.

Je rentre chez moi avec ma récompense, un magnifique œil au beurre noir, que Pépin a tenu à me remettre personnellement. Ma mère examine mon cocard et me fait la morale :

— La prochaine fois que tu sens que ça va venir, tape le premier et le plus fort possible !

J'ai compris, bien plus tard, qu'elle voulait que je fasse ce qu'elle n'avait pas le courage de faire avec mon père. Il était trop costaud, alors, au lieu de se défendre, elle avait appris à encaisser.

À l'époque, son conseil me surprend ; mais il faut toujours écouter sa mère et, dès le lendemain, je traverse la cour en direction de Pépin et je lui mets mon poing dans la gueule, avec toute la force dont je dispose.

Le soir, je rentre à la maison en courant, trop excité de raconter ma journée.

— Maman, j'ai fait comme tu m'as dit, je dis fièrement.

Ma mère met gentiment sa main sur mon menton et tourne mon visage afin de mieux voir l'ecchymose que j'ai maintenant aussi à l'autre œil.

— C'est bien, mon fils, me dit-elle avec un gentil sourire.

La cantine fut, pour moi, une expérience traumatisante, car je ne reconnaissais rien. Tout était en pâté, en purée ou en bouillie. Les poissons étaient carrés avec de la friture dessus et la viande était hachée, comme quand Socrate vomissait. Le premier jour, j'ai donc pris un échantillon de chaque aliment que j'ai mis dans mon cartable, pour que ma mère m'explique. Tout était toujours mauvais dans cette cantine, même le pain, même l'eau dans laquelle ils mettaient un produit appelé Antésite, censé lui donner un goût de réglisse. Ça avait plutôt un goût de désinfectant, ce qui était probablement son rôle, tellement l'eau de la ville était pourrie. Pour avoir de l'eau normale, il fallait aller boire dans la gouttière des pissotières, seul endroit où l'eau sortait fraîche et claire.

Et puis d'un seul coup, en pleine année scolaire, tout change de nouveau. Yvonne, ma grand-mère maternelle, réapparaît. Elle élève sa deuxième fille, Muriel, à peine plus âgée que moi. Ma mère a disparu et je me retrouve à vivre avec ces deux femmes que je connais à peine. Elles habitent Asnières.

L'appartement est au sixième et dernier étage, sans ascenseur. La chambre est tout au fond du couloir à gauche, tandis que le salon, la cuisine et la salle de bains sont au bout à droite. Je ne sais pas ce que je fous là et je ne sais pas où est ma mère. Ni mon père, d'ailleurs. Comme d'habitude, personne n'a pris la peine de m'expliquer.

Je me retrouve à l'école publique d'Asnières. La cour est très grande et tous les bâtiments sont de plain-pied. L'ambiance est plus provinciale. Aucun « fils de pute » dans les parages, que des fils d'ouvriers ou de fonctionnaires. La prof principale me demande ce que font mes parents et je suis incapable de lui répondre. Plongeurs ? Pirates ? Acrobates ?

— Ils travaillent à la Poste, réponds-je afin d'être tranquille.

J'ai encore en mémoire le sourire satisfait et rassuré qu'elle m'a adressé.

Ma nouvelle vie s'organise malgré tout. Je sors de l'école à 4 heures et je suis prié de m'arrêter chez l'épicier du coin pour prendre les six litres de Préfontaines que ma grand-mère va s'enfiler, comme tous les soirs. C'est Muriel qui cuisine, entre les beuglements de sa mère qui erre dans l'appartement, comme une aveugle. Le matin, il n'est pas rare de la trouver par terre dans le salon, endormie dans son vomi. Il me faut alors préparer mon chocolat sans faire de bruit, avant de m'enfuir pour l'école.

Dans ma classe, il y a une jolie fille, dont le sourire et les yeux m'éblouissent ; mais impossible de l'approcher, elle est toujours collée à sa copine. De toute façon, je suis bien trop timide pour tenter quoi que ce soit. Mon copain me propose de lui écrire, il fera le messager. Deal. J'arrache une feuille de mon cahier et y écris un magnifique « Je t'aime ». À la récréation, mon copain porte le doux message aux jeunes filles.

De loin, il me montre du doigt et je me sens rougir. Mon pote revient et nous observons, le cœur battant, les deux filles qui découvrent le message. Elles sourient, puis ricanent comme seules les filles savent le faire. Ensuite, ma bien-aimée sort un stylo et couche une réponse sur mon papier. Mon cœur s'emballe aussitôt et je vois déjà sa réponse comme une première victoire. La copine fait la messagère et nous rapporte le papier. Je l'ouvre, les mains tremblantes. Il n'y a pas de réponse. Elle a juste corrigé mes fautes d'orthographe. Mon pote me tape sur l'épaule et se barre, car il n'a aucune envie de partager ma honte.

Ce jour-là, j'ai compris que les femmes seraient plus difficiles à approcher qu'un poulpe.

Le printemps est arrivé et il y a de la glycine dans l'impasse, derrière notre immeuble. Muriel est gentille avec moi. Elle m'apprend à faire du vélo. Ce n'est pas le sien, mais celui du fils de la concierge qui le lui prête régulièrement en échange d'un baiser.

Un jour, Muriel m'emmène tout au fond d'un couloir où se trouve une chambre de bonne. Il y a un petit lit et des photos romantiques au mur, le genre de posters qu'on trouvait en page centrale du magazine *Nous deux*.

— C'est la chambre de ta mère, me dit Muriel, avec un peu de nostalgie.

Ma mère y avait vécu quelques mois, avant de s'enfuir pour toujours. Muriel était triste d'avoir perdu sa sœur, mais heureuse d'avoir un petit neveu, et ma présence la consolait un peu.

De temps en temps, on croisait notre voisine de palier. Elle devait avoir 70 ans. Elle était toujours en peignoir de soie et en babouches, souvenirs de Saigon où elle avait exercé. Elle avait un long fume-cigarette à la bouche et portait souvent des bigoudis. Il n'y avait pas de doute sur sa carrière professionnelle, qui s'était achevée ici, dans un immeuble d'Asnières. Un rideau de perles masquait l'entrée de son salon qui sentait l'encens en permanence. Elle avait une télé et, le jeudi, elle nous autorisait, Muriel et moi, à venir regarder les émissions pour enfants.

Quand ma grand-mère, ivre, vociférait dans les couloirs, nous venions frapper à sa porte. Elle restait toujours calme. Généralement, elle sortait un alcool très fort, probablement rapporté de Saigon – le genre d'alcool où il n'y a pas que de la pomme. Elle remplissait un petit verre et le tendait à ma grand-mère. L'effet était immédiat et Yvonne s'écroulait pour quelques heures.

Une nuit, elle est venue nous réveiller et nous a conviés dans son salon. À la télé, un homme s'apprêtait à marcher sur la Lune, alors qu'elle brillait par la fenêtre. Ma grand-mère, bourrée, était déjà sur Mars. Le moment était intense, mais ne me surprenait pas plus que ça. Dans mon monde, j'avais déjà exploré l'Univers et je m'étonnais que l'on n'en soit qu'à marcher sur la Lune.

Puis un jour, ma mère a réapparu, aussi mystérieusement qu'elle s'était éclipsée, et nous sommes retournés à Paris.

– 4 –

Mon séjour à Asnières n'aura duré que quelques mois. J'apprendrai, plus tard, que ma mère était enceinte. Mon père voulait le garder et ma mère s'en débarrasser. Elle avait déjà assez de mal à gérer un mouflet et il n'était pas question qu'elle en supporte un deuxième. Comme d'habitude, leur discussion se finit avec les poings et ma mère se retrouva à l'hôpital, côtes cassées, visage défiguré et ventre tuméfié. La question de garder l'enfant ne se posait plus.

Après ce séjour à Asnières, je me suis promis deux choses : je ne lèverai jamais la main sur une femme et je ne toucherai jamais à une goutte d'alcool. J'ai aujourd'hui 60 ans et j'ai tenu parole.

Retour boulevard de Sébastopol. Nous vivons dans 8 mètres carrés. Rien à voir avec le grand appartement que les grands-parents avaient au premier étage. Notre chambre de bonne se situe au sixième et dernier étage. La pièce a deux fenêtres qui m'arrivent à la taille. Nous sommes orientés au nord et le mini-balcon nous sert de frigo. Au loin, entre deux immeubles, on aperçoit un bout de la tour Eiffel.

Sur la droite, il y a une cheminée en plâtre, surmontée d'une belle poutre en chêne striée de rainures profondes ; je m'en sers souvent, dans mes aventures imaginaires, pour planquer des Indiens.

Sur la gauche, un paravent cache la cuisine, qui se résume à une plaque électrique posée sur une planche de bois. Au-dessus, on a construit une petite mezzanine, qui fait comme une casquette coiffant la cuisine. C'est là qu'est mon lit. J'y accède par une échelle de bois. Ma mère a fixé un petit rideau que je peux fermer, pour ne pas être gêné par la lumière.

Il n'y a pas de salle de bains. L'eau est sur le palier et les WC à la turque sont au fond d'un long couloir. Je suis toujours angoissé quand je vais aux toilettes : le couloir est glauque et insalubre ; je ne connais aucun voisin. L'immeuble fait des bruits bizarres et j'ai toujours peur de faire de mauvaises rencontres : des rats ou des loups… Sur le palier, il n'y a que l'eau froide. Pour se laver, il faut donc remplir une casserole d'eau et la faire chauffer.

J'ai maintenant deux ours en peluche, un grand et un petit. Le grand s'appelle Badijon. Il a une plaque en bois dans le dos, sur laquelle je peux accrocher mes habits du lendemain. Je l'ai eu pour Noël – ma grand-mère Marguerite, je crois. L'autre s'appelle Petit-Coton.

Je ne sais pas où est mon père à cette époque. Le soir, je dois me mettre en pyjama pour dîner. Steak haché avec un œuf à cheval et un peu de purée. C'est le menu un jour sur deux. Après, j'ai le droit de regarder *Bonne nuit les petits* sur une petite télé noir et blanc récupérée aux puces. Nicolas et Pimprenelle ont bien de la chance d'être deux. Le son est pourri, mais je n'oublierai jamais la chanson du générique et les étoiles que le marchand de sable jetait sur moi tous les soirs.

On n'était pas loin de la pauvreté, mais elle ne m'a jamais fait souffrir. J'avais peu, mais j'avais l'essentiel : ma mère. Ce sont les premiers véritables souvenirs que j'ai avec elle, de sa présence au quotidien. Elle était là le matin au petit déjeuner, elle était là le soir au dîner. C'était presque une nouvelle vie pour moi, le début d'une normalité. Avoir aussi mon père aurait été un luxe dont je ne rêvais même pas.

Ma mère n'était pas spécialement affectueuse ou attentionnée, mais elle était là. Sa présence rendait ma vie plus douce. Elle vivait de petits boulots. Elle dessinait quelques fringues pour un grossiste de la rue Saint-Denis et faisait, de temps en temps, la mannequin ou l'hôtesse, pour le salon du cuir ou de la caravane. De temps en temps, elle trouvait un job dans des salons, à Francfort ou Munich. Elle s'absentait alors pendant cinq jours. C'est comme ça que j'ai appris à me faire cuire un œuf.

À l'école, j'avais peu de copains. Exclusivement des « fils de pute », au sens littéral. Ceux-ci ne pensaient qu'à faire des conneries. Fumer dans les arrière-cours, voler dans les chantiers et se tabasser entre eux, comme si la délinquance était déjà une évidence. On parlait beaucoup de la « bande du Caire ». Rien à voir avec l'Égypte : il s'agissait d'une bande de voyous qui sévissaient rue du Caire. Tous les gamins ne parlaient que de leurs exploits et rêvaient de leur ressembler. Au jardin de la Gaîté-Lyrique, juste en face de chez moi, les minots commencèrent à se scarifier les bras à l'aide de couteaux à cran d'arrêt. Les tatouages Malabar étaient peu à peu remplacés par de vrais slogans guerriers dont la plupart ignoraient la signification. Les moins téméraires se faisaient de fausses cicatrices en pinçant deux morceaux de peau qu'ils collaient ensemble à la colle forte, puis ils dessinaient des agrafes dessus.

Les photos pornos en noir et blanc circulaient dans les cartables, l'argent des recels servait à acheter des clopes, de l'alcool et des bonbecs. Certains gamins se laissaient même tripoter par de vieux messieurs contre quelques billets, à l'endroit même où tapinaient leurs mères. Rien de tout ça ne m'intéressait. J'avais pourtant terriblement envie de briser ma solitude, mais rien à faire, je n'arrivais pas à m'intégrer. Je regrettais ma peau salée, ma corne sous les pieds et mon poulpe me manquait terriblement – sa présence, son affection, son amitié. Je n'ai jamais été à l'aise en bande. La vie avait déjà fait de moi un solitaire.

À cette époque, je n'étais mû que par l'instinct de survie. Même si survivre est l'inverse de vivre. J'étais en attente du lendemain, de jours meilleurs, d'un signe, d'une étincelle. Et puis un jour, elle se produisit.

Nous avions un vieil électrophone et trois disques : Ray Charles, Petula Clark et Adamo. J'adorais mettre les disques. Pas tellement pour la musique, mais pour le plaisir de manipuler le bras et de poser délicatement le saphir sur le vinyle. Ça me donnait le sentiment d'être responsable.

Un jour, ma mère rapporte à la maison un nouveau 33 tours. C'est un jeune guitariste mexicain qui vient de sortir son premier album, il s'appelle Carlos Santana. La pochette est un dessin en noir et blanc qui représente une tête de lion, mais quand on la regarde avec attention, on s'aperçoit que le lion est formé de plusieurs jeunes femmes noires. Une image dans une image. Ce que l'on voit n'est pas forcément ce que l'on voit. Une lecture peut en cacher une autre et l'univers se sépare d'un seul coup en deux : ceux qui ont vu le lion et ceux qui ont vu les femmes. Mieux encore : ceux qui ont vu les femmes par eux-mêmes et ceux à qui il faut les montrer.

C'est comme si je venais d'un seul coup d'avoir accès à une partie inconnue de mon cerveau. Une partie dont je ne m'étais jamais servi, tout du moins de façon consciente.

Je mets le disque. Des bruits de jungle et d'animaux, qui peu à peu se transforment, deviennent un rythme, puis de la musique. La guitare entre dans la jungle comme un animal, comme une évidence. En quelques minutes, on m'a offert un langage. Celui qui transforme les lettres en mots, les sons en musique. Celui qui transforme les maths en formes, et les formes en émotions. Un nouveau monde. Parallèle et infini. Le monde de la création. J'allais bientôt pouvoir apprendre à parler.

1968

Retour à Valloire. Mon père a ouvert une boîte de nuit. En jumelant le travail et le plaisir, il économise le transport.

Ma mère a trouvé un petit local en bas de la Sétaz et a ouvert une crêperie. C'est tata Belzick qui lui a appris à faire les crêpes. Elle tenait la recette de sa mère qui la tenait de sa grand-mère. Des Bretons, pour faire court.

Je retourne à l'école de Valloire. Ma prof a changé, mais pas moi : je suis toujours aussi nul. Je me suis demandé, à l'époque, comment les gamins du coin pouvaient être aussi bons à l'école en faisant du ski toute la journée ? Avec du recul, j'imagine qu'ils avaient un encadrement familial et des parents attentifs.

Ce n'est pas mon cas. Quand je pars pour l'école, mon père rentre de boîte de nuit, et quand je rentre de l'école, ma mère part pour la crêperie. Je suis livré à moi-même. Mon temps libre est dédié au ski et je progresse bien. Rapidement, je peux accrocher un chamois de bronze à mon pull-over.

On habite un appartement en entresol et la fenêtre donne sur la rivière. On ne la voit pas, on la devine seulement sous la neige, mais on l'entend, comme un cœur au milieu d'une poitrine. Tous les soirs, son bruit sourd finit par m'endormir.

Cette année-là, il y a plus de un mètre de neige dans la ville et les chasse-neige la repoussent sur les côtés, formant de hauts murs qui bordent la rue. Avec quelques copains, je pars à la chasse aux stalactites qui pendent des toits et des balcons. Certains sont tellement lourds qu'il faut se mettre à plusieurs pour les porter.

Plus haut dans la rue, il y a la librairie Rapin, qui fait aussi office de tabac et de boutique de souvenirs. Impossible de ne pas y passer au moins deux fois par jour, c'est la seule salle de spectacle. La fille du propriétaire s'appelait

Martine : 15 ans, de beaux yeux bleus, aussi bleus que ses cheveux. Mon père la connaît bien, car elle s'échappe presque tous les soirs de chez elle, en passant par la fenêtre des toilettes, pour rejoindre sa boîte de nuit. C'est la punk de la ville, la rebelle. Je vois souvent passer sa petite tête bleue dans la rue, sans jamais oser l'aborder.

Cathy et sa famille sont revenues en vacances à Valloire et mon père la fréquente de plus en plus. Je l'aperçois parfois, au fond d'un bar. Elle est jeune, assez élégante et sophistiquée. Elle a un beau sourire et une allure tellement frêle. Je ne comprends pas du tout l'idylle que mon père est en train de vivre. Pour moi, elle fait juste partie de la bande qu'il fréquente. Pourtant, même si je ne suis pas capable, à l'époque, de mettre des mots dessus, je sens bien que les rapports entre mon père et ma mère s'effritent.

René Pernell, ami de la bande, a lui aussi ouvert une boîte de nuit, « L'Igloo ». Elle fait concurrence à « La Bergerie » de mon père. Mais une troisième boîte s'ouvre, à l'entrée de la ville : « Les 400 Coups ». L'un des propriétaires habite juste au-dessus de chez nous. Il s'appelle François. Jeune, beau et ténébreux, il a le charme de l'inspecteur Harry. Ça change de mon père, qui joue plutôt dans la catégorie « Conan le barbare ». Ma mère n'est pas insensible au charme de ce nouveau locataire, mais elle a assez d'un patron de boîte de nuit dans sa vie pour en vouloir un deuxième. Elle le croise néanmoins souvent dans l'immeuble, et le dialogue finit par s'engager.

François n'est que partenaire dans la boîte de nuit, juste pour suivre ses potes. Ce n'est pas sa vocation. Il est pilote de course automobile. Il vient d'une famille bourgeoise, comme Cathy.

Mes deux parents, blessés et fatigués par la vie, aspirent probablement à une vie meilleure, plus calme, en famille ; une nouvelle famille dans laquelle je ne suis pas spécialement prévu.

Mon père traîne au bar avec Cathy, François mange des crêpes chez ma mère, et moi je m'emmerde à l'école. La tension commence à monter.

Toutes les nuits, les colleurs d'affiches, envoyés par les trois boîtes de nuit, collaient sans cesse leurs programmes sur ceux de la concurrence. L'Igloo vantait sa soirée « catch » quand La Bergerie proposait sa soirée « cabaret » et que Les 400 Coups annonçaient une soirée « mousse ». La guerre des boîtes était déclarée. Un vrai western. *Le Bon, la Brute et le Truand*, ou plutôt *Le Père, l'Amant et le Cousin*. Je crois que c'est depuis cette époque que je n'apprécie pas les boîtes de nuit – ni les westerns.

Un soir, mon père lance la soirée « pirates » et se déguise pour l'occasion. Il porte une chemise à jabot, un bandana, un patch noir sur l'œil et une ceinture en tissu rouge qui retient son sabre en plastique. Jack Sparrow joué par Schwarzenegger.

La concurrence va souffrir, car L'Igloo n'a pas d'événement ce soir-là et Les 400 Coups proposent une simple soirée « crêpes ». Mon père a un boulevard pour remporter la manche.

À La Bergerie, la soirée bat son plein, l'alcool coule à flots et le succès est total. Un client s'approche même de mon père pour le féliciter.

— Dis donc, c'est super réussi, ta soirée « pirates » ! lui hurle le client à cause de la musique.

— Merci, lui répond mon père.

Le client aurait pu s'arrêter là, mais la nature humaine est ainsi faite que l'homme ne résiste pas à l'envie d'ajouter :

— En revanche, comment ça se fait que ta femme fasse des crêpes aux 400 Coups ?

Mon père fait partie de ces gens dont le sang peut bouillir seulement en quelques secondes. Question de génération.

Mon père quitte La Bergerie et remonte la ville enneigée, habillé en pirate. Arrivé devant Les 400 Coups, il commence par étaler le videur, d'un seul bourre-pif. Il entre ensuite dans la boîte et repère les trois associés. Il étale le premier en lui fracassant une bouteille sur la tête et le deuxième d'un direct qui lui pète la mâchoire. Ma mère, au fond de la salle, une poêle dans chaque main, regarde, hébétée, ce tsunami qui s'approche.

François, voyant ses deux partenaires au tapis, et n'écoutant que son courage, s'enfuit par la porte de derrière. Mon père arrive au buffet, vire toutes les crêpes d'un geste de la main et les remplace par une grande tarte qu'il offre à ma mère.

Elle est finie, la soirée « crêpes ». La musique s'arrête et les clients partent en courant. Ma mère se débat, l'insulte et refuse de le suivre, mais mon père s'en fout. Il l'attrape par les cheveux, la traîne dans la neige et la ramène à La Bergerie.

Il est temps qu'ils se séparent.

Mais il n'y a pas que dans leur couple que la tension se fait sentir.

Le pays tout entier est tendu. Nous sommes en 1968. Dès l'arrivée du printemps, Paris s'embrase et ma mère m'emmène quelques semaines à la campagne, chez des amis, pour échapper aux émeutes. Je n'ai aucun souvenir, ni de cet endroit ni de ces amis. Je me souviens juste de la rentrée scolaire, début septembre.

Je rentre en sixième, au lycée Turgot, rue de Turbigo.

Le premier jour d'école, je fais le trajet à pied, du boulevard de Sébastopol à la rue de Turbigo. Il y a pratiquement un car de CRS à chaque angle de rue. Évidemment, personne n'a pris la peine de m'expliquer pourquoi il y a plus de CRS que de profs devant mon lycée. Je me fie donc au slogan des étudiants qui, le poing en l'air, hurlent : « Liberté d'expression ! »

J'avoue que ma petite tête d'enfant ne comprend pas la démarche. Ils s'expriment haut et fort, et en toute liberté. Où est donc leur problème ?

La rentrée est houleuse. Les élèves refusent d'aller en cours et bloquent le boulevard. Les CRS chargent pour le dégager, les élèves rentrent en courant dans l'établissement et ressortent dès que les CRS s'éloignent de nouveau. Ça dure deux mois. Les cours sont pratiquement impossibles. À plusieurs reprises, des élèves de terminale font irruption dans ma classe pour jeter, par la fenêtre, nos bureaux et nos chaises sur la tête des pauvres CRS. À la cantine il n'était pas rare, entre le plat et le dessert, de voir passer un pavé à travers les carreaux.

Le mois suivant, un nouveau slogan apparaît : « À bas les privilégiés ! » Celui-ci est encore plus déroutant pour moi. J'ai passé mon enfance sans chaussures, dans un endroit où la première école était à deux heures de bateau, où les pêcheurs se levaient à 3 heures du matin pour nourrir leur famille, où certains bergers partageaient leur cabanon avec leurs chèvres, où même les routes n'existaient pas. Ces Parisiens, dans leurs pantalons « pattes d'eph' » en velours côtelé et leurs mocassins à pompons, me semblent bien privilégiés. Mais impossible de leur faire entendre raison. Un jour, ils coupent les câbles de l'ascenseur réservé à ces privilégiés de profs. Je me souviens encore du bruit assourdissant de la cabine qui tomba de plusieurs étages. Le souffle a été d'une telle intensité que la porte du rez-de-chaussée a été emportée et que la cabine s'est retrouvée dans la cour.

Généralement, la fin des cours n'est pas marquée par une sonnerie, mais par une grenade lacrymogène. Dès qu'on en voit une rouler dans la cour, on sait qu'il est temps de rentrer chez soi.

Un enfant s'habitue à tout, malheureusement.

Les CRS font partie du paysage, la violence se banalise, les profs démissionnent les uns après les autres, sauf ma prof de français, très active dans la révolte, et qui m'ordonne de rentrer chez moi pour lire *Le Rouge et le Noir* de Stendhal.

Elle m'a donné le choix entre celui-ci et *L'Assommoir*, dont le titre à lui seul m'a semblé la promesse d'un ennui certain. Il n'y a pas de notes sur mon bulletin. « Nous sommes tous égaux ! », ont crié les étudiants dans la cour, jusqu'à ce que les profs rangent leurs stylos rouges. Mon éducation est en stand-by.

Je ne sais pas où était mon père à cette période. Je sais seulement qu'il avait commencé son idylle avec Cathy.

Je vis de nouveau seul avec ma mère, dans nos 8 mètres carrés, boulevard de Sébastopol. Un peu plus haut, à l'angle du boulevard, il y a un Prisunic. On peut le traverser, comme un raccourci pour aller sur l'autre boulevard. À côté du Prisu, il y a la célèbre librairie Gibert Jeune, qu'on appelle tous « Gilbert Jeune », ce qui en dit long sur notre niveau en lecture. De la même façon, le président Franklin D. Roosevelt, qui avait le privilège d'avoir une station de métro à son nom, fut rebaptisé « Franklin Droosevelt ».

Je rentre chez Gibert Jeune, à la recherche du livre de Stendhal que ma prof m'a ordonné de lire. Malheureusement, j'ai oublié les couleurs du titre et j'erre mollement dans les allées. Quelques gamins sont assis par terre et lisent des bouquins d'un format étrange. Je viens de tomber sur le rayon « bande dessinée » et ma vie va basculer. Je découvre l'univers d'Astérix, de Tintin, de Spirou et Fantasio, Buck Danny, Michel Vaillant, Joe et Zette, Tanguy et Laverdure, Lucky Luke le cow-boy solitaire et Oumpah-Pah le Peau-Rouge.

J'ai le sentiment qu'on vient de m'installer la télé couleur à la maison avec deux cents chaînes gratuites. Les petites cases sont autant de portes qui s'ouvrent vers un autre monde. Je vais enfin pouvoir quitter définitivement celui auquel je ne comprends rien. Là-bas, un homme peut tirer plus vite que son ombre ou résister à l'envahisseur grâce à une potion magique. Il peut partager ses aventures avec un petit chien blanc et un capitaine irascible, ou encore sauver un marsupilami des griffes d'un odieux gérant de cirque. Tous ces dessinateurs sont des génies et leurs mondes imaginaires m'ont sauvé la vie. Comme quoi la « liberté d'expression » n'est pas une chose qui se revendique : elle se prend et elle se donne. Ce jour-là, j'ai su qu'il allait se passer du temps avant que je lise *Le Rouge et le Noir* ou *L'Assommoir*.

Ma mère m'emmène régulièrement à la piscine, rue de Tilsitt. Le gérant est un ami de la famille. C'est le père de Tom, l'architecte qui fait partie de la bande de mon père.

La piscine est en sous-sol et fait 25 mètres de long, tout en mosaïque. Je suis toujours excité d'y aller, pour retrouver ce contact avec l'eau qui me manque tant, mais je suis toujours déçu quand j'y arrive. Ça sent la Javel et l'eau est comme prisonnière. Même si la mosaïque est douce au toucher, je ne reconnais aucune des sensations que j'ai pu vivre pendant toutes ces années, à Poreč ou à Ios. La piscine est à la mer ce que le carré pané est au poisson. Mais je ne boude pas mon plaisir, et je me défoule autant qu'un saumon qui remonte le courant.

Un entraîneur me repère et insiste auprès de ma mère pour que je rejoigne son club. Je ne comprends pas trop l'affaire, mais j'accepte quand on me dit que la piscine du club est deux fois plus grande.

Le dimanche suivant, je suis inscrit à une compétition, en remplaçant d'un malade. On m'explique les règles du départ et on m'ordonne de rester dans mon couloir : 50 mètres nage libre. Personne ne sait vraiment que j'ai déjà passé huit ans au milieu des poissons. Je mets une valise à tout le monde et mon entraîneur se décroche la mâchoire.

Le dimanche suivant, il m'inscrit dans toutes les disciplines, dans toutes les nages. Je rafle toutes les médailles et je sens déjà, dans les yeux des autres gamins, la haine qui monte.

À la piscine de la rue de Tilsitt, ma mère m'encourage. Peut-être voit-elle en moi un futur champion et une façon de sortir de sa misère. Mais je ne suis pas vraiment motivé. J'ai fait le tour du bocal et je n'ai plus rien à découvrir. Je suis plus motivé pour lire mes BD que pour aller barboter. Ma mère a alors une idée de génie :

— À chaque fois que tu battras ton record, je t'achèterai une bande dessinée.

C'est ainsi que je me constitue toute la collection d'*Astérix*, *Tintin*, *Lucky Luke* et *Spirou*. Évidemment, j'aurais pu battre mon record de plusieurs secondes d'un coup mais je gérais le chronomètre afin de gagner le maximum d'albums.

En moins de un an, j'ai toutes les collections de mes BD préférées. Il est temps d'arrêter la compétition. Le déclic se produit le jour où mon entraîneur m'attache les pieds avec une bouée et me demande de faire 1 kilomètre en bassin. Sans poulpe. Sans murène. Aucun intérêt.

En bas de chez moi, il y a une parfumerie. Le patron jette régulièrement des petits flacons d'échantillons dans ma cour, près des poubelles. La mention « Factice » est apposée sur tous les flacons et je crois que c'est la marque du parfum. Il y a beaucoup de créativité dans ces flacons et je me mets à les collectionner. Faute d'aller au musée, je m'en fabrique un à la maison.

Juste devant la porte du 123, il y a un kiosque à journaux. Tous les jeudis, j'attends la sortie du *Journal de Spirou*, mon magazine préféré, ma télé à moi.

Un jour, je feuillette un autre magazine. Il n'est pas nouveau, mais je ne l'avais jamais remarqué. Il s'appelle *Pilote*. Le ton, les histoires et le graphisme sont plus adultes, mais je suis attiré, surtout par deux héros : Valérian et Laureline, agents spatio-temporels. Rien que le titre est déjà une invitation au voyage. Partir de cette planète, découvrir des mondes lointains et merveilleux, s'ouvrir à autre chose que son quotidien… Mes 8 mètres carrés deviennent l'infini et Laureline est la première femme dont je sois tombé amoureux. Paysanne du XIe siècle propulsée au XXVe, elle est intelligente, spontanée, casse-cou et d'une beauté naturelle sans complexe. C'est elle qui mène le bal. Valérian suit le mouvement, toujours dépassé par la vivacité de sa compagne. Cette femme-là me plaît et j'attends le jeudi avec impatience. Dès que *Pilote* arrive en kiosque, je l'achète et je monte à toute vitesse les six étages qui mènent à notre chambre de bonne.

Là, je dépose délicatement le magazine sur le côté, je fais tous mes devoirs, puis je m'installe confortablement pour déguster l'ouvrage. Je tourne les pages, avec lenteur et délicatesse, pour prolonger le plaisir. Dans mon souvenir, c'est le point culminant de ma semaine, mon échappatoire. Quelques heures dans l'espace me permettent de tenir une semaine sur terre. Il n'y a pas que Valérian dans *Pilote* et je découvre aussi Gotlib et son humour décapant. Je lui dois mes premiers fous rires. Il y a aussi le monde imaginaire de Philémon, perdu sur le « A » de l'Atlantique, ainsi qu'Astérix et Obélix, dont je ne rate aucune aventure. Mais je n'arrive pas à stopper mon imagination et les aventures de mes héros débordent souvent des bulles dans lesquelles elles sont enfermées.

Ma mère se décide enfin à m'emmener au cinéma et nous allons dans une salle du quartier pour découvrir *Le Livre de la jungle*, d'un certain Walt Disney. C'est mon premier grand choc cinématographique. Les couleurs, la musique, le rythme, l'humour, l'inventivité : tout me bouleverse. Surtout l'histoire de ce petit garçon de 9 ans, abandonné par ses parents et sauvé par des animaux. Walt a fait ce film pour moi, c'est une évidence.

À la sortie, je suis muet. Je rentre à la maison, je me couche et je pleure. Pendant une semaine. Je dors par terre et je veux être élevé par une panthère et un ours. Et puis impossible d'oublier le gros plan sur les yeux de cette petite

Indienne magnifique. En un clignement d'yeux, elle incarne toute la féminité dont j'ignore encore l'existence.

Le retour à la vie normale est long et pénible.

Paris se calme peu à peu et l'année scolaire s'achève mollement. Cet été-là, pas de Poreč ni de Grèce. Mes parents sont donc séparés pour de bon. En fait, ils ont divorcé depuis longtemps, mais n'ont pas pris la peine de me prévenir.

Si François, l'amant de ma mère, n'est pas encore dans le paysage, Cathy fait bien partie de la vie de mon père. Il me récupère pour quelques semaines de vacances à Saint-Tropez.

Mon père est toujours avec sa bande et Cathy avec sa sœur et ses copines. Il est donc difficile pour moi de comprendre la situation. Je ne sais pas si Cathy est une bonne amie ou autre chose. Mon père noie le poisson et Cathy m'évite le plus possible. Elle est très jeune et ne sait pas comment se comporter avec moi. Quand elle me regarde, elle ne voit que ma mère.

Je ne comprends pas bien ces vacances. Saint-Tropez est une grande ville avec une plage. Pour moi, les deux ne vont pas ensemble.

La bande sort beaucoup et se lève à midi, heure à laquelle je devrais déjà être en train de griller ma pêche du matin. Dans la bande, il y a Jacky et Nani. Elle était la meilleure amie de ma mère, mais il ne lui a fallu qu'un été pour devenir la meilleure amie de Cathy. Ma mère en restera meurtrie pour la vie.

Mon ennui est sûrement visible, car mon père m'emmène soudainement monter à cheval. Le club est un carré d'herbe collé à la route, face à un centre commercial. Un attrape-touriste, pour résumer.

On me file un cheval qui ressemble à une mule abandonnée par un forain. Je mets le pied à l'étrier, la selle, mal attachée, tourne sur l'animal et je me pète le bras en tombant sur un caillou. Évidemment, je hurle. Le cheval prend peur et me met un coup de sabot dans le même bras. Mon coude est passé de l'autre côté. Je ne peux plus ramener mon bras vers l'avant. Jacky accourt et, d'un coup sec, remet mon coude en place.

Ma deuxième semaine de vacances avec mon père se passe à l'hôpital. Mon bras est cassé en trois et je suis plâtré de l'épaule au poignet.

Je n'ai plus jamais essayé de monter sur un cheval.

– 5 –

1969

Comme pour tous les élèves, mon année scolaire à Turgot est annulée et je suis prié de refaire ma sixième. Ma mère a une autre idée. Nous déménageons à Saint-Maur-des-Fossés et on me trouve une place en cinquième, dans une école privée. En pension.

Elle s'installe dans un petit deux-pièces pas loin de la gare, mais surtout pas loin de François dont la famille a une grande maison en bord de Marne. Je suis en pension alors que nous habitons à vingt minutes à pied. Le concept m'échappe.

Mon nouveau lycée est bien plus modeste que Turgot. Une petite cour et des bâtiments à un étage tout autour. Je suis toujours aussi mauvais, mais ça se voit moins car tous les cancres d'Île-de-France ont payé pour être là. Les profs sont soporifiques à souhait, sauf la prof de français, une jolie brune, pulpeuse, d'une trentaine d'années, toujours habillée en jupe et en bas. Sa technique, pour capturer l'attention des élèves, est de s'asseoir sur une table, les pieds sur une chaise, et de les laisser entrevoir ses dessous. Certains « grands » de l'école se vantent de « se l'être tapée ».

Au cinéma, *Orange mécanique* est à l'affiche et le sexe dans toutes les conversations. Mes oreilles traînent dans la cour pour essayer de comprendre, tandis que la prof de français passe dans un déhanché que ses talons lui imposent. Son décolleté ouvert, dès le mois d'avril, nous permet d'apercevoir la dentelle de son soutien-gorge. C'est le premier souvenir que j'ai d'une sexualité affichée. J'ai pourtant vu des centaines de filles en maillot de bain sur la plage de Poreč, mais je n'ai jamais perçu, ni même ressenti, une quelconque sexualité. Cette prof, élégante et sensuelle, a éveillé quelque chose en moi. Je n'ai absolument aucune idée de comment ça marche, mais je sais maintenant qu'il y a là un monde à découvrir.

Dans la pension, nous sommes une trentaine, par chambre de trois. Beaucoup d'étrangers, fils de diplomates, échoués ici pour un an ou deux. Certains sont riches, ça se voit à leurs mocassins à pompons.

En sous-sol, il y a une télévision en noir et blanc. Il faut glisser une pièce de 1 franc pour qu'elle s'allume pendant cinq minutes.

Je me souviens d'un match de football, Saint-Étienne contre le Bayern de Munich où, à tour de rôle, on se relayait, debout sur la chaise, prêt à glisser la pièce dans la fente pour ne pas perdre une seconde du match. Évidemment, au moment crucial, la télé s'éteint et tout le monde hurle si fort que le préposé à la pièce la lâche par terre. D'un seul coup, nous sommes tous plongés dans le noir et il s'ensuit un chaos monumental. Quand la télé se rallume enfin, les Allemands en ont profité pour nous coller un but. Comme d'habitude.

Le mercredi, il n'y a pas grand-chose à faire et je traîne au stade Chéron, juste en face du lycée. Un jeune homme s'entraîne au saut en hauteur. Il saute d'une drôle de façon, on dirait qu'il est à l'envers.

— Ça s'appelle du Fosbury, me dit le jeune homme, qui prépare alors les championnats de France. Tu veux essayer ?

Le gars est passionné et transmettre son art est, pour lui, un plaisir. Mes profs devraient en prendre de la graine. Je ferai du saut en hauteur tous les mercredis, sans club, sans cadre juridique, juste entre nous. Pourtant, mon physique de bûcheron ne me prédestine pas à cette discipline, mais la grâce du moment et l'enthousiasme de mon nouveau copain me portent jusqu'à 1,65 mètre, plus haut que ma propre taille à l'époque.

Le week-end, je vais souvent chez ma grand-mère Marguerite. Je dois d'abord la rejoindre à la boutique. Elle travaille maintenant comme chef-vendeuse dans un magasin de confection, avenue de La Bourdonnais. La proprio est une vieille bourgeoise qui croule sous les bijoux de toutes sortes. Elle n'a tellement pas confiance dans la banque qu'elle préfère tout porter sur elle. Son visage est lisse et poudré à l'extrême. En revanche, ses mains trahissent son âge. On dirait l'écorce d'un vieux chêne. J'ai l'impression qu'on lui a greffé les mains de quelqu'un d'autre, tellement la différence avec son visage est flagrante.

Marguerite m'explique alors que sa patronne est une aristocrate à qui je ne peux pas serrer vulgairement la paluche pour lui dire bonjour. Elle m'apprend donc à faire le baisemain. Dans la foulée, elle m'apprend aussi à bien me tenir à table, à choisir les bons couverts et à m'essuyer la bouche avant de parler. Pendant des années, elle va m'enseigner les bonnes manières et l'artillerie qui va avec. Elle va me donner tout ce que mon père a refusé d'apprendre. N'importe quel gamin aurait sûrement râlé d'avoir à assimiler tous ces gestes d'une autre époque, mais moi j'adorais. J'avais un tel gouffre affectif que j'acceptais qu'on y jette n'importe quoi.

Si, plus tard, j'ai pu faire illusion dans les dîners officiels, je le dois à Marguerite.

Le seul problème, c'est que le baisemain que je dois faire à la vieille, tous les vendredis, en arrivant à la boutique, me répugne. Ses mains ne sont qu'un enchevêtrement de veines, soudées autour de ses bagues et de ses doigts qui sentent le formol. Alors je m'installe en face du magasin et je guette. Dès que ma grand-mère se dirige vers le fond de la boutique, j'accours et je serre la main de la vieille, comme on serre une patte de poulet. Mais un jour, je perçois une tristesse dans le regard de cette femme et je comprends que le baisemain de ce petit blondinet est un moment de tendresse qu'elle affectionne et qu'elle attend, probablement, tous les vendredis. Il y a dans son regard une solitude qui ressemble à la mienne. Ce jour-là, je décide de m'appliquer et de lui offrir, chaque vendredi, le plus beau des baisemains. En échange, elle me donne le plus gentil des sourires. Un sourire d'enfant.

Après la fermeture du magasin, nous prenons le bus qui nous emmène jusqu'à La Garenne-Colombes. Prendre le bus est un luxe. Les sièges sont confortables et on voit, à travers la grande vitre, le spectacle de la vie, le fourmillement des gens pressés, les rues commerçantes en ébullition, les arbres comme de grosses boules vertes, que l'hiver assèche tous les ans. À Noël, Paris est tellement décoré qu'on dirait un parc d'attractions. À cette période, ma grand-mère m'amène au Printemps et aux Galeries Lafayette pour admirer les vitrines. Chaque fenêtre est un spectacle devant lequel je peux rester des heures. Je me souviens surtout de l'une d'entre elles, qui ressemblait à la lune. Elle était dédiée à un film qui venait de sortir, *2001, l'Odyssée de l'espace*. À partir de là, j'ai emmerdé ma mère jusqu'à ce qu'elle m'emmène le voir.

— Ce n'est pas de ton âge, tu ne vas rien comprendre ! me lance-t-elle.

Mais je m'en fous. Je ne suis pas là pour comprendre, mais pour ressentir.

Nous optons pour le cinéma de l'Empire, avenue de Wagram, cinéma qui n'existe plus aujourd'hui. Nous entrons dans la salle de deux mille places, pleine à craquer, et nous nous asseyons au milieu, face à l'écran géant. Le film est un choc absolu. Même aujourd'hui, je ne m'en suis pas encore tout à fait remis.

— Alors, tu as compris quelque chose ? me demande ma mère à la sortie.

— Tout, je lui réponds crânement.

J'ai surtout compris que la vie est plus large que celle qu'on me propose. Je ne sais pas encore ce qu'est une œuvre, mais je me sens comme une plante qui découvre la pluie. Je me sens pousser. Grandir.

L'appartement de Marguerite est petit. Une salle de bains juste en face de l'entrée, une chambre sur la droite et un salon sur la gauche, qui donne sur une minuscule cuisine. On voit la rue côté salon, tandis que la chambre donne sur un jardin dans lequel je peux jouer dès l'arrivée du printemps. Marguerite a, pour moi, un petit coffre rempli de jouets, principalement des soldats de plomb et des chevaliers en plastique. Les soldats de plomb sont délavés par le temps, ils ont sûrement appartenu à mon père. Les autres jouets sont de la récup', il n'y a rien de neuf. J'ai aussi hérité d'une boîte de médailles militaires ayant appartenu à mon grand-père. Elles me servent pour la déco ou les trésors à trouver. Régulièrement, Marguerite m'offre une petite voiture Majorette qu'on achète à bas prix sur le marché du dimanche. Les lignes du tapis persan qui habille le salon tracent le meilleur des circuits et je peux jouer des heures, allongé par terre, bercé par les bruits et les odeurs qui s'échappent de la cuisine.

Marguerite est bonne cuisinière. Elle m'apprendra bon nombre de recettes. Sa spécialité, c'est le rosbif avec des doubles frites sautées, et des crevettes grises en entrée.

Le soir, elle prépare mon lit à l'aide des trois coussins du canapé et je m'endors en regardant les murs couverts des peintures de mon grand-père. Il y en a des dizaines. Il peignait à l'huile et à l'aquarelle : des sous-bois, des vieilles maisons, sûrement familiales, des portraits qui ont tous quelque chose en commun, des regards blessés par la solitude. Il y avait même une peinture qui me représente, et mon regard n'échappait pas à la règle.

Le week-end chez Marguerite est comme une respiration, une bouffée d'air de la montagne. Elle ne s'occupe que de moi et de rien d'autre, et Dieu, que c'est bon !

Le dimanche en fin de journée, ma mère vient me chercher. Nous buvons un thé en attendant que François vienne klaxonner en bas de la rue pour nous faire signe de descendre. Sa Renault 16 bleu marine fait un bruit bizarre, comme si elle roulait au vitriol. Il conduit comme un pilote, c'est-à-dire très vite, mais avec une économie de mouvement, une fluidité incroyables. Il dessine des courbes qui n'existent pas. Il ignore les marquages au sol au profit de la forme de la route. Comme tout bon pilote, il ne parle pas. La route que j'ai admirée à l'aller, du haut de mon bus, n'est plus, au retour, qu'une suite de bandes de couleurs qui défilent comme dans un train. Le trajet entre La Garenne-Colombes et Saint-Maur ne prend que quelques minutes. La R16 vitaminée vient se garer devant ma pension et ma mère m'embrasse pour la semaine. Puis je rejoins les fils de diplomates qui ont passé le week-end à glisser des pièces dans la fente. Leurs parents habitent trop loin et ils n'ont pas la chance d'avoir une Marguerite pour le week-end.

Pendant ce temps, mon père s'est remarié. Je n'ai pas vraiment été déçu de ne pas avoir été invité, puisque je n'étais même pas au courant. Je l'ai appris quelques mois plus tard, en feuilletant l'album-photo de sa nouvelle famille. J'ai aussi appris qu'il avait ouvert une boîte de nuit à Paris, le Wonder. La nostalgie du temps des pirates, probablement.

1972

François arrête de faire le chauffeur et s'installe avec ma mère. Son frère, ingénieur, est parti construire des satellites en Amérique du Sud et nous prête sa maison pour trois ans. C'est une petite maison en bord de forêt, dans un programme immobilier, construit aux abords d'un village encore dans son jus, Lésigny, en Seine-et-Marne. Notre maison est coupée en deux moitiés identiques, comme deux duplex côte à côte, et nos voisins s'appellent les Blachère. Ils bossent tous les deux chez Air France.

J'ai une chambre pour moi tout seul et la fenêtre donne sur la forêt. Fini la pension. Ma mère m'a trouvé une place dans le CES du coin, une espèce d'ensemble de boîtes préfabriquées posées au milieu d'un champ de vaches.

Je rentre en quatrième, mais mon niveau est tellement bas qu'on m'annonce mon redoublement dès la première semaine. Ça va me motiver, c'est sûr. En même temps, je suis mauvais dans toutes les matières.

— Vous êtes la seule personne que je connaisse qui soit capable de faire plus de fautes d'orthographe qu'il n'y a de mots dans la phrase ! me sort mon prof de français, persuadé que cette vanne, qui provoque l'hilarité générale, est la meilleure façon d'intégrer un nouvel élève.

Les maths me dépassent, l'histoire m'ennuie et la géographie de l'Allemagne me laisse totalement indifférent. En revanche, je m'entends très bien avec le prof de sport. Il peut m'apprendre toutes les disciplines qu'il veut, il trouvera toujours en moi le premier partant. Il faut juste qu'il m'apprenne à contenir ma force et mon énergie, car je casse un peu trop les pieds et les poignets de mes camarades et c'est embêtant pour les statistiques.

J'ai de bonnes aptitudes en hand-ball et je progresse très vite. Malheureusement, au cours d'un match « amical » profs contre élèves, je déboîte l'épaule d'un prof de maths et je suis banni du terrain pour l'année. Mon prof de sport me met alors au volley, seul sport d'équipe où je ne peux pas avoir de « contacts » avec l'adversaire. Ça deviendra mon sport d'équipe préféré, jusqu'à aujourd'hui.

Dans ma classe, il y a une jeune fille qui me plaît bien. Elle est plus grande que moi, elle a des yeux de poisson-chat et un sourire de dauphin. Elle n'est pas particulièrement belle mais elle a quelque chose que les autres n'ont pas. Elle a du charme. Elle s'appelle Nathalie.

À l'école, je suis aussi à l'aise qu'un hippopotame dans une Twingo et Nathalie s'en amuse. En fait, je la fais rire et moi je suis touché qu'elle me regarde. Elle habite à deux rues de chez moi. Nous commençons à nous voir le mercredi, puis tous les jours de la semaine. Sa famille est bruyante, mais soudée. Ça rit, ça échange, ça hurle. J'ai peine à croire que c'est ça, une famille, que ça bouillonne, que ça communique, que c'est aussi vivant.

Chez moi, François fait la gueule par principe, et il n'a jamais rien à dire. Jamais. Il est passionné d'automobile et rien d'autre ne semble avoir d'importance à ses yeux.

Il m'a toujours regardé comme une bête curieuse. Il est comme un chien qui regarde un poisson à travers la surface de l'eau.

Le matin, il ne m'embrasse pas, juste une vague poignée de main, du bout des doigts. Il n'a jamais de geste affectif, même envers ma mère, mais du moment qu'il ne lui met pas des tartes, ça semble lui aller.

Quelques années auparavant, François pilotait pour l'écurie GRAC, réputée à l'époque. Il était rapide et probablement l'un des plus doués de sa génération. Une année, on lui proposa un volant dans une grosse écurie, mais il refusa, par fidélité envers GRAC. Malheureusement sa nouvelle voiture n'avançait pas et il se traîna, en fond de grille, pendant toute la saison. Alors François a délaissé peu à peu les circuits et monté une petite entreprise qui fabrique des casques.

La boîte s'appelle GPA. Ça marche plutôt pas mal et, rapidement, il ouvre une usine dans les environs de Lésigny. Du coup, il bosse comme un chien et on ne le voit jamais. C'est peut-être pour ça que ma mère décide d'en prendre un vrai. Un chien. Il s'appelle Jerry. C'est un basset hound : 1 mètre de long et 10 centimètres de haut. Une vraie Formule 1. Rien à voir avec Socrate l'aventurier. Jerry n'aime que la moquette. On s'entend bien et je m'occupe de lui comme de ma peluche.

Durant les deux premiers trimestres scolaires, je ne vois quasiment pas mon père. Il faut dire que ses horaires de gérant de boîte de nuit ne sont pas vraiment compatibles avec ceux de l'école. Mais d'un seul coup, comme d'habitude, tout change. Mon père ferme le Wonder et rejoint le Club Med. Il est prévu qu'il parte pour Agadir, au Maroc, comme chef des sports. Pour mon père, un tel changement signifie qu'il rentre dans le rang. Fini les conneries. Il a un vrai boulot, avec un bulletin de salaire et tout et tout. Et même si son job consiste à faire le zouave en maillot et en tongs, il a le sentiment d'accéder à une vie normale. La raison de ce changement est facile à trouver : Cathy est enceinte. Il a foiré sa première famille, la vie lui donne une deuxième chance.

Tout le monde essaie de m'expliquer, à sa sauce, la notion de demi-sœur. Mais je m'en fous. Il n'y a pas de « demi » qui compte. Ce sera ma sœur, un point c'est tout.

Je vois Julie pour la première fois dans le grand appartement des parents de Cathy, à Neuilly. Comme presque tous les bébés, elle est moche et c'est mon premier commentaire. La famille s'offusque aussitôt et on met en garde Cathy.

— Ne le laisse pas s'approcher trop de la petite, les enfants d'un premier mariage peuvent être jaloux et violents, j'entends dans le couloir.

Pourtant j'aime déjà ma sœur et je lui ai juré, dès le premier jour, qu'elle ne connaîtrait jamais la solitude qui m'avait fait tant souffrir.

J'ai maintenant officiellement une sœur, mais je ne sais pas trop comment appréhender cette bonne nouvelle. Quelle est ma position au sein de cette belle-famille recomposée ?

Le soir à table, je parle à ma mère et à François de cette première rencontre avec ma petite sœur. Il est facile de voir que, sous mon excitation excessive, se cache un peu de désarroi, mais je n'obtiendrai aucune réponse ni aucune aide.

Démerde-toi du haut de tes 12 ans.

L'été arrive rapidement et je rejoins mon père à Agadir, pour la durée des grandes vacances. Le village est assez chic, la piscine immense et la mer encore plus. La plage fait des kilomètres et il y a une barre artificielle, en cailloux, pour casser les vagues et protéger les baigneurs. C'est la première fois que je rencontre l'Atlantique. Rien à voir avec la Méditerranée. Les vagues sont plus puissantes. Plus bruyantes aussi. Leur rythme est plus lent. La Méditerranée est une jeune femme espiègle, changeante, lascive et charmeuse. L'eau est cristalline et elle vous dévoile ses dessous. L'Atlantique est une matrone, puissante et autoritaire. J'ai peur qu'elle m'engueule. L'eau est tellement épaisse qu'on ne distingue même pas ses mains. Je vais donc passer l'été autour de la piscine.

Cathy n'est toujours pas à l'aise avec moi. Julie me fait ses premiers sourires et mon père est occupé. Je le croise de temps en temps dans le village. J'ai droit à un sourire, une petite tape sur l'épaule censée être un geste d'affection. Pourtant je le regarde comme un dieu. Il est grand, beau et fort. Son joli sourire et ses yeux bleus font de l'effet à tout le monde, même à moi. Il a la cote et le village entier est sous son charme. Moi, j'aimerais juste qu'il soit mon papa, mais je dois accepter que Dieu appartienne à tout le monde.

Je passe l'été à faire du sport. À fond. Malheureusement, lors d'un match de water-polo, je démonte l'épaule d'un client qui n'était pas venu en vacances pour ça. Je me retrouve banni de toute compétition. Même de pétanque. Alors je me mets au surf. La sensation est bonne, mais l'eau est trop boueuse et ça me gâche mon plaisir. J'aime l'eau bleue, profonde et transparente, celle que l'on trouve à Poreč ou à Ios.

Les jours glissent les uns après les autres, sans problème et sans envie. Sans réponse, non plus, à toutes les questions que je me pose. L'été se termine et je rentre à Lésigny pour, comme prévu, y redoubler ma quatrième.

L'avantage de redoubler, c'est que je ne suis plus cancre – au moins les premières semaines, car les gamins vont vite rattraper mon niveau.

Nathalie est en troisième et je sens bien qu'elle avance beaucoup plus vite que moi. J'ai presque honte de m'afficher avec elle et j'ai peur qu'elle soit gênée. Mais elle s'en fiche complètement et on continue à se voir, à flirter même. Pour le reste, il ne se passe rien, je suis en attente. Je sens plein de choses qui bougent en moi, mais je suis incapable de les formuler ni même de les comprendre. Ça doit se voir comme le nez au milieu de la figure que je ne suis pas à l'aise dans la vie qu'on m'impose, mais aucun des adultes qui m'entourent ne semble le voir ni même s'en soucier. Tant pis. Je resterai avec ce poids dans ma poitrine, en espérant que le temps le fasse disparaître. Comme une grippe.

Mon père et sa petite famille sont en saison d'hiver à Leysin, une station de ski familiale au cœur de la Suisse. Que des vieux chalets agglutinés autour d'un hôtel rococo, le tout au milieu de la forêt. La neige est tombée en masse et écrase les chalets noircis par le froid. Des centaines de stalactites pendent des toits comme des franges.

J'ai rejoint mon père pour les vacances de fin d'année. Noël est le jour le plus dur pour ceux qui travaillent, et je ne vois quasiment pas mon père. Le jour de l'an, c'est pareil. Mon père embrasse quatre cents personnes avant d'arriver jusqu'à moi. Ça se passera comme ça tous les hivers.

En haut des pistes, le Club a installé un restaurant d'altitude, car le domaine skiable est assez loin de l'hôtel. Je m'y arrête tous les midis, vite fait, avant de repartir skier. Le responsable du chalet a une fille qui, elle aussi, a rejoint son père pour les vacances. Coupe blonde au carré, des yeux bleus comme une aquarelle et un corps à poser dans les magazines. Elle s'appelle Vinny. Elle a 16 ans – seulement deux années de plus que moi, mais qui me paraissent deux siècles. Je suis encore un enfant, elle est déjà une jeune femme. Je tombe raide amoureux, mais je suis incapable de le formuler et je fais tout pour le cacher. Je dois ressembler à un éléphant qui se planque derrière un poteau. Vinny est intelligente et mon cinéma l'amuse. Elle a, elle aussi, des parents divorcés et son manque affectif est aussi profond que le mien. Alors, par solidarité, elle me laisse entrer dans son monde. Je la regarde se maquiller et elle me demande mon avis sur ses tenues. En ville, elle fume de longues et fines cigarettes brunes. Elle parle vite, change de sujet sans arrêt, rit d'un seul coup. Une vraie Parisienne. Parfois, elle me prend par le bras. Jamais longtemps. Pas question pour elle de flirter avec un minot. Ses proies sont plus âgées. Elle a d'ailleurs un copain. Elle l'a rencontré au début du séjour. Le gars a 21 ans et une voiture. Cheveux longs et bruns qui tombent sur une grande écharpe rouge. On dirait BHL en jeune. Je suis jaloux comme un pou.

Aujourd'hui, Vinny a décidé de skier avec lui. Le gars skie comme une bouse et pendant qu'ils font une descente, j'ai le temps d'en faire trois. À chaque fois que je passe à leur hauteur, je m'arrête dans une magnifique gerbe de neige qui lui en met plein la gueule.

Le soir, Vinny m'attrape au bar. Elle m'explique, avec un gentil sourire, que la jalousie n'est pas une solution, qu'elle m'aime beaucoup, mais que je suis trop jeune. Puis elle me fait un portrait au vitriol de son crétin de boy-friend et m'assure de son affection éternelle. J'acquiesce, comme un chien en plastique à l'arrière d'une voiture. Vinny est clairement une femme et je n'ai peut-être pas décroché une fiancée, mais j'ai gagné une amie.

Le retour au CES de Lésigny est dur. Ici la neige est sale et fondue. Il ne reste que le froid. À cette époque, il n'y a pas de portable, pas d'Internet et François râle à chaque fois que je pose la main sur le téléphone, à cause du prix. Alors j'écris des lettres qui mettent quinze jours à arriver et le souvenir de Vinny s'estompe peu à peu…

Au troisième trimestre, je me suis rapproché de Nathalie. Elle n'est pas encore une femme et on s'amuse comme deux potes. Je l'appelle Pôline, elle m'appelle Pôlin. On devient inséparables. Bien sûr, on fricote et on apprend à s'embrasser. Elle n'est pas prête à passer à l'acte. Ça tombe bien, moi non plus. Mais on se promet que, le jour venu, on le fera ensemble.

L'année scolaire se termine mollement. Tous les élèves ont rattrapé mon niveau et je ne finis même pas dans la bonne moitié. Ce n'est pas bien grave, personne ne regarde mes bulletins.

Cet été-là, mon père est muté à Roussalka, en Bulgarie. Je l'y retrouve comme d'habitude pour les vacances.

Le village est au bord de la mer Noire et ressemble vaguement à Poreč. Mais sans Socrate, ça n'a pas d'intérêt et je passe l'été à le regarder passer. En fait, Nathalie me manque et j'ai hâte de la retrouver.

De retour à Lésigny, je fonce sonner chez ses parents. Pôline est toute bronzée et elle est encore plus jolie que dans mon souvenir, mais quelque chose a changé. Elle a une maturité dans le regard. Elle sourit là où elle riait, elle écoute là où elle parlait. Je crains le pire, qu'elle finit par m'avouer. Elle a couché avec un beau blond, rencontré sous une pinède. Mon cœur s'effondre, même si je ne laisse rien paraître. Je quitte mon statut d'amant pour celui d'ami. L'année scolaire s'annonce vraiment mauvaise.

Je ne veux plus de cette planète. C'est décidé, je serai cosmonaute. Mon voisin Jean-Claude Blachère, chef de cabine à Air France, me rapporte régulièrement des petits moteurs à poudre qu'on ne trouve qu'à New York. En attendant de m'installer à Cap Canaveral, je décide de construire mes propres fusées. Je récupère des tubes de Sopalin pour le corps, puis je taille du balsa pour faire les ailettes. Le parachute est découpé dans des sacs poubelles, puis cousu à la main. L'avantage d'avoir joué toute mon enfance avec pas grand-chose, c'est que ça m'a donné la capacité de construire tout ce que je veux avec n'importe quoi. Tous les week-ends, je m'installe dans un champ de betteraves, gelé pour l'hiver, et je fais décoller mes fusées.

Le bruit court dans le lycée et le spectacle de mes drôles d'engins qui s'envolent commence à attirer du monde. Même ma mère se déplace. Les fusées se perfectionnent et possèdent maintenant des doubles moteurs. J'envoie les engins à plus de 1 000 mètres – une performance que les avions de ligne n'apprécient pas et je vois débarquer les gendarmes dans mon champ de betteraves. La tour de contrôle de Roissy a lancé une enquête et je suis prié d'arrêter mes conneries. Info ou intox, je ne le saurai jamais. Quoi qu'il en soit, je suis interdit d'espace aérien et condamné à rester sur terre. Qu'importe, je m'échapperai quand même et j'irai découvrir l'Australie. C'est ce que j'ai trouvé de plus loin de Lésigny et ses betteraves. Et puis, au passage, ça me permettra de bosser un peu ma géographie.

J'étudie le pays de fond en comble et je commence à réfléchir au parcours idéal. Un copain de classe me suit dans l'aventure et nous discutons du projet tous les midis à la cantine. On doit ressembler à deux cas sociaux en train de préparer un casse. J'ai entrepris de faire le tour de l'Australie avec le seul moyen de transport dont je dispose : ma mobylette. Du coup, je me mets aussi aux maths, puisque je dois calculer la consommation de carburant et le coût du voyage en dollars australiens. D'après mes calculs, l'expédition tient dans les soixante-dix jours de vacances d'été et je me renseigne sur les coûts pour mettre nos deux mobylettes en soute. Le dimanche, il m'arrive de tondre des pelouses pour me faire de l'argent de poche : 20 francs la coupe.

Il faut en tondre plus de mille si on veut boucler le budget. Il va donc falloir réellement faire un casse ou trouver des sponsors. Comme François aimerait bien me voir partir très loin, peut-être que les casques GPA pourraient me sponsoriser ? Je suis sûr que si je lui propose de ne jamais revenir, je pourrai même obtenir plus. Mais d'un seul coup, en pleine cantine, mon partenaire me lâche.

— Non, mais sérieux ? T'as vraiment cru qu'on allait faire le tour de l'Australie avec nos mobs ? me lâche-t-il dans un éclat de rire.

Je ne comprends même pas la question, puisque je coche, sur mon calendrier, tous les jours qui me rapprochent du départ. Mon pote hausse les épaules et m'abandonne avant le dessert.

— T'es vraiment un gros taré, toi ! me lance-t-il avant de rejoindre un groupe d'élèves qui parlent de foot.

Mon rêve d'Australie meurt ici, au fond de la cantine.

Cet été, j'irai donc au Club, comme d'habitude.

Mon père a été promu chef de village et on l'a envoyé fêter ça à Al-Hoceima, au Maroc.

Retour à la Méditerranée, mais ici elle est bien différente. La plage est sans fin et il n'y a pas de rochers. Sauf en face du village, où trône un fort espagnol, agrippé sur un morceau de rocher. Le fort est militaire et en activité. Interdit de s'en approcher. Le village est constitué d'une multitude de petites paillotes dispersées sous une large pinède. C'est plutôt beau, presque luxueux. Mon père prend au sérieux ses nouvelles fonctions et bosse comme un âne en maillot de bain. Je le verrai encore moins que d'habitude. Cathy travaille à la boutique et Julie commence à barboter dans la grande piscine, une grosse bouée rose autour de son bidon. L'été s'apprête à ressembler aux précédents, quand deux événements se produisent. Deux événements qui vont changer ma vie.

Le premier survient grâce à Tom, l'architecte. J'ai toujours bien aimé Tom, car c'est le seul qui me parle comme à un adulte.

Il fait la saison à la déco. Le gars est solitaire et bien différent de tous les autres qui gravitent autour de mon père. À force d'errer dans le village, je finis par tomber sur sa case. Il est en train de peindre. Sa paillote ressemble à un petit musée, soigneusement rangé. Le gars est maniaque, mais il m'autorise à feuilleter ses livres de photos. Lartigue, Cartier-Bresson, Doisneau, mais aussi Helmut Newton, Bourdin et Hamilton. Des formes, des lumières et des corps de femmes, souvent nues. Je rougis à chaque page, mais Tom ne dit rien. Il s'assied à côté de moi et m'explique.

Là où je suis incapable de voir autre chose que de la nudité, il me montre les courbes et les contrastes, les axes qui se répondent, les formes géométriques qui s'entremêlent. Et bientôt la nudité disparaît au profit de l'architecture, des maths et de la poésie. Une photo n'est plus une image plate, mais un monde construit, à découvrir. Je suis fasciné, comme si je venais d'apprendre à lire. À partir de ce jour-là, je ne regarderai plus jamais le monde de la même façon.

Je viens l'emmerder tous les jours dans sa case, mais il a l'air d'aimer ça. J'ai su, plus tard, qu'il a toujours eu un faible pour ma mère, même s'il ne l'a jamais avoué, à cause de la taille des biceps de mon père. Alors peut-être que l'affection qu'il me portait était destinée à ma mère.

Tom a aussi, dans sa case, un électrophone et une collection de 33 tours. Les pochettes sont souvent des œuvres d'art à elles toutes seules, et je m'arrête sur *Bitches Brew* de Miles Davis. La musique envahit la case et mon cerveau est en ébullition. Je ne comprends rien, mais je sens la puissance. Tom éduque alors mon oreille, me fait suivre la basse qui répond à la batterie, me montre comment la trompette se cale sur le clavier, et comment tous ces sons entremêlés, dans une architecture complexe, arrivent à faire naître une émotion. C'est la même structure que celle que j'avais découverte dans les photos. En fait, l'architecture guide chaque création quelle qu'elle soit. Tom ne sait pas qu'il vient de bouleverser ma vie. Je viens d'apprendre une nouvelle langue et je décide que ce sera ma langue officielle, maternelle en quelque sorte.

– 6 –

Le retour à l'école est pénible. Je suis en troisième. Rien ni personne ne m'intéresse. Le programme a l'air aussi chiant que celui de l'année dernière. Je décide donc de me monter un programme parallèle. J'achète le magazine *Photo* toutes les semaines et je le lis jusqu'à épuisement. Le mercredi, je fonce à Paris pour aller au Lido Musique. C'est un grand magasin de disques, spécialisé dans les imports.

Dans la case de Tom, j'ai épluché le dos des pochettes d'albums et j'ai repéré les noms des musiciens qui jouent avec Miles Davis. Rapidement, je m'aperçois que tous ces musiciens sont liés, comme un immense arbre généalogique. Stanley Clarke m'amène à Chick Corea qui me guide vers Keith Jarrett, puis Herbie Hancock. À cette époque, trois albums me bouleversent : le premier album de Stanley Clarke, *Spectrum* de Billy Cobham et surtout *Weather Report*, le premier album du groupe éponyme.

Je suis debout dans le magasin, le casque collé sur les oreilles, et je passe des heures à me shooter pour la semaine. Chaque mercredi, je reviens du Lido avec un album, et chaque dimanche, je tonds trois pelouses pour pouvoir m'en payer un autre.

Le seul problème, c'est qu'il n'y a pas de chaîne stéréo chez nous. François n'aime pas la musique, il n'aime que le bruit de moteurs. Du coup, tous les soirs, après avoir expédié mes devoirs, je file chez le voisin. Jean-Claude a une chaîne stéréo qu'il a planquée sous l'escalier. Il accepte que je m'en serve à condition de bien respecter le matériel. Jean-Claude est un maniaque de premier rang. Il faut plier le chiffon antistatique, enlever la protection plastique du saphir et surtout laisser le bras automatique faire le boulot à ma place. Je viens de m'acheter le premier album du Mahavishnu Orchestra, avec John McLaughlin à la guitare et Jean-Luc Ponty au violon. Le son envahit la pièce. Ça dure à peine trente secondes, car Jean-Claude vient d'arrêter le concert. Il sort un casque, semi-professionnel, de son emballage d'origine et me le branche. Il veut bien être sympa, mais n'a aucune envie de partager ma musique de Zoulous. Je mets le casque et la musique m'envahit, de nouveau, comme un sentiment d'amour.

Tous les soirs, je viens prendre ma dose. Au lieu de hurler mon désespoir, je viens me péter les oreilles avec les cris des autres.

J'ai juste un petit souci d'ordre technique. Le fil du casque est trop court. Je dois le passer à travers les barreaux de l'escalier pour pouvoir m'asseoir sur les marches, la tête collée à la rambarde. Ce n'est pas très confortable mais je m'en fous. Je serais resté debout sur une jambe s'il l'avait fallu.

Même si Lésigny est un peu loin de la capitale, je continue, de temps en temps, à aller voir Marguerite, ma grand-mère paternelle. Le magasin de confection dans lequel elle travaille ne marche plus très bien. Il faut dire que les modèles qui traînent en vitrine sont d'un autre siècle. La proprio a été obligée de vendre une grande partie du magasin et une équipe réduite survit dans la petite partie. La vieille dame est maintenant recroquevillée au fond de son petit magasin et semble attendre la mort. Je m'applique à lui faire un baisemain qui, chaque fois, la ravit.

Ma grand-mère travaille en sous-sol, dans la cave aménagée en atelier. Ils ne sont plus que trois employés. À côté, le reste du magasin est devenu une banque. Plus loin dans la rue, il y a une boutique que je n'avais jamais remarquée auparavant. Elle vend des disques et des platines, et elle est spécialisée dans le jazz. Autant dire que je suis comme une abeille qui tombe sur un pot de miel. Tous mes nouveaux héros sont là. Il va falloir tondre aussi le samedi si je veux suivre. Le gérant me donne une petite carte. À chaque fois que j'achète un album, il poinçonne ma carte, comme dans le métro. Au bout de dix albums achetés, j'en aurai un gratuit. J'ai le souvenir d'avoir passé mon premier trimestre à tondre des pelouses. J'utilise également l'argent récolté à Noël, auprès de mes grands-mères, pour peaufiner ma collection. J'ai maintenant une vingtaine d'albums et toujours rien pour les écouter. Ma mère finit par tilter.

— Mais pourquoi tu achètes tous ces disques alors qu'on n'a rien pour les écouter ? me demande-t-elle avec un bon sens déconcertant.

J'ai envie de lui hurler dessus, lui crier qu'un gamin qui dépense tout son argent dans des disques alors qu'il ne peut pas les écouter a sûrement une pulsion créative qu'il conviendrait de suivre et d'encourager quand on déclare être ses parents. Mais les mots restent coincés dans ma gorge et je réponds en balbutiant :

— Ben… je les écoute chez Jean-Claude.

Ma mère me regarde comme une poule devant un peigne. Je viens de lui dire que 1 + 1 font 3. Elle hausse les épaules et retourne dans sa cuisine et moi, un peu triste, j'attrape mes disques et file chez Jean-Claude prendre ma dose.

Il faudra attendre près de deux ans pour que ma collection atteigne quatre-vingts albums et que le message passe. Deux ans. Il faut dire que ma liste de Noël est claire, je ne demande qu'une seule chose cette année-là : une chaîne stéréo.

Elle arrive finalement. Simple, moyenne et bas de gamme. Je m'en fous, je vais pouvoir me péter les oreilles tous les soirs. En revanche, pour écouter ma musique dans le salon, je suis prié de mettre mon casque, comme si écouter du Keith Jarrett était une grossièreté.

Cathy a de nouveau le ventre qui s'arrondit. Je le découvre pendant les vacances d'hiver. Mon père passe la saison à Cortina d'Ampezzo, en Italie. Le domaine skiable est grandiose et abrite même une étape des championnats du monde. Rien à voir avec Valloire. Ici, on skie dans la cour des grands. Ça me pousse à progresser et, en slalom, je ne suis plus qu'à deux secondes de l'ouvreur.

De temps en temps, mon père m'emmène skier. Nous allons toujours hors piste. Il adore l'aventure, les sapins, les forêts et la poudreuse qui monte jusqu'à la ceinture. Il skie bien, sur tous les terrains. Tous les dimanches, nous nous affrontons au slalom, mais il est impossible à battre. Il me faudra attendre les vacances de février pour réessayer.

Ce jour-là, les moniteurs de ski ont tracé un slalom spécial où nous sommes tous les deux inscrits. Mon père part juste après les ouvreurs et fait un bon temps. Mais j'ai la rage en moi et l'envie de le battre. C'est peut-être la seule façon que j'ai de lui montrer que j'existe, et qu'il faut qu'il me regarde. Je pars, le couteau entre les dents, tel un pirate, et je lui mets une demi-seconde. Je suis super heureux et je me précipite vers lui pour récolter toute la fierté qu'il doit y avoir au fond de ses yeux. Cette fierté, cette acceptation, cet amour dont j'ai tant besoin et que je réclame à coups de chronomètre. Mais mon père ne me regarde pas : il râle. Il accuse la neige, le froid, les piquets mal fixés et remonte illico pour faire un deuxième passage. Il n'améliore pas son temps à cause d'un mauvais départ. Il remonte une troisième fois et il donne tout ce qu'il a, jusqu'à la dixième porte, où il se vautre comme une loutre. Il me rejoint en bas de la piste, furieux. Il vocifère contre lui-même parce qu'il est incapable aujourd'hui de skier correctement et qu'il est nul comme il ne l'a jamais été. Bref : je n'ai pas gagné, c'est lui qui a perdu.

Nous rejoignons l'hôtel à skis. Il ne m'adresse pas la parole de toute la descente. Moi j'ai une boule au ventre. Je ne comprends pas. Le soir je dîne au club, à une table de sept inconnus en vacances. Je suis très perturbé. Je ne sais plus comment faire pour qu'il m'aime un peu. Je le croise après le dîner, un peu par hasard ; son visage s'est radouci.

— Tu as bien skié aujourd'hui. Et tu m'as battu. C'est bien, me dit-il.

Puis j'ai droit à une tape sur l'épaule avant qu'il disparaisse de nouveau.

Ces quelques mots me réconfortent, mais le mal est fait et la douleur toujours présente. Pendant ce temps-là, le ventre de Cathy s'arrondit davantage. C'est Julie qui va être contente, elle va avoir une petite sœur. Elle s'appellera Peggy.

La photo me passionne de plus en plus. J'y vois un complément à la musique et à l'architecture. Sans m'en rendre compte, je suis en train de définir l'ADN de mon cinéma. Je cours vers lui et je ne le sais pas. Comme je n'ai pas d'appareil photo et qu'il me faut tondre un million de pelouses avant de pouvoir m'en acheter un, je sollicite encore une fois mon voisin Jean-Claude. Il accepte de me prêter son Canon, mais les règles sont encore plus drastiques que pour l'électrophone. Je dois manipuler l'appareil comme un laborantin manipule un virus. C'est tout juste s'il ne me demande pas de porter des gants de chirurgien. Jean-Claude est tellement maniaque que l'appareil est encore dans son emballage d'origine.

Après deux heures de recommandations, il me laisse partir. Je sens bien qu'il a la boule au ventre, alors, pour le rassurer, je tiens la sacoche comme de la nitroglycérine.

Mon premier modèle est vite trouvé. Ça sera mon chien Jerry. Cette saucisse à pattes a du mal à rentrer dans le cadre et comme il bouge tout le temps, je dois ajuster le point en permanence. Mais grâce à lui, j'apprends les bases et construis mes réflexes.

Dans le magazine *Photo*, on célèbre Hamilton et ses jeunes filles en fleur. Les photos sont comme huilées et vaporeuses. Il utilise des filtres que je ne peux pas me payer, mais un peu de buée sur l'objectif fera l'affaire. Il me faut maintenant trouver un modèle, un vrai.

Gisèle est de loin la plus délurée du lycée. Elle a redoublé deux fois, mais ses hormones ont doublé tout le monde. Elle attire les garçons grâce à un chemisier qu'elle laisse négligemment ouvert en permanence. Sa poitrine nue se devine et elle le sait. Pour le dire poliment, elle n'est pas farouche. Mais les garçons de l'école sont encore trop jeunes et son bouillonnement hormonal fait peur à tout le monde. La pauvre Gisèle est donc frustrée et isolée dans son désir.

Bosser ne lui fera sûrement pas de mal. Je lui montre les photos des plus grands photographes et lui parle d'une séance de travail. Elle accepte aussitôt, les yeux brillants, et je vois déjà, dans son sourire, l'espérance d'une séance qui dérape.

Le mercredi suivant, elle vient à la maison où j'ai aménagé la chambre de ma mère en studio photo. J'explique avec sérieux la première pose, la lumière, l'expression. Gisèle acquiesce sans écouter et se met à poil. Son désir est évident, mais ça se complique, car moi aussi je suis trop jeune et je ne sais même pas comment ça marche. À travers la photo, je veux juste affirmer mon identité, mon existence. Je dois prouver aux yeux de mes parents que j'ai une valeur afin qu'ils me regardent. Rien d'autre ne m'intéresse. Gisèle est un peu déçue, mais elle finit par comprendre que ma démarche est sérieuse. Elle écoute alors mes indications et, peu à peu, se laisse guider à travers l'objectif. Je cherche à la montrer telle qu'elle est, cette jeune fille perdue, sensible, rejetée par des parents absents. Doucement, elle comprend qu'elle n'a pas besoin de jouer un rôle et qu'elle peut simplement être elle-même, être vraie, sans jugement. Elle peut enfin s'exprimer et quelqu'un sera là pour en témoigner. Gisèle devient docile et généreuse, et finit par me donner des larmes sur ses belles joues roses.

Le lendemain, à l'école, tous les boutons de son chemisier sont fermés, jusqu'au dernier.

Je finis l'année scolaire aussi médiocrement que je l'avais commencée, mais je passe néanmoins dans la classe supérieure, aux forceps. L'année prochaine, je ferai partie des grands. Mais l'année prochaine Nathalie ne sera pas là, elle rejoindra un lycée parisien. C'est terrible quand on sait déjà, en juin, que la rentrée sera pourrie.

Mon père a fait une super saison à Al-Hoceima, village réputé difficile. Alors, pour le remercier, la direction lui colle une deuxième saison là-bas. Je n'ai pas besoin d'explorer le village, je le connais déjà par cœur.

Julie commence à nager et Peggy à marcher. Ce sont les deux petites stars du village. Je les suis et les observe. Elles sont encore petites et, comme je ne les vois pas pendant l'année, je n'arrive pas à me situer en tant que grand frère. J'aimerais bien qu'on m'explique, mais mon père n'a pas le temps et Cathy n'a pas envie. Alors je les regarde manger, rire et courir. Je les regarde grandir. Le seul endroit où je peux échanger avec elles, c'est dans la piscine. J'y passe mes journées. Mes sœurs sentent tout de suite que l'eau est mon élément et ma présence les rassure. Je fais le zouave, le dauphin, le guignol. Je fais n'importe quoi pour décrocher leurs sourires. L'eau est le seul endroit où je peux enfin les prendre dans mes bras et leur donner tout l'amour que je n'arrive pas à leur dire.

Le reste du temps, je suis de plus en plus frustré et isolé. J'ai tellement de choses qui bouillonnent en moi et tellement personne à qui en parler. Je suis au milieu de mille vacanciers en maillots de bain qui hurlent, qui rient, qui dansent et qui s'amusent, mais je ne fais pas partie de la fête. J'ai l'impression d'être un poisson rouge dans un aquarium posé sur le comptoir d'une boîte de nuit. Le son me paraît étouffé et l'image un peu floue. Je ne perçois que les cris et les gesticulations.

Le village est bon marché et la clientèle plutôt jeune, alors la sangria coule à flots et la fête est permanente. Et tous les soirs, je m'endors avec les gémissements des femmes qui s'abandonnent dans les cases avoisinantes. Mais on s'y habitue, comme au bruit des vagues.

J'aimerais trouver un copain ou une copine. Quelqu'un à qui parler. Même quelqu'un qui ne parle pas ferait l'affaire. Juste une présence. Quelqu'un.

Ce matin-là, c'est le départ du bivouac. Deux jours loin d'ici, loin de la fête et de son bruit. Je m'invite sur le bateau, un gros caïque en bois, qui avance moins vite que les vagues. Le capitaine est un marin de pacotille. Il pense que sa barbe et sa casquette font de lui un vieux loup de mer, alors que l'année dernière il était à l'économat. Le bateau quitte le port, avec une trentaine de touristes à bord, excités comme s'ils allaient traverser l'Atlantique. En fait, on va juste à quelques kilomètres de là. À peine à deux heures de mer. Je me mets à l'avant, pour n'entendre que le bruit de l'eau qui glisse le long de la coque en bois. La mer ressemble à de la soie qui ondule lentement. Le bleu est profond et mystérieux. D'un seul coup, une forme, puis une autre. Quelques dauphins viennent jouer devant la proue du bateau. Ils semblent s'amuser de l'eau que le bateau pousse devant lui. On dirait une petite danse. Un dauphin se met à nager sur le côté et me regarde. Il ondule tranquillement, avec son sourire en coin. On dirait une invitation. Je cours à l'arrière prévenir le capitaine.

— Il y a des dauphins ! Si on ralentit et qu'on fait des cercles, ils vont rester là et jouer avec nous ! je lui hurle, tout excité.

Mais le barbu s'en bat les nageoires, il a un horaire à respecter.

La colère monte d'un seul coup. Pour une fois qu'on me regarde, pour une fois qu'on me sourit, pour une fois qu'on m'invite à jouer, ce n'est pas ce capitaine de comptoir qui va m'en empêcher. En un éclair, j'enfile mes palmes et mon masque et je saute du bateau, sans réfléchir et sans prévenir.

Je mets la tête sous l'eau. Le bleu est puissant et sans fin. On doit être sur des fonds de plusieurs centaines de mètres. Les sifflements et les cliquetis des dauphins résonnent de partout. Je ne les vois pas encore, mais ils m'ont repéré depuis longtemps.

Puis, d'un seul coup, ils apparaissent, agiles, rapides, fluides et élégants, aussi à l'aise que des hirondelles dans un vent d'été. Je reste immobile, comme flottant dans le ciel, ébloui par les courbes et les arabesques qu'ils dessinent devant moi. Bientôt l'un d'entre eux s'approche, me tourne autour et me regarde de son œil rieur. Je ne sais pas si c'est lui qui me souffle l'idée, mais je sens qu'il faut que je plonge. Je prends une grande respiration et je m'enfonce dans le bleu. Dans la seconde, trois dauphins se sont mis à la verticale et m'accompagnent dans ma descente, comme pour m'encourager. C'est tellement émouvant que je m'enfonce davantage, sans appréhension.

Pendant ce temps, le bateau, aussi manœuvrable qu'une machine à laver, a fait demi-tour et essaye de me localiser. Sous l'eau, j'entends son moteur diesel qui se rapproche, mais je continue à jouer avec mes nouveaux amis.

Les dauphins suivent tous mes mouvements et font de même. Ils vont doucement, à mon rythme, comme pour ne pas m'humilier. Mais je commence à fatiguer, car mes muscles sont asphyxiés. Au-dessus de moi, je sens l'ombre du bateau et je me prends à moitié l'échelle de corde sur la tête. Le capitaine me hurle dessus à en perdre une dent, et je n'ai pas d'autre choix que de remonter à bord. Les touristes sont hilares et me tapent sur l'épaule, mais je n'ai plus besoin de leurs regards, j'ai trouvé mes vrais amis.

Le bivouac se monte avec un peu de retard. La plage n'est pas très grande, mais elle est au fond d'une crique bien protégée. Les adultes récoltent du bois mort pour faire un grand feu sur la plage, car le soleil va bientôt disparaître. Je barbote dans la baie, les yeux rivés sur l'horizon, dans l'espoir d'apercevoir encore les dauphins. Ce serait un miracle... Mais, contre toute attente, le miracle se produit. J'aperçois un bout d'aileron, qui disparaît aussitôt. J'attends un peu, pour m'assurer que ce n'est pas un requin, et quelques secondes plus tard j'entends un souffle bref et puissant, un bruit caractéristique que je reconnais immédiatement. Je me mets à l'eau et je m'éloigne doucement de la côte, scrutant l'eau bleue à travers mon masque. Il semble être seul et son souffle se rapproche. Je palme plus doucement encore, pour ne pas le déranger. Je ne le vois pas, mais ses cliquetis sont de plus en plus proches et, visiblement, il me tourne autour, alors je m'arrête. Pas la peine de lui courir après. Il ne viendra que s'il en a envie.

Après quelques minutes, sa forme apparaît dans le bleu. C'est un gros dauphin gris. Il est calme et tourne lentement autour de moi en émettant plein de cliquetis. Je tourne sur moi-même pour l'observer plus longtemps et il fait quelques mouvements hardis. C'est peut-être une danse d'accueil. J'essaye maladroitement de l'imiter. Le dauphin s'arrête et me regarde. Je ne sais pas s'il est affligé par la médiocrité de ma prestation, ou s'il est subjugué par mon audace d'avoir essayé. Quoi qu'il en soit, il se rapproche davantage et, après une demi-heure d'hésitation, ma main effleure sa peau. Elle est douce comme la soie et dure comme du bois, comme deux cents kilos de muscles enfermés sous vide. Ma caresse semble lui avoir plu, car il revient sans cesse. Souvent, il se tourne pour que je lui caresse aussi le ventre. Bientôt il met son aileron dans ma main et me fait comprendre qu'il faut que je m'y accroche.

Dès que je le tiens, il accélère et m'entraîne. Il a envie de jouer. La première fois, la pression de l'eau est si forte que je le lâche aussitôt, mais il revient me chercher et je finis par l'agripper des deux mains. Il est tellement puissant qu'il m'entraîne comme un bouchon au bout d'une ligne. Souvent je bois la tasse et ça le fait rire.

Je décide de plonger dans le bleu, le plus profond possible. Mais aussitôt, le dauphin vient mettre son aileron dans ma main et me remonte. Il a compris, avant moi, que j'étais fatigué. Je me repose en surface et il s'approche tellement près que je finis par le prendre dans mes bras. Mon corps entier se met à frémir et je fonds en larmes. Pourquoi lui qui me connaît à peine et qui n'a un lien de parenté que très lointain avec moi, pourquoi lui seul est capable de me donner l'affection dont j'ai besoin ? L'a-t-il senti ? Est-il dans le même état affectif ? Je pleure de bonheur d'avoir enfin trouvé un peu d'amour et je pleure de rage contre ma famille et la race humaine en général.

Le dauphin tourne encore un peu autour de moi, mais je le vois de moins en moins bien. C'est seulement à cet instant que je me rends compte qu'il fait nuit et que je suis loin de la côte. Je ne sais pas combien d'heures j'ai passées dans l'eau, mais la panique monte en moi car je suis épuisé et je ne suis pas sûr de pouvoir rejoindre le rivage. Je commence à nager doucement vers la plage, en ménageant mes forces. Le dauphin m'accompagne. Il a senti ma peur, j'en suis sûr, alors il vient une nouvelle fois mettre son aileron dans ma main et me traîne vers la plage.

En quelques coups d'aileron, je suis maintenant à une distance raisonnable de la côte. Le dauphin me fait un magnifique saut, comme un adieu, et disparaît dans la nuit. J'arrive sur la plage, exténué, et je vais immédiatement près du grand feu pour me réchauffer. Les adultes sont tous là, bourrés à la sangria, à chanter des chansons paillardes. Aucun d'entre eux n'a remarqué mon absence. Pas même le capitaine, trop occupé à baratiner ses histoires d'aventurier au long cours. D'un seul coup, la perspective de devenir un jour un adulte m'horrifie. Alors je regarde la mer devenir noire et je prends deux grandes décisions : je deviendrai un delphinologue et je ne serai jamais un adulte.

Retour au CES de Lésigny, posé au milieu des vaches.

À la maison, je retrouve ma musique et mon chien qui m'ont bien manqué. Je raconte mes vacances à ma mère qui ne m'écoute que d'une oreille. C'est toujours mieux que François, qui quitte la pièce au milieu de ma première phrase. Pas grave, j'ai l'habitude. Et puis le souvenir de cette rencontre m'a réchauffé le cœur pour l'année. Afin d'entretenir ce souvenir, je décide de tout savoir sur la mer. Ma mère accepte de m'acheter l'*Encyclopédie Cousteau* et je reçois, par la poste, un volume tous les mois. Dès que je l'ai entre les mains, je le dévore et ma mère est soulagée que je me mette enfin à la lecture. *Le Rouge et le Noir* n'étaient pas mes couleurs. Il fallait juste me donner du bleu.

Grâce à une publicité, j'apprends que le Jardin d'acclimatation vient d'ouvrir un bassin qui exhibe trois dauphins. Dès le premier mercredi, je fonce à Paris.

Le bassin est sous une bulle en plastique. La piscine est bleu pâle et ne ressemble en rien à la mer, mais les trois dauphins sont bien là. Ce sont des *Tursiops truncatus*. Deux femelles et un jeune mâle. Dès que j'entends leurs petits cris, un frisson me parcourt. Ils ont toujours la même grâce, la même audace, le même sourire. Je suis aux anges. Il y a un show toutes les heures, mais je m'incruste et je copine avec l'entraîneur. Le gars n'apprécie pas tellement que je rôde autour du bassin, mais, lassé de me voir tous les mercredis, il finit par accepter ma présence. Je peux maintenant mettre ma main dans l'eau et les caresser.

Entre deux spectacles, je lance le ballon aux dauphins qui aussitôt me le renvoient d'un coup de rostre (c'est comme ça qu'on appelle leur museau). Je n'ai qu'une envie : aller nager avec eux, mais le dresseur est catégorique :

— Si jamais tu tombes dans l'eau comme par accident, je te préviens : je te vire du bassin pour l'année.

Je prends la menace au sérieux, mais je continue à venir tous les mercredis avec mon maillot de bain sous mon jean. On ne sait jamais.

Le reste de la semaine est consacré à la photo. Gisèle n'est plus là et j'ai la flemme de convaincre un autre modèle, alors je me rabats sur la forêt, les arbres, les petits lacs et le soleil qui se joue des saisons. Sauf le mercredi, où je mitraille les dauphins de la porte Dauphine. Mais ma mère m'a trouvé un nouveau modèle que je pourrai bientôt photographier dans tous les sens. Pour l'instant, il n'a que deux mois et elle le garde bien au chaud, au fond de son ventre.

Comme une réponse au bonheur qui s'organise du côté de mon père, ma mère est enceinte. Mais sa grossesse est plus difficile que celle de Cathy et elle devra rester allongée pendant les cinq derniers mois – séquelles des maltraitances de mon père qu'elle a subies quelques années auparavant. Elle est donc couchée vingt-quatre heures sur vingt-quatre. Heureusement que Marguerite m'a appris à faire la cuisine, sinon François n'aurait rien mangé pendant cinq mois. Il sait monter un moteur les yeux fermés, mais il est incapable de se faire cuire un œuf les yeux ouverts.

Avant qu'elle reste allongée pour l'hiver, François s'est enfin décidé à l'épouser.

Le mariage s'organise sans envie et, un samedi, rendez-vous est pris à la mairie de Lésigny. Il y a nos voisins les Blachère, les parents de François et deux ou trois amis que je ne connais pas. Pour une fois je suis invité à faire des photos : j'ai convaincu François de faire l'économie d'un photographe professionnel, en échange d'une dizaine d'Ektachrome.

Le mariage ressemble à une mauvaise pièce de boulevard où tout le monde se force à rire. Je pense à ma pauvre mère, qui foire son mariage pour la deuxième fois.

Je n'ai aucun souvenir de la fête qui a suivi. Le lundi matin, je retourne à l'école.

— Qu'est-ce que tu as fait ce week-end ? me demande un pote de classe.

— Rien… Ah ! si, ma mère s'est mariée, je lui réponds sans enthousiasme.

Dans ma classe, il y a une nouvelle. Elle s'appelle Irène. Elle est blonde et frisée, et a de beaux yeux clairs. Elle arrive des pays de l'Est et son français est loin d'être parfait, ce qui lui vaut d'être immédiatement moquée par tous les élèves. Mais il faut avouer qu'il n'y a pas que ça qui joue contre elle : son visage a de l'acné et elle s'habille comme un épouvantail. Elle porte une minijupe bleu clair et un jacquard en laine, et elle se maquille les yeux en vert fluo. Pour couronner le tout, elle a déjà redoublé deux fois. Elle se retrouve donc à côté de moi, sur le banc des cancres. Elle devient vite la bête noire de la classe et dès qu'on sort des cours, les garçons la taquinent, la bousculent et essaient de tirer sur sa jupe. Mais Irène a un atout majeur : elle mesure 1,80 mètre et a une allonge de poids welters. L'Ukrainienne distribue des bourre-pif avec une précision militaire. Après qu'elle a envoyé quelques garçons à l'infirmerie, les harcèlements cessent.

On se parle peu, mais j'ai du respect pour elle. Sa solitude n'est pas la même que la mienne, pourtant je la comprends. Pendant les cours de géographie, elle me parle de son Ukraine natale et pendant les cours de dessin, je lui parle de ma passion pour la photo. Même si on ne se voit pas en dehors du lycée, il se crée une sorte de solidarité entre nous qui nous permet de survivre dans cet environnement hostile. Irène a 16 ans et son corps est démesurément long. Ses yeux sont tellement clairs qu'on dirait de la glace. Sa peau est très blanche et ses joues sont toujours rouges. Malgré l'acné qu'elle cache sous une tonne de maquillage, son visage est intéressant. J'aimerais bien la prendre en photo, mais je n'ose pas le lui demander. Elle a trop d'allonge et j'ai pas envie de m'en prendre une.

À la récréation, on s'assied souvent ensemble au fond de la cour. Les filles la rejettent à cause de sa taille et de sa dégaine de fête foraine, et moi je n'ai pas envie de jouer au foot ni d'en parler. On ne se dit pas grand-chose, parfois même rien. De toute façon, à part les dauphins, je n'ai pas beaucoup de conversation.

Un jour, au fond de cette cour, elle me dit :

— Tiens, toi qui t'y connais en photo. Samedi j'étais avec ma mère à Paris et il y a un photographe qui nous a abordées. Il veut faire des photos de moi.

Elle me tend la carte de visite que lui a laissée le photographe.

— Est-ce que tu le connais ?

Sur l'épaisse carte de visite, on peut lire :

HELMUT NEWTON
PHOTOGRAPHE

Étrangement, je ne suis pas vraiment étonné et je lui réponds calmement :

— Oui, je le connais. C'est un bon. Tu peux y aller.

Le week-end suivant, elle fait sa séance avec Helmut et je la questionne dès le lundi matin :

— Alors ? La séance, c'était bien ?

— Oui, j'ai gagné 200 francs, me répond-elle.

J'essaye de lui poser des questions plus techniques, sur la façon dont le maître travaille, mais elle n'a pas vu grand-chose, sûrement trop impressionnée par cette première séance.

Quelques semaines plus tard, sur le même banc, au fond de la cour, Irène s'assied de nouveau à côté de moi, son carton à dessin entre les jambes.

— Helmut m'a donné quelques photos, j'aimerais savoir ce que tu en penses, dit-elle simplement, avant de sortir de magnifiques tirages en noir et blanc sur papier glacé.

Je les regarde longuement, un par un. On reconnaît le style du maître dès le premier coup d'œil. La grâce, le décalage, la géométrie, le contraste, la modernité qui ne s'affiche pas. J'essaye de déchiffrer les images, de les expliquer à Irène qui m'écoute comme si je lui corrigeais un devoir de maths. Sur certaines photos, elle est dénudée ; Irène me laisse la regarder dans sa plus simple expression, rien ne nous choque.

Le nu est une matière comme une autre. Elle se travaille, comme le bois, la lumière ou la musique. Ce jour-là, je me sens bien, en accord. Je comprends cette langue que Newton maîtrise.

De l'autre côté de la cour, trois profs nous regardent, l'air inquiet. Quel mauvais coup ces deux cancres sont-ils en train de préparer ? Je sens dans leurs regards qu'ils ne nous accordent aucun futur. Nous sommes déjà perdus pour la société et ils se sentent impuissants. Ce n'est pas la peine que j'aille leur expliquer, ils ne savent probablement pas qui est Helmut Newton.

J'ai beau tondre les pelouses comme un malade, je n'arrive toujours pas à récolter l'argent nécessaire pour m'acheter mon propre appareil photo. Heureusement, à Noël, j'ai de quoi m'acheter un agrandisseur et les accessoires qui vont avec.

C'est le moins cher de la gamme, mais il est parfait pour apprendre. Il ne fait que le noir et blanc, mais il me permettra d'économiser sur le prix des tirages.

Tous les dimanches matin, je réquisitionne la salle de bains de ma mère et passe des heures à développer ce que j'ai photographié la veille. Je fais des portraits des copains que je vends aux parents, histoire de couvrir les frais. Les affaires de François ont l'air de marcher car il a maintenant une belle Mercedes et ma mère ne manque de rien dans sa cuisine. En revanche, je ne profite pas tellement de sa réussite sociale et je garde mes réflexes de pauvre. J'économise des bouts de chandelle et, malgré tous mes efforts, je ne parviens pas à m'acheter mon appareil photo, même après le 18 mars, jour de mon anniversaire.

À l'école, c'est l'heure des orientations. La semaine précédente, on a fait quelques tests mécaniques. Il fallait tourner des engrenages et empiler des formes géométriques. Je m'en sors plutôt bien, vu que j'ai passé mon enfance à tout fabriquer à la main. La conseillère d'orientation me félicite et m'annonce fièrement qu'elle a une filière idéale pour moi : mécanicien. J'avoue ne pas comprendre. Ça fait dix minutes que je lui parle de lumière, de musique et de dauphins, et elle me parle de garage. Ça ferait sûrement plaisir à François, et on aurait enfin un sujet de conversation, mais il n'en est pas question. Je veux avoir du sel sur les pieds, pas du cambouis sur les mains.

Elle essaiera pendant plus d'une demi-heure de me convaincre. En vain.

Lassée, elle finit par lâcher la question qu'elle aurait dû me poser dès le début de l'entretien :

— Qu'est-ce que vous voulez faire de votre vie ?

Rien qu'à la façon dont elle a dit la phrase, elle m'interdit déjà de rêver à un autre futur que celui qu'elle m'a tracé. Cette femme n'est pas là pour m'aider, elle a un quota de mécaniciens à fournir et c'est là sa seule mission.

— Je veux être delphinologue, lui dis-je en prenant soin d'articuler pour montrer ma détermination.

Elle me regarde avec consternation. J'ai l'impression d'être une télé qui neige en fin de programme.

— Un delphi-quoi ? me lance-t-elle avec une mine de dégoût.

— Un delphinologue. C'est quelqu'un qui étudie et s'occupe des dauphins.

Elle pousse un grand « ah ! » de compréhension, avant de m'expliquer que ce métier n'existe pas dans son catalogue et que je dois me montrer raisonnable.

Pensant me satisfaire, elle me propose alors ce qu'elle a de plus exotique : diamantaire, éleveur de saumons, souffleur de verre ou peintre en porcelaine. Je refuse tout en bloc. La femme hausse les épaules, trace un point d'interrogation sur mon dossier et me dit qu'elle réglera mon cas le mois prochain.

Je décide donc de mener mes recherches par moi-même.

Je profite d'un mercredi pour me rendre au Centre océanographique de Paris. Je récolte un bon nombre de documents que je lis avec intérêt, mais il n'y a pas vraiment de filière telle que je la rêve. Les trois possibilités, pour côtoyer les dauphins, sont l'armée, la science et les parcs d'attractions.

Aucun des trois ne me tente.

Peu à peu, je prends conscience que je n'ai pas vraiment envie d'*étudier* les dauphins. Je veux *être* un dauphin. Mais je sais déjà que ce rêve ne se réalisera probablement jamais.

J'aime ces êtres plus que tout au monde, mais la meilleure façon de les aimer est peut-être de les laisser libres, dans leur environnement naturel, et de leur rendre visite de temps en temps. Je me fais alors la promesse de ne jamais perdre le contact et d'aller les voir régulièrement.

L'été arrive et mon père est envoyé à Santa Giulia, en Corse.

Pour lui souhaiter la bienvenue au village, trois hommes en cagoule ont braqué la caisse dès la première semaine. C'est déjà mieux que la saison précédente, où ils avaient fait sauter la réception à coups de dynamite. Mais mon père est arrivé avec sa bande de culturistes habituelle et n'a pas l'intention de se laisser faire.

L'été promet d'être chaud.

Je suis content de revoir mon père. Il me fait visiter la grande maison qu'il partage avec Cathy et les enfants, mais je ne dormirai pas là. Sous prétexte d'une indépendance que je n'ai pas réclamée, il m'a trouvé une petite chambre, à l'autre bout du village. Seul.

Je fais semblant d'en être heureux, puisque c'est son idée. Il pose ma valise sur le lit et, avant de partir, me flingue gentiment pour l'été :

— Comme maintenant tu es grand, le mieux c'est que le matin, on ne s'embrasse plus pour se dire bonjour, mais qu'on se serre la main, comme des adultes, me dit-il avec un faux sourire.

J'essaye de rester droit, mais tout s'écroule à l'intérieur de moi. Cathy réclamait des preuves d'amour, mon père vient de lui en donner une belle. Il me fallait maintenant apprendre à me satisfaire d'une poignée de main.

L'été suivant, mon père hérite du village de Santo Stefano. C'est une petite île en Sardaigne. Le village est constitué de plusieurs barres de bungalows vaguement dissimulées dans les rochers.

Il n'est pas trop grand, huit cents personnes maximum. Mon père est content, il est bien tombé. Il craignait de récupérer le club de Caprera, situé sur l'île voisine, avec ses mille six cents gentils membres en cases. Moi aussi je suis content d'être là, il y a un club de plongée. Le grand chef s'appelle « Banane ». Il a une vingtaine de moniteurs sous sa responsabilité. Je vais passer mon été sur le bateau de plongée.

Tous les jours, j'ai rendez-vous avec mon père à 17 heures. Pas pour qu'il me raconte la vie ou qu'il me couvre d'affection, mais pour jouer au volley. Ça lui donne l'occasion de m'engueuler pendant une heure.

Mon père est mauvais joueur, ou plutôt, c'est un très bon joueur qui a horreur de perdre. Je n'ai droit qu'à des reproches et, à l'entendre, je devrais me mettre au bilboquet. Pourtant j'ai joué toute l'année en club et ma détente au filet impressionne tout le monde. Sauf lui. Je n'ai droit à un compliment qu'en cas de victoire. On joue en triplette et c'est généralement Jacky qui fait le troisième homme. Mon père et lui sont trapus et musclés. Ils jouent technique et placement de balles. Ils sont redoutables, de vrais renards. Ils me font jouer en attaque et je passe ma vie en l'air.

Un jour, tellement lassé de me faire engueuler, je quitte la triplette et je passe chez l'adversaire. Mon père n'a pas vu venir la révolte et je le sens contrarié. On vient de lui enlever le seul moment d'intimité qu'il avait avec son fils. Tant pis pour lui. Je mets de la rage dans chaque ballon qu'on me passe et je les défonce à l'attaque. Mon père se prend une tôle comme rarement il en a pris dans sa vie et je vois, avec délice, mon remplaçant se faire insulter pendant toute la partie.

Après le match, contre toute attente, mon père me félicite longuement. Il aura fallu que je passe chez l'ennemi pour qu'il note enfin mes qualités. Puis il prend le temps de m'expliquer comment marche son système affectif. Il m'engueule parce qu'il veut le mieux pour moi, parce que c'est important pour lui, parce qu'il tient à moi, parce que je suis son fils. Il n'en est pas encore à dire qu'il m'aime, mais il en prend le chemin, c'est déjà ça.

Ce jour-là, je comprends qu'il va falloir que j'apprenne à lire entre ses lignes. Pour mon beau-père, c'est ma mère qui faisait la traduction. Quand il me répondait le lendemain à la moitié de la question que je lui avais posée la veille, ma mère traduisait :

— C'est un ours, mais dans le fond, il t'aime beaucoup.

Il me fallait croire ma mère, car François n'émettait aucune onde de chaleur et ne laissait jamais de trace visible de son affection. Il avait un cœur de glace, qui battait lentement, comme tous les pilotes.

C'était différent avec mon père. Je le sentais enfermé dans son passé, dans sa culpabilité. Mais son cœur à lui était bien de chair.

À Santo Stefano, c'est la première fois que j'expérimente véritablement le grand bleu. Il ne s'agit pas de la mer, que certains appellent « la grande bleue », mais bien du « bleu », celui dans lequel on s'enfonce sans en voir le fond.

Les rayons du soleil s'y perdent, les claquements du plancton y sont plus forts. On se met en surface, ballotté par les vagues, et on regarde ce grand bleu qui vous appelle, comme un vertige, un abandon. Dès qu'on s'enfonce, le bruit de la terre disparaît. Plus de vent, plus de bateaux, plus de gens qui jacassent. Juste le bruit démesuré des bulles qui remontent, en jouant vers la surface. Et là, on descend, on glisse sans tomber. La pesanteur disparaît. On est léger comme une feuille. La pression augmente régulièrement et la lumière diminue.

Vers 15 mètres de fond, on peut voir la barre de froid, un peu floue, qui nous attend. Quand on rentre dedans, c'est encore un autre monde, plus hostile, plus brut. L'erreur n'est plus permise. À 30 mètres, le fond n'est toujours pas visible et la surface n'est plus qu'un souvenir. Le bleu envahit tout, même votre esprit. Le cœur se ralentit et à chaque respiration on sent davantage les litres d'air qui s'engouffrent dans les poumons.

À 40 mètres, le moniteur ouvre ses palmes et gonfle son gilet afin de s'arrêter. Tous les plongeurs font de même et la palanquée se regroupe autour du moniteur. Le fond n'est toujours pas visible. Il n'y a rien autour de nous, que du bleu, mais nous sommes tous béats, comme des pèlerins au milieu d'une église.

Nous restons là quelques minutes, à nous recueillir, à accepter notre petitesse. Puis c'est la remontée. Au fur et à mesure, la chaleur revient et nous grise. On est presque saoul quand on arrive au palier de décompression, où il nous faudra rester parfois plus d'une demi-heure avant de pouvoir remonter à la surface.

De retour sur le bateau, nous sommes tous un peu silencieux. L'expérience est impressionnante, presque mystique et tellement difficile à partager avec celui qui ne l'a pas vécue.

J'espère qu'un jour quelqu'un aura l'idée de faire un film sur ce grand bleu.

– 7 –

1975

Si la plongée me remplit spirituellement, mes hormones d'adolescent commencent à me réclamer d'autres nourritures. J'ai maintenant 16 ans.

Au club, il y a des centaines de jeunes filles, belles et bronzées, qui passent leurs journées à rire en bikini, et les bouffées de chaleur qui me montent au visage ne sont plus seulement dues à l'été brûlant. Malheureusement, je n'ai aucune idée de la façon dont je dois approcher une jeune femme, surtout si elle me fait de l'effet. J'ai beau regarder les moniteurs de plongée qui, avec une aisance spectaculaire, draguent à chaque coup de peigne, il m'est impossible de les imiter.

J'aimerais bien avoir un ou deux copains de mon âge pour partager leurs expériences et recevoir leurs conseils, mais le club est très adulte et les ados sont inexistants. Je ne me sens pas non plus assez proche de mon père, qui continue à me serrer la main tous les matins. Je décide donc de ne rien faire et d'attendre qu'une princesse vienne me sauver.

Il y a une petite blonde qui travaille à la boutique. Elle a 21 ans. C'est une Anglaise. Elle s'appelle Lorna. Souvent elle me sourit, souvent elle met sa main sur mon bras, mais je suis incapable de déchiffrer ses signaux. Elle semble bien m'aimer, mais ce n'est pas évident pour moi d'y voir autre chose. Un jour au déjeuner, elle vient s'asseoir à côté de moi. Elle aime bien que je lui raconte les plongées du matin. À la sortie du restaurant, elle me prend gentiment le bras et me demande ce que je compte faire de ma journée.

— Je vais aller faire une sieste, lui dis-je simplement.

Puis, dans un élan de folie, sans aucune préméditation, j'ajoute :

— Tu veux venir avec moi ?

À peine la phrase sortie de ma bouche, je la regrette déjà. Mais quel con ! Quel prétentieux !

Et je me mets à rougir comme une casserole chauffée à blanc. Lorna est d'abord surprise, mais rapidement son œil se met à briller et elle affiche un joli sourire.

— D'accord, me dit-elle, d'un air coquin.

Elle m'attrape le bras et nous voilà partis vers ma chambre. La panique m'envahit alors, comme un tsunami. Je viens d'inviter une fille à faire un tour en voiture, alors que je n'ai pas le permis et encore moins de voiture.

Arrivés dans la chambre, on commence par s'embrasser. Là, ça va encore. Je me suis pas mal entraîné avec Nathalie. Mais bientôt la belle blonde tire sur les ficelles de son maillot et se retrouve nue. C'est un choc. J'essaye de prendre l'air cool, mais mes yeux doivent sortir de ma tête. À partir de là, je n'ai absolument aucune idée de la marche à suivre, alors je laisse Lorna mener la danse. Le problème, c'est qu'elle prend ma lenteur pour de la délicatesse et mon inexpérience pour un jeu sensuel, alors l'Anglaise commence à bouillir. Son souffle se fait plus court et elle prend les choses en main. À ce moment-là, tout s'accélère et je n'arrive plus à suivre.

Je me retrouve sous elle, sans vraiment savoir ni pourquoi ni comment. Très vite ma respiration s'arrête et je vois un grand éclair blanc, comme si on venait de me mettre un flash en pleine figure, comme si j'avais mis mes doigts dans la prise. Quelques secondes plus tard, je m'écroule, comme un pantin désarticulé.

Lorna s'inquiète et pense que je fais un malaise. Je balbutie quelques mots censés la rassurer. Elle pâlit.

— Tu n'as jamais... jamais ? ose-t-elle à peine me demander, par peur de la réponse.

— Non, je ne crois pas, je lui concède.

J'aurais cherché une réponse plus con, je n'aurais jamais trouvé.

L'Anglaise panique aussitôt et se souvient maintenant que je n'ai que 16 ans. Elle s'affole, s'habille en une fraction de seconde et disparaît dans la foulée. Je reste là, noyé par les questions sans réponse. Mais au moins, maintenant, je sais comment ça marche.

Ce jour-là, comme une ironie du sort, je reçois un télégramme de ma mère. Bruce Guerre-Berthelot vient de naître. Il fait 3,600 kilos et se porte bien. J'ai maintenant un petit frère. Je vais annoncer la nouvelle à mon père, qui me répond d'un sourire crispé. Cathy a l'air plus contente que lui, et ce pour deux raisons. La première, c'est qu'elle aime les enfants. La seconde, c'est qu'une vraie famille se forme de l'autre côté, ce qui éloigne le danger de la sienne.

Cathy était persuadée que mon père aimait encore ma mère et réciproquement, et sa grande crainte était de les voir se retrouver. Elle pensait aussi que j'étais l'agent provocateur qui incitait à ces retrouvailles. D'abord je n'y ai jamais songé, ensuite ma mère avait une haine profonde pour mon père et la probabilité d'un rapprochement était quasi nulle. Sauf peut-être chez un juge ou sur un ring de boxe. Cathy était simplement jeune et en insécurité. Pourtant, elle n'avait rien à craindre : c'était plutôt à moi de m'inquiéter, car deux familles se reformaient sous mes yeux, sans que je fasse réellement partie ni de l'une ni de l'autre.

Quand je découvre mon petit frère pour la première fois, il a déjà trois semaines. Il a plein de cheveux et m'accueille avec un sourire. Je sens qu'on va bien s'entendre et je lui lègue d'office tous mes Lego.

François n'est plus le même. L'ours s'est transformé en agneau qui passe ses journées à gazouiller au-dessus du berceau de son fils. Il se lève dix fois par nuit pour s'assurer que l'enfant respire. Le peu d'attention qu'il me portait est maintenant confisqué au profit du petit prince héritier, le seul véritable enfant de la famille. Les grands-parents sont gâteux, les cousins sont gâteux, même les voisins sont gâteux, mais je n'éprouve aucune jalousie envers mon petit frère, bien au contraire. Je suis heureux pour lui de tout l'intérêt qu'on lui porte, car je sais combien l'inverse fait des ravages. Je suis juste un peu plus triste, comme si on venait de couper les dernières petites herbes qui poussaient dans mon désert affectif.

Ma mère ne voit pas grand-chose de mon mal-être, mais il faut dire qu'elle est bien occupée. Il faut surveiller le petit, gérer François et ses angoisses, cadrer les grands-parents qui l'inondent de recommandations. Elle se défend souvent en rappelant qu'elle en a déjà élevé un auparavant, mais l'argument ne semble pas convaincre, car son premier fils est trop exotique pour la famille de Saint-Maur.

Cette famille ne m'a jamais intégré, je suis juste toléré, comme un étranger sympa qui aurait finalement eu ses papiers.

À tel point que, quand ma mère et François sortent pour dîner, on hésite à me laisser garder mon petit frère. Ils ont peur que je me venge sur lui. Le plus terrible, dans le fait qu'ils m'attribuent ces mauvaises intentions, c'est que cela montre à quel point ils sont conscients de ma peine, de mon désarroi et surtout de leurs manquements. « On ne lui donne rien, mais on le sait et on trouverait même logique qu'il s'en plaigne et qu'il se venge. » Ça me dégoûte rien que d'y penser. Ils ne sont même pas capables de voir l'amour immense que j'ai déjà pour mon frère, qui m'attrape les doigts et semble toujours joyeux de me voir.

Une fois, ma mère s'est agacée et François a consenti à me laisser garder mon frère, après m'avoir assommé de recommandations pendant plus d'une heure. J'étais à la fois ravi et paniqué à l'idée de le garder. Si un accident survenait, jamais personne ne croirait à mon innocence. Alors j'installais une chaise à côté de son berceau et je restais assis là, pendant des heures, sans rien faire, ni même bouger, juste à le regarder et à vérifier que chacune de ses respirations était conforme à la normale.

François ne restait jamais longtemps absent tellement il était stressé de me savoir seul avec son fils, et il inventait toutes sortes d'excuses pour abréger ses dîners. Quand il revenait, c'était une délivrance, autant pour lui que pour moi.

— Comment ça s'est passé ? me questionnait-il.

— Bien, je répondais simplement, avant d'aller me coucher, exténué par ma soirée de veille.

À l'arrivée de mon frère, François a soudainement jugé que la maison était trop petite. Sa réussite le lui permettant, il achète une maison à 12 kilomètres de Coulommiers. Ma mère semble ravie d'avoir enfin une maison qui ne soit plus coupée en deux. Le jardin est assez grand pour y construire une piscine et le bout du terrain touche la forêt. Le hameau s'appelle Saint-Augustin. Il est constitué de cinq maisons, les unes à côté des autres, au bord d'une ligne droite de plusieurs kilomètres qui coupe la forêt.

Mon nouveau lycée est donc celui de Coulommiers. Pas de train ni de bus pour s'y rendre. Pas même de nationale. Si le bout du monde existe, on ne doit pas en être loin.

La maison n'étant pas tout à fait prête, ma mère a cette formidable idée :

— Tu vas faire le premier trimestre en pension, à Coulommiers. Comme ça, quand on s'installera à Noël, tu n'auras pas à changer d'école.

Même si je comprends le raisonnement, techniquement valable, ma mère ne se rend pas compte qu'elle vient de me lâcher une bombe sur la tête. Mon père est remarié avec deux enfants et vit à l'étranger. Ma mère est remariée avec un enfant, et va vivre à 12 kilomètres de moi. Voilà maintenant deux belles-familles qui se sont reformées, qui vivent en parfaite harmonie et qui n'ont absolument aucune envie qu'un lascar vienne leur rappeler en permanence leur erreur de jeunesse. Je suis le seul souvenir de cette mauvaise période, la seule preuve de leur fiasco.

Je suis le symbole de ce qui n'a pas marché et ma présence est comme une tache sur le tableau. Alors, comme on ne peut pas m'effacer, on m'écarte. Loin des yeux, loin du cœur. Je vois cet éloignement comme un abandon supplémentaire, une trahison de ma mère. Me mettre en pension, c'est comme mettre un dauphin dans un aquarium. C'est criminel.

Le lycée Jules-Ferry est énorme, rien à voir avec le collège de Lésigny. Il y a plus de six cents élèves, trente par classe en moyenne. Le pensionnat est tout au fond. Celui des garçons d'abord, et plus loin, celui des filles. Nous sommes une soixantaine. Cinq par chambre, pas de porte, une fenêtre opaque et des douches communes au bout du couloir. On m'explique d'emblée qu'il vaut mieux être dans les premiers à la douche du matin, car il n'y a pas d'eau chaude pour tout le monde.

La plupart des pensionnaires sont des fils d'agriculteurs qui habitent trop loin pour rentrer chez eux le soir. Il y a aussi un Tunisien, fils de diplomate, échoué ici par hasard, et deux Marocains dont les parents ont eu la flemme de s'installer en France. Nous sommes quatre dans ma chambre. Ils sont tous plus âgés que moi. Tout le monde se connaît déjà et se raconte ses vacances d'été. Comme je suis nouveau, personne ne s'intéresse vraiment aux miennes. L'intégration s'annonce difficile. Il n'y a que le gros balourd de service de la chambre voisine qui m'a repéré. Il se sent chef de bande, puisqu'il redouble sa terminale. Ses boutons sur la gueule et son sourire de navet ne m'inspirent pas confiance.

Ce grand dadais s'approche de moi et me dit, avec une assurance propre aux imbéciles :

— Toi, tu vas te faire raser !

Sa déclaration est aussitôt suivie d'un gloussement collectif, émanant de son entourage. Comme quoi, mon instinct a du bon, mais je n'ai pas bien compris la phrase. Me raser quoi exactement ?

Un gamin finit par me lâcher le morceau. La tradition veut que les nouveaux se fassent attraper, ceinturer puis raser autour du sexe par ses camarades. Je viens de tomber chez les primates et je renonce immédiatement à toute idée d'intégration. Celui qui me rasera n'est pas encore né. C'est simple et sans appel. Le gros balourd a annoncé son plan, mais s'est bien gardé de me donner la date de son exécution. À partir de ce jour-là, je ne dors plus la nuit et mes premières semaines de cours sont un enfer.

Nous ne sommes que trois nouveaux à être arrivés au pensionnat cette année-là. Le premier passe à la casserole dès le vendredi de la rentrée. En pleine nuit, le commando fait irruption dans sa chambre et le pauvre garçon a beau gémir comme un goret, il se fait raser autour du pénis. C'est fait n'importe comment, car la lampe de poche n'éclaire qu'un coup sur deux. Ils ont beau lui crier de ne pas bouger, le gamin affolé gesticule comme un asticot au bout d'un hameçon. L'humilié finira avec une dizaine de coupures qu'il n'osera évidemment pas faire soigner par l'infirmière. J'entends tout ça de ma chambre et j'analyse chaque bruit, comme de précieuses informations pour ma défense future.

Le gros balourd a décidé de me garder pour la fin. Je ne sais pas si c'est par malice ou par crainte, car j'ai clairement fait passer le message que je ne serais pas coopératif. Je suis fils de pirate.

La semaine suivante, le deuxième nouveau se fait choper à son tour, mais le gamin joue le jeu et se laisse plus ou moins faire. Le gros balourd est tellement sûr de son affaire qu'il n'attend même pas la nuit pour agir. La victime se laisse faire, un sourire crispé sur le visage. De retour de l'étude, j'aperçois la scène qui se déroule dans la chambre voisine. Je suis horrifié. Le surveillant est dans sa chambre et bouquine, totalement au fait de ce qui se passe à une vingtaine de mètres de lui.

C'est quoi cette société de merde ? Comme si être loin de ses parents, au fond d'un internat, n'était pas déjà une punition suffisante ? Pourquoi faut-il en plus être humilié pour se faire accepter ? J'ai rencontré dans ma vie des centaines de poissons qui ne me connaissaient pas et qui m'ont accueilli sans jamais chercher à me rabaisser. Les câlins de mon poulpe me paraissaient bien loin, comme le souvenir d'une autre planète.

Le gros balourd a attendu trois semaines pour s'occuper de mon cas. Je suis épuisé par mes nuits blanches et je souhaite maintenant qu'on en finisse.

La bande attend 3 heures du matin pour passer à l'attaque. L'un de ces imbéciles a même mis un réveil pour ne pas rater l'événement. Tant mieux, je m'étais assoupi. J'entends les pas feutrés dans le couloir. Le gros balourd chuchote et donne ses ordres. Il a pris l'affaire au sérieux et a convaincu près d'une dizaine de gamins de l'accompagner dans son délire. Je vois les silhouettes entrer dans ma chambre sans porte et je sens tous mes muscles se gonfler, sous l'effet de l'adrénaline. Dès qu'ils sont suffisamment proches, je bondis hors du lit et attrape la chaise en fer que j'avais préparée. Je tape dans le tas, de toutes mes forces, en hurlant comme un diable. Je tape avec rage sur tout ce qui bouge, sans distinction, sans retenue, comme une boule dans un jeu de quilles.

La fusillade ne dure pas longtemps. Les cons sont par terre et les lâches sont partis. Alerté par mes hurlements, le surveillant a allumé le dortoir et rapplique aussitôt. Le constat est terrible. Il y a du sang partout et deux gamins au sol. J'ai toujours la chaise dans les mains et je souffle comme un taureau. Le surveillant n'ose même pas s'approcher de moi.

— Lâche cette chaise, petit, je suis là, me dit-il gentiment, comme si c'était un flingue que je tenais.

Je finis par me calmer et m'asseoir au bord du lit, en attendant le Samu. Les deux gamins au sol pissent le sang. J'ai frappé en pleine tête. Le surveillant suit les traces de sang dans le couloir et retrouve facilement les autres protagonistes. Le bilan est lourd. Deux nez cassés, une pommette, trois épaules et deux mains.

Pour m'être défendu, je suis viré de l'école pour la semaine. Mais pendant les trois années d'internat qui suivront, plus aucun gamin ne se fera raser, et je pourrai dormir comme un bébé.

Cette aventure a des conséquences diverses. Plus personne à l'école ne me parle, par peur de s'en prendre une, et je ne peux me faire aucun ami. Même les anciennes victimes semblent m'en vouloir. Peut-être voient-ils en moi un rappel de leur lâcheté. Les seules qui semblent apprécier l'histoire et qui continuent à me parler, ce sont les filles. Le fait que j'aie donné une leçon à cette bande d'arrogants boutonneux n'est pas pour leur déplaire. Les filles, toujours plus malignes, se servent même de mon nom.

— Arrête de nous embêter, sinon on va le dire à Luc ! balancent-elles aux garçons encombrants.

Cette notoriété soudaine me déplaît fortement et je passe le reste de l'année à me faire oublier.

À la maison, la réaction est différente. Ma mère ne réalise pas vraiment la violence de mon acte et estime que c'était bien fait pour ces sales mômes. Pourtant, cette colère soudaine révèle l'état de frustration et de solitude qui est le mien. Mais ma mère ne voit toujours rien, ou peut-être n'a-t-elle pas envie de voir. François, lui, me regarde de façon bizarre. Il a sûrement encore en tête l'irruption de mon pirate de père dans sa boîte de nuit et la bagarre qui s'est ensuivie. Il s'inquiète de me voir suivre le même chemin, d'autant que mon corps d'ado commence sérieusement à se muscler. Mais je n'ai rien à voir avec mon père et ma violence n'a été due qu'à la situation extrême dans laquelle on m'a poussé. C'était pour moi une question de justice, de légitime défense. Pas une question de force.

C'est d'ailleurs la seule fois de ma vie où je me suis physiquement battu.

Le premier trimestre se termine et nous pouvons enfin nous installer dans la nouvelle maison. Ma chambre est grande et donne sur le jardin. Jerry est heureux, ma mère aussi. François a passé la maison au crible et listé tous les dangers potentiels pour son fils. Il a même fait installer une grille sur le puits. Il n'y a pourtant pas urgence, Bruce avance à peine à quatre pattes.

Je ne suis plus pensionnaire et je reviens tous les soirs, ce qui est une vraie galère pour ma mère qui est obligée de se coltiner les 24 kilomètres aller-retour. M'offrir une mobylette serait l'idéal, mais il me faut la considérer comme un cadeau. Je l'inscris donc sur ma liste de Noël. Un Peugeot 103 ST bleu, comme celui qu'on m'a volé à Lésigny.

À Noël, sous le sapin, j'ai droit à une enveloppe. François y a écrit lui-même : « Bon pour une mobylette. » C'est sa technique quand il n'a pas le temps de s'occuper des choses. En voyant le « Bon pour », ma mère surjoue la bonne nouvelle, comme si la mobylette était déjà dans le salon. Je remercie François, les dents un peu serrées. Mon autonomie n'est pas encore pour demain et je suis prié d'aller à l'école en « Bon pour ».

Évidemment, aucun de mes rares copains n'accepte de se taper la route pour venir me voir le mercredi. Je reste donc seul à nouveau et partage mon temps entre Bruce et Jerry. Mes hormones d'adolescent commencent à bouillir et la tension à la maison est maintenant palpable. Je finis par expliquer à ma mère que notre éloignement de la ville est nuisible à mon travail. Je ne peux ni partager mes devoirs avec mes camarades, ni me faire aider par mes profs, et mon bulletin du deuxième trimestre risque d'en pâtir. La meilleure solution serait donc que je retourne à l'internat. François est tout de suite d'accord et ma mère n'a pas senti la manœuvre. Je n'ai pas envie de retourner en pension, mais encore moins de rester dans cette maison. Je me sens comme une pièce rapportée dans cette nouvelle famille qui n'a pas besoin de moi pour exister. Je suis de trop.

Je vais de moins en moins voir les dauphins du Jardin d'acclimatation. Une fois évaporé le plaisir égoïste de les voir, je ne ressens que leur tristesse. L'eau sent la Javel et le fond est à 3 mètres à peine. De plus, leur piscine ridicule est sous une bulle gonflable et ils ne voient jamais le ciel. Ce genre d'endroit devrait être interdit. Je les sens plus emprisonnés que moi et leur solitude me glace. J'aimerais tellement les savoir libres dans une mer sans limite.

Je ne serai jamais delphinologue, mais j'ai décidé de leur rendre hommage. Je vais écrire un livre sur eux. J'en connais un rayon, mais je ne fais que réciter ce que j'ai appris dans des ouvrages parfois très techniques. Mon livre sera donc plus poétique et je veux que tout le monde le lise. Au bout du compte, personne ne le lira, même pas ma mère. Quant à mes copains de Coulommiers, pays du fromage, ils en sont encore à penser que le dauphin est un poisson. Mes trois cents pages resteront dans un tiroir. Seul point positif : j'ai pris l'habitude d'écrire.

Ça fait déjà plusieurs années que j'écris quotidiennement, dans mon journal d'adolescent, mais je n'y mets rien de bien intéressant. Je me cantonne aux faits et gestes de la journée, sûrement par peur d'être lu, d'être découvert, d'être moqué. Alors je bavarde, pour me donner le sentiment de parler à quelqu'un qui m'écoute, comme un ami docile et silencieux.

Je n'ai confiance en personne et encore moins en moi-même. Tout reste au fond, bloqué, cadenassé. Pourtant, à l'intérieur, c'est en ébullition, ça vibre de mille couleurs, ça sent bon la liberté, et ma machine à rêves carbure à fond. Ma vie est un massif corallien, bouillonnant de vie, qui ne se voit pas de la surface, comme un arc-en-ciel prisonnier dans une boule à neige. Tous les jours, je prends davantage conscience que cela ne peut plus durer. Il faut casser la vitre, percer la surface. Il faut que j'arrive à m'exprimer, à dire au monde qui je suis, même si je ne suis pas grand-chose.

Et puis un jour, ma prof de français me présente *Candide*, de Voltaire. Sa naïveté me touche aussitôt. Il pourrait être mon frère. La classe entière, déjà rongée par le cynisme, se moque de lui et le place directement sur le banc de touche, mais ma prof en parle bien, et pour une fois, je reste concentré.

Ce qui me séduit particulièrement, c'est que l'auteur décrit une chose et, en réalité, parle d'une autre. Une image dans une image. Comme en musique. Comme en photo. Pour la première fois, l'architecture des mots m'apparaît. Comme des notes, comme des lignes, comme des couleurs ou des sons.

Ici les lettres forment des mots, qui s'associent à l'infini pour créer une émotion. Nous sommes dans l'art suprême, le premier de tous, l'original et l'originel. L'art à l'état pur, un palais dont Voltaire vient de me donner la clé. Mais loin de moi l'ambition d'investir les lieux, une petite pièce me suffira.

Comme le maître, je vais parler de moi, à travers les autres. Dès le lendemain, je décide d'écrire une histoire. Commençons déjà par nous évader de tout, car je n'en peux plus des vaches qui broutent devant ma fenêtre. Je décolle en hyper-espace et me retrouve en l'an 2350. La planète Terre n'est plus bleue, mais grise. L'Atlantique a été recouvert d'un bouclier de béton et on s'en sert maintenant de poubelle. Mon héros est gros et bête. Il travaille comme manœuvre dans une usine. Il fait un sale boulot que même les robots refusent de faire. Et puis un jour, il gagne au loto un voyage fabuleux, à des années-lumière de la Terre, dans un village de vacances pour milliardaires. En changeant d'environnement, mon héros va devenir intelligent. Ses bases rudimentaires, simples, presque désuètes, feront sa force dans un monde trop sophistiqué et en perte de valeurs. Candide dans l'espace. J'espère que ça fera marrer Voltaire. Mon héros s'appelle Zaltman Bléros et il devient mon meilleur ami, celui à qui je peux tout dire et qui parlera à ma place.

L'été suivant, pour la première fois, je pars au club sans mon père. Je veux passer mon diplôme de plongée et faire une saison comme moniteur. Pour le plaisir de la plongée, mais aussi pour me faire un peu d'argent de poche.

Banane m'a accepté et je me retrouve à Santo Stefano en Sardaigne. Le chef de village s'appelle Jean Bensaïd. Mais son nom ne lui plaît pas et il se fait appeler Bensard. Il a suffi de changer une lettre dans son nom pour le rendre heureux. Tant mieux pour lui. Moi j'ai le sentiment qu'on pourrait changer toutes les lettres de mon nom, ça ne changerait pas grand-chose à ma situation.

Je plonge deux fois par jour et je me prépare à fond pour mon diplôme. La théorie est vraiment dure à assimiler et je mesure maintenant mes lacunes scolaires. Pete et Marcus, les deux adjoints de Banane, me font passer la pratique. Ils ne me ménagent pas, mais je finis toutes les épreuves dans les trois premiers. Pour la théorie, je m'en sors avec une faible moyenne, mais acceptable. Mon diplôme national de moniteur en poche, je peux officiellement pratiquer mon premier métier.

Tous les matins, on plonge en eau profonde, tandis que l'après-midi est réservé aux cours pour les débutants. Aucun des moniteurs n'aime faire les baptêmes. Les gens sont souvent angoissés et aussi à l'aise que Theresa May sur un dancefloor. Comme je suis enthousiaste et patient (et surtout nouveau), on me refile tous les baptêmes : les compliqués, les hystériques, les paniqués, les claustrophobes et les montagnards.

Je sais à quel point le premier contact avec le monde sous-marin est important. On peut détester et ne jamais en refaire, ou adorer et devenir accro. Il n'y a pas de juste milieu. On est amoureux ou on ne l'est pas. Je mets un point d'honneur à ce que chacun ait la meilleure première expérience possible. Je les prends un par un, j'enlève mes gants pour lui tenir la main et je lui montre, avec émerveillement, le moindre poisson qui passe. La totale. En règle générale, j'arrive à convertir 90 % de mes novices. Après le baptême, ils ont des cours tous les jours et doivent monter du niveau 1 au niveau 6.

Après, ils effectuent une ou deux plongées d'adaptation, à moins de 15 mètres, puis ils ont finalement accès au grand bain, au grand bleu.

Le matin, pour les plongées profondes, beaucoup de clients demandent à changer de palanquée pour ne pas être avec moi. Ils prétextent vouloir rejoindre un ami dans la palanquée voisine. La vérité, c'est que j'ai 17 ans et que j'ai l'air d'en avoir 12. Personne n'a envie de remettre sa vie entre les mains d'un gamin. Marcus sait que je suis un bon plongeur et, avec autorité, il me remplit mes palanquées.

J'ai donc, la plupart du temps, huit clients à surveiller sous l'eau.

Je connais maintenant bien la mer et je passe la plongée à le démontrer. Je repère les langoustes, je joue avec les murènes dans leurs trous, j'approche facilement les poulpes… Les clients sont vite conquis et ma cote monte en flèche. Après quelques semaines, Marcus a des demandes de plongeurs qui souhaitent être dans ma palanquée. Il faut dire que la plupart des moniteurs font ce boulot depuis plusieurs saisons et qu'ils conduisent leur palanquée comme on conduit un bus.

Le soir, je suis épuisé, mais le boulot n'est pas fini. On a l'obligation de participer aux spectacles.

J'ai tellement vu mon père faire ces sketches pendant des années, que je les connais par cœur. Je suis donc sur scène pratiquement tous les soirs, devant sept cents personnes. Le Club est mon premier contact avec un public. Il est là tous les soirs et ne demande qu'à être séduit.

De plus, comme il ne paye pas, il n'a aucun scrupule à se barrer si ça ne lui plaît pas.

Au cours des saisons précédentes, j'ai vu des dizaines d'animateurs différents faire et refaire les mêmes sketches. Selon leur niveau, selon leurs interprétations, le résultat n'était pas le même. J'ai vu l'audience pleurer de rire sur une interprétation, et seulement sourire, l'année suivante, avec une interprétation différente. Cela varie aussi en fonction de la clientèle. Santa Giulia était populaire et bon marché, Santo Stefano plus bourgeois. Les réactions au même sketch sont différentes. Sans le savoir, cela fait maintenant dix ans que j'apprends les bases de mon prochain métier.

Mon père et sa bande avaient un sacré niveau, je m'en rends compte maintenant, car Marcus et Pete sont de bons plongeurs, mais des comédiens affligeants. Les spectacles qu'on produit cette année-là sont d'un bien médiocre niveau.

Mais pour l'instant, la plongée est ma passion principale et je termine la saison avec deux cents plongées au compteur.

Le retour à Coulommiers est difficile.

Je suis rentré en première, mais je n'ai pas le niveau. S'ils m'ont laissé passer dans la classe supérieure, c'est uniquement pour éviter d'avoir à me supporter une année de plus. Je suis toujours en pension. Toute ma famille a l'air de s'y être habitué. Sauf moi.

Mon premier trimestre est exclusivement réservé à la conception d'une maison sous la mer. Je consacre toutes mes journées à en dessiner les plans et je profite de l'étude du soir pour calculer les pressions. Je m'intéresse aussi à la résistance des matériaux, à la poussée de l'eau selon les profondeurs. Il me faut aussi calculer les consommations d'oxygène en fonction du nombre d'habitants, prévoir et gérer l'approvisionnement, et surtout réfléchir à la façon de l'intégrer le plus écologiquement possible. En fait, je fais de la physique, des maths et de la biologie, mais seulement en dehors des cours.

À Noël, mon père est en station à Tignes, au Val Claret. Super promotion pour lui. Val Claret est considéré comme du haut de gamme. Le parc skiable est dément et j'ai des courbatures tous les soirs. Je skie de temps en temps avec mon père, mais il évite de m'affronter au slalom. Il a raison, car je viens de décrocher le chamois de vermeil en me payant le luxe de battre l'un des ouvreurs. Le reste de la journée, je squatte la déco qui se trouve derrière la salle de spectacle. Dans l'atelier, il y a tous les outils nécessaires pour construire la maquette de ma maison sous-marine. J'y passe les vacances. Quand elle est terminée, je la montre à mon père. Il me fait un sourire gentil. J'aurais préféré qu'il soit fier.

Cet hiver-là, mon père a invité deux comiques : les frères Jolivet. En échange de leur séjour, ils nous offrent les prémices de leur prochain spectacle. Ils sont connus à la télé, où ils jouent « Recho et Frigo » dans une émission pour enfants. Mais leur spectacle est bien différent et franchement plus adulte. Les clients se régalent tous les soirs, et moi je peux enfin admirer de vrais professionnels. Après leur passage, les spectacles-cabarets du Club nous paraîtront bien fades.

Les vacances de Noël terminées, je trimbale ma maquette dans le train qui me remonte vers Paris. Je suis impatient d'avoir la réaction de ma mère. Elle est plutôt bonne et je la sens presque fière.

— Je serais plus fière encore si ton bulletin était meilleur, me lâche-t-elle.

Je l'avais oublié, celui-là, le bulletin. Il est arrivé pour Noël, mais ce n'était pas vraiment un cadeau que je pouvais glisser sous le sapin. Je n'ai la moyenne nulle part. Ce n'est pas nouveau, mais c'est la première fois que ma mère s'en rend compte. On progresse. François regarde ma maquette sans rien dire, puis me lâche en guise de compliment :

— Comme s'il n'y avait pas assez de bordel dans ta chambre !

Vivement la pension.

À l'internat, ça se passe mieux et mes déboires de l'année précédente font dorénavant partie de la légende. De plus, en juin dernier, le lycée avait organisé un spectacle de fin d'année. J'avais proposé d'y jouer un ou deux sketches appris au Club. Comme les leurs étaient du niveau d'un patronage de Corrèze, le mien faisait figure de finale de l'Eurovision.

Ma réputation de guignol était née ce soir-là.

Cette année, donc, sous l'impulsion d'un nouveau pion, le directeur décide d'organiser un spectacle à la fin de chaque trimestre. En tant que pitre officiel, je suis naturellement sollicité.

Je veux bien m'occuper de l'affaire, mais il n'est pas question d'enchaîner les blagues de Toto en faisant des grimaces. Je propose un vrai spectacle : une soirée « télé ». Je compte suivre la chronologie d'un show que j'ai vu au Club des centaines de fois. Il s'agit de parodier des émissions de télé, du *Journal de 20 heures* à *Tournez manège !*. On construit donc deux écrans géants de télévision, en bois, et je recrute parmi les élèves. Ce n'est pas le casting du siècle, mais quelques-uns sont motivés et les répétitions se passent bien. Le soir du spectacle, la salle est comble et on fait un véritable carton. Le proviseur en a les larmes aux yeux et me commande aussitôt un nouveau spectacle pour la fin d'année.

François s'est enfin décidé à m'apporter mon cadeau de Noël de l'année dernière. On est en avril. C'est pas grave, c'est le début du printemps, j'aurai moins froid sur ma mobylette. Le seul problème, c'est qu'il ne m'a pas acheté le modèle que j'avais demandé. À la place du fameux Peugeot 103, je me retrouve avec un Piaggio bas de gamme, bleu pâle. Une bécane de fille, pour faire court. En fait, il connaît bien le concessionnaire de la marque, qui lui a refilé un modèle exposé en vitrine depuis des lustres. Le pire, c'est que je suis obligé de lui dire merci, alors que j'ai juste envie de lui hurler à la gueule. Je sais que tous les enfants du monde n'ont pas la chance d'avoir un cyclomoteur et je devrais être content de faire partie des privilégiés. Mais, ce qui m'attriste, c'est qu'on ne prête aucune attention à mes soucis d'intégration.

Avec une bécane pareille, je vais me faire charrier en arrivant au lycée, c'est sûr. Alors je jette de la boue sur ma mob et je la raye à coups de cailloux. Ensuite, je mets des coups de tournevis dans le pot d'échappement, histoire qu'elle fasse plus de bruit qu'un épilateur électrique. Je suis à un âge où il est difficile de s'affirmer en tant que garçon. Le moindre signe de féminité est aussitôt moqué. Dernière précaution en arrivant au lycée : je me gare loin, à l'abri des regards.

Le troisième trimestre démarre encore plus mal que les deux précédents. Je ne pensais pas ça possible, mais les profs me le confirment. Toutes mes moyennes sont à un chiffre. Personne n'a fait mieux. Le conseil de classe étudie mon cas.

— Il ne pense qu'à écrire son spectacle, dit la prof de français.

— On n'a qu'à le lui supprimer, propose la prof de maths.

— Il ne fait que des plans pour son décor, renchérit le prof de dessin.

— En plus, il a une mauvaise influence sur les autres, car il emploie beaucoup d'élèves pour son spectacle, se plaint la prof d'anglais.

Je les écoute, horrifié. Aucun d'entre eux ne prononce le mot « artiste ». Même avec un point d'interrogation.

Être créatif en 1970, au fond de la Seine-et-Marne, c'est comme avoir la gale. La différence n'est pas considérée comme une richesse mais comme une tare.

En fin de réunion, on me demande de réagir. J'ai les larmes au bord des yeux. Je ne sais pas comment me défendre. Il faudrait que je leur explique qui je suis et d'où je viens, leur parler des dauphins, de mon poulpe et de Socrate, de mes deux familles qui m'abandonnent dans l'espace de 2001 et de l'art qui est le seul médicament qui apaise ma douleur. J'aimerais leur dire tout ça, mais les mots sont bloqués dans mon cœur et ils n'ont pas encore trouvé la sortie.

La seule chose que je trouve à dire, c'est :

— Si vous m'enlevez mon spectacle, je vous promets d'avoir zéro partout.

Celle-là, on ne la leur avait jamais faite, et je lis la stupéfaction sur tous les visages, sauf sur celui de mon prof de gym qui sourit en coin. Il me connaît. Il sait que j'en suis capable. Maintenant que j'ai bien leur attention, je leur propose un deal :

— Si vous me laissez faire le spectacle, je vous promets d'essayer d'avoir la moyenne partout.

Le proviseur est le premier à accepter le deal. Lui non plus n'aime pas l'idée qu'on lui supprime son spectacle de fin d'année, car il veut finir sa saison en beauté. Les profs, toujours courageux, se rangent derrière l'avis du proviseur. Il faut dire que je ne leur laisse pas vraiment le choix, j'ai réveillé chez eux la peur du cas social, celui qui embarrasse les statistiques.

Pourtant mon cas n'est pas si compliqué, il faut juste me regarder un peu et m'entendre de temps en temps. C'est tout. Un enfant qui a mal aux pieds, il ne faut pas lui demander de changer ses pieds, il faut juste lui changer ses chaussures. Le problème de l'Éducation nationale, à cette époque, c'est qu'il n'y a qu'un seul modèle de chaussures et que moi, ça fait quinze ans que je marche pieds nus.

Cette fois, c'est décidé, je vais m'acheter mon appareil photo. J'en ai marre de courir après les prêteurs occasionnels. J'ai épluché tous les catalogues et mon choix s'est cristallisé sur un Minolta SRT 101, avec un objectif de 50 mm. J'ai économisé depuis l'été, mais je n'ai pas encore la somme complète. Malheureusement pour moi, il n'y a rien à tondre dans un rayon de 10 bornes, aucun baby-sitting à l'horizon et encore moins de cours de plongée à donner sur le plateau de la Brie. Il me manque 500 francs. Je les demande à ma mère, en lui expliquant que c'est pour la bonne cause. Sa réponse est toujours la même :

— Demande à François.

Ma pauvre mère est totalement dépendante de lui. Elle s'estime déjà heureuse d'être dans une belle maison et d'avoir un mari qui l'a acceptée avec son gamin, alors elle arrondit les angles, elle contourne les drames et évite les points de friction. En fait, elle aspire à un peu de paix et je ne peux pas lui en vouloir, elle la mérite.

Je demande donc à François qui me répond à côté, comme à son habitude :

— C'est quoi encore cette lubie ? Ça va t'amuser trois jours et ça va encore finir en nid à poussière !

« Mais non, connard, ça va me nourrir pendant quarante ans et ça va me permettre d'acheter une maison à ma mère pour qu'elle ne vive plus à tes crochets ! », aurais-je aimé lui répondre. Mais je ne veux pas mettre ma mère dans l'embarras, alors je m'incline, en silence. Le lendemain, François se pointe avec une Mercedes toute neuve. Il est temps que je lui parle de la répartition des richesses.

Au lycée, je finis par trouver un acheteur pour mon Piaggio. Une acheteuse, plus exactement. Le bleu pâle lui va très bien. Le lundi, je passe à l'action. Ma mob est vendue à 16 heures et à 16 h 30 je suis dans le magasin de photo pour m'acheter l'appareil dont je rêve depuis déjà trois ans. Je rentre chez moi en stop.

À la maison, je montre fièrement mon achat à ma mère. Je la sens contente de me voir content. Les choses se gâtent quand elle comprend que j'ai vendu ma mobylette.

— Mais tu es malade ! Comment tu vas aller à l'école maintenant ?

La réponse me vient d'un seul coup, comme une évidence :

— Ben… en Mercedes.

Bang ! Ma punchline claque et fait son effet. Ma mère marque un temps, mais finit par sourire. Il y a un peu de fierté dans son regard, et puis ce petit goût de rébellion n'est pas sans lui déplaire.

Le soir même, François rentre à la maison et se met à hurler. Il me traite d'irresponsable, de cancre, d'inculte. Il m'accuse de le prendre pour une pompe à fric. Puis il nous demande en vociférant comment je compte aller à l'école.

— En Mercedes, lui répond ma mère.

Je me retiens pour ne pas rire et je suis tellement fier d'elle. François a senti le vent de rébellion qui commence à souffler, il a mesuré l'attachement viscéral d'une mère pour son fils. Il a surtout compris qu'il avait été trop loin. Je vois dans son œil qu'il évalue le nombre de jours qu'il me reste à passer dans cette maison avant que je ne la quitte définitivement. Je sais qu'il pense à ça et il sait que je le sais. Je lui envoie à mon tour un regard, un regard pour le rassurer. Je serai parti dans quelques mois, promis. La distance lui paraît tenable et la négociation se fait là, sans rien dire, sous les yeux de ma mère qui ne voit rien. C'est comme si on venait d'entendre le tonnerre d'un orage qui s'annonce. On ne le voit pas encore, bien que le vent commence à souffler et que l'air devienne électrique. Mais ce n'est pas un orage qui s'approche, c'est un ouragan ; et l'été qui s'annonce sera celui de tous les changements.

En quelques semaines, je sais tout de mon appareil photo. Jerry et Bruce sont mitraillés à longueur de journée. Un vrai reporter de guerre.

Au lycée, il y a une jeune fille que je fréquente de plus en plus. Elle est pensionnaire comme moi. Elle s'appelle Coco. Mère vietnamienne, père français. Elle a la peau caramel, des yeux vert émeraude, de longs cheveux noirs, légèrement bouclés, et un beau sourire sans malice. Elle a un fiancé, un blondinet d'1,80 mètre, joueur de foot et gentil comme un labrador. C'est son copain, mais c'est avec moi qu'elle passe le plus clair de son temps. Mes histoires de dauphins la fascinent et mon sens de l'humour, assez rare dans la région, la fait rire.

Il nous arrive même de dormir ensemble, comme un frère et une sœur. Notre histoire a démarré timidement, en début d'année, mais n'a cessé de grandir et elle est maintenant solide. Coco est une véritable amie.

Un week-end, je lui propose de faire des photos. Elle accepte. Les premiers tableaux sont dans le jardin. Jeune fille en fleur. La nature. Les rayons de soleil. La buée sur l'objectif. On fait du Hamilton à fond.

Le dernier tableau est dans la salle de bains. Je me retourne pour la laisser entrer nue dans son bain, puis je saupoudre la surface de pétales de roses. Je la mitraille dans tous les sens et Coco est très impliquée. Bosser ensemble est un bonheur et la séance se termine par un goûter de seigneur.

Cette fois-ci, j'ai fait des diapos. Le résultat est vraiment bon et je suis suffisamment fier de moi pour organiser un petit diaporama à la maison. Ça tombe bien, les parents de François sont venus de Saint-Maur pour dîner. Ça me fera plus de spectateurs. J'installe le projecteur et je choisis *Man Child* de Herbie Hancock pour faire la bande-son.

Pour le dîner, ma mère a mis les petits plats dans les grands et a joué à la bourgeoise pour faire plaisir à ses invités. Je propose mon diaporama et tout le monde est ravi. C'est la première fois que je montre mon travail et je suis assez ému. Pourtant, à la fin de mon show, les réactions sont plutôt décevantes, à peine polies, un peu comme si j'avais bien récité mes tables de multiplication.

Pas de point de vue artistique. Pas de réflexion pertinente. Juste des sourires coincés. Comme tout le monde manque de vocabulaire, on me prie d'aller me coucher.

Le lendemain matin, au petit déjeuner, je parle de ma frustration de la veille à ma mère qui me raconte que les grands-parents ne l'ont pas lâchée de la soirée. Comment avait-elle pu me laisser faire ça ? Des photos de jeunes filles dénudées, jusque dans une baignoire ? Son fils avait un problème et il fallait absolument qu'elle me fasse consulter par un spécialiste dont ils pouvaient lui donner l'adresse.

Je tombe de ma chaise. J'essayais d'imiter ces maîtres qui remplissaient tous les magazines photos, tous ces artistes qui faisaient danser les formes et les lumières et donnaient des couleurs à la vie. Mais mon penchant pour l'art était malsain et on conseilla à ma mère de me mettre au foot. En fait, ces gros cathos s'étaient arrêtés à la nudité, qu'ils ne pouvaient voir autrement que comme un péché. En plus, j'avais fait subir ce calvaire à une pauvre indigène qui regretterait son indignité jusqu'au jour du Jugement dernier. L'art n'existait pas chez eux. Ou plutôt, l'art n'était que le prolongement du bien-pensant : l'art de vivre, l'art de dresser une table, l'art de décorer sa maison.

Surtout pas l'art qui bouscule, qui vous fait réfléchir, qui vous fait grandir et qui vous ouvre les yeux sur un monde diversifié et multiracial.

C'était confirmé, mes beaux-grands-parents étaient donc Blancs, cathos, bourgeois, racistes et cons.

Ma mère n'était pas tombée dans le panneau et m'avait félicité. Les photos étaient belles et il n'y avait rien de pervers. Elle était même plutôt rassurée de voir que, malgré mes mauvaises notes à l'école, mon cerveau s'ouvrait tous les jours davantage. La vie m'apprenait plus que le lycée.

Peu après, j'offris des tirages à Coco qui en fut ravie ; et la semaine suivante, sa mère vint me féliciter pour mon talent et pour avoir rendu sa fille aussi belle.

Quelques jours avant les grandes vacances, nous jouons notre dernier spectacle, une espèce de fable satirique et bouffonne que j'ai intitulée *Tarsinge, l'homme Zan*.

Pour l'occasion, Coco m'a aidé à peindre une fresque immense sur le mur du foyer, représentant la jungle.

La salle est blindée et il n'y a même plus de place par terre. La bande-son est canon et suit tout le spectacle. Pas moins de cinq changements de costumes et vingt-cinq figurants. On finit sur les rotules, mais c'est un véritable triomphe. *Standing ovation* pendant cinq minutes. Même François est debout, forcé d'applaudir, et ma mère n'arrête pas de sécher ses larmes tellement elle a ri. L'accueil du public m'arrive comme une vague de plein fouet et je la prends avec bonheur. Qu'est-ce que ça fait du bien, cette énergie, cette chaleur qu'on vous offre, ce sentiment que vous êtes enfin bon à quelque chose. Des profs viennent me féliciter comme jamais. Ils savent très bien que je n'aurai pas la moyenne partout à la fin de l'année, mais l'un d'eux finit par me lâcher que le spectacle vient de m'acheter ma place en terminale.

– 8 –

1977

Aussitôt les cours terminés, je jette mon masque et mes palmes au fond de mon sac et je fonce à Palinuro, dans le sud de l'Italie, pour une nouvelle saison à la plongée. Le village est énorme. Mille six cents personnes, en cases. C'est aussi le plus gros club de plongée du Club Med. Vingt moniteurs. Je retrouve Marcus qui est déjà en saison depuis un mois. Je suis à peine arrivé qu'il me met au taf.

Le bateau est noir de monde. Marcus me fait une plongée express dans la grotte d'Azur et je remonte en surface pour récupérer ma première palanquée de douze personnes. Je redescends aussitôt vers la grotte, mais, entre-temps, une dizaine de palanquées sont passées par là et l'eau est devenue trouble. Je ne reconnais rien et je me perds dans les boyaux avec mes douze lascars. Pas de panique. C'est la première chose qu'on apprend en plongée. J'erre pendant une demi-heure dans les boyaux et les poches d'air, et je finis enfin par trouver une sortie. Mes clients sont ravis. Jamais ils n'ont fait une plongée pareille. Moi non plus.

Les plongées de Palinuro sont toutes magnifiques. Des grottes, des poches d'air, des tombants, tout ça dans un vrai bleu, comme on ne le trouve qu'en Méditerranée. En revanche, le rythme du boulot est dément. Il y a tellement de clients le matin que nous montons jusqu'à vingt palanquées. Les moniteurs sont en « successives », c'est-à-dire que nous faisons une première plongée avec douze clients, nous remontons en surface, puis nous enchaînons avec une deuxième plongée en palanquée de douze. Du coup, les moniteurs se tapent des paliers de dingue et je reste parfois plus d'une heure à 3 mètres avant de pouvoir remonter à la surface. Souvent, j'emporte de quoi manger sous l'eau. Des mini-tubes de lait concentré, des Vache qui rit. Même des yaourts : il suffit de faire un petit trou et d'aspirer très près du pot.

L'après-midi, c'est à peine plus cool. On s'occupe des cours et des baptêmes. Il m'est arrivé, certains jours, de faire plus de trente baptêmes dans l'après-midi. La peau de mes mains est tellement creusée par l'eau et le sel qu'on dirait des mains de petite vieille. Le soir je suis épuisé, mais il faut, comme d'habitude, enchaîner avec les spectacles. La journée démarre donc à 6 heures, pour descendre les deux cents bouteilles de plongée jusqu'au bateau, et se termine vers 23 heures, avec la fin du spectacle. Autant dire que je dors comme une pierre.

Côté cœur, j'ai repéré une jolie brune, une Italienne qui travaille à la voile. Elle a 23 ans et du piment dans ses yeux verts. Souvent elle me dit bonjour le matin, en m'embrassant sur la bouche. Au début, je crois que ses lèvres ont glissé, mais après avoir vérifié plusieurs matins de suite, j'ai la certitude qu'elle m'embrasse délibérément sur la bouche. Je n'en conclus pas tout de suite que je l'intéresse. C'est peut-être une particularité italienne et comme je ne connais pas assez les femmes pour me faire une opinion, je décide d'utiliser ma technique de la sieste, puisque c'est la seule que je connaisse.

Après le déjeuner, je lui propose et elle accepte avec un gentil sourire. J'ai maintenant un peu plus d'expérience et je ne tombe plus dans les pommes. La jeune Italienne est très libre et aime visiblement la sieste. Je passe un moment magique, pendant lequel je tombe fatalement amoureux. Elle me sourit, remet son maillot de bain et repart travailler, comme si elle venait de faire du tricot. Moi je reste allongé, anéanti par l'amour, et je m'endors, ratant tous les cours de l'après-midi.

Le soir, je la cherche au restaurant, puis au bar, puis au spectacle, mais pas de belle Italienne en vue.

Le matin tôt, je la trouve à la case de voile. Elle est très occupée, mais j'arrive à lui arracher un baiser avant de monter sur le bateau de plongée. Je sens un peu de distance et je mets ça sur le compte du boulot.

Le bateau de plongée quitte le port et nous avons quarante minutes de route avant d'arriver sur le site. Les moniteurs sont regroupés dans la cale et ce moment intime est toujours réservé au débriefe des exploits sexuels de la veille. Il faut avouer que la chasse à courre est de loin le sport le plus populaire dans un village de cases, et les moniteurs de plongée sont considérés comme des cavaliers professionnels.

Pas question pour moi de raconter ma sieste. J'ai trop de pudeur et l'événement est trop rare pour que je puisse m'en vanter. J'écoute donc Frank, un vieux plongeur buriné par le sel, me raconter ses exploits de la nuit, qui l'ont tenu éveillé jusqu'à 5 heures du matin. Il raconte ça bien, Frank, avec les détails, les angles et les enchaînements. On s'y croirait. À la fin de son récit, je suis épuisé de l'avoir seulement écouté.

— C'était une cliente ? lui demande Marcus, qui semble intéressé pour une reprise.

— Non, c'est la petite Italienne de la voile, répond mollement Frank, encore fatigué par sa nuit.

J'ai l'impression qu'une bombe vient d'exploser en moi, comme un essai nucléaire à 1 000 mètres sous terre qui ne laisse rien paraître à la surface. Comment a-t-elle pu enchaîner la sieste et cette nuit torride ? Moi, j'avais de quoi tenir cinq mois après une séance pareille. Elle l'avait oubliée au bout de cinq heures. En fait, je n'avais servi que d'échauffement. Mon cœur en prend un coup, mon ego aussi et le mystère des femmes me paraît encore plus épais que celui des Pyramides. Avant de pouvoir le percer, je devrais fréquenter des filles de mon âge.

Ça tombe bien, j'en croise une quelques semaines plus tard. Mon histoire d'amour avec la belle Italienne avait été tellement courte que mon cœur n'avait pas eu le temps de saigner vraiment. La jeune fille s'appelle Stéphanie. Elle a 19 ans et elle a des yeux noisette. C'est toujours les yeux que je remarque en premier. Ou peut-être est-ce le fait que tout simplement on me regarde. Son père travaille aussi au Club et elle est en vacances pour tout l'été. Ça sent les parents divorcés. Je vais pouvoir prendre mon temps et apprendre à la connaître. On se fréquente, on danse un peu, on se balade sur la plage. On finit même par s'attraper la main, mais pas question encore de s'embrasser. Un soir, je l'invite à dîner en ville, avec mes sous. Je mets une belle chemise, ou plutôt je mets la seule que j'ai. Ça la fait sourire de me voir jouer l'adulte. Elle est déjà bien plus mature que moi et elle me laisse lui faire la cour avec une gentillesse bienveillante.

Et puis un matin, tout bascule.

Quelques jours auparavant, lors d'une plongée, j'avais repéré un col d'amphore romaine. Je n'ai rien dit à ma palanquée de touristes, mais j'ai mémorisé l'endroit. Ce genre de trésor ne se partage pas. Je profite de mon jour de congé pour préparer une « suceuse ». Il s'agit d'un long tuyau souple (genre tube de climatiseur) que l'on relie à une bouteille de plongée. En libérant l'air dedans, on crée une dépression d'eau qui aspire le sable et le rejette plus loin. C'est l'outil indispensable pour nettoyer autour des amphores sans les casser.

Je prépare tout mon matos et demande à un jeune moniteur de me faire la sécu. Le petit bateau est ancré à l'endroit repéré, et malgré une forte sinusite, je me mets à l'eau avec tout mon matériel. Ce jour-là, j'enfreins les trois règles essentielles de la plongée : ne pas plonger quand on est fatigué, ne pas plonger quand la mer est mauvaise et ne pas plonger seul. La houle est forte, et je descends tout de suite à 30 mètres pour ne pas la subir. J'ai tellement de matos avec moi que la descente me fatigue déjà. Sur place, je m'installe et commence, grâce à la suceuse, à aspirer tout le sable.

Mais il y a du courant et le boulot est pénible. Au bout de 30 minutes, je n'ai dégagé que quelques cols, qui n'en valent pas la peine. Mes sinus me faisant mal, je décide d'arrêter là pour aujourd'hui et je commence à remonter. J'ai quatre minutes de paliers à faire à 3 mètres. Pendant la remontée, mes sinus sifflent un peu et me font extrêmement mal, puis arrivé à 15 mètres, je perds la vue. Bizarrement, je ne panique pas tout de suite et je redescends immédiatement de quelques mètres. Mon réflexe est le bon car je vois de nouveau. Ce sont sans doute mes sinus qui ne se vident pas correctement et qui font pression sur le nerf optique. J'enlève mon masque, me mouche exagérément et fais une deuxième tentative. Arrivé à 15 mètres de la surface, mes sinus sifflent de nouveau et je perds encore la vue. C'est là que je sens la panique monter, comme si mes doigts se rapprochaient inexorablement d'une prise de courant. Ça vient du ventre et il faut tout faire pour que ça ne monte pas jusqu'au cerveau. Je me répète dix fois de suite la phrase qui peut me sauver : « La panique est ton seul ennemi. »

J'enlève de nouveau mon masque, me mouche, me masse les sinus et le cou. Troisième tentative. Même résultat. Le chrono tourne et mon palier augmente. Il faut vraiment que je rejoigne mon palier à 3 mètres, sinon je cours à la catastrophe. J'enlève de nouveau mon masque et je commence à me frapper le visage, de toutes mes forces, jusqu'à saigner du nez. J'en suis à la sixième tentative et la dernière, car mon temps de palier augmente et l'air de ma bouteille diminue. Mes sinus sifflent de nouveau, je perds encore la vue, mais cette fois-ci je continue à monter. Ça fait un mal de chien et mes sinus font des bruits de chiottes du début du siècle. Puis, d'un seul coup, ça claque dans ma tête, comme une porte en bois qu'on enfonce. Je retrouve un peu la vue, mais j'ai du sang plein le masque. Mon oreille est déstabilisée et je n'ai plus le niveau, plus l'horizon. Je ne sais plus où est le bas du haut. Je vomis et je tiens fixement mon profondimètre à quelques centimètres de mes yeux pour me stabiliser à 3 mètres.

La mer s'est levée davantage et, à cette faible profondeur, les effets de la houle sont bien présents. Difficile de rester sur place et le courant puissant m'entraîne loin de la côte, dans un bleu sans limite. J'ai maintenant neuf minutes de palier. Neuf minutes à tenir dans cet enfer. Neuf minutes où j'ai le temps de penser à ma mère, à mon père, et à cette situation de merde dans laquelle ils m'ont mis. Neuf minutes à chercher quelque chose de positif qui pourrait m'attendre à la surface. La seule chose qui me vient à l'esprit, c'est le joli sourire de Stéphanie. J'essaye de me focaliser sur ses yeux noisette, sur la douceur de sa main, sur sa silhouette élégante. J'imagine notre avenir, nos retrouvailles à Paris. On ira à la tour Eiffel ensemble, puis on marchera le long de la Seine jusqu'à Notre-Dame où je mettrai un cierge en souvenir de cette plongée cauchemardesque. Ma capacité à rêver me sauve la vie, car les neuf minutes sont passées.

À la surface, je crie de douleur au milieu des vagues énormes. Je dégueule de nouveau, mais je suis sain et sauf, même si le courant m'a entraîné loin de la côte, loin du bateau pneumatique sur lequel mon collègue est censé me surveiller. Les creux des vagues l'empêchent de m'apercevoir et ça fait déjà une demi-heure qu'il est affolé. J'attrape le sifflet de secours, attaché à ma bouée de stabilisation, mais je n'ai même pas la force de souffler dedans. Ce n'est pas grave, je suis très bien là où je suis, à me laisser bercer par les vagues. Alors je m'allonge et je regarde le ciel, à travers mon masque encore rempli de sang.

Mon collègue finit par me repérer et il me hurle dessus. Il peut toujours y aller, mes oreilles ont tellement morflé que ses hurlements sont moins audibles qu'une annonce grésillant dans un aéroport moldave. Il me hisse à bord du pneumatique, comme un gros paquet de linge resté trop longtemps dans l'eau. Moi, je ne sais pas pourquoi, mais je souris. Peut-être suis-je tout simplement heureux d'être en vie.

Mon collègue a prévenu l'équipe et, dès mon arrivée au village, on m'amène à l'infirmerie, mais le médecin du Club est largué : à part les coups de soleil et les comas éthyliques, il ne soigne pas grand-chose. Il appelle immédiatement Europ Assistance et, quelques heures plus tard, une ambulance vient me chercher.

Le bruit a couru dans le village, jusqu'à Stéphanie qui me rejoint à l'infirmerie. Je lui raconte comment elle m'a permis de survivre et elle me donne un baiser, un vrai.

— Reviens vite, me dit-elle en posant sa main sur ma joue.

L'ambulance m'amène à l'aéroport, d'où un petit avion privé me rapatrie vers Marseille. Je vais y rester trois semaines.

Ma mère est sur un bateau en Corse, avec François et mon petit frère. Mon père est en village, aux Maldives : la direction lui a confié la gestion de Club Nature.

Je me retrouve donc de nouveau seul, dans une boîte blanche de 3 mètres carrés. J'ai tout le temps du monde pour constater que ce n'est pas le « blanc hôpital » qui est démoralisant, mais le néon froid et pourri qui se reflète dessus. Quand le soleil se lève, vers 5 heures, il dessine des barres orangées à travers les persiennes, et elles s'accommodent très bien du blanc. En revanche, l'odeur de Javel ne s'accommode de rien.

J'ai vraiment le temps d'admirer ma chambre car, en plein cœur de l'été, l'hôpital est débordé et je ne vois une infirmière que cinq minutes par jour. L'après-midi, on me trouve quand même des activités pour m'occuper : scanner, radios, prises de sang et plein d'autres exercices haïs par la Sécurité sociale.

Je ne sais même pas si mes parents savent que je suis à Marseille. Ma solitude me saute aux yeux, tandis que ma vue s'améliore, dans tous les sens du terme.

Après dix jours d'observation, un médecin chauve et binoclard vient me rendre visite. Il est patron du service. D'emblée, je ne l'aime pas. Il a une tête à abandonner son chien sur l'autoroute. Avec des mots bien savants, qu'il sait que je ne comprendrai pas, il me raconte ce que je sais déjà. Je n'aurais pas dû plonger avec une sinusite, mais le passé ne m'intéresse pas. Je veux qu'il me parle de mon avenir. La mer est ma vie et j'ai juste besoin de savoir s'il va me l'enlever. Il émet alors un petit rire sec, le genre de rire qu'on lâche quand on veut faire comprendre à son interlocuteur qu'il rêve.

— La plongée ? Vous pouvez oublier ! Même dans une baignoire !

Ce connard vient d'exploser ma vie et en plus, ça le fait rire. Puis il se casse et je reste prostré dans mon lit, des jours durant.

Ma vie n'a plus de sens, ma vie est en miettes et le bilan est désastreux. Mon père a fondé une nouvelle famille et n'a pas besoin de moi aux Maldives. Ma mère est avec son mec qui compte les jours avant ma disparition. Je suis nul à l'école, je n'ai aucune aptitude à me faire des amis parce qu'on me trouve trop bizarre, je n'aime que la musique que tout le monde déteste et je ne me sens bien que dans la mer, qu'un médecin sans tact vient de m'interdire. J'ai l'impression que Dieu vient de tirer la chasse et qu'il a vidé les océans. Je ne sais plus quoi faire de ma vie, ni même à quoi elle sert. Je suis parti avec l'eau du bain. Je n'ai pas de message, pas de Post-it, pas d'instruction et aucun modèle à suivre. Un vrai trou noir. Un vide sidéral. Un shut down.

Je viens de crasher le disque dur et je ne sais pas comment on réinitialise. De plus, l'hôpital, surchargé, me prie d'aller reconstruire ma vie ailleurs. Pas d'aide. Pas de suivi. Pas de psy à qui parler. Pas même quelqu'un pour m'indiquer la sortie. Je ne peux pas rejoindre mes parents, mon père est trop loin et ma mère en pleine mer. Je ne peux pas rentrer chez moi non plus, car François n'a jamais cru bon de me faire faire un double des clés. Impossible aussi de rejoindre l'internat, car le lycée Jules-Ferry est fermé et ne rouvrira ses portes qu'en septembre.

Ma seule solution est donc de repartir pour Palinuro et de retrouver Stéphanie et ses jolis yeux noisette. Je dois avouer qu'elle m'a bien aidé pendant ces quinze jours. Elle ne m'a pas encore donné son cœur, mais la promesse de son amour m'a suffi. L'espoir fait vivre. Ce n'est pas une banalité.

Je n'ai pas de quoi me payer mon billet de train. Heureusement, Max est marseillais. Pilote automobile, reconverti dans le déménagement, il est l'ancien coéquipier de François à l'époque de l'écurie GRAC. Il passe me voir à l'hôpital et me laisse un peu d'argent avant de repartir pour ses vacances.

Il y a deux changements pour arriver jusqu'à Palinuro et plus de quinze heures de train. La plupart du temps, nous longeons la côte et la mer me regarde, comme pour mieux me narguer.

Dès mon arrivée au village, je cherche Stéphanie. J'ai le cœur qui bat fort. Son baiser fut le seul médicament qui m'ait soulagé. Je la trouve dans la cabine de l'ingénieur du son. Je m'attends aux retrouvailles de Roméo et Juliette avec les violons partout.

— Ah ? Tu es de retour ? me dit-elle, avec une gêne assez visible.

Pas d'accolade, pas d'embrassade et encore moins de violons. L'ingénieur du son a 27 ans. La barbe naissante, les cheveux en bataille. Il se prend pour un Parisien. Il a deux neurones dans la tête mais qui ne se connectent jamais vraiment à cause des pétards qu'il fume toute la journée. En revanche, il a assez d'instinct pour marquer son territoire, comme les putois. Il se lève, met une main bien vulgaire sur les fesses de Stéphanie et lui roule une pelle bien baveuse. Mon cœur s'arrête. De dégoût. Le gars a les dents jaunes et pue la clope. Comment peut-elle fourrer sa langue dans une poubelle pareille ? La réponse ne m'intéresse déjà plus. Je viens de vieillir d'un seul coup, sans rien demander.

— Tu n'as pas perdu de temps, je finis par lui lâcher, avec suffisamment de distance dans la voix pour la rendre mal à l'aise.

Elle balbutie quelques explications, d'une mauvaise foi bien féminine. Elle me rappelle qu'on n'avait encore rien fait, qu'elle ne s'était pas engagée et qu'elle n'était même pas sûre de mon retour. La vérité était plus simple. Elle s'était juste amusée avec moi. Mais on ne s'amuse pas avec l'amour, c'est une matière vitale pour moi, indispensable, et qui sert à me construire et à me garder en vie, au même titre que l'eau et l'air.

Grandir d'un seul coup a des conséquences : je ne vois plus Stéphanie de la même façon et je comprends qu'elle a la tête à moitié vide, comme une midinette qui finira vendeuse de gourmettes. Je ne vois plus non plus le Club de la même manière : les moniteurs sont des fennecs qui ne pensent qu'à bourrer des secrétaires en vacances et les clients sont des loutres qui passent leur séjour à se bourrer à la sangria. Je sens la noirceur qui monte en moi et je commence à détruire tout ce que je touche. La rentrée s'annonce copieuse et je redoute les « règlements de comptes à OK Corral ». Mais il me faut encore tenir trois semaines avant de rejoindre Coulommiers.

Le lendemain, je suis sur le bateau de plongée. Comme je n'ai pas le droit de me mettre à l'eau, Marcus m'a mis au planning. J'annonce les noms des clients par palanquée, et je m'assure que tout le monde est bien dans l'ordre, derrière son moniteur. Je suis content de retrouver les copains, l'ambiance et la mer tout autour. Mais d'un seul coup, les choses se gâtent quand je vois le premier plongeur se jeter à l'eau. Le bruit de l'impact sur l'eau, le son du détendeur qui respire, puis les bulles qui dansent en surface. Une douleur m'envahit. Je suis comme un affamé à l'entrée d'un supermarché. Ce n'est pas qu'une douleur cérébrale, j'ai une véritable crampe au ventre, comme un drogué en manque. La mer est ma moitié, on me l'a arrachée et elle gît là, devant moi. Je me sens orphelin. Je passe mes journées à sourire et à cacher ma douleur, car personne n'a envie d'entendre mes plaintes. De toute façon, on n'est jamais crédible en maillot de bain.

Quelques jours plus tard, Victor De Sanctis est invité au Club. Il est metteur en scène et réalise des documentaires sous-marins. Il a 70 ans, le cheveu blanc et le sourire aussi joyeux qu'une glace à l'italienne.

Le soir, il nous propose de diffuser son nouveau documentaire qui a pour titre *Jacques Mayol, l'homme dauphin*. Je ne connais pas cet homme, mais les amis des dauphins sont mes amis.

On a tendu un drap blanc sur la scène et installé un projecteur 16 mm. La salle en plein air se remplit et le film commence. Jacques Mayol fait du yoga. Petite moustache à la Clark Gable. Le gars a l'air un peu perché. Quand il déambule dans la rue, on a l'impression qu'il vient d'apprendre à marcher. Ne lui parlez pas de passages piétons ou de feux rouges, il n'a aucune idée de la société qui l'entoure. Il parle de la mer, du tofu, de l'île d'Elbe et des dauphins. De rien d'autre. Puis d'un seul coup, il se met à l'eau et tout bascule. Cet homme n'a rien à faire sur terre. La gravité le compresse. L'architecture l'oppresse. Il ne se sent bien que dans l'infini du bleu.

Jacques est assis sur une plate-forme à ras de l'eau. Ses palmes flottent doucement dans l'immensité. Tout le monde lui parle mais il n'entend personne. Il est déjà ailleurs. Il finit ses exercices respiratoires puis se rapproche d'une étrange machine orange, qui dépasse à peine de l'eau. Il a les yeux fermés et ne porte pas de masque, juste un énorme pince-nez. Puis il prend une respiration, à peine plus grande que les précédentes, donne un léger coup de tête, presque imperceptible, et un technicien libère la machine. Mayol disparaît aussitôt, entraîné par sa gueuse de 30 kilos. Il est en apnée, sans aucun système respiratoire.

Le début de sa descente est magnifique et Jacques glisse élégamment le long d'un bout qui l'entraîne vers un bleu qui s'assombrit.

Sur le côté de l'image, il y a un chronomètre qui défile. Il affiche déjà une minute et Mayol s'enfonce dans la nuit. J'ai le souffle coupé et la bouche grande ouverte. Je n'ose même pas bouger. Je me rends compte que je suis, moi aussi, en apnée, car je commence à manquer d'air. Mais Mayol glisse encore et s'enfonce dans la nuit totale. Il passe les derniers plongeurs de sécurité qui sont à 80 mètres de fond. À partir de maintenant, il est seul. L'image est saisissante. Mayol est dans le noir, au milieu de l'espace, relié par une simple corde. Impossible de ne pas faire le rapprochement avec l'image d'un fœtus flottant au bout de son cordon. Impossible de ne pas se souvenir de la dernière image de *2001, l'Odysée de l'espace*. La mer. La musique. L'image. Les univers qui ont bercé ma vie se mettent en place, comme des planètes qui s'alignent.

La gueuse vient heurter la plaque qui marque la fin de sa descente. Il est à 101 mètres de fond. L'eau est à 10 degrés, la pression est dix fois supérieure à celle de la surface et il est en apnée depuis deux minutes. N'importe qui grimacerait de douleur ou d'effort et quand Mayol va se retourner à l'image, on verra, à coup sûr, sa tête toute fripée de nouveau-né. Mayol se retourne et son visage est en paix. Il ne ressent aucune douleur, aucune contrainte physique. Il bouge avec bonheur et affiche un sourire de dauphin. L'image me bouleverse. Ce n'est pas possible. Cet homme voit quelque chose qu'on ne voit pas. Il a accès à une autre dimension, c'est la seule explication.

Après quelques secondes qui paraissent une éternité, la foule de spectateurs lui hurle de remonter, tellement la tension est asphyxiante. Alors Mayol gonfle un petit ballon qui l'arrache du fond et le remonte doucement. Plus il monte, plus la pression diminue et plus le ballon se gonfle. La lumière revient progressivement. Le bleu d'abord. Puis les autres couleurs. Mayol remonte de plus en plus vite, dans une eau de plus en plus chaude. Bientôt la silhouette du bateau apparaît dans ce plafond brumeux.

Mayol lâche le ballon et finit à la palme, en ondulant comme un dauphin. D'un coup, il crève la surface en poussant un cri, comme si la douleur n'arrivait que maintenant, une fois à l'air. Puis Mayol s'écroule sous son poids, comme un cosmonaute resté trop longtemps dans l'espace. Son visage est fatigué, presque désespéré. Il ne sourit plus. Son arrivée sur terre ne lui plaît pas, comme un nouveau-né qui regrette déjà cette eau maternelle qui le protégeait de tout. Les spectateurs sont scotchés, et moi anéanti. J'espère juste qu'un jour quelqu'un aura l'idée de faire un grand film sur Jacques Mayol.

Les jours suivants sont pénibles et je ne supporte plus de rester sur le bateau à regarder les plongeurs s'enfoncer dans le bleu. Je reste donc à terre, à gonfler les bouteilles et à réparer le matériel. Ça me laisse le temps de repasser le film sur Mayol dans ma tête, des centaines de fois. Je veux absolument voir ce que lui seul a vu, au fond de l'eau. Je me repasse aussi le discours du docteur de Marseille, dans l'espoir de détecter une faille dans son diagnostic. Je cherche l'erreur comme un avocat qui essayerait de sortir d'un contrat. Je trouve la faille. Le chauve m'a dit précisément : « Vous ne pourrez plus jamais plonger en bouteille. » Il n'a pas mentionné l'apnée. À partir du moment où il n'y a pas d'échange gazeux, on peut considérer que le danger est écarté. Je me garde bien de faire vérifier ma théorie par le médecin du Club, et j'affrète aussitôt un Zodiac pour aller m'entraîner.

J'accroche un poids de 10 kilos au bout de 10 mètres de bout et je me jette à l'eau. En quelques secondes, le bout se tend et je me retrouve à 10 mètres. J'adore la sensation. On glisse sans tomber. Tous les jours, je descendrai un peu plus bas.

L'après-midi, je m'entraîne en piscine, histoire d'améliorer mon souffle. En quinze jours, je tiens 4 minutes 10 secondes en apnée statique et je me prépare à passer la barre des 50 mètres de fond. J'ai pris un collègue pour la sécu. Les 50 mètres de bout sont bien enroulés sur le Zodiac et j'ai accroché 20 kilos à ma gueuse. Plus la descente sera rapide, plus j'aurai de temps au fond.

Je fais mes exercices respiratoires en surface, puis je lâche moi-même la gueuse qui m'entraîne. Je sens la différence de poids, car mes oreilles passent à toute vitesse et mes cheveux battent sur mes tempes, comme s'ils étaient dans le vent.

J'atteins les 50 mètres en 50 secondes. La surface n'est plus qu'un souvenir. Le fond est invisible. Je suis dans le bleu le plus total. Je suis bien et je sens peu à peu la paix qui m'envahit. Cette notion d'unité avec la nature, d'abandon de soi… Je lâche le bout pour me sentir encore plus libre. Quelques secondes plus tard, je suis en extase et je me sens disparaître. Je ne suis plus là. Je suis le bleu, comme disséminé en lui, en milliers de particules. J'ai enfin trouvé ma place, pour l'éternité, et en pleine conscience je décide de rester là.

La pression et le manque d'oxygène sont simplement en train de me jouer des tours. Mon esprit s'échappe. Mais le corps est bien fait car, dans un réflexe de survie, ma main cherche le bout. Ma main cherche le bout, mais ne le trouve pas. Le bout a disparu. Le fait d'avoir à résoudre ce mystère m'oblige à réfléchir et donc à retrouver mes esprits. Le bout n'a pas disparu, il est 10 mètres au-dessus de ma tête. J'ai glissé vers le fond sans m'en apercevoir. Un début de panique réveille mon instinct de survie. Je remonte péniblement jusqu'au bout, puis tire dessus pour m'arracher au poids des profondeurs. Arrivé à 20 mètres de fond, je relâche mon effort, sinon je sais que je n'aurai pas assez d'oxygène pour rejoindre la surface. J'essaye de me décontracter au maximum et je laisse ma combine me remonter doucement vers la surface. Mais soudain, je tombe sur mon collègue. Ça fait près de trois minutes que je suis parti et le pauvre garçon est affolé. Il m'attrape par l'épaule et me tire vers le haut. Je crève la surface, à bout de souffle. Mon collègue me hurle dessus, tandis que je me hisse sur le Zodiac, avec l'aisance d'une tortue qui monte sur la plage. L'air entre dans mes poumons. Un air sec et parfumé, doux comme une caresse. Ce n'est pas si mal, la vie sur terre.

Au coucher du soleil, je vais au bord de la piscine, devant la mer, et je tremble comme une feuille. Mon corps me fait comprendre que j'ai failli y rester et il m'envoie une bonne dose de peur rétroactive afin que je ne recommence jamais. Mais quand on tombe de cheval, on doit remonter en selle aussitôt, alors, dès le lendemain, je recommence à m'entraîner, en prenant la sage décision de ne jamais descendre en dessous des 50 mètres.

Quelques jours plus tard, c'est la fin des vacances. Je quitte le sud de l'Italie en direction de la France. Les souvenirs se bousculent déjà dans ma tête et je sais que cet été a changé ma vie à jamais.

– 9 –

Je rentre en terminale D, toujours au lycée Jules-Ferry de Coulommiers. « D » pour « biologie », comme son nom l'indique. J'aurais du être en « A », comme « littéraire », mais je fais trop de fautes d'orthographe pour être pris au sérieux. J'aurais pu être en « C », comme « maths », mais je ne suis bon que quand je triche.

De toute façon, ce n'est pas grave, je n'aime pas mes profs, je n'aime pas les élèves, je n'aime pas le lycée et je n'aime pas l'école en général. Ça va être dur de tenir une année.

À la maison, ça se passe de plus en plus mal. Ma mère est dans le déni total. Elle passe ses journées à raconter sa vie telle qu'elle la rêve. Tout y est formidable, tout y est plus grand et plus beau. Elle raconte ses vacances à ses copines en y ajoutant du sucre ou du piment, selon les situations. Elle exagère tout en permanence. La taille de leur bateau, la taille des vagues pendant la tempête, la taille du buffet, la taille des plages, même la taille de son bonheur.

C'est sa façon à elle de se protéger. Elle ne veut pas voir la réalité en face. Elle veut oublier l'amertume de son enfance et le fiasco de son adolescence. Elle ne veut pas voir que son nouveau mari est un goujat imbu de lui-même, et elle ne veut surtout pas voir que son fils va très mal.

Mon bronzage diminue à vue d'œil. En quelques semaines, je deviens pâle, livide, glacé et je commence à m'embrouiller avec tout le monde. Ma mère tout d'abord. Je la reprends sans cesse, en divisant par deux tout ce qu'elle raconte. Je le fais volontairement en public, devant ses amies. Ça la rend folle et tous les déjeuners de famille se terminent par : « File dans ta chambre ! » Bien sûr, tout le monde met ça sur le compte de mes hormones d'adolescent. Personne ne sent que le problème est plus profond.

François aussi en prend pour son grade. J'arrête de fermer ma gueule et je réponds à ses agressions permanentes par des agressions permanentes. Comme en plus je ne suis pas loin des 90 kilos, il prend ses distances. À l'école, je remets systématiquement en question tout ce que me disent mes profs. « Pourquoi ? » est le seul mot que je répète à longueur de journée. J'ai envie de savoir, de comprendre. Je me fous de la date de Waterloo, je veux savoir comment marche la vie, comment lui donner un sens et comment lui organiser un futur. Mais la seule réponse que j'obtiens de mes profs, c'est : « Filez en étude ! »

Avec les élèves, c'est différent, personne ne m'approche. Ils se tiennent à distance par instinct, pour ne pas prendre de coups.

Mais la situation ne peut rester ainsi. Je tourne en rond sans jamais trouver la sortie. Je suis incapable de me dessiner un avenir, même pas une vague esquisse.

J'ai l'impression que ma vie est bordée d'un gouffre qui m'appelle. Je n'ai personne pour m'aider et, de toute façon, personne ne m'a appris à demander de l'aide.

Et puis, un jour, j'en ai assez. Je dois mettre fin à cet état de misère. Je prends donc une feuille de papier et je trace un trait vertical pour la diviser en deux. À gauche, je vais écrire ce que j'aime, à droite ce que je déteste. Peut-être que cette approche, plus pragmatique, m'aidera à trouver une réponse. La colonne de droite se noircit très vite, celle de gauche plus lentement. Je m'interdis tout ce qui touche à la mer, même si je sens que c'est contre nature. Une fois ma feuille bien remplie, je l'observe avec distance. J'ai l'impression de regarder la liste des courses pour savoir quoi faire à dîner. Une chose me paraît tout de suite évidente : dans la liste de ce que j'aime, il n'y a que du créatif. C'est la première fois que je prends conscience concrètement de ce qui m'attire. J'en suis presque étonné. Tous les arts sont là, devant moi, couchés sur le papier.

La révélation est importante, aussi importante que celle de Dark Vador à Luke Skywalker. « Je suis ton père. » Le film vient de sortir et je l'ai pris en pleine poire. Le spectacle est éblouissant, mais c'est la mythologie qui est derrière qui m'a terrassé. Peut-être aussi le héros qui porte le même prénom que moi. L'art serait-il mon père ? J'aurais bien posé la question à mon prof de philo, s'il ne m'avait pas interdit d'assister à ses cours.

Sur mon papier, il y a la liste de tous les arts. Mais c'est bien beau de tous les aimer, faut-il encore qu'il y en ait un qui m'aime.

J'ai essayé le piano et la guitare, mais j'ai des doigts de catcheur. Je danse comme un manche et je chante comme une casserole. Ça en fait deux en moins. J'adore écrire, mais ma prof de français m'a tellement traumatisé, à cause de l'orthographe, que j'écris en cachette. L'architecture me passionne, mais les années d'études qui vont avec me découragent par avance. J'aime le dessin et la peinture, mais mon grand-père ne m'a pas transmis ses dons. Ça en fait cinq en moins. La sculpture me plaît aussi, mais je ne me sens pas de ne faire que ça. J'aime bien être sur scène et jouer la comédie, mais le théâtre m'ennuie – trop prétentieux. Et puis le comédien est un interprète. Moi, j'ai besoin de m'exprimer, pas de réciter l'expression des autres.

La photographie me paraît évidente. J'ai déjà un peu d'expérience et plutôt le sens du cadrage, mais cet art est trop statique. Il va me manquer quelque chose. Il me reste le cinéma, le septième et dernier des arts. En relisant ma liste, je m'aperçois que le cinéma contient un peu de tous les autres arts, comme le décathlon pour un sportif. Il faut être bon un peu partout, sans jamais être spécialiste. J'écris beaucoup, je sais faire des cadres, j'aime la musique, j'aime le mouvement et le rythme, j'aime l'architecture, la décoration et les costumes, et j'ai acquis au Club le sens du spectacle et de la scène. Je viens de trouver, mathématiquement, un métier qui me conviendrait. Je me sens comme un chômeur qui vient de cocher toutes les cases d'une promesse d'embauche. Seul problème : je n'y connais rien, ni personne. Je n'ai même pas de culture cinématographique. Mon beau-père vient seulement d'acheter une télé et il faudra sûrement attendre dix ans avant qu'il s'équipe d'un magnétoscope.

À cette époque, je vais très rarement au cinéma, car Coulommiers n'a qu'une salle, qui ne passe que des De Funès ou des Belmondo. Pour voir *La Guerre des étoiles*, j'ai dû monter jusqu'à Paris, au Grand Rex. Mais voir les films est une chose, les fabriquer en est une autre. Je n'ai jamais été sur un tournage ni même regardé un *making of* de film. Je n'ai absolument aucune idée de la façon dont ça se fabrique et je sais encore moins si ça me plaira.

Donc la première chose à faire, avant de me lancer dans cette nouvelle aventure, c'est d'aller sur un tournage.

J'ai le souvenir d'un copain de François qui travaille dans le cinéma. Il s'appelle Patrick Grandperret. Il est assistant réalisateur. Mon beau-père accepte de l'inviter à dîner. Ma mère ne voit pas vraiment d'un bon œil mon envie soudaine, même quand je lui explique que j'ai mathématiquement vérifié ma formule. Elle ne connaît rien au cinéma et se sent démunie car elle sait qu'elle ne pourra pas m'aider. Et puis ça lui fait peur, car elle entend tellement d'histoires d'excès en tout genre dans ce milieu. J'aimerais lui dire que si je ne mets pas un point pour fixer mon horizon, je vais tomber dans le vide. Comment son petit garçon, si fragile, résistera-t-il à tout ça ? Je n'ose pas lui dire que le plus dur, ça a été de survivre jusqu'à aujourd'hui.

La mission de Patrick Grandperret est simple : il a tout le dîner pour me convaincre d'abandonner un métier que je ne connais pas encore. Patrick débarque à moto. Il porte un jean, un tee-shirt et des baskets. À l'aise, il a l'œil qui pétille et une petite flamme au fond du regard que je reconnais d'instinct. Une petite folie, une passion. J'ai déjà vu cette flamme dans le regard de Mayol, à 100 mètres de fond. Le gars est passionné et ça le rend beau.

Au début du repas, il joue le jeu et me décrit son métier avec sévérité, mais je sens bien qu'il récite sans conviction. Malheureusement pour lui, je lui pose les bonnes questions et il comprend vite que je ne suis pas le fils de mes parents.

Au dessert, il ne résiste plus et il s'enflamme, laissant sa passion déborder de partout. Il jouait du pipeau, maintenant il joue du Wagner. François n'arrive plus à l'arrêter, ma mère fait la gueule et moi je suis aux anges.

En partant, Patrick me lance :

— Le week-end prochain, on tourne un court. Tu peux venir jeter un œil, on a besoin de bras.

— C'est quoi un court ? je demande naïvement.

— Un court-métrage. C'est un film court. Moins de dix minutes. On fait ça gratos, me répond-il.

Je viens de prendre ma première leçon de cinéma.

Les jours suivants, l'euphorie redescend, car ma mère me prend la tête en me dressant la liste, sans fin, des vertus de l'école, tandis que François détruit la réputation de son ami Patrick.

— Patrick est un ami, mais il est fou, il se drogue et ne fait du cinéma que parce que son père est ultra-riche.

Je n'ose imaginer la description qu'il aurait faite de lui s'il avait été son ennemi. Quant à ma mère, si l'école a autant de vertus, pourquoi l'a-t-elle arrêtée à 15 ans ? Aucun de leurs arguments ne tient la route ou ne parvient à me faire oublier la petite flamme que j'ai vue dans le regard de Patrick.

Je décide d'aller sur le tournage et de juger par moi-même. « Et que la force soit avec toi », me chuchote Obi-Wan Kenobi.

Le samedi matin, je me lève à 7 heures pour essayer d'attraper le train de 8 h 30. Dehors, il pleut des cordes et je sais qu'il va falloir batailler dur pour que quelqu'un daigne m'emmener à la gare. Alors j'hésite et je traîne un peu au lit. Je fais une première tentative, dans la chambre de ma mère, et François grogne comme un ours qu'on dérange en pleine hibernation. Oublions le 8 h 30. Ma motivation est en berne, mais la perspective d'un week-end pluvieux, enfermé entre quatre murs, avec cette pseudo-famille, ne me satisfait pas non plus. J'appelle alors Nicole Blachère, nos anciens voisins de Lésigny, qui nous ont suivis dans le déménagement et se sont installés à 2 kilomètres de chez nous. Nicole va en ville ce matin-là et elle accepte de me prendre au passage. J'arrive à attraper le train de 10 heures. Arrivé à Paris, je prends le métro et je sors à la station Montparnasse-Bienvenüe. Le ciel est encore lourd et l'air déjà glacial pour un mois de novembre. J'ai l'adresse du tournage sur un petit bout de papier. Arrivé dans la rue, au numéro indiqué, je ne vois rien, à part deux camions blancs garés l'un derrière l'autre. Sur leur flanc, on peut lire « Transpalux ».

La porte arrière du premier camion est ouverte et j'y aperçois un énorme projecteur de cinéma. Je m'approche de deux électros qui discutent, la clope au bec.

— Excusez-moi, je cherche le tournage, je demande poliment.

L'électro me regarde comme un agneau qui vient de naître. N'importe quel débutant aurait déjà trouvé le tournage, mais je ne suis même pas débutant, je suis encore un touriste.

— Suis les câbles ! me balance-t-il avec un accent parigot d'origine contrôlée.

Je le remercie et j'aperçois effectivement de gros câbles qui sortent du groupe électrogène et qui s'enfoncent dans le couloir d'un immeuble.

Les câbles courent tout le long du couloir. Plus je m'enfonce, plus j'avance vers la lumière, la chaleur et le bruit.

Un couloir étroit. Un cordon. Une lumière au bout. J'avance vers ma naissance.

J'arrive finalement dans la cour qui explose de lumière. Quatre projecteurs de dix kilos tapent sur la verrière d'un atelier aménagé en décor du Moyen Âge. Un luthier est au travail dans des sabots d'époque.

Une vingtaine de techniciens s'activent, comme des fourmis silencieuses. La chaleur est intense, on se croirait en plein été.

Je me plaque contre un mur pour ne pas gêner. Patrick Grandperret me fait un signe de loin. Il est derrière la caméra, en pleine discussion avec le metteur en scène, qui porte un chapeau de cow-boy. Le chef opérateur se balade sur le plateau avec sa cellule en l'air. Un électricien fixe une gélatine sur un projo à l'aide de pinces à linge, tandis qu'un machino met du talc sur les rails de son travelling.

J'absorbe toutes ces images, totalement nouvelles pour moi. Soudain, sous les ordres du premier assistant, tout ce petit monde prend sa place.

— Moteur demandé, dit un assistant.

— Ça tourne, lui répond Patrick derrière sa caméra.

— Ça tourne aussi, enchaîne l'ingénieur du son.

Un machino se met devant le vieil acteur et récite les chiffres qu'il a écrits à la craie sur son clap.

— 14 sur 2. Cinquième.

Le machino clape et disparaît. Le silence se fait. Le temps est suspendu, l'acteur a fermé les yeux. Pas une mouche qui vole. Puis le metteur en scène, installé derrière son écran de contrôle, lâche un « Action ! » presque inaudible. Aussitôt, le vieil acteur pousse un râle profond et tend ses mains tremblantes. Il implore le ciel, maudit la terre, et son visage s'inonde de larmes et de désespoir.

Je suis pétrifié contre le mur, la bouche bée. Je n'ai qu'une envie, celle de venir en aide à ce pauvre homme, mais personne ne bouge, sauf le machino qui pousse lentement son travelling et le perchman qui le suit.

Sans m'en rendre compte, je me suis mis à pleurer aussi. Le choc est trop grand.

— Coupez ! crie le metteur en scène.

Le vieil acteur s'effondre de fatigue, tandis que les techniciens reprennent une activité normale. Le réalisateur fait la grimace pour faire comprendre à son acteur que ça pourrait être mieux. Le vieil acteur secoue la tête. Il a l'air d'être d'accord avec lui. C'est à ce moment-là que je comprends. Je suis sur une autre planète, un monde parallèle. Le vieil acteur donne ses larmes sans compter, les techniciens bossent gratuitement et chacun s'entraide et se sourit. Tout ça pour une cause et une seule : un film, qui sera bientôt offert à tous, pour le plaisir.

Je suis subjugué par la générosité du principe. Créer – pour donner – sans compter. C'est presque la définition de l'amour.

Une jeune technicienne s'approche de moi avec un grand sourire.

— Comment tu t'appelles ? me chuchote-t-elle.

— Luc, je lui réponds.

Pendant quelques secondes, j'ai peur qu'elle me pose une question technique.

— Tu es venu pour le film ?

— Oui.

— Super. Tu peux m'aider ? On doit bouger toutes les caisses caméras de l'autre côté de la cour, parce qu'elles vont être dans le champ du prochain plan, me dit-elle avec gentillesse.

Je n'ai rien compris à sa demande, à part « aider ».

Aussitôt, elle m'indique les caisses à porter. Celle-là. Pas celle-là. Je slalome entre les techniciens, tous affairés à des tâches différentes.

Un vrai ballet de fourmis. En quelques minutes, le contrechamp est mis en place et l'assistant demande de nouveau le moteur. Je suis collé contre un autre mur et je regarde tout ça avec délice. Personne ne m'a demandé d'où je viens, ni ce que j'ai fait avant, ni mon âge, ni ma religion, ni mon passeport. On m'a juste demandé si j'étais là pour le film. Il n'y a rien d'autre qui compte et il n'y a qu'une seule cause à défendre. Dieu est le film et tout le monde est là pour le servir, jusqu'à la mort.

J'ai l'impression d'avoir trouvé ma religion et de tomber amoureux pour la première fois.

Les plans s'enchaînent et les heures passent. J'apprends quelque chose toutes les trois secondes et je le grave directement dans mon disque dur.

L'assistant annonce la fin de la journée. Le chef électro soulage les projecteurs et la nuit s'abat d'un seul coup dans la cour. Il est 21 heures. Patrick vient finalement me voir.

— Alors ? me dit-il, un sourire aux lèvres.

Je dois ressembler à un enfant de 4 ans au milieu d'un champ de bonbons.

— C'est génial, je lui réponds, un peu à court de vocabulaire.

Patrick sourit davantage. Son œil est brillant. Il sait déjà que je viens de tomber dedans sans même m'en rendre compte.

— Je te l'avais dit, que c'était le plus beau métier du monde, lâche-t-il, comme une confidence.

Tout le matériel est rangé dans la verrière, prêt à servir dès le lendemain. Mais le régisseur a fait une erreur, il a oublié d'engager un gardien pour la nuit.

Je lève aussitôt la main, comme à l'école, et propose mes services.

— En plus, je ne sais pas où dormir ce soir, dis-je sans réfléchir.

Le régisseur regarde Patrick, qui acquiesce d'un signe de la tête. Il préviendra ma mère.

Les techniciens quittent peu à peu les lieux et je me retrouve seul, avec trente caisses de matériel. Je me mets à les ouvrir les unes après les autres. Je sors tout le matériel, j'étudie le corps des caméras, les objectifs, les magasins, les accessoires ; puis les tubes de gélatine, les différents projecteurs. Tout est passé au peigne fin. Quand je referme la dernière boîte, le jour est déjà là et le régisseur adjoint arrive avec des croissants tout chauds.

Je n'ai pas dormi de la nuit, mais je ne ressens aucune fatigue. En revanche, comme je n'avais pas prévu de passer la nuit à Paris, je n'ai rien pour me changer et je commence à sentir le zèbre.

Le tournage redémarre. La journée est chargée, car le metteur en scène a dix-huit plans à faire. On n'aura pas le temps de s'arrêter pour déjeuner et je suis réquisitionné pour faire les sandwichs qu'il faudra servir au fur et à mesure. Les techniciens mangeront en travaillant. Pas question d'arrêter la machine. Patrick a l'œil rivé sur la caméra, un jambon-beurre à la main.

Le perchman mâche son pâté-cornichon sans faire de bruit et le chef machino a un saucisson-fromage qui dépasse de sa poche.

Le temps file comme un éclair et, malgré les efforts de tous, le tournage n'est toujours pas terminé à 18 heures.

Je suis malheureusement obligé de partir si je veux attraper le dernier train pour Coulommiers.

Je quitte le tournage à regret. Chaque technicien me dit au revoir, comme si on se connaissait depuis des années, comme si on allait se revoir bientôt.

À bord du train, je regarde les paysages défiler à travers la vitre, mais il fait déjà nuit et il n'y a pas de chef électro pour apporter la vie. Tout me paraît fade, mou et inutile. Comme une vie sans bruit.

François est venu me chercher à la gare. Pas par gentillesse : il préfère que ma mère reste surveiller son fils.

— Alors ? C'était bien ? me demande-t-il par curiosité.

J'aimerais tellement lui raconter, mais je sais déjà que dans trente secondes, il ne m'écoutera plus ; alors, par flemme, je lui réponds :

— Oui. C'était super.

La réponse lui convient et le reste du trajet se fait en silence.

Ma mère me pose la même question, mais avec plus d'enthousiasme. De crainte aussi. Elle voit ce métier d'un mauvais œil. On lui a dit tellement de choses sur ce milieu… Je sais déjà qu'elles sont fausses, mais je suis trop fatigué pour lui raconter ces deux jours de folie qui m'ont explosé de partout. Je vais donc directement à la conclusion :

— Je sais ce que je vais faire de ma vie. Je vais faire du cinéma.

Je lui dis ça avec un tel aplomb, une telle certitude, que je la sens frissonner. Je ne lui ai pas demandé son avis ni celui de personne, je lui ai simplement dit ce qui allait se passer pour moi, pendant les quarante prochaines années.

Ma mère blêmit sans s'en rendre compte. Elle ne sait pas comment s'en sortir, comment attaquer ce mur de certitude que j'ai construit en quarante-huit heures.

— D'abord, demain, tu vas aller à l'école, et puis après on verra, me dit-elle pour essayer de reprendre un peu la main.

Elle ne sait plus du tout à qui elle a affaire.

— Non. Demain je ne vais pas au lycée, je vais à Paris et je vais faire du cinéma.

C'est la première fois qu'elle entend ma voix d'adulte et elle reste bouche bée devant l'énormité que je viens de lui sortir.

— Bon allez ! Va te coucher, on verra ça demain, me lance-t-elle pour couper court à la discussion.

Je monte dans ma chambre, mets toutes mes affaires au sale et m'écroule sur mon lit. Mon corps ressemble à une pierre et ma tête est vide. J'ai tellement rêvé depuis deux jours que je n'en ai même plus besoin.

Le lendemain matin, François est parti tôt et mon petit frère dort encore. Ma mère est seule dans la cuisine. Je la rejoins pour le petit déjeuner et je pose mon sac de voyage à côté de la porte.

— Qu'est-ce que tu fais avec ta valise ? me dit-elle, craignant déjà la réponse.

— Ben je t'ai dit. Je vais à Paris pour faire du cinéma.

Ma mère s'assied. Ses jambes ne la tiennent plus.

Elle essaye tout. Le charme, l'autorité, la peur, l'humiliation. Rien ne marche. Je pèse une tonne et elle ne pourra jamais me bouger. Paniquée, elle me sort la carte de la culpabilisation : comment je peux lui faire ça, à elle qui s'est sacrifiée pour moi ? Mauvaise pioche. J'ai dix-sept ans de reproches accumulés qui ne demandent qu'à sortir, dix-sept ans de douleurs prêtes à lui exploser à la gueule. Mais je ne dis rien. Par amour.

Elle abat sa dernière carte en me mettant une baffe. Pour insolence. Pour désobéissance. Mon regard se noircit et ma mère s'inquiète. Je dois ressembler à mon père dans ces moments-là, mais je n'ai pas sa violence et déjà un peu plus de vocabulaire que lui.

— J'espère que ça t'a fait du bien, parce que c'est la dernière fois que tu me mets une claque, lui dis-je avec un calme redoutable.

Ma mère est en panique. On dirait un cheval qui a la queue en feu. Elle se met à parler vite et fort, en mettant les mots dans le désordre. On ne comprend plus ce qu'elle dit. Elle est perdue.

Je lui demande si elle veut bien m'accompagner à la gare et elle me répond, dans un élan de colère :

— Tu n'as qu'à y aller tout seul, à la gare, puisque tu es si malin !

Je ne réponds pas. J'attrape mon petit sac et quitte calmement cette maison, sans me retourner. Je marche 5 kilomètres avant qu'un routier me prenne enfin en stop.

Arrivé à Coulommiers, je monte jusqu'à mon lycée.

Il est environ 11 heures.

J'entre dans ma classe, en plein cours, avec trois heures de retard.

Aussitôt, les élèves se mettent à hurler pour se foutre de ma gueule. Ma prof de français, exaspérée, me demande d'aller m'asseoir. Mais je ne suis pas venu pour l'écouter. Je suis venu pour lui dire au revoir.

— Je monte à Paris faire du cinéma.

Ma phrase provoque l'hilarité générale et les moqueries fusent de partout. Aucun encouragement. Même de loin.

Je quitte le lycée, les mains tremblantes. Le doute s'est installé. Je prends peu à peu conscience de la montagne qui est devant moi et que j'espère gravir pieds nus, mais je n'ai plus le choix. Inconsciemment, j'ai coupé tous les ponts pour m'obliger à ne jamais faire marche arrière. La honte serait trop grande, et briser un rêve, c'est les briser tous.

J'ai donc le choix entre la peur ou la honte. Je choisis la peur et décide de ne pas la laisser faire.

Arrivé à la gare de Coulommiers, j'attends le prochain train pour Paris. Au kiosque à journaux, il y a un nouveau magazine en devanture. Un mensuel. Il s'appelle *Première*. Un magazine de cinéma qui démarre sa carrière presque en même temps que moi ? Je prends ça comme un signe, mais malheureusement je n'ai pas assez d'argent pour me payer le billet de train et le magazine. Il me faut choisir. J'achète le magazine.

Je passe donc le trajet à me déplacer pour éviter le contrôleur et je finis par lire mon magazine dans les toilettes.

Arrivé à Paris, je débarque chez mon père, à Neuilly. Il n'est pas encore parti en saison d'hiver. On parle de lui pour une promotion. Il arrêterait les villages pour devenir chef de pays.

Pour une fois, il est un peu disponible et je peux lui parler.

Il me soutient dans ma démarche. Inévitablement, il me déroule la liste des recommandations usuelles qu'il n'a jamais lui-même suivies, puis il me propose la petite chambre de bonne au sixième étage, toujours sous le prétexte d'autonomie. Cette fois-ci, l'autonomie me va bien. Je ne viendrai dans leur appartement que pour alléger le frigo.

Je suis maintenant au pied de la montagne. Je ne sais même pas comment l'aborder ni par où commencer. J'ai bien essayé de joindre Grandperret, mais il a disparu. Et je n'ai pris aucun numéro de téléphone des techniciens croisés sur le tournage du court-métrage.

J'ai juste l'adresse d'une librairie de cinéma, rue de Berri. La boutique est un véritable temple pour cinéphiles. Plus tard, Annaud et Beineix m'avoueront être passés par là.

Mon père m'a donné 200 francs. Il s'agit d'en faire bon usage. Je passe trois heures dans la boutique à définir le meilleur achat possible. Après maintes hésitations, je choisis *L'Annuaire du cinéma*, qui fait six cents pages. Ce n'est pas très glamour, mais il y a absolument toutes les adresses dont j'ai besoin, ainsi qu'un large éventail des acteurs et actrices disponibles sur le marché. Ils ont bien sûr payé pour avoir leur photo dans l'annuaire. On y trouve aussi les adresses des agents, des fournisseurs ainsi que la liste de tous les producteurs.

Je passe à la caisse et le libraire me rend 5 francs de monnaie. J'ai fait un bon achat, mais repartir avec un seul livre me frustre.

— Vous n'avez rien dans les 5 francs ? je demande au libraire.

Il n'a pas l'air choqué ni même surpris. Je ne dois pas être le premier crevard à lui poser la question.

Il m'indique du doigt une grande corbeille en osier, au fond du magasin. Le petit panneau qui la surplombe est explicite : « Tout à 5 francs. »

Je passe une heure de plus à choisir mon deuxième ouvrage. Mon cœur penche pour un petit livre rouge, peu épais, qui s'intitule *Traité de mise en scène*. À l'intérieur, quelques dessins sommaires expliquent les différences de cadre, les règles d'axe et quelques autres paramètres jugés indispensables. L'ouvrage est un peu usé, mais il ne lui manque pas de pages.

De retour à Neuilly, j'épluche l'annuaire pour repérer les bonnes adresses ; puis en guise de dessert, je me plonge dans le traité.

Le texte est simple, mais la pensée difficile à suivre. Il me faudra plusieurs lectures pour tout comprendre et assimiler les bases de la mise en scène. L'ouvrage est écrit par un Russe dont je n'ai jamais entendu parler. Eisenstein. Merci à lui. Il m'a appris toutes les bases.

Dans l'annuaire, j'ai repéré quelques adresses intéressantes. Alga Samuelson, loueur de caméras ; Transpalux, loueur de matériel électrique. L'un est à Vincennes, l'autre à Gennevilliers.

Je passe quelques jours à traîner dans les parages, mais aucun boulot à l'horizon, à part porter quelques caisses pour charger les camions. J'essaye un autre site, les Studios de Billancourt, en bord de Seine. La première fois, j'arrive à gruger le gardien pour entrer, mais il repère assez vite mon manège et, au bout de quelques matins, il m'interdit l'entrée. C'est bien dommage, car derrière ces murs plusieurs films se tournent, et je commençais à prendre des contacts. Tant pis : si la porte est fermée, je passerai par la fenêtre. J'attends qu'un camion télé vienne se garer contre l'enceinte du studio, je grimpe à l'échelle arrière qui permet de monter sur le toit de l'engin pour y régler la parabole et je saute le mur, haut de 3 mètres.

Une fois dans l'enceinte, je repère les files de figurants qui attendent devant les plateaux. Je me glisse dedans et tends l'oreille pour glaner des infos. La file avance et bientôt je me retrouve devant le régisseur qui pointe mon nom, absent de la liste. Je joue alors les offusqués :

— Je comprends pas ! C'est l'assistant, là, le barbu, qui m'a dit de venir. Celui qui est un peu fort.

Je fais semblant d'avoir oublié son nom.

— Frank ? me demande le régisseur.

— Oui voilà ! C'est Frank qui m'a demandé de passer, et puis je suis venu de Coulommiers pour le tournage !

Je baratine à mort, mais il y a toujours un technicien barbu et un peu fort qui traîne sur un plateau.

Le régisseur soupire, lassé par ce manque d'organisation, et m'ajoute sur la liste.

Ensuite, on m'envoie à l'habillage où on m'affuble d'une veste et d'un chapeau. Une heure plus tard, je suis sur le plateau. C'est un décor, une sorte de salle de restaurant. Le metteur en scène m'est inconnu, il s'appelle Yves Robert. Je le vois de loin tripoter sa moustache.

Le tournage est beaucoup plus luxueux que celui de Grandperret. Il y a du matériel partout, jusqu'à l'extérieur du plateau. Plusieurs costumières, plusieurs maquilleuses et des assistants s'affairent dans tous les sens. Je ne sais pas de quoi parle le film, mais il y est question d'un éléphant qui tromperait énormément. Il y a une bande d'acteurs qui semblent bien se connaître, mais je n'en connais aucun.

J'apprends beaucoup durant cette journée et l'affaire me paraît bien plus complexe qu'auparavant.

Ce n'est plus le joyeux capharnaüm que j'ai connu sur le court-métrage. Ici on joue chez les pros, en première division.

Ça travaille dur sur le plateau et seul le metteur en scène semble avoir une vision d'ensemble, comme un chef d'orchestre. Il a toujours une mesure d'avance. Un plan d'avance.

En fin de journée, je quitte le plateau, la tête dans les étoiles. Je croise le gardien qui se demande bien comment je suis rentré, mais il n'ose rien dire car je m'affiche avec un groupe de techniciens qui ont fini leur journée.

Je lui fais un beau sourire et un signe de la main.

— À demain !

L'homme ne répond pas. Il a la mâchoire serrée et une fracture spatio-temporelle au fond de l'œil.

Je n'ai jamais pu entrer de nouveau aux Studios de Billancourt. Le gardien m'a définitivement grillé et il est pire qu'un pitbull. Ce n'est pas grave, je reviendrai plus tard.

Je passe mes journées à chercher des tournages. Je sais que c'est là que j'apprendrai le plus. Mais il n'y a pas d'Internet ni de portable et je n'ai aucune connexion. J'erre chez les fournisseurs en quête d'informations. J'ai l'impression de pêcher à la traîne, en espérant que ça morde.

Le week-end, je rentre chez ma mère à qui je mens allégrement. Je lui explique que j'enchaîne les tournages et que mon carnet d'adresses se remplit à vue d'œil. Elle fait semblant de me croire, mais son regard est inquiet.

— Au fait, ils tournaient un film hier, près de Mauperthuis, me dit-elle presque négligemment.

J'ai passé ma semaine à courir après les tournages et il y en avait un à cinq minutes de chez moi ? Je n'arrive pas à y croire. J'emprunte le vélo de ma mère et je fonce à Mauperthuis. Ils ont tourné dans la vieille gare. Je retrouve les traces de leur passage. Du talc pour le travelling est encore au sol et on devine les rails. Quelques sacs noirs de pellicule. Des morceaux de gaffer au sol pour indiquer le placement des comédiens. Mais plus de tournage. Peut-être ont-ils prévu de revenir ? Je me renseigne au café du coin.

Ils ne reviendront pas. Le film s'appelle *Julia*, il est mis en scène par Fred Zinnemann, avec Jane Fonda et Vanessa Redgrave. Je suis fou de rage. Pourquoi le ciel ne me donne-t-il pas un coup de main ? Pourquoi tout doit-il être si dur ? Je passe le week-end à déprimer devant mon carnet d'adresses vide. Mon portefeuille aussi est vide. Il faut que je gagne un peu d'argent pour survivre à Paris.

Noël approche et mon père me trouve une place au Club. Moniteur de ski, pour les deux semaines de vacances. Ce sera Zinal, en Suisse. Facile. Je connais déjà la station.

Vu que je n'ai pas vraiment de diplôme, on me file les cours cinq ou six, c'est-à-dire les débutants. Mais tout va bien. J'emmène mes novices en poudreuse, dans les arbres et les champs de bosses.

Ils passent plus de temps vautrés dans la neige que sur leurs skis, mais ils s'éclatent comme des fous et leurs enveloppes de fin de semaine sont généreuses.

Je rentre à Paris avec de quoi tenir jusqu'à la fin de l'hiver.

Le week-end, je retourne chez ma mère, pour laver mon linge et vider le frigo. Je viens aussi pour Bruce, qui me réclame et qui grandit à vue d'œil. Qu'est-ce que c'est bon les sourires d'un enfant. Ça vous remplit un homme, même si je n'en suis pas encore un. On joue aux Lego tout le week-end et je lui raconte des histoires. Il est mon premier spectateur.

Ma mère a une bonne copine, qui vient souvent boire le thé. Généralement, je m'assieds avec elles, pas pour la conversation, mais pour le quatre-quarts qui l'accompagne et qui sort du four.

La copine me questionne sur mes envies, mon avenir. Elle le fait gentiment, avec sincérité, et ça me touche. Elle aimerait bien m'aider, mais elle est infirmière et quand elle croise quelqu'un du cinéma, c'est pour lui soigner la rate.

Elle a tout de même un bon ami. Un monsieur d'une cinquantaine d'années qui est dans le milieu. Il est « staffeur ». Je n'ai aucune idée de ce que ça veut dire, mais elle me donne quand même son numéro de téléphone. Il s'appelle M. Guillet. Quelques jours plus tard, je me pointe dans son pavillon de banlieue, à Champigny-sur-Marne. Je le vois d'abord de loin, dans son jardin, en train de passer un savon à son fils de 14 ans pour une histoire de mobylette volée, ou empruntée sur du long terme. L'homme finit par me voir et m'accueille avec un grand sourire et un Orangina.

Il travaille à la déco. Le staffeur fabrique tous les objets en plâtre qu'on peut trouver dans un décor. Les moulures, les corniches, mais aussi les statues et même certains objets destinés à être cassés plusieurs fois pendant le tournage. Par exemple, en ce moment il travaille sur un gros film d'action où le héros va tirer sur un escalier. M. Guillet fabrique donc cinq exemplaires de rambarde pour pouvoir les remplacer après chaque prise.

Je demande le titre du film.

— C'est *Moonraker*, le prochain James Bond, me dit-il simplement.

Mon cœur s'arrête. Ce gaillard de banlieue a accès au film le plus chaud de l'année. Je n'arrive pas à y croire. Pas de lunettes noires, pas de limousine, pas de Hollywood. Juste un ouvrier de Champigny, au fond de son atelier, mais un ouvrier avec du talent et le talent ne s'affiche pas. Je retiendrai la leçon.

Je me plie instantanément en quatre et le supplie de m'emmener sur le tournage. M. Guillet est quelqu'un de bien et il me donne rendez-vous le lundi suivant, aux Studios de Boulogne.

Les ateliers sont immenses et déjà bondés à 6 heures du matin. Une vraie ruche. Il y a une vingtaine de staffeurs qui s'activent. J'engloutis toutes les informations qui me passent sous les yeux. Pour l'instant, le décor est façon puzzle et chacun travaille sur une partie différente. La coordination est essentielle. Pas d'excitation, pas de grande déclaration, juste du travail méticuleux, fait avec amour.

Vers 10 heures, les ouvriers font leur pause casse-croûte, à l'heure où arrivent les premiers techniciens du tournage.

Les ouvriers et les techniciens se sourient, se respectent, mais ne se mélangent pas. Les techniciens sont dans la salle quand les ouvriers restent en cuisine, mais il est impossible de réussir un film sans le maillage parfait de ces deux équipes. L'osmose est essentielle et tout le monde en a conscience, car tout le monde travaille dans le même sens et pour le même dieu.

J'apprends chaque seconde, alors que le tournage n'a même pas encore commencé.

Ça fait plusieurs années que Roger Moore a remplacé Sean Connery. L'homme est élégant et toujours souriant. *So British*. J'ai réussi à me glisser sur le plateau en me faisant copain avec un assistant caméra.

L'accessoiriste asperge l'acteur à l'aide d'une petite douche portative. James Bond est trempé de la tête aux pieds. Mais l'espion en a vu d'autres et, après avoir assommé quelques gardes, particulièrement dociles, notre héros attrape une jeune femme lascive et vient sécher son costume sur sa peau dénudée.

James Bond, quoi.

J'essaye de savoir pourquoi l'acteur arrive trempé. Impossible, évidemment, de mettre la main sur le scénario, mais la scripte me vend la mèche. James est tombé dans un bassin, au Brésil, et s'est battu avec un anaconda. C'était il y a quinze jours aux studios de Pinewood, en Angleterre. Le reste du décor est ici, en France.

On n'est plus dans le court-métrage à la française. On est dans une grosse machine hollywoodienne et c'est bluffant de les voir travailler. Chaque jour, j'ai l'impression d'apprendre pour le mois.

J'ai tellement été isolé, privé d'informations, de savoir, que je m'enivre jusqu'à tomber de fatigue.

Le lendemain, je remercie mille fois M. Guillet et je m'incruste sur le plateau. Albert Broccoli, le producteur officiel des *James Bond*, légende du cinéma, vient nous rendre visite. On dirait le parrain. À côté de lui, sa fille, Barbara, âgée d'une quinzaine d'années. Elle est toute mignonne. Elle est aussi à l'aise sur le plateau que moi sur les rochers de Poreč. Je me demande si elle mesure la chance qu'elle a, d'être née dans une famille de cinéma. Je n'éprouve aucune jalousie. Je suis heureux pour elle, heureux qu'un enfant ait au moins eu cette chance.

Barbara me regarde et me sourit. Elle rougit même et je me demande pourquoi. Tout simplement parce que je suis la personne la plus proche de son âge. D'un coup, je vois l'autre côté de sa vie. Un monde d'adultes, professionnel, où personne ne joue vraiment avec elle, à part James.

Le tournage brille de mille feux. Des centaines de techniciens, en sueur, s'affairent dans tous les sens, les murs explosent et les fausses balles sifflent. C'est le plateau le plus fou de l'année. Pourtant, Barbara est dans un coin et ne regarde pas. Elle connaît ça par cœur. Alors elle s'isole et entraîne sa poupée dans un monde où James Bond ne mettra jamais les pieds. Sa solitude me touche. Je connais ça par cœur. Quelques années plus tard, Barbara deviendra une adulte et prendra la place de son père. Elle est maintenant une grande et excellente productrice, mais à chaque fois que je la croise, je ne peux m'empêcher de repenser à cette petite fille.

Sur le tournage de James Bond, un technicien m'a filé un tuyau. À cette époque, Gaumont produit des magazines diffusés en salle avant les longs-métrages. Ce sont des sortes de courts-métrages sur un sujet particulier. J'ai le nom de la responsable. Édith Colnel. Je fonce chez Gaumont. Leur immeuble est à Neuilly.

Je fais rire la secrétaire jusqu'à ce qu'elle me donne un rendez-vous avec sa patronne.

Édith Colnel est une petite dame montée sur piles. Toujours en mouvement, jamais en sourire. Elle m'explique le principe du magazine. Un sujet. Moins de six minutes. Je reviens la semaine d'après et dépose trois sujets sur sa table. Sa réaction est immédiate :

— Mais comment peut-on faire autant de fautes d'orthographe en si peu de mots ? me lance-t-elle, abasourdie.

Je reviens la semaine suivante avec cinq magazines et sans fautes d'orthographe. Une gentille copine de classe m'a aidé. Édith passe les cinq projets à sa supérieure, une espèce de vieille comtesse que je n'aperçois que de loin. Les cinq projets sont refusés.

Je reviens la semaine suivante avec dix nouveaux projets. Édith Colnel commence à bien m'aimer, mais les dix projets sont de nouveau refusés par la vieille peau.

Je reviens la semaine suivante, avec quinze projets. La vieille refuse encore et ne daigne même pas me recevoir.

Je reviens la semaine suivante avec vingt projets. Édith est sous le charme. L'un des sujets la touche plus que les autres. Il y a un petit hameau, près de chez ma mère, qui s'appelle Paradis. L'idée était d'aller interviewer les vieux habitants et de leur demander « comment se passe la vie au paradis ». Édith essaye de pousser au moins celui-là, mais la vieille est tenace et refuse encore. Au total, j'ai déposé près d'une cinquantaine de projets sans qu'elle en prenne jamais un seul. Qu'elle finisse en enfer.

La raison des refus était simple. Je n'avais pas de nom, je n'avais pas la carte.

J'ai beau courir dans toute la ville, je ne trouve aucun autre boulot, même non rémunéré.

Alors je passe mes journées à écrire. Autant prendre de l'avance car, quand je serai sur des tournages, je n'aurai plus le temps de le faire.

J'écris mon premier script qui s'intitule *Point final.*

L'histoire d'un jeune ado qui se sent mal dans sa peau, hait ses parents et finit par se suicider en laissant un terrible message de solitude. Sur le moment, je ne fais même pas le rapprochement avec mon histoire personnelle. Mon personnage est un justicier dépressif. Rien à voir avec moi. Ma mère lit le script. En repensant à son visage, je ne peux m'empêcher de sourire. Ma pauvre mère.

Mon héros tue tout le monde à la fin et principalement son beau-père, que j'ai appelé, par manque d'imagination, François.

Ma mère est atterrée et elle commence vraiment à se poser des questions sur mon état de santé mentale. Trop tard. Il fallait s'en occuper quinze ans plus tôt.

François lit le script à son tour, probablement pas jusqu'au bout. Il ne me fera aucun commentaire, mais je sens qu'il est content de ne me voir que le week-end.

Mon script n'est pas bon, je le sais déjà trop dépressif. Je ne suis pas là pour raconter ma vie. Je préfère la rêver.

En revanche, je n'ai aucune technique, puisque je n'ai jamais lu de script de ma vie. Je me rends donc au CNC, le Centre national de la cinématographie. Après quelques heures à errer d'un service à l'autre, je finis par tomber dans le bureau d'un jeune homme, passionné de cinéma.

Je lui raconte un peu mon parcours qui ne fait que quelques mètres. Il m'explique les aides et les avances sur recettes, mais je suis encore loin de rentrer dans les cases. Ce qu'il me faudrait, ce sont juste quelques scénarios pour voir comment c'est foutu. Le gars me donne alors le meilleur des conseils :

— Va dans la cour arrière, les poubelles sont pleines de scripts. Quand un candidat demande une avance sur recettes, il doit fournir un dossier et un script en quinze exemplaires. En cas de refus, le CNC en garde un pour les archives et met le reste à la poubelle.

Je fonce donc dans la cour et je tombe sur le pactole. Des montagnes de scripts, qui sentent à peine les ordures. J'en prends une vingtaine, plus quelques dossiers de présentation. J'ai l'impression d'être armé pour l'hiver.

Je les dévore un par un. Les sujets sont nuls, pour la plupart, mais la technique est là. Les actes, les séquences, les ellipses, les flash-back. J'ai enfin un modèle à suivre. Je reprends mon texte sur Zaltman Bléros et décide d'en faire un script.

En attendant, l'idée de faire un court-métrage me trotte de plus en plus dans la tête et j'ai déjà couché quelques idées sur le papier, mais je n'ai aucune structure autour de moi et le besoin d'une petite société de production se fait sentir, ne serait-ce que pour passer les frais et récupérer la TVA. Je n'ai vu qu'un seul banquier dans ma vie, celui qui venait de temps en temps discuter avec mon beau-père. Les deux hommes s'enfermaient dans le bureau pendant des heures et semblaient préparer la guerre.

Un jour, à la sortie de leur rendez-vous, j'attrape le banquier pour lui demander quelques conseils. Il m'envoie chez un collègue avocat qui m'explique comment monter une société et me donne la liste des papiers à remplir. Comme une faveur, il me propose de monter la société pour moi, contre la modique somme de 3 000 francs (500 euros). Ça fait cher la faveur. Je vais donc dans une librairie spécialisée et récupère tous les documents que je remplis moi-même, avec application.

Après une dizaine d'allers-retours au tribunal de commerce, pour cause de papier mal rempli ou oublié, je finis par avoir le dossier complet. Il me faut maintenant déposer les fonds, qui seront bloqués pendant trois mois, sur le compte provisoire de la société, qui s'appellera « Les films du loup ». J'ai tellement peur de me planter que je n'ai pas voulu l'appeler « Les films du dauphin ».

Le banquier de François est à Coulommiers et n'y connaît rien au cinéma, alors il m'envoie chez un collègue à l'UBP Madeleine, spécialisé dans l'audiovisuel.

Je dois y déposer 1 000 francs, le minimum légal pour une société de production de courts-métrages.

Je taxe tout le monde, grands-mères comprises, et j'hypothèque mon prochain Noël pour réunir la somme.

Le lundi suivant, je dépose fièrement mon chèque devant mon nouveau banquier. L'homme ressemble à sa cravate et sourit comme une pierre. On fera avec.

Quelques semaines plus tard, ma première société de production est créée. Pour être franc, il ne s'y passe pas grand-chose, mais je m'empresse de faire imprimer des cartes de visite.

Un matin, mon banquier laisse un message sur le répondeur de la maison. Il veut me voir. Je mets une belle chemise et prends la direction de Paris.

Son bureau est terne. On n'entend que la rumeur de la ville à travers les vitres. L'homme joue avec son crayon et le passe d'une main à l'autre. Je ne suis sûrement pas son rendez-vous le plus excitant de la journée.

— Alors, maintenant que votre compte est ouvert, quels sont vos projets ? me demande-t-il sans enthousiasme.

Je suis pris de court, car je n'ai évidemment rien préparé. J'ai quelques idées, des projets à long terme, mais je ne sais pas vraiment ce qu'il veut entendre. J'ai peur d'avoir trop d'ambition ou pas assez. Alors je lui parle de quelques idées de courts-métrages, d'un film qui me prendrait peut-être comme premier assistant, d'un long-métrage que j'ai commencé à écrire. Je me sens tellement nul que je me mets à transpirer à grosses gouttes. Je ne sais pas me vendre et j'ai beau faire des efforts, mon banquier commence à fermer un œil.

Je termine mon discours en lui disant, avec un grand sourire :

— En tout cas, j'ai la pêche !

Ma phrase tombe à plat, comme une bouse sortie d'une vache. Le banquier me sourit poliment, ouvre son tiroir, sort mon chèque de caution de 1 000 francs et le dépose devant moi. Je ne comprends pas bien sur le moment, et je lui explique que je n'ai pas l'intention de changer de banque.

— Non. Je vous rends votre argent, car nous avons trop de petits comptes et ça nous fait trop de travail pour pas grand-chose, me dit-il froidement.

J'ai peur de comprendre.

— Mais… vous ne croyez pas en moi ? je lui demande, avec un sourire faussement détendu.

Le banquier me regarde un instant, me jauge, me juge.

— Non. Pas du tout, finit-il par lâcher, avec un sourire humiliant.

Tout s'écroule à l'intérieur de moi. Toutes ces longues années où j'ai récolté, petit bout par petit bout, un semblant de force, de certitude, afin de me construire un minimum. Tout s'évapore.

Je ne suis qu'une petite merde qui rêve d'un avenir qu'il n'aura jamais. Dans le regard du banquier, je ne vois même pas la trace d'une compassion quelconque, d'une émotion, d'un regret. Rien. Il regarde mon agonie, comme il regarderait une mouche à moitié écrasée. L'envie de lui mettre un bourre-pif me démange, mais je sais que la solution n'est pas là et fondre en larmes serait lui faire trop d'honneur. Alors je me lève, plante mes yeux dans les siens et lui dis :

— Je nc vais vous demander qu'une seule chose : retenez bien mon nom, je m'appelle Luc Besson.

J'ai pris soin de bien articuler mon nom. Le banquier me sourit du haut de sa forteresse.

— Je m'en souviendrai.

J'ai l'impression d'être une souris qui vient de menacer un chat.

Je quitte la pièce en claquant la porte, comme au théâtre de boulevard. Une fois dans la rue, je m'effondre en pleurs sur un banc. Je ne sais plus quoi faire. Je ne sais pas où aller. Je ne trouve même plus de raison de me lever de ce banc.

Sur la droite, j'aperçois l'église Saint-Augustin. La foi n'y est plus. Personne ne m'aidera de ce côté-là.

Sur la gauche, au loin, il y a la Madeleine. Le monument est beau, mais je ne sais même pas à quoi il sert. Rien de ce côté-là non plus, alors je continue à pleurer.

Est-ce que c'est ça, un SDF ? Une personne qui s'est arrêtée sur un banc et n'a jamais pu trouver une raison de le quitter ? J'imagine ma vie sur ce banc. Fausse piste.

Je préférerai toujours me trouver une plage.

Et puis, au bout de quelques heures, mes yeux n'ont plus rien à pleurer et la tristesse s'éloigne. L'instinct de survie reprend le dessus et remet la machine en route. Mon corps s'est mis en automatique et me ramène à la maison, sans que j'aie rien à lui dire. Je ne sais pas combien de gens ce banquier a tués dans sa vie, mais j'ai échappé à la mort qu'il m'avait programmée.

Plus tard, j'ai finalement réalisé quelques films et, à chaque avant-première, j'ai envoyé à ce banquier une non-invitation à la projection. Pour *Le Dernier Combat*, pour *Subway*, pour *Le Grand Bleu*, pour *Nikita* et pour *Léon*.

Je voulais juste être sûr qu'il se souvienne de mon nom. En revanche, ça fait longtemps que j'ai oublié le sien.

– 10 –

Mon père m'a trouvé un logement pour quelques mois. Certains chefs de village ont des pied-à-terre à Paris, qu'ils utilisent seulement en intersaison. Le proprio est en saison au Mexique et je récupère son 15 mètres carrés, place Gambetta. Il y a une chambre, une douche, une kitchenette et un petit salon. C'est Versailles.

Pour ne pas tourner en rond ni devenir fou, je m'inflige un emploi du temps de légionnaire. À partir de midi, je cours les quatre coins de la capitale à la recherche d'un emploi. À 19 heures, je mange au McDo, juste avant la séance de 20 heures, puis je rentre à Gambetta sur le coup de 23 heures. Là, je me fais un thé et je place dix feuilles blanches devant moi. Interdiction d'aller dormir avant qu'elles soient noircies. Vers 6 heures du matin, les odeurs de croissants montent de la cour. La boulangerie est ouverte. Je descends, j'achète une baguette tellement chaude qu'elle me brûle les mains et je remonte. La baguette est ouverte en deux, enduite de beurre salé breton, puis recouverte de confiture de fraise. Le tout est englouti en moins d'une minute.

Sept heures. Il est temps d'aller se coucher. Mon réveil sonne à 11 heures du matin. Je relis mes dix pages écrites pendant la nuit. Je les trouve généralement désastreuses. Je garde deux ou trois dialogues, quelques situations et le reste finit à la poubelle. Même pas celle du CNC.

J'écris deux cents pages de *Zaltman Bléros*, mais je suis à côté de la plaque. On dirait un enfant qui raconte ses vacances. Je jette les deux cents pages à la poubelle et j'en écris deux cents autres. C'est un peu mieux. Maintenant, on dirait un ado qui raconte ses rêves. Ces deux cents pages finissent aussi à la poubelle.

L'appartement a un téléphone. Le proprio m'a prié de ne jamais l'utiliser, sauf pour appeler les pompiers. En revanche, on peut m'appeler, mais seule ma mère a le numéro.

— Alors ? Tu as trouvé du travail ? me lance-t-elle de bon matin.

Je lui réponds que j'écris beaucoup et que j'ai le sentiment de tenir quelque chose. Elle me répond :

— Non, je parlais d'un « vrai » travail ?

Mon cœur s'effondre comme s'il avait pris un coup de poignard. J'ai à peine 18 ans et je passe mes nuits à écrire pour essayer de m'en sortir.

Je ne sais même pas quoi lui répondre. Elle raccroche et je me mets à pleurer. Généralement, on a toujours un ami pour faire sécher ses larmes. Moi, je n'ai personne. Je dois attendre que mes larmes s'arrêtent par elles-mêmes, faute de liquide.

Une fois bien asséché, je me retrouve dans une situation que je connais bien. Tu avances ou tu meurs. J'ai l'impression de faire ce choix trois fois par semaine.

Je décide d'avancer. Je reprends l'écriture et sors, avec rage, quatre cents nouvelles pages. Elles sont loin d'être parfaites, mais ça commence à tenir la route. Ce sera une bonne base pour plus tard. Au passage, je change le titre. Ça s'appellera *Le Cinquième Élément*.

Patrick Grandperret réapparaît. Je me colle à ses basques. Il prépare un film en tant qu'assistant de Jean-Louis Trintignant : *Le Jardinier*. Mais il est sur deux ou trois projets en même temps, dont un film pour lui, en tant que metteur en scène. Patrick avance à coups de substances qu'on ne trouve pas en pharmacie et j'ai du mal à suivre.

On se retrouve dans le Sud, dans le château d'un copain à lui. L'homme est plutôt balèze, avec une grande mèche blonde qui lui donne un air de Californien. Il s'appelle Pierre William Glenn et il est chef opérateur. Ça discute cinéma du matin au soir et mes oreilles sont grandes ouvertes, mais je n'ai aucune culture cinématographique et j'ai vraiment du mal à suivre les conversations.

Le téléphone sonne dans l'immense demeure et Pierre William me demande de décrocher.

Une petite voix fluette et agréable m'annonce poliment qu'elle souhaite parler au maître. Elle a un accent américain délicieux et une politesse peu commune. Pierre William me fait des grimaces silencieuses :

— C'est qui ?

— Mia Farrow, me répond ma charmante interlocutrice.

Son nom me dit vaguement quelque chose. Pierre William s'approche en soufflant et me prend le combiné des mains.

— *Hey Mia ! What's going on ?* lui dit Pierre William en s'asseyant dans son fauteuil Louis XV.

Pas de doute, je suis tombé chez des professionnels.

Le lendemain, on croise Jean-Louis Trintignant. L'homme est concentré, presque taciturne. Il bouge à l'économie. En revanche, quand il sourit, on dirait un enfant.

Je suis invisible dans cette équipe, mais ma présence est acceptée, comme celle d'un moineau sur le dos d'un buffle.

Le tournage s'approche et je sens que les choses sérieuses vont démarrer pour moi. C'est à ce moment précis que la société décide une fois de plus de me pourrir la vie : je suis appelé sous les drapeaux. Service national. Douze mois. Chasseur alpin. Ma vie s'arrête.

J'avais effectué mes trois jours dans le camp militaire de Vincennes. C'est là que les gradés vous évaluent et vous guident pour votre service national.

J'avais demandé à être incorporé au service « cinéma » des armées. J'avais entendu dire que bon nombre de grands réalisateurs étaient passés par là. Mais avant de rejoindre ce corps d'élite, il me faut obligatoirement faire mes deux mois de classes. Vu que j'ai eu la bêtise de leur dire que je sais skier, ils m'envoient dans les Alpes, à Chambéry.

Au moins, je pourrai revoir un peu Josette et Jean-Léon.

En sortant de la gare, je dois marcher trente bonnes minutes pour rejoindre la caserne. Elle est collée le long des rails et encerclée par un haut mur de pierre. Je passe la porte avec appréhension. Trois cent soixante-cinq jours à tenir dans ce bunker… Je me fais alpaguer dès mon arrivée : j'ai cinq jours de retard et je suis déjà considéré comme déserteur. C'est la règle. J'explique calmement que ce n'est pas parce qu'ils me convoquent un lundi que je suis disponible. Je travaillais et je ne pouvais pas planter mon employeur pour venir faire le gugusse à la neige. En plus, la convocation est tombée le 1er avril et j'ai cru que c'était une blague.

Le capitaine me regarde comme si je venais d'une autre planète.

— Vous êtes un déserteur ! me hurle-t-il dans les oreilles.

— D'abord, on se calme. Ensuite, comment je suis censé connaître vos règles puisque je viens d'arriver ? J'ai cinq jours de retard, je partirai cinq jours plus tard à la fin. On va pas en faire un fromage, je lui réponds tranquillement.

Le capitaine n'en croit pas ses oreilles. Jamais il n'a vu autant d'insolence. Je dois être fou ou retardé mental.

En fait, je ne connais rien à l'armée. Je n'avais même jamais remarqué qu'il y avait autant de militaires dans les gares. Pour moi, ces images appartiennent à l'histoire et maintenant qu'on est en paix, tout ce folklore est inutile. Le capitaine s'apprête à me coller un mois au trou, mais un commandant déboule dans le bureau.

Il est venu pour moi, mais je n'ai aucune idée de ce qu'il me veut. Il me regarde d'une façon bizarre, comme si j'étais un oiseau exotique. Le capitaine, lui, dégommerait bien l'oiseau à l'artillerie lourde.

— J'ai lu votre dossier. Vous êtes assistant réalisateur ? me dit-il comme si j'avais réalisé *Ben-Hur*.

J'ai compris, le gars est un fan de cinéma. Je hoche carrément la tête.

Le commandant se retourne alors vers son capitaine, avec un sourire béat :

— C'est un artiste ! lui confie-t-il.

Le capitaine lève les yeux au ciel et quitte la pièce. Je me sens maintenant comme un pot de miel devant un ours.

— Vous connaissez Alain Delon ? me lance-t-il en se léchant les babines.

Je pousse un soupir, comme si je ne connaissais que lui.

— Alain ? Bien sûr ! Alain, Trintignant, Roger Moore, Mia Farrow…

Je lève la main vers le ciel pour indiquer que la liste est longue.

Le commandant se laisse aller dans son fauteuil, il est prêt pour le spectacle.

Depuis le temps qu'il en rêvait, de rencontrer quelqu'un de ce métier. Un métier qu'il aurait adoré faire, mais une famille de militaires depuis plusieurs générations l'en a dissuadé.

L'enfant rêvait de cinéma à l'âge où il a rejoint l'école militaire.

Quand il a vu mon dossier, une petite flamme s'est rallumée en lui, comme un espoir. Bien sûr, il ne va plus changer sa vie, il aimerait seulement qu'on lui en raconte une autre, celle qu'il aurait pu avoir. Ça tombe bien, j'adore raconter les histoires. Je lui parle de Delon, de Belmondo, de Gabin, et je vois ses yeux qui se mettent à briller. Je lui raconte toutes mes anecdotes, qui ne sont bien entendu pas les miennes, mais celles des machinos que j'ai pu croiser sur les plateaux. Le machino est toujours à côté de la caméra, à la meilleure place pour récolter des histoires. Mon commandant est ravi. Il finit même par m'accompagner lui-même jusqu'à mon bâtiment. J'intègre donc la section des sous-officiers de réserve du 13e bataillon des chasseurs alpins.

Les bâtiments sont de plain-pied. Ce sont de grands rectangles, construits en pierre du pays. Il y en a une vingtaine, répartis autour de la cour du rassemblement. Au milieu trône un mât immense en haut duquel flotte le drapeau français. Tous les matins, on se rassemble autour, à 6 heures, pour chanter *La Marseillaise*. Avant même de me donner mon paquetage pour l'année, on m'envoie chez le coiffeur pour une coupe moyenâgeuse.

Dans les allées, les jeunes recrues apprennent à marcher au pas. Les godillots claquent en rythme et pas une seule tête ne dépasse. J'ai l'impression d'être dans *The Wall* d'Alan Parker. Tout ça me fait peur. Je n'ai pas envie de rentrer dans le rang. J'aimerais juste savoir qui je suis avant de ressembler à tout le monde.

J'intègre mon groupe et je joue l'imbécile qui ne sait pas. Impossible de marcher en cadence.

— Soldat Besson, vous le faites exprès ou vous me prenez pour un con ? me hurle le sergent.

— M'sieur, ça fait dix-huit ans que je marche d'une certaine façon, comment voulez-vous que je change en quelques heures ? je lui réponds avec bon sens.

Le sergent s'énerve, me prend à part et me fait marcher au pas, seul, pendant des heures. Mais dès que je réintègre la troupe, je n'arrive pas à me synchroniser avec mes camarades et je mets une pagaille monstre dans les rangs. Mon capitaine passe par là et chuchote à l'oreille du sergent :

— C'est un artiste.

Je serai donc exempté de marche pour l'année et je verrai le 14 Juillet à la télé.

Le lendemain, mon sergent déboule dans le dortoir.

— Qui aime le cinéma ? hurle-t-il.

Comme un idiot, je suis le seul à lever la main.

— Soldat Besson, corvée de patates.

Je n'ai pas de chance avec les cantines. Celle de la caserne est pire que celle de mon école primaire. À force de manger des patates mal épluchées (on se demande par qui ?), je prends des kilos à vue d'œil.

Au réfectoire, un collègue s'assied à côté de moi. Dans le civil, il est chaudronnier. Mais aujourd'hui il a la mine réjouie car il vient de trouver un nouveau travail. Il s'est engagé dans l'armée et il part pour le Yémen dans trois jours, pour 1 800 francs par mois – à peine 300 euros. Au loin, je vois le recruteur de l'armée qui passe dans les allées de la cantine, tel un corbeau, à la recherche d'une proie facile.

Chaque jour, un camarade se fait ainsi alpaguer. Toujours parmi les plus fragiles ou les plus simples. Le recruteur finit par s'asseoir à côté de moi, avec un sourire d'évangéliste.

Le gars a détecté ma fragilité et ça me panique. Il me raconte la vie glorieuse des enfants de la Nation qui servent leur pays dans de magnifiques contrées exotiques. Heureusement pour moi, j'ai déjà voyagé et je refuse poliment de mourir au Yémen.

Quelques jours plus tard, 4 heures du matin, la caserne s'allume. Notre sergent déboule dans le dortoir comme une furie.

— Debout là-dedans ! hurle-t-il.

Le réveil est difficile pour tout le monde.

— Que se passe-t-il ? je lui demande, la tête enfarinée.

— C'est la guerre ! me hurle-t-il à s'en faire péter une veine.

Mon cœur s'arrête. Pourquoi ça tombe pendant mon service militaire ? Qu'est-ce que j'ai fait au Bon Dieu pour avoir aussi peu de chance depuis ma naissance ? Et puis, la guerre contre qui ? Personnellement, je n'ai pas d'ennemis ni aucune envie de m'en faire. Je repense à tous les pays que m'a cités le recruteur. Yémen, Tchad, Liberia, Somalie. Je sens que je vais découvrir l'Afrique.

Notre section rejoint la place du rassemblement où nous attendent déjà trois mille soldats bien rangés. Le 13e bataillon au complet, en pleine nuit. C'est du sérieux. Une Jeep arrive et se gare près du drapeau. Un général quatre étoiles en descend et monte à la petite tribune. C'est vraiment du sérieux et je sens mon corps qui commence à trembler. Le général hurle dans le micro et sa voix résonne dans toute la caserne.

— Soldats ! Cette nuit, nous avons été attaqués par les rouges !

— Oublie l'Afrique, on va en Russie, me chuchote un collègue.

La Russie en avril ? J'imagine déjà les plaines enneigées de l'Oural, balayées par des vents à – 30 °C. Évidemment, c'est pour les chasseurs alpins. Je maudis mon père et ses saisons à Valloire. Mais pourquoi les Russes ? À cette époque, je ne m'informe pas vraiment sur l'état du monde, mais je n'ai pas de souvenir d'une animosité particulière entre nos deux pays. L'Amérique et la Russie sont en guerre, mais « froide », et je n'imagine pas la France vouloir la réchauffer.

— Nous avons donc décidé, nous les « bleus », de déclarer la guerre aux rouges ! hurle le général.

Les bleus ? Il parle des nouvelles recrues ? Il n'y aurait que nous, donc moi, qui irions nous faire massacrer en Sibérie ?

Mon collègue chaudronnier, qui entame son onzième mois d'armée, me met un coup de coude.

— Mais non, imbécile ! C'est un exercice. Les « bleus » contre les « rouges ». On fait ça tous les trois mois.

Mon corps entier se relâche et je me mets à rire sans pouvoir m'arrêter, car tout devient d'un seul coup ridicule.

Le micro larsène et le général fait de grands gestes pour l'éviter. Les voisins, réveillés en sursaut, hurlent aux balcons et nous demandent d'aller jouer ailleurs. Un train passe à fond et bousille le discours du général. Le drapeau, mal fixé, se casse la gueule et provoque un fou rire général.

Trois jours plus tard, les « bleus » ont gagné la guerre contre les « rouges ». Aux points.

Le mois de mai approche et le Festival de Cannes aussi. Je vais voir mon commandant et je joue les Calimero. Je lui explique que si je disparais du métier pendant un an, je ne trouverai plus jamais de travail à mon retour. Tout le monde va m'oublier. En revanche, si je vais me montrer à Cannes, je peux dire que je tourne à l'étranger pour expliquer mon absence. Mon capitaine se tord les doigts. Il hésite. Je dois trouver un argument en béton.

— Ne brisez pas ma carrière comme on a brisé la vôtre, je lui sors, avec la tête du chien Hush Puppies que Jerry m'a appris à faire.

Le commandant craque, comme une vengeance sur son propre destin.

— Combien de temps dure le Festival ? me demande-t-il.

— Quinze jours, mais avec une semaine je peux m'en sortir, je lui réponds.

Quelques jours plus tard, je descends du train en gare de Cannes, habillé en trouffion. Je me change dans le café d'en face et je mets mon costume militaire à la consigne. Je m'habille en civil, mais je n'ai qu'un centimètre de cheveux sur le crâne. Pas grave. Je passerai pour un cinéaste danois.

Nous sommes le 20 mai 1978. C'est mon premier Festival de Cannes.

Évidemment, je ne connais personne et je ne sais pas comment ça marche. J'ai beau mentir sur mon curriculum vitae, je n'ai pas de carte professionnelle et je n'arrive pas à obtenir une accréditation.

Il me reste à faire la queue pour acheter un billet, mais même là, c'est une galère. La queue est immense et le Festival ne vend que quelques places. Le deuxième jour, je me lève à 6 heures du matin, mais il y a déjà cinq personnes dans la queue. On poireaute jusqu'à 10 heures pour récupérer quatre pauvres tickets hors de prix. J'ai poireauté pour rien. Le lendemain, j'arrive à 5 heures du matin et je suis le premier. J'obtiens une place pour le palais. Séance de l'après-midi.

— Au fait, c'est quoi le film ?

— *Ek Din Pratidin*, de Mrinal Sen, me répond la vendeuse, avec un large sourire, comme si elle venait de me proposer la suite de *La Guerre des étoiles*.

J'entre dans le palais pour la première fois. L'ancien palais. La salle est magnifique, mais il y a une bonne centaine de places vides. Je pense à mes amis d'infortune, bloqués dans la queue interminable pour avoir un malheureux ticket. Quel gâchis. Comme je m'y attendais, ma place est pourrie. Je suis au fond, complètement sur la droite. La stéréo ne sera pas pour moi.

Je suis assis à côté d'un vieux couple. Madame est habillée comme pour une soirée de gala alors qu'il est à peine l'heure du thé. Ce sont des commerçants de Cannes. Ils tiennent une boulangerie. Ils ont eu leurs places par le maire de la ville qui peaufine sa réélection. Madame passe son temps le nez en l'air, à guetter les vedettes, mais elles ne viennent jamais à la séance de l'après-midi. Elles attendent le soir, les paillettes et les photographes. Madame est déçue et monsieur s'endort déjà. On se lève tôt chez les boulangers.

À cette époque, je n'ai absolument aucune culture cinématographique. Rien. *Nada*. Que dalle. Je connais à peine le nom des acteurs et j'ignore ceux des réalisateurs.

Je suis donc ravi de commencer mon apprentissage par un film indien. Le film démarre, sous-titré en anglais et en français. C'est déjà une tannée à lire.

C'est l'histoire d'une fille qui ne rentre pas chez elle. Sa famille s'inquiète pendant trois heures dix. Finalement, elle était chez une copine. Fin. Comme quoi, entre de Funès et Kubrick, il y a de la place.

Ma voisine peste contre le maire et réveille son mari. Je regarde sortir les huiles du premier rang. On parle de chef-d'œuvre, d'une bouse, d'une Palme d'or à coup sûr, d'un Satyajit Ray du pauvre. Tout cela à voix basse, bien sûr. Perso, j'ai trouvé ça intéressant, différent, mais il aurait pu couper deux heures sans problème.

Après un seul film, j'ai déjà épuisé mon budget. Il faut que je garde un peu d'argent pour manger.

Au Carlton, les Américains font des présentations tous les jours et qui dit présentation dit « buffet de bienvenue ».

Je mets quelques prospectus sous mon bras et prends l'air désabusé pour ressembler à un vrai festivalier. Ça ne marche pas à tous les coups, mais chez Fox, je me fais un copain, le gars de la sécurité.

— Tu es de quel régiment ? me demande le balèze.

Ma coupe au bol m'a trahi.

— 13e bataillon, Chambéry, je réponds, un peu honteux d'avoir été ainsi démasqué.

— 11e Barcelonette. J'ai fini il y a trois mois, me dit-il avec un sourire amical.

Le gars me file quelques tuyaux et le nom de ses collègues qui bossent chez Warner et Universal. Solidarité militaire oblige.

Grâce à lui, j'ai mangé toute la semaine.

Pour le logement, c'est plus compliqué.

Le premier soir, j'ai dormi à la gare, sur un banc. Les deux soirs suivants, j'ai préféré la plage. J'ai plus l'habitude. Sauf qu'il n'y a pas de chèvres sur la plage de Cannes, il n'y a que des renards qui chassent la perdrix jusqu'à l'aube, alors les nuits sont courtes.

Pendant la journée, je monte rue d'Antibes. J'y ai découvert « le marché du film ». Les étrangers y vendent leurs films lors de projections privées, dans les multiplexes de la rue. Généralement, ils sont moins sévères à l'entrée. Il suffit de dire qu'on est jeune acheteur et qu'on a perdu son accréditation.

Dans la salle, c'est un va-et-vient permanent. Les acheteurs regardent dix minutes, repartent, reviennent une heure plus tard. Les Japonais ne s'asseyent même pas, ils regardent un quart d'heure, debout dans l'allée. Moi je suis bien assis, au milieu du septième rang, la place du roi.

Je me tape ainsi tous les films danois, tchèques, néo-zélandais, libanais et turcs. Que du bonheur. Les films ne sont pas tous des chefs-d'œuvre, mais leur diversité culturelle m'explose la tête. Le cinéma n'a pas de limite. On peut tout dire et dans n'importe quelle langue. Quand c'est drôle, on rit. Quand c'est émouvant, on pleure. Quel que soit le pays. Si un jour on me laisse faire un film, il devra être pour tout le monde. L'art doit être populaire. *Fuck* les élites qui me refusent l'entrée de leur palais.

Le reste du temps, je traîne autour du Blue-Bar, l'endroit à la mode, où tout le milieu du cinéma fait semblant de préparer son nouveau film qui sera la Palme d'or de l'année prochaine. Je suis épaté par toute cette prétention, que je serais incapable de jouer.

Malgré ma timidité, j'arrive tout de même à me sociabiliser un peu et je me fais un petit groupe de copains. De jeunes acteurs, des techniciens, des fans de cinoche.

Le soir tombé, j'ai du mal à les suivre, car je n'ai pas d'accréditation et pas de quoi payer ma part au restaurant.

— Tu dors où ? me demande un technicien.

— Ben, sur la plage, je réponds avec sincérité.

La bande est sous le choc. Je sens que je vais perdre des amis. Aussitôt une jeune actrice vient à mon secours.

— Tu peux dormir chez moi si tu veux. J'ai un grand appartement et le canapé est plutôt confortable.

Je n'ose pas y croire, mais la jeune fille a l'air sérieuse et visiblement généreuse. Elle a déjà tourné dans plusieurs films mais je n'en ai vu aucun. Elle a de jolis cheveux blonds, légèrement bouclés, et de magnifiques yeux bleus. Elle a aussi une voix très perchée et une prononciation particulière qui lui donne des allures de bourgeoise.

La jeune fille n'a pas menti, son appartement est luxueux. Très vite, elle enfile un pyjama en soie, un peu sexy. Pendant un instant, je me demande si ses intentions ne sont pas charnelles, mais elle revient dans le salon avec une paire de draps et m'aide à faire mon lit. Fausse alerte. La jeune fille est juste une bonne personne.

Au matin, elle me prépare un bon petit déjeuner et j'ai vraiment le sentiment d'être un roi. Elle m'abritera deux soirs de suite, toujours avec la même bonté.

Malheureusement, je perds ses coordonnées et j'oublie son nom. Mais quelques années plus tard, je la retrouve en photo. Elle est à l'affiche de *Pauline à la plage*. La jeune fille est devenue célèbre. Elle s'appelle Arielle Dombasle.

En traînant devant le palais, je tombe sur une vieille connaissance : Martine Rapin, la fille aux cheveux bleus de Valloire. Elle a maintenant 24 ans et pétille toujours autant. Elle est costumière et travaille sur les tournages. Elle me donne des nouvelles de Valloire et je lui parle de mes frère et sœurs. Je suis tellement heureux d'être tombé sur elle, d'avoir un petit lien qui me raccroche à ma famille.

Elle a deux tickets pour le soir, dans la grande salle du palais, et elle me propose d'être son cavalier. Je fonce à la consigne récupérer ma veste bleue militaire, histoire d'avoir la tenue correcte exigée. Martine est en jean avec un grand pull argenté en mohair. Mais elle se fait refouler à l'entrée.

— Pas de jean ! lui dit un pingouin avec son accent de Marseille.

Je vois la soirée qui tourne au fiasco, mais Martine n'a pas l'air inquiète.

— Attends-moi une minute, me dit-elle.

Martine fonce aux toilettes, enlève son jean, enfile son pull par les manches et se sert d'un foulard comme ceinture. Sous son pull, elle portait un petit haut noir à bretelles. Elle sort de son sac un petit pot de paillettes et s'en fout partout. La transformation est incroyable. Elle est maintenant mieux sapée que la boulangère.

Le pingouin nous laisse passer, sans même sourciller.

Ce coup-ci, nous avons de belles places, juste derrière les huiles. Le film s'appelle *Le Cri du sorcier*, de Jerzy Skolimowski, avec l'acteur anglais Alan Bates. Beau film. Étrange. À la sortie, les huiles chuchotent de nouveau. « C'est la Palme », « C'est la tasse », « C'est un chef-d'œuvre », « C'est du sous-Tarkovski ».

Martine m'invite à dormir chez elle, mais c'est moins confort que chez Arielle. Je dors sur des coussins que j'ai calés le long de la fenêtre et c'est moi qui prépare le petit déjeuner. Martine est un amour, une grande sœur. Elle est tellement joyeuse que tout le monde la prend pour une folle. Elle est juste pleine de vie, pleine de talent et pleine d'amour.

La semaine se termine. Je récupère mon costume à la consigne et reprends le train, en direction de la caserne de Chambéry.

À mon arrivée, je suis tout de suite convoqué par mon commandant. Il a son visage des mauvais jours, un visage de militaire. Je comprends rapidement qu'il a le sentiment de s'être fait avoir. Ce n'est pas faux et je plaide coupable. Ensuite je lui raconte ma semaine en détail et lui communique tout le bonheur que j'ai eu. Cette fois-ci, j'ai vraiment croisé quelques vedettes et je lui offre des descriptions méticuleuses.

Mon commandant finit par sourire et nous passons un délicieux moment, comme si j'avais vécu tout ça pour nous deux.

Mes deux mois de classes sont maintenant terminés, mais mon dossier pour le cinéma des armées a disparu. Je dois donc rester deux mois de plus à Chambéry. Mais je suis exempté de défiler pour cause de défaillance coordinatoire et exempté de tir car jugé dangereux. Comme je suis aussi incapable de porter l'uniforme convenablement, l'armée ne sait même pas où me mettre. Je finis remplaçant, à la piscine : le vrai maître-nageur est parti faire les championnats de France militaires. Je surveille donc la baignade des bidasses qui viennent barboter tous les jours, par groupes de trente. La plupart des chasseurs alpins sont des gars du coin, des gaillards nés sur des skis, des bûcherons ou des chaudronniers.

Ces gars-là sont faits pour la neige. En revanche, un bûcheron dans une piscine, ça défie la pesanteur, et même quand ils se noient, ça les fait rire. Je passe le printemps en maillot de bain, au bord de l'eau javellisée, à surveiller des candidats à la noyade. J'écris dès que je peux. Des idées, des bouts de scène, des concepts. Un de mes scénarios commence à prendre forme. Il s'appelle *Kamikaze*. J'ai aussi écrit un court-métrage que j'aimerais bien réaliser, mais l'idée d'attendre encore six mois m'est insupportable.

À l'armée, on a le droit de prendre quinze jours de vacances, en plusieurs fois. Je pose mes dates. Ça sera quinze jours d'affilée, fin août. J'ai décidé de tourner une histoire de sirène, dont je vous fais le pitch : une jeune fille attire un garçon dans une boîte de nuit, puis l'emmène sur la plage. Là, elle se transforme en sirène et emporte sa victime. Un autre jeune homme est témoin de la scène, mais quand la sirène viendra le chercher, il se laissera faire, par amour pour elle. *Le Grand Bleu* n'est plus très loin.

Pour le décor, j'irai au Club, à Palinuro. Je connais bien l'endroit et le chef de village est d'accord pour m'accueillir. De plus, ma copine Coco fait sa saison là-bas comme hôtesse. Elle jouera la sirène.

Je vends mon histoire à Patrick Grandperret, qui accepte de m'aider. Il s'occupera de trouver l'équipe technique et surtout l'équipement sous-marin. Pas de salaire, mais deux jours de tournage contre cinq jours de vacances au Club. Deal.

Je quitte Chambéry pour rejoindre Palinuro en train. Au Club, je fais mes repérages, mon découpage technique et je fais répéter Coco. J'essaye aussi, parmi les employés, de trouver un acteur pour jouer la victime, mais ils sont tous plus mauvais les uns que les autres. Tant pis, je tiendrai le rôle moi-même. Patrick arrive avec l'équipe, six personnes en tout. Patrick fait le cadre. Dominique, sa femme, fera la script, la costumière et la maquilleuse. Un assistant caméra qui bégaye, un machino qui râle, un électro qui pétarde et un metteur en scène qui débute. La *dream team*.

Patrick est aussi venu avec deux mauvaises nouvelles. La première, c'est qu'il n'a pas trouvé de caméra sonore. Il a un Caméflex qui fait un bruit de machine à laver. On fera le son après. Ce n'est pas très grave, puisqu'il est venu sans ingénieur du son. La deuxième, c'est qu'il s'est fait planter par son pote et nous n'avons pas de caméra sous-marine. Ça va être compliqué, vu que la moitié du script se passe sous l'eau. Patrick suggère d'abandonner le tournage et de passer sept jours de vacances. Pas question.

Je modifie le script pendant la nuit et j'essaye de me persuader que ma nouvelle histoire est encore mieux que la précédente. Le tournage démarre. Image en noir et blanc. Format 1.66.

Je voulais du scope, mais l'assistant caméra a oublié de changer la fenêtre du Caméflex avant de partir. Je fais le réalisateur, l'acteur et je porte le matériel, vu que le machino a mal au dos et ne peut rien porter, sauf son verre de pastis à partir de 19 heures.

Patrick joue le jeu, s'applique au cadre et me guide comme acteur. Il obtiendra aussi de l'équipe de réduire un peu leurs vacances et de tourner un jour de plus.

En trois jours, on a une cinquantaine de plans en boîte. Je suis fier comme un pou. Patrick repart pour Paris avec les rushes pour les faire développer au laboratoire.

Moi, je profite un peu de la mer avant de retourner chez les bûcherons.

Un soir de la semaine suivante, je fonce à la gare de Chambéry, seul endroit où on trouve une cabine téléphonique à pièces. J'appelle Patrick pour avoir des nouvelles des rushes. Tout est bien développé, l'image est belle et nette. Je suis enfin soulagé.

À force d'insister, j'ai fini par trouver une monteuse qui accepte de s'occuper de mon film gratuitement, mais elle ne pourra le faire que le week-end, car la semaine elle travaille sur un long-métrage. Tous les week-ends où je ne suis pas de garde, je fonce chez elle à Paris. La table de montage est dans son salon. Le montage me passionne. Ça ressemble à l'écriture. Les mots sont juste remplacés par des images.

Pour le son et le mixage, ça s'annonce plus compliqué et je ne pourrai pas m'en occuper avant la fin de cette maudite armée. Le maître-nageur revient bredouille de ses championnats, mais il n'a pas tout perdu puisqu'il récupère sa place. Ce n'est pas grave, mon commandant m'a trouvé un poste sur mesure : projectionniste.

Je remplace encore un gars qui a fini ses douze mois de service.

— Tu sais te servir d'un projecteur à charbon ?

Je hausse les épaules, comme si j'avais fait ça toute ma vie.

— Parfait ! me répond le gars, en me laissant un manuel de trois pages, avant de se casser pour rejoindre ses montagnes natales.

Comme un abruti, je cherche le sac de charbon et les gants pour ne pas me salir. Mais les charbons sont, en fait, deux petites tiges de carbone qu'il faut fixer dans l'appareil, aux deux extrémités. Une fois le courant envoyé dedans, il se produit un arc électrique puissant et très lumineux. Plus le carbone se consume, plus il faut rapprocher les tiges en tournant une molette, sinon l'intensité lumineuse diminue sur l'écran. Il me manque plus qu'une casquette et je ressemblerais à Noiret dans *Cinema Paradiso*. La plupart du temps, je passe des films militaires aux nouvelles recrues. Mon préféré est celui sur la bombe atomique, où on nous explique que, pour bien se protéger en cas d'explosion, il faut s'allonger par terre, face contre terre. Pas con. Je n'y aurais jamais pensé.

J'ai envie de hurler que le moyen le plus sûr, c'est de ne pas appuyer sur le bouton.

Le vendredi, je dois aller à la cinémathèque de l'armée, à Grenoble, afin de récupérer le film du week-end pour ceux qui n'ont pas de permission.

Le catalogue est bien mince et les copies sont dans un sale état. Pas de film cannois à l'horizon. Dans le haut de gamme, on trouve du Gérard Oury, dans le bas de gamme, du Philippe Clair.

Un vendredi, on m'annonce la fermeture de la cinémathèque pour inventaire, et on me dirige vers un loueur privé. Son catalogue est nettement plus étoffé.

De retour à la caserne, je me fais alpaguer par mon caporal, un Antillais présent tous les week-ends, puisqu'il habite Pointe-à-Pitre.

— J'espère que vous nous avez ramené un western, comme je vous ai demandé ? me dit-il avec son accent des îles.

— Bien sûr ! Le meilleur des westerns. Ça s'appelle *Z*, je lui réponds.

— *Z* comme Zorro ? me demande-t-il, un peu sceptique.

— Comme Zorro, je lui affirme.

La projection du week-end ne se passe pas bien. Il faut avouer que *Z* n'est pas le meilleur western de Costa Gavras.

Le caporal me colle un blâme pour acte subversif. Je passe de projectionniste à chauffagiste.

Mon nouveau job consiste à changer les deux énormes bouteilles de gaz qui sont derrière chaque bâtiment et à les chauffer.

Malheureusement, un vendredi, trop excité d'aller au montage, j'oublie de les changer avant de partir pour le week-end à Paris. Deux cents trouffions passent le samedi-dimanche dans des dortoirs à – 10 °C, comme si être de garde n'était pas une punition suffisante. Je me fais virer de nouveau de mon poste et je passe de chauffagiste à « glandeur en survêt' ».

Je ne sers à rien ni à personne dans cette armée, et ils finissent par accepter de me laisser faire la seule chose qui m'intéresse : écrire.

– 11 –

C'est bientôt le 18 mars et je vais avoir 20 ans. J'ai une permission pour le week-end et je décide d'aller voir ma mère et sa famille. Ils sont toujours en Seine-et-Marne, mais ils ont déménagé un peu plus loin, dans une maison plus cossue encore. Les affaires de François marchent bien. L'endroit s'appelle Le Petit-Paris.

Comme d'habitude, le train arrive en retard en gare de Lyon et je rate ma correspondance pour Coulommiers à la gare de l'Est. Je prends donc le train de 23 heures qui me dépose à Gretz. Je n'ai plus qu'une vingtaine de kilomètres à faire. En stop. L'aiguille passe enfin la barre de minuit et j'ai officiellement 20 ans, et même si j'ai toujours le pouce en l'air, au bord de ma petite route de campagne, j'ai un large sourire sur mon visage.

Un camionneur s'arrête gentiment. Il est en train de s'assoupir et il a besoin de quelqu'un pour lui faire la causette. Je lui raconte mon armée, il me raconte la sienne, en Algérie. Le routier me dépose au bord de la nationale. Il ne me reste plus que 4 kilomètres à faire, au milieu des champs de betteraves gelées par l'hiver. Il est déjà 2 heures du matin et je sais que personne ne passera sur cette petite route. Mais je m'en fous, j'ai 20 ans, la lune brille, l'air est frais et les champs sont tout blancs. La vie est belle.

Il est environ 4 heures du matin quand j'arrive enfin à la maison. Jerry est le premier à me souhaiter un bon anniversaire. Je me fais un thé et je regarde le ciel s'éclaircir, mais la fatigue me rattrape et je décide d'aller dormir un peu. Deux heures plus tard, j'entends la voiture qui ronronne dans la cour. Je m'habille vite fait et je descends. La cuisine est vide, mais ma mère arrive en trombe de l'extérieur, comme si elle avait oublié quelque chose avant de partir.

— Ah ! tu es là ? On ne voulait pas te réveiller. On part dans le Sud. On va signer la nouvelle maison. C'est génial, non ? On revient dimanche soir. Bon anniversaire ! me balance-t-elle en cherchant ses clés.

Dimanche soir, je serai déjà dans le train, mais je n'ai pas le temps de le lui dire, François klaxonne déjà. Ma mère disparaît, avec un sourire à peine gêné. J'entends le portail qui grince et la voiture qui s'éloigne, à toute vitesse, comme d'habitude. Sur la table, il y a un mot d'anniversaire que je lis de loin. À côté, il y a le pire des cadeaux : un chèque. J'aurais préféré une fleur, une pomme, un dessin. J'aurais préféré n'importe quoi plutôt qu'un chèque. Je le déchire en mille morceaux sans même le lire. J'ai mal au ventre. Des larmes coulent sur mes joues, sans ma permission.

J'ai 20 ans. Je suis coincé dans cette baraque que je connais à peine, à 15 kilomètres de la première ville où je n'ai, de toute façon, aucun ami. Ma mère est dans le Sud, mon père est à l'ouest. Même Jerry soupire, tellement il est navré pour moi.

Je reste une bonne heure assis à la table de la cuisine, à pleurer en regardant les miettes de mon chèque. Dans ces cas-là, il faut être patient et attendre que l'orage passe, que la machine se réinitialise. Comme souvent, c'est la faim qui me fait bouger. Il est déjà midi. Il n'y a que des restes dans le frigo, mais je n'ai pas l'intention de me laisser faire. J'ai 20 ans et je veux un repas à la hauteur de l'événement.

Je descends à la cave, où se trouve le congélateur. Je sors une belle langouste de 2 kilos, que François gardait pour Noël, et un gros paquet de framboises.

Je me fais une belle tarte aux framboises, tandis que la langouste mijote dans son beurre salé. Je me fais un plat de pâtes, avec une pointe de crème, puis je dresse une belle table et m'enfile la langouste en entier. Ensuite, je mets vingt bougies sur ma tarte aux framboises. Je regarde, un instant, les petites flammes qui dansent pour moi. J'entends même leur crépitement, tellement le silence est pesant.

— Bon anniversaire, me dis-je, d'une voix un peu blessée.

La tarte est super bonne, c'est Jerry qui me le dit. Moi, ma part me reste un peu en travers de la gorge et j'ai du mal à l'avaler, même avec une boule de vanille. Je laisse trois parts en évidence, à côté du chèque en miettes, et j'écris un mot à mon tour : « Merci pour tout. »

Puis je jette quelques tee-shirts propres au fond de mon sac et je repars pour Chambéry avec un jour d'avance.

Je suis libéré le 6 avril, cinq jours après mes camarades. Je rends mon paquetage et je traverse une dernière fois la cour, habillé en civil. Mes jambes tremblent tellement j'ai peur qu'on ne me laisse pas partir. À quelques mètres de la porte, une voix crie mon nom et mon cœur se glace. C'est mon commandant qui s'avance tranquillement vers moi. Je crains le pire.

— Soldat Besson, bon courage et faites-nous de beaux films.

Les bras m'en tombent. C'est la première fois que quelqu'un m'encourage. J'en ai les larmes aux yeux.

— Merci mon commandant.

Dès que je passe la porte de la caserne, j'accélère le pas, de plus en plus, jusqu'à courir comme un dératé. Je ne veux pas me retourner, je ne veux pas qu'on me rappelle, je veux juste fuir et oublier.

Arrivé à la gare, je monte dans le premier train. Celui pour Paris est dans deux heures, mais je ne veux pas l'attendre, j'ai trop peur qu'on me retrouve. En fait, mon sergent m'a traumatisé quand j'ai quitté la caserne.

— Vous avez fini votre service, mais n'oubliez pas que vous êtes réserviste pendant six mois, m'a-t-il lancé avec un sourire sadique.

— Ça veut dire quoi ? je lui ai demandé naïvement.

— Ça veut dire que vous avez douze mois d'entraînement, vous serez dans les premiers à partir en cas de conflit !

J'ai eu beau lui expliquer qu'un projectionniste-chauffagiste ne leur serait d'aucune utilité, quel que soit l'endroit du conflit, le sergent a continué de me traiter de réserviste.

Le premier train m'emmène à Lyon, où je poireaute deux heures en attendant ma correspondance pour Paris. Pas grave, poireauter à Lyon est déjà un luxe.

À peine arrivé à Paris, je m'occupe de finir mon court-métrage. Grâce à quelques techniciens bénévoles, j'arrive à mixer mon film, la nuit, en dehors de leurs heures de boulot. Patrick Grandperret connaît bien le projectionniste d'Auditel et il m'arrange une projection. Je suis excité comme un pou. Patrick vient avec sa femme Dominique, alors cheffe monteuse. Comme il sort d'une réunion de travail sur un autre film, il a invité quelques copains à lui, que des pros. C'est la première projection officielle de mon premier court-métrage. Le film démarre. L'image en noir et blanc. Le son. La musique. Tout y est. Je suis un vrai metteur en scène. Ça y est. J'ai des larmes plein les yeux et un sourire niais de satisfaction. Je l'ai fait. Tout me paraît parfait, sauf peut-être l'acteur principal. Il a les cheveux trop courts, mais personne ne sait qu'il était à l'armée la veille du tournage.

Douze minutes plus tard, le film est fini, la salle se rallume et j'ai toujours mon sourire de niais vissé sur mon visage.

— Alors ? je demande à Patrick, déjà prêt à récolter ses louanges.

Mais son visage est fermé. Dominique cherche un truc dans son sac et leurs amis sont déjà partis.

— Viens, on va boire un verre, me répond-il gentiment.

On s'installe dans un café. On commande des boissons. On parle de tout, sauf du film. Je commence doucement à pâlir, à me liquéfier. Patrick abrège mon agonie, par gentillesse.

— Luc, si tu veux continuer dans ce métier, il y a quelque chose d'important que tu dois savoir.

Je suis déjà tout ouïe, tellement en demande de conseils, de direction.

— Quand on n'a rien à dire, il faut fermer sa gueule, me lâche-t-il avec simplicité.

La phrase tombe comme une guillotine, sans même que j'aie pu entendre les faits qui me sont reprochés. Pas de sentence. La mort en direct. Patrick finit son café, me tape sur l'épaule et disparaît.

J'erre dans Paris sur le chemin de la gare. Je me repasse toute l'aventure dans ma tête. Je dois comprendre mes erreurs, savoir à quel moment je les ai faites. Le scénario. Je l'ai changé au dernier moment. Erreur. Je voulais plus faire un film que raconter une histoire. Erreur. Je voulais prouver que j'étais capable de faire un film. Erreur. Tout le monde s'en fout. Les gens veulent une histoire qui tient la route. La mienne prenait l'eau. Le casting était pourri. Surtout moi. Je ne suis pas acteur. Erreur. Le découpage technique est incohérent. On ne fait pas de jolies phrases en enchaînant de jolis mots. Erreur. Peu à peu, je comprends…

Si je survis à cette épreuve, mon prochain film sera meilleur. J'arrive en gare de Gretz sur le coup de minuit. Le temps de trouver un camionneur sympathique et il est 3 heures du matin quand j'arrive enfin chez moi. Je n'ai pas sommeil. Ma tête bouillonne et mes os grandissent. À 5 heures du matin, je prends ma décision. J'attrape la bouteille d'alcool à côté de la cheminée, je pose mon film au milieu du jardin, je l'asperge et j'y mets le feu. Personne ne verra jamais ce film. Ce n'est pas grave, je n'y disais rien d'important.

Quelques jours plus tard, je croise Patrick de nouveau et le remercie pour cette grande baffe dans la gueule. Cela aurait pu me détruire, mais j'ai décidé de continuer, plus humblement, et surtout d'apprendre mon métier. Patrick sourit et me prend par l'épaule. J'ai pris la décision qu'il espérait et il promet de m'engager comme assistant dès qu'il tournera un film.

En attendant, il est coincé avec un court-métrage qu'il n'arrive pas à vendre. Le film est plutôt réussi, mais le casting réunit deux inconnus. François Cluzet et Christophe Malavoy. J'adore le film et je propose à Patrick de descendre à Cannes pour le vendre. Mon audace le fait sourire et il me confie une copie.

Ma mère a une amie qui habite à Cannes. Je ne la connais pas, mais elle a gentiment proposé de m'héberger pendant la durée du Festival, qu'elle fuit comme la peste.

Je prends donc le train vers le sud et je me pointe à l'adresse indiquée sur mon papier. Le jour est tombé, les maisons ne sont plus que des carrés sombres qui se découpent sur les collines de Cannes. Dans un premier temps, je pense à une erreur, car la maison ressemble à celle de *Gatsby le magnifique*. Mais un maître d'hôtel m'accueille gentiment, avec des gants blancs. La baraque est énorme et donne sur la baie de Cannes qui brille dans la nuit. Ma chambre est luxueuse, il y a même des tableaux de maîtres accrochés au mur.

C'est le matin que la maison prend toute sa dimension, quand le soleil pénètre par les immenses fenêtres et embellit les hauts plafonds. Un vrai décor de cinéma.

Le maître d'hôtel m'a préparé un petit déjeuner de roi. Je suis tout seul au bout de la grande table. Toutes les chaises ont un drap pour les couvrir, sauf la mienne. C'est magnifique, mais ça donne quand même le sentiment de déjeuner au cimetière.

Je remercie le maître d'hôtel et lui explique que je me sens un peu mal à l'aise dans cette opulence et que je préférerais déjeuner dans la cuisine avec eux, si cela ne les dérange pas. Le maître d'hôtel me sourit et enlève ses gants pour la semaine.

Cette année, j'ai la flemme de faire la queue des heures et de me battre pour un pauvre ticket. J'ai repéré un moyen beaucoup plus rapide.

Régulièrement, le camion régie de France 3 vient se garer le long du mur arrière du palais. Ça me rappelle les Studios de Billancourt. Je monte à la petite échelle, située à l'arrière du camion, puis je saute dans la cour arrière, celle où se trouvent les portes de sortie de la grande salle. Il suffit de bien se caler sur les horaires de fin de séance, puis de fendre la foule de sortants pour y entrer. Grâce à ce système, j'arrive à voir des films tous les jours. *Hair* de Miloš Forman, *Le Tambour* de Schlöndorff, *Norma Rae* de Martin Ritt, *Les Sœurs Brontë* de Téchiné, *Les Moissons du ciel* de Terrence Malick, *Cher papa* de Dino Risi, et surtout *Apocalypse Now* de Coppola. Le millésime est somptueux et j'en prends plein la gueule. Plus je vois de bons films, plus je me demande comment j'ai pu avoir la prétention de faire mon court-métrage. L'audace ne suffit pas. Il faut la connaissance. Il faut surtout apprendre à se servir de chaque objet qui se trouve dans cette gigantesque boîte à outils. On ne construit pas une maison avec des clous et un marteau. On étudie d'abord le terrain, les vents, les sols. Puis les matériaux, les résistances, les circulations. Puis on fait les plans en fonction de ses besoins, de l'ensoleillement, de la praticité. Le film est une architecture. C'est ce que j'ai appris en voyant tous ces chefs-d'œuvre. Je vais apprendre et, quand je serai vieux, je me ferai ma maison, mon film à moi. En attendant, j'ai un court-métrage à vendre.

Je fais absolument toutes les boîtes de production, sans distinction, et je me fais jeter absolument de partout, sans distinction. À une exception près : Xavier Gélin, fils du grand Daniel, acteur formidable. Xavier est jeune et nouveau dans le métier et il n'a pas encore appris à être impoli. On bavarde dix minutes. Il me promet de voir le film à Paris. Pour le reste, j'ai vu tout le monde, mais personne n'a le temps de voir le film. Je pensais que Cannes était fait pour ça, pour voir des films. Mais on en apprend tous les jours.

Pour résumer, on se promet, à Paris, de se voir à Cannes, mais Cannes c'est la folie, alors on se promet de se voir tranquillement à Paris.

Le Festival, c'est comme un quatre-quarts. Les gens viennent un quart pour le soleil, un quart pour se montrer, un quart pour faire la fête et un quart pour voir des films.

Pendant ce temps, sur la Croisette, les starlettes défilent, les Français brassent de l'air, les Américains bossent et les Asiatiques achètent. Les plus heureuses du Festival, ce sont les vendeuses de lunettes noires. Les plus malheureux, ce sont les serveurs en terrasse qui, au bout de trois jours, ne supportent plus les Parigots.

Je traîne de bar de plage en bar de plage, à la recherche éventuelle d'un acheteur qui serait passé à travers les mailles de mon filet. Je tombe presque par hasard sur Pierre et Marc Jolivet, rencontrés au Club avec mon père. Pierre est tout de suite chaleureux. Mon père s'est très bien occupé d'eux, c'est l'occasion de lui rendre la pareille. Pierre me présente à sa petite bande : Diane Kurys, qui sort du succès phénoménal de *Diabolo menthe* ; Alexandre Arcady, son compagnon, qui vient de sortir avec bonheur *Le Coup de sirocco* ; son frère, chef décorateur ; Jean-Claude Fleury, heureux producteur de la bande ; mais aussi Maurice Illouz, ancien animateur du Club qui a fait plusieurs saisons avec mon père ; il est dans le cinéma maintenant.

Il y a un autre ancien du Club, chef des sports à l'époque : Élie Chouraqui. Il vient de réaliser son premier film avec Richard Berry, qui a rejoint notre table. Pour la première fois, j'ai le sentiment d'être assis à la grande table du cinéma. Ça ne parle que de films, de projets ou d'acteurs. J'essaye de suivre, mais je n'ai pas grand-chose à offrir pour alimenter la conversation. On me parle plutôt de mon père et de comment il est formidable.

J'acquiesce sans broncher. Je parle un peu de mon court-métrage à vendre et surtout de François Cluzet que je trouve formidable. Diane Kurys semble intéressée (elle prendra François dans son film suivant). En quelques heures, je vois passer tout le cinéma français. Tout le monde s'embrasse, se félicite. Les acteurs font leur show, les producteurs parlent chiffres, les actrices se remaquillent, les journalistes quémandent des infos et les opportunistes essayent de se taper l'incruste. Moi, j'assiste au spectacle. J'essaye aussi de me proposer comme assistant, mais les places sont chères et on n'entre pas comme ça dans la famille. Pierre me laisse ses coordonnées et me promet de me revoir à Paris. C'est le seul qui fasse véritablement attention à moi et ça me fait du bien.

Le dernier jour, le palmarès divise la Croisette, car *Apocalypse Now* et *Le Tambour* sont ex æquo. J'ai adoré les deux, leur puissance, leur intensité. Deux visages de la guerre totalement différents, qui pourtant la résument très bien ensemble.

Je bois un verre en terrasse avec Maurice Illouz. Il me présente un premier assistant, Régis Wargnier. Quand un premier assistant rencontre un second, c'est un peu comme si Tiger Woods cherchait un caddy. Régis se la pète un peu sous ses lunettes noires. Maurice me pousse à entrer dans la conversation, mais j'ai du mal à me vendre. Puis Régis parle d'un film qu'il a très envie de voir. Par un heureux hasard, un pote, assistant d'une attachée de presse, m'a laissé voir le film en question en projection de presse, la semaine d'avant.

— Ah ? Je vois le genre, me lance Régis sur un ton sarcastique.

— Quel genre ? je demande.

Régis devient franchement moqueur, presque insultant.

— Le genre : « Oui, je l'ai vu avant tout le monde, en projo privée. »

Il a pris un ton bourgeois et prétentieux pour m'imiter. La fièvre grimpe rapidement. Je n'ai jamais aimé me faire insulter.

— Qu'est-ce que tu voulais que je dise ? Que je n'ai pas vu le film avant toi ? Pour flatter ton ego ? je lui rétorque.

Le ton monte, la température aussi et, en moins de deux minutes, on passe de deux cinéphiles à deux coqs dans une basse-cour. Je me suis déjà battu avec des mérous de 30 kilos et c'est pas une perruche cannoise qui va m'effrayer.

Maurice essaye de calmer le jeu, mais nous sommes déjà hors jeu. Au lieu de s'échanger nos téléphones, on s'échange des noms d'oiseaux et je quitte la table.

Le Festival de Cannes est magnifique, mais l'électricité est permanente. On passe du désarroi à l'effervescence. Tout y est exacerbé, excessif. Les photographes vous mitraillent ou vous ignorent. C'est comme une jungle, en plus cruel. Heureusement le Festival se termine et tout le monde range ses lunettes noires. Jusqu'à l'année prochaine.

De retour à Paris, Patrick me propose un job : stagiaire sur des pubs, dans le sud de la France. Seule condition, il faut avoir le permis et une voiture. Je n'ai aucun des deux.

— Pas de problème ! je lui réponds, et le rendez-vous est pris pour lundi prochain.

J'ai cinq jours pour passer mon permis. J'ai le code, mais j'ai déjà raté la conduite deux fois. C'est François qui m'a appris à conduire. J'ai donc tendance à confondre la route avec un circuit. Je fonce voir mon examinateur et je lui sors le grand jeu. Mon avenir et ma vie dépendent de lui. Je dois absolument avoir mon permis vendredi. Le gars finit par rire de mon audace. Il m'intercale entre deux rendez-vous et me file mon permis en quarante-huit heures. Reste à convaincre ma mère de me prêter sa Golf. Elle est moins facile à convaincre que mon prof d'auto-école et elle me sort la phrase que je redoutais :

— Demande à François.

J'ai beau lui expliquer que c'est la chance de ma vie, que c'est une opportunité qui ne se reproduira pas, que je vais mourir si je la rate et que surtout il serait peut-être temps de me soutenir, ma mère ne fléchit pas et je me retrouve face à François qui m'explique qu'il n'y a pas d'assurance à mon nom et que patati et patata. J'ai l'impression d'être face à un garagiste qui m'explique que changer une bougie va m'obliger à changer le moteur.

J'essaye de lui vendre ma salade qui sent moins le cambouis que la sienne. Je lui dis qu'il y a deux pubs, avec deux réalisateurs différents : Jean-Claude Brialy et Robin Davis, deux grands du cinéma à l'époque. Si je travaille bien, c'est un ticket d'entrée imparable pour les longs-métrages, un accès direct en ligue 1. Mais François s'en fout, il ne connaît aucun des noms que je lui cite. Pas d'assurance, pas de voiture. Ma mère se plie à sa décision. Pas de voiture, pas de tournage. Une colère monte en moi, puissante, mais silencieuse. Je n'arrive pas à croire que ma carrière va s'arrêter là, à cause d'une assurance de bagnole. Pourquoi ce bâtard ne me loue pas une petite voiture pas chère ? Il en a les moyens, il vient de s'acheter une maison sur la Côte d'Azur pour y passer quelques mois par an. Ma mère passe dans le salon, habillée comme une bourgeoise. J'en conclus qu'ils vont déjeuner avec la belle-famille.

François me propose de me déposer à la gare. Pas par gentillesse, mais parce qu'il n'aime pas que je sois seul dans sa maison. Il n'a pas tort : dès que sa Mercedes a tourné à l'angle de la rue, je récupère les clés de la Golf GTI et je pars avec.

Neuf cents kilomètres plus tard, j'arrive dans l'arrière-pays niçois. Les camions machinos sont garés à l'ombre sous de grands platanes. Les grillons sont à fond et le soleil tape déjà sur la tête.

Patrick m'accueille. Il est à la production. Il me présente le premier assistant qui n'est autre que… Régis Wargnier. La vie est parfois cruelle. Je n'ai plus de famille depuis 900 kilomètres et je vais perdre mon boulot avant même de l'avoir commencé.

Régis m'accueille avec un sourire carnassier. On dirait un chat qui dit bonjour à une souris. Il ne va pas me faire de cadeau, mais comme je n'ai pas vraiment l'habitude qu'on m'en fasse, tout va bien. À moi de lui prouver que je mérite mon poste. Heureusement, Jean-Claude Brialy m'a à la bonne. Je sens qu'il aimerait bien m'attraper gentiment, mais je ne suis pas joueur. Je joue ma vie et rien d'autre. Je cours toute la journée de 5 heures du matin à minuit. Je réponds « oui » à toutes les demandes et les exécute en moins de temps que prévu. Je souris tout le temps et je ne mange jamais. À part mourir, je ne vois pas ce que je peux faire de plus. Régis m'envoie sur des missions impossibles avec un certain plaisir, mais je les remplis toutes.

Brialy voit une fontaine au milieu d'un vieux village provençal.

— Oh ! Ce serait tellement bien, un jet d'eau qui gicle de la fontaine.

On est sur une pub pour un fromage et la fontaine n'est même pas dans le storyboard.

— Pas de problème, je lâche à Brialy qui me sourit amoureusement.

— T'as vingt minutes, ajoute Régis, qui sait le défi impossible à relever puisque la fontaine ne crache plus d'eau depuis un siècle.

Je pars en courant sans savoir où ni pourquoi.

Je mesure la distance entre la fontaine et le premier point d'eau : 40 mètres jusqu'à la boulangerie qui a un robinet sur sa devanture ; 40 mètres, c'est deux tuyaux de 20 mètres. Je fais tous les jardins alentour pour emprunter deux tuyaux. Je vole un rouleau de gaffer à l'assistant caméra et je joins mes deux tuyaux.

Brialy a positionné sa caméra. Je passe discrètement voir le cadre. Je place mon tuyau derrière la fontaine pour qu'il ne soit pas visible à l'image, je le fais courir au sol et je me branche chez mon boulanger. L'eau jaillit de la fontaine. C'est en tout cas ce qu'on voit depuis la caméra. J'ai mis douze minutes. Brialy est en joie.

— Toi, tu vas aller loin, me dit-il, avec sérieux et gentillesse.

On dirait César avec le pouce en l'air.

Régis ne dit rien et compte les points.

Deux jours plus tard, changement de fromage et de réalisateur. Robin Davis est un vrai pro. Il connaît la musique. Agréable avec tout le monde, précis sur ses demandes et méticuleux avec ses acteurs. Jean-Claude était plus aérien, plus féminin. Robin est un bonhomme et le plateau tourne comme une horloge suisse. Ce gars-là connaît son métier et il n'a peur de rien, sauf de prendre l'avion. Il est descendu de Paris en train et remontera en train.

Le dernier jour, le tournage s'éternise un peu. Robin ne lâche rien, il veut tous les plans parfaits jusqu'au dernier. Dominique, le régisseur, me demande de me tenir prêt avec ma Golf GTI. Le train du réalisateur part de la gare d'Avignon à 17 h 05. Il ne peut pas le rater.

Je prends tout de suite la route, fais le plein d'essence et repère les 23 kilomètres qui nous séparent de la gare. De retour sur le tournage, je mets les bagages de Robin dans le coffre, et je fais marche arrière pour me rapprocher au plus près du plateau. Mais le réalisateur tourne encore. Il enchaîne les prises, pas satisfait de son acteur. Il est 16 h 30. Robin ne lâche rien et il décide de faire un dernier plan de coupe.

Mon régisseur commence à avoir des sueurs. 16 h 40. Mon moteur tourne. Robin s'énerve un peu et son acteur lui donne enfin ce qu'il voulait. Fin du tournage.

Le réalisateur salue tout le monde à la va-vite et saute dans ma voiture. Il est 16 h 45.

Je démarre à fond et envoie des graviers sur tout le monde. Je n'ai mon permis que depuis une semaine, mais j'ai passé dix ans à côté d'un pilote de course. Ça laisse des traces.

Robin, dans la voiture, se tient à tout ce qu'il trouve.

La GTI est à fond, sur une départementale aussi large qu'une cravate. Robin commence à suer.

— On n'y arrivera pas, c'est trop tard. Ce n'est pas ta faute. Tu peux lever le pied. Je prendrai le prochain train, me dit-il, la peur au ventre.

Mais on m'a confié une mission et je mourrais plutôt que de ne pas la remplir.

— Tu auras ton train, je lui réponds, aussi concentré qu'un astronaute.

On arrive sur une série de lacets que j'ai bien repérés. J'enchaîne les courbes au taquet, tout en contrôle, rien en glissade. Robin appelle sa mère. Son pied cherche le frein, mais c'est moi qui l'ai et je ne m'en sers pas. Robin commence à grimacer comme un enfant.

— Arrête, s'il te plaît, je ne veux pas mourir, me souffle-t-il.

Mais je ne l'écoute pas car on vient de rentrer en ville et j'ai besoin d'être concentré. J'avoue griller tout ce qui est rouge, mais sans jamais prendre de risque. La gare est en vue. Je jette la Golf sur le trottoir, j'attrape les bagages de Robin et je cours jusqu'au quai. L'annonce du départ du train pour Paris résonne déjà dans la gare. Je jette les bagages dans le train et Robin dans la foulée.

Il n'a pas le temps de me dire au revoir, les portes se ferment et le train s'ébranle.

Je regarde sa mine déconfite à travers la vitre. Il lève son pouce, encore tremblant, et me lance un sourire perdu.

Le retour est plus calme. Je mets quarante minutes. Le temps normal. Les techniciens sont encore en train de ranger le plateau et de remplir les camions. Dominique m'attend avec un sourire.

— Alors ?

— Il est dans le train, je lui réponds un peu crânement.

On va s'asseoir en terrasse et il m'offre un thé. Régis Wargnier nous rejoint. Il commence lui aussi à se décontracter.

— J'avoue que ma première impression n'était pas bonne, mais tu as vraiment assuré. Tiens, je te laisse mes coordonnées, me dit-il avec gentillesse.

Je suis touché. Ça fait huit jours que je bosse à fond et que je ne dors pas dans l'espoir d'entendre cette phrase.

J'en profite pour m'excuser de mon comportement agressif à Cannes. Il en rigole et l'atmosphère se détend, tandis que le soleil disparaît derrière les platanes.

C'est la première fois que j'ai le sentiment d'appartenir à la famille du cinéma. Ma famille. Une bande de barjots qui se tueraient pour un fromage et qui ne vivent que pour l'émotion, celle qu'on attrape et que l'on couche sur la pellicule, pour l'éternité.

Le retour chez ma mère s'annonce difficile, mais la chance est de mon côté car je reviens le jour de la fête des mères, avec un gros bouquet de fleurs. Ma mère n'ose pas sourire. Elle est en mode punition, mais les fleurs sont trop belles et son fils est sain et sauf. Elle me prend dans ses bras et m'embrasse. Je sens un peu de fierté. On se fait un thé et je commence à parler. Maintenant, j'ai enfin des choses à raconter. Ma mère me pose plein de questions. François ne m'en pose qu'une seule :

— T'as pas cassé la voiture au moins ?

— Non, et je l'ai lavée de fond en comble, je lui réponds gentiment.

Ce genre de réponse ne le satisfait jamais. Il va dans la cour et, au lieu d'inspecter l'habitacle, il ouvre le capot. Il revient aussitôt en hurlant qu'il y a du sable dans le moteur, du sel de mer partout et que la voiture est bonne à jeter à la poubelle. Le gars est un limier, un Sherlock Holmes de la soupape. J'ai effectivement roulé en bord de plage et reçu quelques embruns il y a trois jours. Mais même après 1 000 kilomètres et un lavage à fond, ce cochon est capable de trouver une truffe.

À partir de ce jour-là, il gardera toujours les clés de ses voitures sur lui.

Diane Kurys prépare son nouveau film, avec François Cluzet. J'essaye par tous les moyens de m'incruster, mais rien à faire. Son équipe est complète et il y a deux cents stagiaires avant moi sur sa liste. Patrick Grandperret tourne aussi comme premier assistant, avec Maurice Pialat. Malheureusement, là non plus, il n'y a pas de place pour moi, mais Patrick me demande de rester en stand-by. Maurice est connu pour virer l'équipe tous les quinze jours, il y aura peut-être une opportunité. Bingo. Changement d'équipe. J'arrive sur le plateau comme stagiaire non rémunéré et sans contrat. Ça ne sert à rien, puisque généralement, le temps de faire le contrat, vous êtes déjà viré.

Le film s'appelle *Loulou*. Gérard Depardieu et Isabelle Huppert y tiennent les deux rôles principaux.

À 8 heures du matin, toute l'équipe attend Maurice dans un pavillon de banlieue. Il arrive à midi et visite le décor. Rien ne l'inspire. Il a l'air déprimé pour l'année.

— C'est de la merde, lance-t-il à Patrick, qui acquiesce.

Seuls les deux cerisiers en bourgeons, dans le minuscule jardin, l'intéressent. Maurice demande au chef électro de sortir son artillerie et de les faire fleurir. Les ouvriers installent deux énormes projecteurs de 15 kilowatts et balancent la sauce sur les pauvres cerisiers. Pendant ce temps, Maurice va déjeuner au café d'en face. Il passe le repas à se plaindre auprès de Patrick qui l'écoute avec une patience angélique. Deux heures plus tard, Maurice vient checker les cerisiers, en fleur, mais à moitié morts de chaud. Fin de journée. Maurice disparaît dans un grognement et on range le matériel. La caméra n'est même pas sortie de sa caisse.

Le régisseur fond en larmes. Il est censé trouver un autre pavillon. Maurice n'aime pas celui-là, ni aucun des vingt-cinq qu'il lui propose tous les matins. Maurice jette les Polaroïd par terre les uns après les autres en insultant les pavillons et le régisseur pour ses goûts de chiottes. Patrick est en charge de la crise. Je m'occupe des mouchoirs pour le régisseur qui semble inconsolable.

Patrick lui demande de lui donner un Polaroïd d'une maison facile et pas chère. Le régisseur en choisit un et le confie à Patrick. Le lendemain matin, entre deux cafés, Patrick tend le Polaroïd à Maurice.

— Tiens, au fait, ce matin je suis passé devant ce pavillon. C'est un peu de la merde, mais je me suis dit, autant faire un Pola, lui glisse Patrick, plutôt bon acteur.

Maurice achète tout de suite et se tourne en vainqueur vers le régisseur.

— Ah ! Tu vois ? Quand on se sort les doigts du cul ! Ou qu'on a un peu de talent ! Patrick l'a trouvé en cinq minutes, quand ça fait des semaines que tu rames pour trouver un malheureux pavillon.

Le régisseur joue le jeu et baisse la tête pour marquer sa défaite.

Moi, je ne comprends pas trop la méthode, ni pourquoi Maurice est dans un tel état de négativité. Il fait son film, bordel ! Il devrait être l'homme le plus heureux du monde.

— Il a peur, m'explique Patrick avec une infinie tendresse.

D'un seul coup, je comprends que l'acte créatif peut être douloureux. On donne quelque chose d'unique et tout le monde vous jugera pour ça. Maurice ne rêve que d'une seule chose, c'est de créer, mais il n'a peur que d'une seule chose, c'est de créer. Le regard de soi confronté aux regards des autres. Voilà le dilemme. Une fois que je l'ai compris, sa violence me paraît moins barbare.

Un autre jour, on tourne dans le métro. Gérard et Isabelle sortent le texte une quinzaine de fois. Maurice insulte Isabelle après chaque prise, parce qu'il a peur d'insulter Gérard.

— Tu es nulle ! Comment j'ai fait pour te choisir pour ce rôle ? De toute façon, t'es mauvaise dans tous tes rôles ! C'est la dernière fois que je travaille avec une amatrice !

Maurice fait tout pour la déstabiliser et pour que ça déstabilise Gérard. Mais Isabelle connaît Maurice par cœur. Elle ne bouge pas d'un cil et lui balance toujours les mêmes réponses, avec un calme olympien.

— Oui, Maurice. Bien sûr, Maurice. Je comprends, Maurice. Tu veux une autre prise, Maurice ?

Isabelle est en acier. Elle gagne à toutes les manches et ça le rend dingue.

L'assistant caméra doit recharger la pellicule. Cinq minutes de pause. Les électros soulagent la lumière. En attendant, Isabelle et Gérard s'asseyent sur le banc et discutent de la pluie et du beau temps. Je reste là, un instant, à regarder ces deux beaux acteurs. Il y a une vraie complicité entre eux et Maurice la remarque. Il veut capturer le moment, qui n'est pas spécialement intéressant, mais qui est « vrai ».

Maurice attrape le gars qui porte la caméra et lui chuchote :

— Vas-y ! Tourne !

Le problème, c'est que le son n'est pas là, la lumière est éteinte, le chef opérateur est parti boire un café et le porteur de caméra est un machino. L'assistant caméra a entendu et prend sur lui. Le machino lui jette la caméra sur l'épaule et l'assistant affiche un diaph et fait vaguement le point. Le perchman a senti l'activité et prévient l'ingénieur du son pour qu'il enregistre au cas où. Maurice a le visage en joie, comme un enfant au matin de Noël. Il pousse doucement le nouveau cadreur pour qu'il se rapproche des deux comédiens, qui ne savent pas qu'ils sont filmés. D'ailleurs, personne ne sait que ça tourne, et encore moins le photographe de plateau qui a vu, lui aussi, la même chose que Maurice. Le photographe de plateau s'approche discrètement et se place devant les deux acteurs, en plein dans l'image de Maurice.

— Coupez ! hurle Maurice, et tout le monde réalise alors qu'on tournait.

Patrick arrive en courant. Le pauvre était allé aux toilettes.

— Tu veux m'empêcher de faire mon film, c'est ça ? hurle Maurice au photographe.

Mais le gars est un vieux de la vieille que rien ne démonte.

— Maurice, arrête. Il n'y a pas de lumière et ton chef op' est au bar. Je fais mon boulot quand tu ne fais pas le tien, c'est tout, lui rétorque le baroudeur.

Maurice part dans une colère noire où il maudit tout et tout le monde.

— Je retourne à ma peinture, puisque personne ne veut de moi dans le cinéma ! gémit-il, avant de disparaître dans l'escalier, Patrick à ses trousses.

Comme il fallait s'y attendre, toute l'équipe est virée le soir même. C'est déjà la troisième. Maurice ne réapparaîtra qu'une semaine plus tard. Comme je n'ai pas vraiment été repéré, je fais partie de la nouvelle équipe. Patrick m'engage seulement deux fois par semaine, sur les grosses scènes et les tournages de nuit, comme celle que nous entamons, sous le métro aérien.

Dans la petite rue, Maurice montre la direction par laquelle arriveront les acteurs, avant d'entrer dans le bar. Le chef opérateur demande deux heures d'installation, car il faut qu'il éclaire toute la rue. Pas de problème pour Maurice, il a besoin de ce temps pour travailler Gérard au corps. Maurice l'attrape et l'installe au bar. Pendant deux heures, Maurice va se plaindre de tout, sauf de lui, son véritable et seul ami. Il fait tout pour l'embobiner, le ramollir. On dirait un boucher qui frappe sur une pièce de viande pour l'attendrir. Mais rien n'y fait. Gérard a arrêté de boire depuis le début du tournage. Il connaît Maurice et n'a pas envie de finir le tournage en miettes. Maurice bouillonne. Il n'aime pas qu'on lui résiste.

Deux heures plus tard, le chef opérateur appelle Maurice pour qu'il vienne valider la lumière. Maurice jette un coup d'œil dans la rue qui brille comme les Champs-Élysées, puis il se retourne, regarde l'autre partie de la rue qui ressemble à un four et dit, très simplement :

— En fait, les acteurs vont arriver par là !

Le chef op' mange sa casquette et change toute sa lumière, tandis que Maurice repart au café. Il a de nouveau deux bonnes heures devant lui pour faire craquer Gérard. À force qu'il lui glisse des petits verres sous le nez, Gérard finit par en attraper un. Le problème, c'est que, chez Gérard, 1 = 100. En amour, en amitié, en bouffe, en alcool, en cinéma, partout, pour tout et tout le temps. Au bout de quelques verres, Gérard lâche la rampe et Maurice est enfin prêt à tourner.

L'équipe tient une semaine et se fait virer. Maurice ne s'en rend pas compte, mais Patrick recycle beaucoup de techniciens et je retrouve la moitié de la toute première équipe. Tournage dans la rue. Gérard et Isabelle doivent marcher face caméra. Le cadreur a sa caméra à l'épaule. Aucune prise ne semble satisfaire Maurice. Il lui faut autre chose. Du vécu, de l'authentique ou tout simplement du drame.

— Action.

Les acteurs démarrent de nouveau, mais au lieu de s'arrêter, Maurice leur dit de continuer et il demande au caméraman de les suivre pour les voir partir de dos. Seul problème, il y a toute l'équipe derrière la caméra.

Mais on est maintenant rodés. Patrick nous fait un signe et, en un éclair, tous les assistants ramassent le matériel, tirent les techniciens hors du cadre, quitte à en forcer d'autres à se jeter à terre. Tout ça, en silence, en quelques secondes, alors que la caméra tourne toujours. Le champ est dégagé au moment où Gérard et Isabelle entrent dedans. Malheureusement, la femme de Maurice discute de dos avec la costumière en plein milieu de la rue. La costumière comprend nos signaux et se casse comme une grande lâche, laissant la pauvre épouse seule au milieu du champ. Évidemment, ça l'intrigue, elle se retourne et découvre l'équipe en train de filmer. Elle regarde la caméra, puis Maurice, puis la caméra et comprend qu'elle est morte. Maurice pète les plombs, lui hurle dessus et la poursuit dans la rue. La pauvre femme est obligée de se cacher à moitié sous une voiture pour échapper à sa colère.

— Tu veux m'empêcher de faire un film, c'est ça ?

Patrick le ceinture et essaye de le calmer, mais rien n'y fait. Maurice quitte le plateau et ne reviendra que trois jours plus tard. Malheureusement, il m'a repéré et l'aventure s'arrête là pour moi.

Malgré tous ces excès et toute cette violence qu'il inflige à tout le monde, en commençant par lui-même, je ne peux m'empêcher de lui garder ma tendresse. Il court après son rêve, celui d'une journée nouvelle qui jamais ne doit ressembler à la précédente. Il veut créer sans cesse, sans jamais se répéter. Pour lui, la vérité n'est pas belle, elle est douloureuse. Elle vient du chaos. Le reste n'est que préfabriqué. Il a dû mettre un sacré bordel en arrivant là-haut.

Ce tournage m'a aussi permis de croiser de vrais acteurs. Gérard et Isabelle sont des mutants. Un cœur de porcelaine dans un corps en acier trempé. Ils ne vivent pas sur terre avec nous, ce sont des extraterrestres, en connexion avec l'autre monde, celui du rêve et du possible. Ils n'ont pas de limite. Aucune. Même la mort ne leur fait pas peur, car elle est facile à jouer.

– 12 –

Mon père n'est plus chef de village, il a eu une promotion. Il est chef de région et a été muté à Rome, d'où il surveille tous les villages du Club Med qui sont en Italie.

Depuis que je fais un peu de cinéma, mes relations avec Cathy sont bien meilleures, car elle est la seule de ma famille à réellement aimer le septième art ; la seule, en tout cas, à me bombarder de questions. Elle veut tout savoir sur les acteurs et les tournages. Elle a un côté midinette, mais elle l'assume et ça la rend terriblement sympathique. Cathy est une vraie gentille et une bonne maman. Ça me suffit pour l'aimer et oublier le passé. Mon père a l'air d'être heureux avec elle et il est beaucoup plus stable. En revanche, on n'arrive toujours pas à trouver un langage commun. Notre relation se cantonne à nous échanger des banalités et des sourires coincés. Mais quoi qu'il en soit, la paix semble s'installer de ce côté de la famille. Ne nous plaignons pas quand la mer est calme.

Malheureusement, elle ne le reste jamais longtemps. Cathy tombe malade. Une étrange maladie. Son foie a beaucoup souffert, à la suite d'une jaunisse qui a évolué en hépatite. Elle a perdu du poids, elle qui n'était déjà pas bien épaisse. Je ne savais pas que le foie transformait les poisons en substances nutritives. Quand le foie déconne, la tête aussi. Cathy a des crises de démence et fait quelques séjours à l'hôpital psychiatrique.

Du côté de ma mère, ils sont maintenant tous installés dans le Sud, six mois par an, sauf mon chien Jerry, qui a préféré s'installer au paradis. Depuis, ma mère a repris un autre basset hound – le même en plus jeune. La maison est belle, posée au milieu des vignes vallonnées, à quelques kilomètres de La Garde-Freinet. Le Var, les oliviers, la lavande et les cigales. On est chez Pagnol.

Bruce grandit, barbote dans la piscine toute la journée, mais ne va pas tarder à rentrer à l'école.

François a récupéré l'écurie de Formule 2 avec laquelle il courait quelques années auparavant. Elle s'appelle AGS. L'usine est à l'entrée de Gonfaron, dont l'emblème est un âne volant mauve, et la spécialité les marrons glacés. Personne n'a jamais su m'expliquer pourquoi l'âne était mauve et volait, mais je crains qu'il y ait une histoire de pastis là-dessous.

Marguerite a quitté son appartement de La Garenne-Colombes et s'est installée dans une maison de retraite au fin fond de la Seine-et-Marne.

Mon autre grand-mère, Yvonne, est retournée dans sa Bretagne natale avec Muriel. Sans laisser d'adresse. Je n'ai donc plus de famille à Paris.

Je connais bien la solitude pour l'avoir vécue toute mon enfance, mais la solitude de l'adolescence n'est pas la même. L'enfant ignore le monde qui le repousse. L'adolescent le connaît.

Enfant, on n'a pas de voiture, alors on marche à pied et on trouve ça normal. Adolescent, on a une voiture, mais on n'a pas d'essence. Comme si la solitude n'était pas suffisante, la vie vous rajoute la frustration. Je me raccroche alors au seul copain qui m'accepte. Pierre Jolivet. Il a probablement le sentiment d'avoir une dette morale vis-à-vis de mon père et il tient à l'honorer.

À cette époque, je me sens fort et fragile à la fois. J'ai la rage de m'en sortir, mais ma foi est ébranlable à tout moment. Je me sens comme un gros chêne, sans racines, posé sur le sable. Le moindre coup de vent peut me mettre à terre. Pierre me tient par la main, mais j'aurais besoin qu'on me prenne dans les bras.

Dans une boulangerie, je croise une jeune Croate. Elle est plutôt jolie, avec ses grands yeux bleus, mais un peu trop maquillée à mon goût. Elle galère à trouver ses mots en français, mais son accent est trop mignon. Je me propose comme traducteur, elle accepte et je l'aide à acheter ses croissants. Il me reste quelques mots de croate, de l'époque de Poreč. Je lui balance mon savoir et ça la fait sourire. La glace est rompue. Elle s'appelle Ladva.

J'ai toujours les deux mêmes problèmes dans ma semaine. Trouver du travail et un endroit où dormir. Marc Jolivet, le frère de Pierre, a un grand appartement en face du Bon Marché. La chambre d'ami est déjà occupée par un jeune acteur au bras cassé. Il a à peine 20 ans, il s'appelle Richard Anconina. Marc me propose le canapé. Je suis fou de bonheur. Je laisse ma valise dans la chambre de Richard, ma brosse à dents dans les chiottes de l'entrée et mon couchage dans le placard du salon. J'ai l'impression d'être dans un palace, avec une vue panoramique sur le boulevard Raspail.

Le soir, il y a toujours beaucoup d'amis chez Marc et ça refait le monde en permanence. Pierre et Marc inventent des jeux à la pelle et on s'amuse tous. Parmi leurs jeux, il y en a deux que j'adore particulièrement. Pierre et Marc mettent un film sur la grande télé, coupent le son et refont les dialogues en direct, en impro totale. J'ai le souvenir d'avoir pissé dans mon pantalon en les regardant jouer Lauren Bacall et Humphrey Bogart, où le héros se plaignait de l'haleine de slip de sa partenaire.

Un autre jeu était aussi très populaire. On choisissait un mot compliqué du dictionnaire, que personne ne connaissait, et chacun devait écrire sa définition du mot. Marc lisait ensuite toutes les définitions, en y incluant la bonne.

Il fallait la retrouver parmi les fausses. Les crises de rire étaient permanentes et nous ne trouvions jamais la bonne définition. Tous ces jeux étaient en fait des exercices qui, chaque nuit, me faisaient progresser.

Comme je ne trouve pas de travail, je passe mes journées à écrire. Quelques semaines plus tôt, il m'est arrivé une histoire intéressante. Après une séance de cinéma aux Halles, je prends le métro pour rentrer chez Marc. Sur le quai, une porte est légèrement entrouverte et un panneau indique : « INTERDIT AU PUBLIC. »

Évidemment je pousse la porte et découvre un long couloir, désert à cette heure de la nuit. Je me retrouve bientôt sous des escalators. Plus loin, un couloir m'amène jusqu'au milieu du tunnel, là où il y a les rails et les rames qui passent à toute allure. Plus loin encore, je tombe sur une gigantesque hélice d'avion, qui envoie de l'air dans tout le réseau. D'autres tunnels font la connexion avec le Forum des Halles. Un escalier d'échelle en fer m'amène vers le haut. C'est une cheminée d'aération. Je me retrouve à l'air libre, au-dessus des immeubles, avec une vue sur tout Paris.

Je redescends ensuite jusqu'au fond et j'arrive aux égouts. Je découvre un monde et cet univers interdit doit être trois fois plus grand que celui réservé au public.

Dans un coin reculé, je repère des dizaines de bougies fondues le long des canalisations. Plus loin, un tas de vêtements. Il y a des gens qui habitent là, ça ne fait pas l'ombre d'un doute.

Quand je ressors du métro, il est 6 heures du matin. Je suis sous le choc. J'ai découvert un univers, il ne me reste plus qu'à inventer une histoire.

Une fois par semaine, je me laisse enfermer dans le métro, à la recherche d'inspiration. Pour l'instant, ce n'est pas vraiment un scénario, juste des dizaines de scènes et de personnages qui, mis ensemble, ne font aucun sens.

Ladva m'a laissé son numéro et on finit par se revoir. Elle a des horaires compliqués. Elle fait ses études à la Sorbonne le jour et prend des cours supplémentaires le soir.

Elle est habillée comme sa mère et elle a un avis tranché sur tout. Moi, je l'écoute avec plaisir. Du moment qu'on me parle, je suis prêt à écouter n'importe quoi. Pour l'instant, on se balade, on se raconte, on se sourit. Pas question d'aller plus loin. Mais un jour, elle finit par m'embrasser. Dieu que c'est bon, un baiser, quand on n'en a pas eu depuis si longtemps. Mais avant même de pouvoir la remercier pour ce geste inattendu, elle monte sur ses grands chevaux :

— Je ne suis pas une fille facile, j'ai de la moralité et je ne ferai pas l'amour avant le mariage, me prévient-elle d'un ton autoritaire.

J'avoue être surpris. Je ne suis pas pressé et je peux tenir six mois, avec un seul baiser. Et le mariage n'est pas dans mon programme, même pour une option de « galipettes ». Ladva est rassurée et elle s'en va en me serrant la main. J'ai l'impression de ne pas être tombé sur la plus simple, mais ma solitude est trop grande pour que je fasse le difficile.

La bande est de sortie dans les Halles. Le restaurant s'appelle La Fontaine des innocents. Autour de la table, il y a Pierre et Marc, Richard Anconina, François Cluzet, Christophe Malavoy, Diane Kurys, Jean-Pierre Bacri, Gérard Darmon et Richard Bohringer. Ils ont à peine la trentaine et bouillonnent de talent et d'énergie. Bohringer m'attrape le bras et ne le lâche plus de la soirée. L'artiste sent l'alcool, mais on ne dit jamais que Richard est ivre, on dit qu'il est en forme. Richard s'approche davantage et me parle quasiment dans l'oreille. Il m'emmène dans son monde imaginaire pendant trois heures. De la poésie à l'état pur. Je ne comprends pas tout, mais c'est la première fois que je peux toucher un acteur et le voir de près. C'est une chose de regarder un diamant, c'en est une autre de l'avoir dans les mains. Richard est fou, mais que cette folie a du charme.

Ça fait longtemps que Richard a saoulé tout le monde avec ses histoires, alors il s'est rabattu sur moi, le petit nouveau, et ça fait beaucoup rire la bande.

— Ça va ? me demande Marc.

— Super, mais je n'ai pas tout compris, suis-je obligé d'avouer.

— C'est normal, quand il est bourré, il parle à moitié espagnol, me répond Marc en faisant rire tout le monde, sauf Richard qui s'est endormi sur la table.

On quitte le restaurant vers 2 heures du matin, mais Marc n'a pas sommeil. Il veut absolument aller dans un endroit tout nouveau, qui vient d'ouvrir, et qui arrive des États-Unis. Ça s'appelle un *peep show*. Anconina et quelques autres sont partants. Je tombe de sommeil, mais je n'ai pas vraiment le choix, ce sont eux qui ont la clé de l'appartement.

On entre dans la boîte. Il y a des petits néons partout. Ça fait un peu foire du Trône. Au centre, il y a une pièce ronde, fermée par une dizaine de portes.

Le manager nous explique :

— Vous entrez dans la cabine, vous mettez vos deux pièces de 10 francs dans la fente, la lumière s'éteint et vous verrez le show à travers la vitre.

Vu les photos qu'il y a dans l'entrée, je comprends que le spectacle est interdit aux moins de 18 ans. Tout le monde est excité et veut faire un tour de manège, mais ma pudeur me bloque un peu et je prétexte ne pas avoir d'argent afin de les attendre dehors. Évidemment ils se foutent tous de ma gueule et Marc me donne deux pièces pour que je puisse faire un tour.

J'entre dans ma cabine. C'est une petite pièce glauque, avec une chaise devant un miroir. Je m'assieds et je glisse mes deux pièces dans la fente prévue à cet effet. La lumière s'éteint et le miroir devient une glace transparente. On peut voir sans être vu. De l'autre côté de la vitre, c'est une plaque tournante, entourée de miroirs. Une jeune fille nue est à quatre pattes, ses deux jambes écartées vers moi. Je fais un bond en arrière. Je n'ai jamais pris un sexe en pleine figure. L'agression est énorme. J'ai mes deux mains sur la bouche, tandis que la fille se tortille sur la petite scène qui tourne lentement. Je suis plaqué contre le mur, prêt à sortir, mais la scène tourne toujours et bientôt l'artiste dévoile son visage. Ladva.

Mon cerveau ne suit plus. Ce n'est pas possible. Ça ne peut pas être elle. Elle est en cours du soir à la Sorbonne. Je décide de me rapprocher de la vitre et d'attendre un tour, pour en avoir le cœur net. Elle me montre de nouveau ses fesses, mais j'attends surtout son visage. C'est bien Ladva. La petite Croate de bonne famille. Aucun doute possible. J'ai envie de dégueuler. Je quitte la cabine et je vais prendre l'air dans la rue. Mes camarades finissent par me rejoindre. Ils ont fait trois tours de manège et ont trouvé ça génial. Moi, je suis blanc comme un linge et je n'arrive plus à parler.

— Ça va, c'est pas si terrible ! Tu vas t'en remettre ! me lance Marc, un peu moqueur.

Je prends quelques respirations et finis par leur dire la vérité.

Éclat de rire général.

— Elle est trop bonne ! dit l'un.

— Tu nous la présentes ? me sort un deuxième.

Je hausse les épaules et pars devant, pour ne plus entendre leurs rires et leurs sarcasmes.

Arrivé sur mon canapé, je prends le bout de papier sur lequel il y a le numéro de téléphone de Ladva et je le déchire en mille morceaux.

Pierre Jolivet a eu une bonne idée de court-métrage. C'est un plan-séquence fixe vu du plafond, d'une bande de bras cassés qui préparent un casse. Ça tombe bien, Anconina a toujours son plâtre, il pourra y tenir un rôle. Je suis officiellement assistant et très fier de ma promotion. Je vais même être payé : 200 francs, pour la préparation, le tournage et le suivi. J'ai presque honte de prendre autant d'argent. Je l'aurais fait gratuitement, tellement leur bienveillance n'a pas de prix. Pierre me laisse participer à tout, même aux dialogues. Je prends confiance, peu à peu, et commence à m'exprimer. Pierre est preneur. Il m'écoute, fait le tri et garde ce qui l'intéresse, comme tout bon metteur en scène.

Le court-métrage est hilarant et on se promet d'écrire autre chose ensemble.

Anconina finit par enlever son plâtre. Comme un oiseau qui retrouve ses ailes, il décolle de l'appartement de Marc et sa chambre se libère. Richard et moi avons passé des nuits sur le canapé, à rêver de notre futur. Lui en comédien, moi en metteur en scène. Je lui ai raconté les prémices de *Subway* et il a trouvé ça génial. On se fait la promesse de se retrouver dans quelques années et de faire le film ensemble. Il aura le rôle du « roller ».

Accolade. Émotion. Séparation. Richard part vers sa vie, et moi vers sa chambre.

J'entends dire que Grandperret prépare un film comme producteur. Je le harcèle, mais sans portable, c'est difficile. Je dois attendre le soir tard ou le matin tôt pour essayer de le choper chez lui. Il me fait le rappeler le lundi, puis le mercredi, puis la semaine suivante. Il me dit que le tournage est compliqué, car c'est un *road movie* qui se déroule partout en France. Il me fait mariner et je sens que l'affaire va se conclure sans moi. Pour être attractif, je baisse encore mes salaires. J'étais déjà à zéro, mais je propose de prendre en charge la nourriture et même le logement. Même à ces conditions, Patrick ne me promet rien. Un soir, il me dit au téléphone :

— Appelle-moi chez Alga demain matin.

Alga, c'est le loueur de caméras. Ma tête carbure. S'il est chez le loueur demain matin, c'est qu'ils vont charger le matériel dans les camions pour partir en tournage. Je sais que les premières semaines sont en Bretagne. Le lendemain matin, je rappelle Patrick comme prévu, à 8 heures. Il m'annonce que le tournage commence demain et qu'il part maintenant pour la Bretagne. Il me fait une vague promesse d'embauche quand ils seront de retour à Paris. Je le supplie de me prendre et lui promets de ne jamais le décevoir. Patrick hésite, puis me dit :

— Écoute, on part dans cinq minutes. Je ne peux pas t'attendre.

— Je te téléphone du café d'en face de chez Alga. J'ai ma valise et je suis prêt à partir, lui dis-je.

Patrick reste sans voix. Il cherche des arguments.

— Luc, c'est un budget très serré, je n'ai pas de quoi te payer une chambre d'hôtel en Bretagne.

— J'ai un sac de couchage, je dormirai dans le camion caméra, comme ça je pourrai surveiller le matériel, je lui réponds.

Cette fois Patrick est à court d'arguments. Mon envie de cinéma est trop forte. C'est lui le premier qui m'a donné le virus, il faut qu'il assume.

— Bon, ben... viens, finit-il par lâcher.

Je traverse la rue en courant, ne dis bonjour à personne et monte tout de suite dans le camion.

Le machino qui conduit est un vieux de la vieille et je lui fais raconter ses premiers tournages. Il a commencé avec Friedkin sur *French Connection*. À l'époque, ils étaient près de vingt machinos sur le tournage.

En Bretagne, ils ne seront que trois. Je me propose immédiatement pour les aider. Mon rôle n'étant pas vraiment défini, je serai ravi d'apprendre le métier à ses côtés. Le machino sourit, il en a vu passer des jeunes chiens fous comme moi, mais d'habitude ils sont plus prétentieux et ne parlent pas aux ouvriers.

— Le machino, il est toujours à côté de la caméra, il voit tout, il entend tout. C'est le meilleur endroit pour apprendre, me confie-t-il.

Je le sais déjà, depuis le premier jour où j'ai mis les pieds sur un plateau, mais je le remercie pour son conseil.

Patrick m'a fait un coup d'entourloupe. Il me laisse décharger tout le matériel et me confie ma première mission : ramener le camion vide à Paris. Je suis dégoûté.

— Demain, tu vas au bureau et tu seras stagiaire.

J'ai l'impression d'avoir gagné un lot de consolation.

Le lendemain matin, je prends le camion. À travers la vitre, je vois tous les techniciens qui s'affairent à préparer le premier plan. J'en ai mal au ventre. Je crève d'envie de rester et j'en ai les larmes aux yeux. Dans mon rétro, je vois le premier projecteur de 10 kilos qui s'allume et embellit la vie, derrière moi.

Le lendemain matin, je suis au bureau. Patrick a vaguement prévenu le directeur de production. Le gars est irascible et entame son deuxième paquet de clopes, à 10 heures du matin.

— Assieds-toi là. On te dira quand on a besoin de toi, me lâche-t-il sans me regarder.

Je m'assieds aussitôt sur le siège indiqué et j'attends, comme chez le docteur.

À 19 heures, je n'ai toujours pas bougé de mon siège et le gars me libère.

— Demain même heure, me lâche-t-il en claquant la porte.

Le lendemain, j'arrive plus tôt. On ne sait jamais. Lui arrive vers midi, avec sa fille de 4 ans. On est mercredi et il l'a pour la journée. Ça sent le divorce à plein nez. La mère appelle toutes les dix minutes et ils se prennent la tête au téléphone, devant la petite, qui s'ennuie à mourir. Alors elle chigne et empêche son père de travailler. Le gars est au bord de la crise de nerfs.

— Tiens, toi ! Va lui acheter un truc ! me lâche-t-il, en cherchant quelques billets au fond de sa poche.

Je prends l'argent, donne la main à la petite et lui demande son prénom :

— Mathilde, me dit-elle avec sa voix de bébé.

On descend tous les deux, on achète d'abord des bonbons, puis de quoi faire des coloriages. De retour au bureau, on s'installe dans une pièce vide et on passe la journée dans le monde des fées, des licornes et des ânes volants. À 19 heures, son père ouvre la porte, un peu inquiet.

— Ah ? Vous êtes là ? Je vous cherchais partout !

Mathilde m'embrasse pour me dire au revoir et me demande si je serai là mercredi prochain.

— Peut-être, je lui réponds avec un sourire embarrassé.

Mon espoir est surtout d'être là demain.

Le père emmène sa fille et, au moment de refermer la porte, il me demande :

— C'est quoi ton prénom, déjà ?

— Luc, je lui réponds poliment.

— Merci pour aujourd'hui, Luc. À demain, me lâche-t-il avec un début de gentillesse.

Le lendemain, un autre producteur débarque. Il revient du tournage en Bretagne et nous débriefe : tout se passe à merveille, surtout grâce à lui. Le gars s'appelle Yves Dutheil. Rien à voir avec le chanteur. Grande gueule, un peu frimeur, mielleux avec ses supérieurs et odieux avec ses inférieurs. Il me tourne autour. Il veut savoir qui m'a filé mon poste.

— C'est Patrick Grandperret, lui dis-je simplement.

Je sens qu'Yves aurait bien récupéré mon poste pour y placer quelques neveux à lui. J'ai intérêt à me tenir à carreau. Le sans faute est obligatoire.

Le lendemain, Yves déboule dans le bureau.

— Ils n'ont plus de pellicule en Bretagne ! Ils ont trop tourné ! hurle-t-il. Toi, fonce chez Kodak. J'ai commandé dix boîtes. Ils ferment à 18 heures !

C'est moi qu'il désigne. Je regarde ma montre : il est 17 h 55. J'ai cinq minutes pour aller de la rue Saint-Martin, dans les Halles, au boulevard Ney, sur le périphérique intérieur, au nord de Paris. À 18 heures, en pleine heure de pointe.

À cette époque, quand vous êtes stagiaire et qu'on vous donne une mission, il faut partir en courant et surtout ne jamais se poser la question de savoir si c'est possible de la réussir. C'est la théorie du bourdon. Scientifiquement, l'animal ne peut pas voler, car le ratio entre son poids, ses muscles et la surface de ses ailes rend son vol impossible. Pourtant il vole. La raison en est simple : il ne sait pas qu'il ne peut pas voler.

Je dévale l'escalier, me jette au volant de la voiture de la production et je démarre en laissant la moitié des pneus sur le bitume.

Je ne m'arrête à aucun feu et je roule aussi bien à gauche qu'à droite. J'ai une main sur le volant, l'autre sur le klaxon. Je finirai en prison, mais avec la pellicule. Je ne me laisse pas d'autre choix. Le boulevard intérieur est congestionné, comme tous les jours à cette heure-là. Je monte sur le trottoir, klaxonne à tout va, slalome entre les arbres et les poubelles et je pile devant l'entrepôt Kodak. Il est 18 h 04. Je fonce vers le guichet, où j'aperçois l'employé en train de baisser son rideau de fer. Je me colle au comptoir, à bout de souffle, et lui parle à travers la grille. Je viens chercher la pellicule qu'on a dû lui commander par téléphone. J'aperçois même derrière lui les deux cartons qui m'attendent. Le gars regarde sa montre.

— On ferme à 18 heures et il est 18 h 05, me lâche-t-il comme un Suisse.

Je me confonds en excuses, rejette la faute sur le trafic, mais rien n'y fait. Je me fais pleurnichard, lui explique que je vais perdre mon boulot et qu'il va ruiner ma jeune carrière, mais le gars s'en fout, il est en train de ranger ses affaires. Le Français-beauf-de-merde par excellence. Je deviens fou. Je m'agrippe à la grille comme un singe et la secoue de toutes mes forces. Je l'insulte de tous les noms d'oiseaux que je connais, et j'en invente même certains pour l'occasion. Je hurle, je postillonne, je vocifère. Le gars joue les sourds, trop content du petit pouvoir qu'il a, même si c'est sur un gamin dont la situation est encore plus précaire que la sienne. La République, libre et égale, vient d'être amputée de sa fraternité. Mon regard se fait noir et méchant.

— Toi, sale rat, tu ne sortiras pas de ton entrepôt ! Je vais faire le tour toute la nuit et je vais te choper dès que tu sortiras !

Je vois dans son regard qu'il commence à prendre peur. Il faut dire que je suis toujours suspendu à sa grille, de la bave plein le visage.

Le gars éteint le général et plonge le bâtiment dans le noir. Je sors aussitôt et commence à tourner autour de l'entrepôt, comme un ours affamé. Le mec a préféré se planquer dans un coin plutôt que de tenter une sortie. Au bout d'une heure, ma tension redescend et je commence à me calmer. Ce n'est pas le dernier connard à qui j'aurais à faire, il faut que je me fasse une raison. Je rentre au bureau, lentement mais bredouille.

Yves Dutheil n'attendait que ça et il me tombe dessus avec délice.

— Tu te rends compte ? Demain ils ne pourront pas tourner à cause de toi. Tu sais combien ça coûte une équipe ?

Tu peux dire adieu au cinéma ! Il ne te reste plus qu'à aller vendre des frites au Prisunic ! me balance-t-il comme dans une interminable fusillade.

Je reste muet et contiens mes larmes. J'aimerais lui dire qu'on ne vend pas de frites au Prisunic, lui qui n'y a probablement jamais été, puisqu'il fait ses courses chez Flo. Et puis, comment se fait-il qu'ils aient consommé autant de pellicule ? Quelle est la personne qui a fait des commandes aussi insuffisantes ? C'est lui.

Le directeur de production prend un peu ma défense. Il était impossible d'arriver chez Kodak avant la fermeture et Yves le sait très bien.

— Une mission ratée, c'est une mission ratée. Avec quoi ils tournent demain en Bretagne ? Avec des excuses ? répond-il avec fermeté.

Vers 20 heures, Patrick appelle au bureau. Yves prend l'appel. Il explique la situation et me charge à mort. Il ne me reste plus que quelques minutes à vivre. Puis Yves se tait. Patrick a l'air de le rassurer. Il raccroche, fait durer un peu le suspense et finit par lâcher :

— Il restait deux cartons de pellicule au fond du camion machino. L'assistant ne les avait pas vus.

Doucement, mon corps se relâche. Je ne vais pas mourir ce soir.

Quinze jours plus tard, le tournage remonte sur Paris et je me plie en quatre pour satisfaire mon dieu. Je mange peu et exclusivement au buffet régie, et je ne dors que quatre heures par nuit. Je ne fais jamais partie des grandes réunions, mais je suis toujours assis pas loin, avec l'oreille qui traîne. La régie galère à trouver une banque comme décor. Le réalisateur aimerait quelque chose de rustique, un peu province. J'en connais une qui ferait l'affaire. Le samedi matin, je fais un aller-retour à Coulommiers et je prends quelques Polaroïd. À la réunion du lundi, je me permets de glisser mes Polaroïd au régisseur, qui les donne au réalisateur.

— Ah ! c'est exactement ce que je cherchais ! s'exclame le réalisateur.

Il s'appelle Claude Faraldo. Son visage est buriné et son œil vif. Sous ses allures de malfrat, il a une certaine élégance et un gentil sourire. Signe particulier : il vit avec deux femmes. Une jeune et une plus âgée.

— Qui est-ce qui a trouvé ce décor ? demande-t-il.

Le régisseur, bon camarade, me pointe du doigt. Je rougis instantanément. Claude me pose quelques questions sur le décor, puis sur ma vie. Rien de très particulier, mais il veut connaître ceux qui l'entourent et qui bossent pour lui.

Le dossier est déposé à la banque, qui accepte notre demande. Nous allons tourner à Coulommiers. Je vais jouer à domicile.

Les badauds se pressent aux barrières qui entourent le plateau. Tous mes anciens potes de lycée, tous ceux qui se sont moqués de moi quand j'ai quitté la ville, sont contre les barrières. Moi, je suis de l'autre côté, un badge officiel sur la poitrine, et j'en suis fier. Mais je n'ai pas l'esprit de vengeance, je suis juste content de m'en être sorti, et la plupart d'entre eux sont maintenant fiers de moi. Sauf un crétin.

— Eh ? Y a Alain Delon ? me demande-t-il.

— Non, mais il y a Jean-François Stévenin et Jean-Pierre Sentier, je lui réponds.

Mais le crétin est déjà parti avant la fin de ma phrase.

Sur le plateau, je suis au taquet. J'observe tout le monde et j'essaye d'anticiper le moindre mouvement. Je repère le cadreur, Carlo Varini, en train de piquer du nez. Il ne tarde pas à me chercher du regard et à m'appeler.

— Luc, tu pourrais m'amener un petit café s'il te plaît ?

Le café est déjà dans ses mains.

— Deux sucres, c'est ça ? je lui demande.

Carlo acquiesce, bluffé par ma réactivité.

Je connais les goûts de chacun des techniciens. En boisson et en sandwichs. Même si je ne suis que troisième assistant, je sais que si je fais de bons cafés et de bons sandwichs, les techniciens seront de bonne humeur, ils travailleront mieux et le film sera meilleur. Donc, la qualité du film dépend de mes sandwichs.

Le seul que je n'arrive pas à surprendre, c'est le réalisateur. Avec gentillesse, il met tout le monde sous pression. Avec lui, les portes de la création sont toujours ouvertes et les possibilités multiples. Il ne veut pas se cantonner à ce qu'il sait ou à ce qu'il avait prévu. Il veut utiliser les vents, les marées, les humeurs. Il aime que les techniciens soient dans l'incertitude. Il sait qu'il n'y a pas de création dans l'habitude. Il travaille un peu comme Pialat, mais avec gentillesse.

J'ai bossé comme un âne pendant les trois semaines du tournage parisien, car l'équipe va bientôt descendre dans le Sud pour finir le gros du film, dont le titre est *Deux lions au soleil*, et je sais que les places sont chères.

Et puis, un matin, Patrick vient m'annoncer que je ne fais pas partie du voyage. Le budget explose et il ne peut pas me payer. Ni le salaire, ni l'hôtel, ni la bouffe. Je lui fais mes yeux de cocker, mais Patrick est intraitable et sa décision est prise. Sur le plateau, je fais de mon mieux, mais j'ai perdu la pêche. Carlo s'en inquiète et je lui explique ma tristesse. Il me tape gentiment sur l'épaule et me rassure pour l'avenir.

Pause déjeuner. Sur le tournage, il y a généralement une cantine ambulante qui nous suit pour les journées en extérieur. Le cuistot prépare dans son camion et nous sert sous une grande tente, aménagée pour l'occasion. Je m'assieds dans un coin et tripote mon plat du bout de ma fourchette. L'envie n'y est plus. Patrick s'approche de moi.

— C'est bon. T'as gagné. Tu pars pour le Sud, m'annonce-t-il avec un sourire.

J'avoue ne pas comprendre.

— Les techniciens se sont cotisés pour que tu viennes, explique-t-il.

Je me retourne alors vers la salle. Tout le monde me regarde avec un sourire malin. Je les ai observés pendant des semaines, mais je comprends maintenant qu'ils ont fait la même chose pour moi. Carlo Varini me fait un clin d'œil et je fonds en larmes.

Le tournage s'installe dans l'arrière-pays, à Roquevaire. Le soleil tape dur, les cigales sont à fond. Je ne vois pas la mer, mais je la sens. Elle est dans l'air.

Il y a une bonne dizaine de décors, répartis dans la région. Malheureusement, on me laisse au camp de base pour faire de la régie et je ne suis pas souvent sur le plateau, sauf quand la scène est compliquée et qu'ils ont besoin de renfort.

Un matin, je suis réquisitionné pour la scène du port, car il faut bloquer la circulation et les badauds en vacances. Je revois enfin ma Méditerranée chérie, toujours aussi jeune et jolie.

Jean-François Stévenin est dans l'eau, des skis nautiques aux pieds. Il galère, car sa fierté d'acteur l'a empêché de dire qu'il n'y connaissait rien. Le réalisateur s'impatiente et, tandis que le régisseur cherche un spécialiste disponible dans les dix secondes, tout le monde regarde l'eau du port comme de la lave.

— Je peux l'aider si tu veux, mon père était moniteur, j'ose dire au réalisateur.

Je vois bien, dans son œil, qu'il ne fait pas la connexion entre le ski nautique et le cinéma, mais il n'a pas le temps d'écouter ma vie.

— Si tu penses que tu peux l'aider, vas-y, me répond-il, un poil sceptique.

En quelques secondes, je suis à l'eau. Je nage jusqu'à Jean-François, le rassure et lui explique : jambes fléchies, bras toujours tendus. Puis je glisse mes pieds sous ses bras pour le stabiliser. L'acteur sort de l'eau du premier coup. Sur le quai, Patrick sourit. Il est fier de son poulain.

Quelques semaines plus tard, nous sommes à l'hôtel, à Roquevaire. Claude, le réalisateur, galère depuis le début à trouver un décor de chambre qui lui convienne. Finalement, il visite le grenier de l'hôtel. C'est une espèce de soupente où le patron a entassé tous les vieux meubles, généralement cassés. La pièce est grande, bien orientée et laisse entrer une belle lumière, surtout le matin.

— Ça sera parfait pour faire la chambre, dit Claude.

— Vous avez vingt-quatre heures, ajoute Patrick.

La mission est confiée au régisseur, Dominique, et moi, car l'équipe déco est sur un autre coup.

Pendant ce temps-là, la caravane du tournage décolle et va tourner dans un château, à 20 bornes d'ici.

Il n'y a rien, dans ce grenier, qui ressemble à une chambre. Il faut tout faire en vingt-quatre heures. Ça tombe bien, on est en compote et on n'a presque pas dormi depuis six semaines.

On commence par vider le grenier. Il y a tellement de bordel accumulé, sûrement depuis la Première Guerre, qu'au bout de trois heures on n'arrive toujours pas à atteindre la fenêtre la plus proche. À ce rythme-là, on ne sera jamais prêts.

J'apprends que le patron de l'hôtel est parti à la pêche pour le week-end. Ça me donne une idée. La solution est extrême, mais Dominique la valide. À la guerre comme à la guerre. Une des grandes fenêtres donne sur l'arrière, directement sur un bout de champ où s'entasse du matériel agricole hors d'usage. On commence à balancer tous les meubles par la fenêtre. Du troisième étage. Les herbes hautes amortissent un peu la chute et personne ne remarque la manœuvre. Le grenier est vidé en une heure. On a gardé le meilleur du mobilier pour faire le décor.

Le sol est recouvert d'une telle couche de crasse qu'on ne sait même pas ce qu'il y a dessous. Je jette un seau d'eau et je vois apparaître des tomettes rouges, hexagonales, typiques du sud de la France. Je fonce acheter des seaux et des brosses et on décape les 150 mètres carrés de tomettes. Puis on les passe à l'encaustique pour les faire briller.

Il est 2 heures du matin. Je mangerais un âne vivant tellement j'ai faim. Dominique me file le reste d'un paquet de madeleines qui traînait dans sa voiture. À cette époque, on ne prend pas son portable pour se commander des *chicken wings* ou des pizzas.

On se retrouve dans le grand salon de l'hôtel. Il nous reste à couper, coudre et placer les rideaux.

Vers 4 heures du matin, je pique du nez et je me pique les doigts. J'ai faim, j'ai sommeil et je couds des rideaux à 20 kilomètres du plateau. Je n'ai pas signé pour ça. Un vent de révolte me traverse et je jette mon rideau par terre. Dominique reste impassible, à coudre le sien, comme s'il avait fait ça toute sa vie.

— Tu as raison. Si tu n'es pas prêt à tout pour ce métier, il vaut mieux arrêter maintenant, me dit Dominique d'une voix trop paisible pour être honnête.

Puis il enchaîne :

— C'est un boulot très dur et tout le monde n'a pas les épaules pour le supporter. Mais ne t'inquiète pas pour le film, il y a un millier de stagiaires sur la liste d'attente. Tu seras remplacé dès demain, sans que personne l'ait remarqué. Et puis quand le film sera fini… tu iras le voir en salle.

Je reste sans voix. J'ai le sentiment d'être comme un con qui galère depuis des semaines avec son Rubik's Cube et Dominique vient de le remettre dans l'ordre, en quinze secondes. Sans forcer. Dominique a 35 ans, j'en ai tout juste 20. La route va être longue. Je ramasse mon rideau et me remets à coudre.

À 5 heures du matin, on pose les tringles et les rideaux, puis je vais dans des chambres de techniciens pour emprunter des boutis, les dessus-de-lit typiques de la Provence. Dans un coin du décor, on a réussi à installer un lavabo et un miroir, plus loin une vieille baignoire et un rideau de douche à fleurs. Je repasse un dernier coup de serpillière sur le sol afin de bien le faire briller, puis je fonce chez le boulanger, qui vient d'ouvrir son rideau, pour lui acheter ses premiers croissants.

Dominique et moi nous installons en terrasse et on se fait un petit déjeuner royal en regardant le soleil se lever. Je le remercie pour la leçon de la nuit, mais il relève à peine. L'humilité est dans son sang. Pour lui, faire un travail qu'on aime est un privilège.

Claude, le réalisateur, arrive sur le coup de 7 heures du matin. Il a hâte de voir le décor. Nous montons avec lui jusqu'au grenier et nous le regardons pousser la porte. Le soleil a envahi la pièce et fait rougir les tomettes. Une brise légère joue dans les voilages et les rideaux. C'est probablement la plus belle chambre d'hôtel à 10 kilomètres à la ronde. Claude arpente le décor sans rien dire. Ses yeux brillent. Il est ému. Il finit par revenir vers Dominique et moi, et nous dit :

— Je vais essayer d'être à la hauteur.

En une seule phrase, Claude a fait disparaître ma fatigue et il peut me demander de lui coudre des rideaux jusqu'à la fin du tournage.

Quelques mois plus tard, le film est terminé et je m'incruste à la première projection de presse. Elle a lieu rue de Ponthieu, dans une salle privée où les journalistes ont leurs habitudes. Claude est content de me revoir et prend le temps de me faire un brin de causette, malgré tous ses invités. Le film démarre. Je ne vois rien de l'histoire : le tournage est encore trop frais et j'ai le sentiment de feuilleter un album de famille. À côté de moi, il y a une vieille journaliste qui roupille déjà. Aucun respect pour nos milliers d'heures de travail. Pendant la scène de la chambre, je lui mets un coup de coude pour qu'elle se réveille, histoire qu'elle apprécie au moins mes rideaux. La vieille toussote et se rendort aussitôt.

Le film se termine et les applaudissements sont chaleureux. Dans la cour, je reste à côté de Claude, qui recueille les compliments de chacun. C'est la première fois que j'assiste à ce genre de rituel. Ça ressemble un peu à un enterrement, sauf qu'au lieu de présenter ses condoléances, on présente ses compliments. J'ai un goût bizarre dans la bouche. On a bossé comme des fourmis pour notre dieu, notre œuvre d'art, et les gens ne nous sortent que des phrases alambiquées qui colleraient à n'importe quel film. Nous leur avons offert du vrai et ils nous remercient avec du faux. J'ai l'impression d'être payé en fausse monnaie. La vieille journaliste arrive et vient poser la cerise sur le gâteau :

— C'est un chef-d'œuvre, Claude. Bouleversant. Tellement puissant, lui sort-elle, la voix tremblante et les larmes au bord des yeux.

Claude lui attrape les mains.

— Vraiment ? Ça t'a plu ? Tu ne peux pas savoir comme ça me fait plaisir que tu aies aimé, lui répond-il avec émotion.

Moi, je suis atterré. Cette vieille momie a passé le film à ronfler : comment peut-elle oser… ? Je me sens l'envie de la dénoncer et de l'envoyer à l'échafaud, mais j'ai peur de heurter mon metteur en scène, de le déstabiliser, au moment où il me paraît le plus fragile. Je rumine cinq minutes, mais le besoin de justice est trop fort et je finis par craquer.

— Tu sais, la journaliste, là, j'étais à côté d'elle pendant la projo et elle a dormi presque tout le temps.

J'essaye de dire la phrase avec le plus de tact possible et m'excuse aussitôt pour cette vérité douloureuse. Claude me sourit et passe son bras autour de mes épaules.

— Je sais, je l'ai vue, me dit-il, avec un sourire espiègle.
Ce jour-là, j'ai compris une chose essentielle. Il y a Dieu/le film, et puis il y a les journalistes/l'Église. Dieu n'a jamais tué personne, mais l'Église a beaucoup tué en son nom.

Malgré sa maladie, Cathy est de nouveau enceinte. Rien ne l'arrête. Ma troisième petite sœur s'appelle Fanny. Toujours pas de garçon à l'horizon. Ça devrait peut-être pousser mon père à se rapprocher de moi, mais ses sentiments sont encore bloqués dans un tunnel, quelque part entre le cœur et le cerveau. Pas moyen de les libérer.

Je passe quelques jours à Rome, dans leur grand appartement, à leur raconter ma vie qui n'est pas la leur. La bonne nouvelle, c'est que ça ne me fait plus mal comme avant. J'ai dû grandir.

De retour à Paris, je retrouve Pierre Jolivet. Pierre et Marc ont définitivement arrêté leur célèbre duo « Récho et Frigo ». Ils ont passé l'âge de faire les clowns. Pierre est parti sur un album de chansons et je deviens son assistant, non rémunéré évidemment, mais je m'en fous. Ce qu'il m'apprend et me donne n'a pas de prix. À l'époque, l'argent n'existe pas vraiment. On se nourrit la tête et le cœur, et puis, à l'occasion, l'estomac. L'argent ne rentre pas dans l'équation. C'est juste de l'essence qu'on met dans une voiture ; et comme, pour l'instant, on est à pied, ce n'est pas vraiment un souci.

Quelques semaines plus tard, on est en studio d'enregistrement. L'ingénieur du son est une espèce d'autiste au physique de bouddha, tout droit sorti du *Seigneur des Anneaux*. Il s'appelle Didier Lozahic, *alias* Didiwa. Pierre compose et s'est associé avec un bassiste, Van den Bosch, talentueux, mais qui pétarde autant qu'il joue. Son regard est tellement vitreux qu'on dirait une cathédrale. Le batteur s'appelle Jacky Bouladoux. Il est très bon quand il s'énerve, sinon il s'endort et on dirait du bal musette. Pour une chanson,

Pierre a besoin d'un solo de guitare. Lozahic connaît un jeune garçon, doué et pas cher, deux qualités essentielles pour trouver du travail à cette époque.

Le jeune guitariste débarque. À peine 19 ans, timide à souhait, son étui de guitare en bandoulière. Un rocker avec une tête de cocker. Il est habillé en cuir et porte des santiags. Il a des allures de rebelle, mais il est poli comme un moine.

Pierre lui parle de style pendant trente secondes, puis il lui fait écouter la chanson et lui indique son point d'entrée et de sortie. Le gamin a compris. Pierre est à la bourre et propose d'essayer tout de suite.

— Enregistre la prise, on ne sait jamais, lui suggère le jeune avec courtoisie.

Lozahic met sur REC et lance le morceau. Le guitariste, casque sur la tête, attend pour faire son entrée, puis il nous sort un truc de la mort. On dirait Jimi Hendrix quand il est en forme. Fin du solo. On est tous sous le choc.

— Un truc dans ce genre-là ? demande le virtuose avec humilité.

Pierre hoche la tête, sans rien dire. Il en a pris plein la gueule.

— En fait, c'est bon. On va garder celle-là, lance Pierre, un peu déboussolé par tout ce talent.

Le gars ne fera pratiquement qu'une prise pour chaque morceau. À la pause, je le prends à part. On a presque le même âge, ça nous rapproche et le dialogue s'engage.

— Comment tu t'appelles ?

— Éric Serra, et toi ?

— Luc Besson.

— Tu joues de quoi ? me demande Éric.

— De rien. J'ai des gros doigts. Je fais du cinéma.

— Cool.

— Tu joues super bien. T'as mis tout le monde par terre.

— J'étais nerveux. La guitare, ce n'est pas vraiment mon truc. Je suis bassiste, en fait.

— Et tu fais quoi en ce moment ?

— Je joue dans un groupe, avec des potes.

— De la guitare ou de la basse ?

— De la batterie, parce que mes potes sont pas très bons.

J'ai bien la confirmation : je suis tombé sur un génie.

— Tu composes un peu ?

— Un peu.

— Ça te dirait de composer pour un film ?

— J'ai jamais essayé, mais pourquoi pas ? Ça peut être cool.

Je ne sais pas encore de quoi parlera mon prochain court-métrage, mais j'ai déjà trouvé le compositeur de la musique.

Quelques semaines plus tard, l'album sort dans les bacs. C'est un bon album, mais le succès n'est pas au rendez-vous. Pierre est plutôt beau gosse et touche-à-tout, ce qui le handicape. Son image n'est pas claire et les gens n'arrivent pas à le mettre dans une case. En plus, la maison de disques n'a pas vraiment suivi et a refusé le budget pour fabriquer un objet promotionnel, tout nouveau à l'époque, qu'on appelle « clip ».

Pierre déprime un peu, mais sa dignité l'empêche de se plaindre.

Un soir, je tourne dans mon lit à la recherche du sommeil. Cette histoire m'énerve. J'aimerais aider Pierre, il le mérite. Tout à coup, un engrenage s'enclenche dans ma tête. Pourquoi on ne ferait pas le clip nous-mêmes ? Ça coûte combien exactement ? La caméra ? J'ai un pote en tournage, je peux la lui emprunter le dimanche. La pellicule ? Je peux trouver des chutes. Les costumes ? La femme de Pierre est costumière. Le décor ? La piscine des Lilas est abandonnée, je l'ai repérée pour un autre tournage. J'appelle Pierre à minuit et je lui raconte tout ça.

Je le sens touché par ma sollicitude, mais pas vraiment convaincu.

— On ne peut pas arracher un film de nulle part, sans aucun moyen. Ce n'est pas possible.

— Si, c'est possible ! je lui réponds avec fermeté.

Je sais déjà qu'un film s'arrache toujours du néant, de l'impossible. Je suis un bourdon.

La semaine suivante, je réalise mon premier clip dans la piscine dévastée des Lilas. On y voit Pierre et ses musiciens et surtout Éric Serra dévalant la piscine, assis sur son ampli à roulettes, en jouant son fameux solo de guitare.

Le clip est réussi et la maison de disques finit même par payer une petite partie des frais de postproduction. Du coup, l'album frétille un peu dans les bacs, mais pas assez pour que cela devienne un franc succès. Il faut dire qu'à cette époque, Pierre a un adversaire redoutable dans sa catégorie, qui ne laisse de miettes à personne. Il s'appelle Daniel Balavoine. Ironie du sort, c'est un grand pote de Pierre.

Mon premier court-métrage était tellement pourri que mon clip fait figure de chef-d'œuvre. Pas question de brûler celui-là. Cette fois-ci, je me suis focalisé sur le contenu, les paroles de la chanson et le rythme. Toutes mes idées étaient guidées par le propos. En même temps, le format clip permet plus de souplesse et la fantaisie est tolérée.

Je ne reçois que des compliments, mais je n'arrive pas vraiment à les entendre. Il faut dire que je n'ai pas l'habitude qu'on m'en fasse. Il y a sûrement un reste de traumatisme de mon premier film.

En fait, entre les deux, j'ai beaucoup appris sans m'en rendre compte et je sais maintenant que la réussite d'un film tient du miracle. Il faut deux ans pour réussir un film et deux minutes pour le rater. Deux minutes d'inattention avec un acteur sur une scène essentielle, deux minutes de montage en trop, deux minutes d'un dialogue qui tombe à côté, deux minutes d'une scène trop sombre, deux minutes de musique trop présente… Cent fois, il faut remettre l'ouvrage sur l'établi et mille fois, il faut se poser les bonnes questions, entendre tout le monde et n'écouter que soi, en se méfiant de son ego comme de la peste.

Pierre a rebondi, comme toujours. Il écrit un spectacle et me propose de l'assister. C'est lui qui tient la plume, mais il me laisse participer. Le gars va vite et il a l'expérience. J'apprends beaucoup avec lui, et quand il me prend une idée, je suis fier comme un paon.

Le spectacle se jouera au théâtre de la porte de la Villette. Sa mère, Arlette Thomas, dirige le théâtre. C'est une comédienne très connue pour avoir fait la voix française de Calimero. Le courant ne passe pas avec elle. Elle est persuadée que je suis responsable de la séparation de ses deux fils, Pierre et Marc. Je n'y suis évidemment pour rien, mais il est plus facile de me le faire payer plutôt que de blâmer ses fils. Ce n'est pas grave. J'aime Pierre et je suis dévoué à sa cause.

Noël approche et Paris s'illumine. Ma mère est dans le Sud et mon père toujours en Italie. Pierre me téléphone. Dans mon studio parisien, prêté par un chef de village en saison. Il n'est pas question que je reste seul le soir de Noël et il m'invite au dîner familial. J'ai peur de déranger, mais il me rassure et je repasse aussitôt ma seule chemise afin de lui faire honneur.

Une heure plus tard, changement de programme. Il a prévenu sa mère de ma venue, mais celle-ci veut rester en famille et je ne fais définitivement pas partie de la sienne. Pierre est vraiment désolé et je la joue cool, allant jusqu'à inventer un super plan de dernière minute. Pierre est soulagé et on se donne rendez-vous le 26 pour bosser. Je raccroche le téléphone et je pleure une bonne heure.

Enfant terrible

Je n'en peux plus de cette solitude qui me colle à la peau, comme une migraine qui jamais ne s'arrête. Je me sens comme une braise qui se consume inexorablement et je ne veux pas finir en cendres.

– 13 –

Le seul remède contre la solitude, c'est de sortir. Il y a du monde dans la rue et, même si on ne connaît personne, ça donne l'illusion d'être entouré.

Je vais sur les Champs-Élysées. Au cinéma, on joue *La Chèvre*, le film de Francis Weber avec Gérard Depardieu et Pierre Richard. Le film est un gros succès, mais le soir de Noël, la salle est presque vide. Je me mets au septième rang. Pas de pop-corn, je préfère garder mes derniers sous pour le dîner de Noël.

Juste au début du film, une bande d'ados vient s'asseoir devant moi. Ils ne sont pas là pour voir le film, mais pour s'éclater. Ils viennent tous du Sentier. On dirait mes copains d'école de la rue Saint-Denis, avec de l'acné en plus. Les gamins font des commentaires sur tout et gesticulent autant que dans un train fantôme. Puis arrive la scène du « gorille » et ils partent dans un fou rire sans fin. Impossible de voir le film dans ces conditions. Ces petits cons m'ont bousillé mon spectacle de Noël. Tant pis, je me rattraperai sur le dîner.

J'entre au McDonald's, compte mes sous et regarde le panneau pour composer mon dîner de gala. Mais ces bâtards ont changé les tarifs juste avant Noël, comme par hasard. Il va falloir faire une impasse, car je n'ai pas de quoi me payer le « Menu Royal ». En fait, je n'ai même pas de quoi me payer un cheeseburger avec des frites. Je m'approche de la caissière, qui a un joli chapeau de Noël. Je lui fais mon sourire d'enfant et lui explique qu'il me manque 20 centimes pour faire de mon burger un cheeseburger. Un soir de Noël, ça devrait passer.

— Prenez un burger simple, ça vous fera économiser 60 centimes ! réplique-t-elle d'une voix inhumaine.

Je n'ai pas la force d'argumenter ni même de m'énerver. Elle me file mon burger et je n'ai même pas droit à un « Joyeux Noël ».

Je prends le temps de le manger, c'est la seule chose que je peux m'offrir, puis je rentre à pied, n'ayant plus de ticket pour prendre le métro. Je pourrais sauter le portillon, mais avec la chance que j'ai aujourd'hui, je n'ai pas envie de finir la nuit au poste.

Patrick Grandperret s'est enfin décidé à réaliser son premier film et je suis officiellement engagé comme deuxième assistant. À la mise en scène, à la régie et à la caméra. Cumul des mandats, budget oblige.

Je retrouve Dominique, régisseur sur le film de Faraldo.

Le scénario tient sur quelques pages, le reste est dans la tête de Patrick. Comme son maître Pialat, lui aussi cherche la vérité, l'unique, l'inattendu. Seule différence, Patrick obtient tout avec son sourire et son charme, quand Maurice détruisait pour reconstruire.

Patrick, lui, construit d'abord et démonte ensuite. Pour bien comprendre son fonctionnement, il faut savoir comment se passe une journée ordinaire de tournage.

Partons de la veille, vers 18 heures, à la fin de la journée de tournage précédente. Patrick se roule un pétard bien *fat* et on file au bar pour le meeting du lendemain. Patrick tire ses taffes et commence à rêver.

— Demain, j'aimerais bien faire la scène du mariage. Il y aurait des mariés, leurs familles et des enfants qui jettent du riz. Il y aurait aussi une Rolls blanche. La scène n'est pas dans le script. C'est juste un décor, en toile de fond du héros qui sort de l'église.

— Et tu veux tourner ça où ? demande poliment Dominique.

— Tu sais, l'autre jour, en revenant du tournage par le périph', on a vu une église sur la droite, lui dit Patrick de l'au-delà.

— Bien sûr, acquiesce Dominique, qui n'a aucune idée de quoi il parle.

À ce moment-là, il me demande toujours d'aller vérifier la météo et je fonce au téléphone public, pour faire semblant d'appeler.

— Brouillard jusqu'à midi ! je balance comme presque tous les jours.

— Encore ? s'étonne Patrick.

Dominique propose tout de suite 12 heures-19 h 30 comme horaires de tournage. Patrick tire une taffe et accepte la proposition avant de disparaître. La manœuvre est destinée à gagner quelques heures de préparation. Sinon ce fada de Patrick aurait demandé de tourner dès 8 heures du matin.

La préparation démarre donc à 19 heures au café. Le budget pour la scène est de zéro. On n'a pas une thune pour préparer tout ça. On est quatre pour gérer l'affaire et les carnets d'adresses chauffent à mort.

J'ai un copain d'armée qui s'est marié le mois dernier. Sa femme a toujours la robe, mais elle n'est pas libre demain. Dominique a une copine qui veut bien jouer la mariée, mais elle fait du 40 et ne rentre pas dans la robe en 36. Un assistant a trouvé une couturière qui peut venir demain matin arranger le coup.

On a trouvé la Rolls blanche, mais elle ne fonctionne pas. Le chef électro a un cousin qui veut bien prêter sa dépanneuse. Pour les enfants, on réquisitionne tous les marmots des techniciens et leurs petits copains sont les bienvenus. Un autre assistant a trouvé l'église en question et discuté avec le prêtre, un peu réticent dans un délai aussi court. Mais l'assistant lui rappelle que les portes de Dieu doivent être ouvertes en permanence et le prêtre finit par accepter.

Il est 22 heures et on a pas mal avancé, mais le gros problème, ce sont les deux cents figurants que Patrick veut sur le parvis. Je prends la mission.

Ma mère a une amie qui tient un hôtel vers la gare de l'Est. J'y ai séjourné plusieurs fois, quand je ne trouvais pas d'endroit où dormir. L'hôtel est rempli d'étudiants étrangers qui suivent des cours dans une université voisine. Je fonce sur place. Il est 23 heures et je cogne à toutes les portes. Dans un anglais approximatif, je leur propose de participer à un tournage incroyable, dès demain matin, en présence d'Alain Delon. Approcher la star est déjà, en soi, une offre exceptionnelle, donc leur participation sera bénévole. J'arrive à accrocher une cinquantaine de Belges, une poignée de Néerlandais et quelques Slovaques. J'en ai quatre-vingts en tout : avec quelques copains en plus, on devrait arriver à cent. Bien placés au cadre, on devrait pourvoir donner l'illusion qu'ils sont le double et vendre à Patrick qu'ils sont deux cents.

Vers 2 heures du matin, je récupère la robe de mariée chez mon pote qui habite Compiègne. Je dors quelques heures sur son canapé et je retrouve Dominique, à 6 heures du matin, sur le parvis de l'église. La Rolls arrive à 9 heures pile. À tous les coups, Patrick va nous demander de faire rouler la Rolls, qui ne marche pas. Dominique fait placer la voiture dans le sens de la pente. On pourra toujours faire une prise.

Mes Hollandais commencent à arriver et je les parque au pied de l'église, sans même une bouteille d'eau pour les accueillir. Dans le café, la couturière détruit la robe de mariée pour y faire rentrer la copine.

Patrick arrive à midi.

Les mariés sont en place, avec les deux cents invités. Les enfants sont prêts à envoyer du riz et la Rolls est rutilante au pied du parvis.

Patrick est satisfait. Il met en place ses comédiens et commence à tourner. Moi, je gère la figuration qui me réclame Alain Delon.

— Il est au maquillage, il sera dans le plan suivant, je dis à qui veut l'entendre.

Mais la grogne monte et je crains la révolte.

Patrick tourne dans tous les sens et, comme prévu, a la bonne idée de faire partir la Rolls.

— Pas de souci, lui répond Dominique.

Le chauffeur est mis dans la confidence, il aura juste à défaire le frein à main.

— Action !

Patrick tourne à l'épaule. Les enfants jettent du riz, les mariés sourient, les Hollandais hurlent et la Rolls sort du champ.

— Coupez !

Le plan est magnifique et Patrick est satisfait.

— Tu veux en refaire une autre ? propose Dominique.

Mon cœur s'emballe aussitôt. Le mec joue avec le feu et j'ai déjà le front en sueur.

— Non, ça va. Celle-là était parfaite, lui répond Patrick.

Dominique me fait un clin d'œil.

Fin de journée. Je m'éclipse en courant, pour ne pas affronter la horde de Hollandais qui cherchent Alain Delon. Je retrouve Dominique un peu plus loin dans un bar. Patrick arrive, un pétard à la main. Il commande un café et nous raconte le menu du lendemain.

— J'aimerais faire la scène de l'arrestation, flagrant délit. Une vingtaine de flics en civil, des voitures banalisées, il faut que ça fasse riche, nous dit Patrick.

Le budget, lui, est toujours à zéro. La météo prévoyant, comme d'habitude, du brouillard pour la matinée, nous commencerons à midi.

À midi moins le quart, je suis dans un supermarché pour finir le casting. Un couple fait ses courses. L'homme a une bonne tête de flic. Je lui propose l'affaire. Il en a pour dix minutes et Alain Delon viendra au dessert. Le gars abandonne sa femme et je le ramène directement sur le plateau. On lui met un blouson de cuir emprunté à un machino, un brassard de police, et le tour est joué.

Comme il ne comprend rien au plateau, je le guide en permanence. Mon gars suit les indications du metteur en scène, et se débrouille plutôt pas mal. Mais Patrick est nerveux. Il n'arrive pas à obtenir ce qu'il veut du commissaire, joué par un acteur professionnel. Les deux se prennent la tête et Patrick finit par le virer du plateau. Patrick se tourne alors vers le reste du casting pour choisir un remplaçant. Je crains le pire. Bingo. Mon gars se retrouve avec un rôle et trois phrases de texte à apprendre. Je le félicite et lui présente l'affaire comme s'il avait gagné au loto. Je lui fais réciter son texte, mais le gars n'a pas l'habitude – il est métallurgiste. Je fais de mon mieux pendant que le plan se prépare, puis je l'amène jusqu'à Patrick, persuadé qu'il deale avec un véritable acteur.

Les premières prises sont plutôt mauvaises pour mon gars et Patrick s'en agace. Il ne faudrait pas qu'il tire trop sur la ficelle, car je sens mon métallurgiste à deux doigts de rejoindre son Caddie. Patrick se calme et prend le temps de lui expliquer ce qu'il veut. Le gars comprend et commence à jouer avec naturel. La prise est dans la boîte. Félicitations du metteur en scène. Mon acteur aura son nom au générique.

Le tournage dure huit semaines. Chaque plan est arraché au néant. On a tous pris dix ans et perdu cinq kilos, mais le film est beau et on est fiers de l'avoir fait.

1981

Dominique, le régisseur, me passe un coup de fil. Il a été contacté par un réalisateur inconnu qui a écrit un script et veut réaliser son premier film. Le gars prétend avoir le budget. Dominique m'envoie en éclaireur.

Rendez-vous est pris pour midi. Cinquième étage d'un immeuble un peu pourri, en bas de Montmartre. J'ai mis ma belle chemise-qui-fait-sérieux. Une fille en culotte m'ouvre. Visiblement, je l'ai tirée du lit.

— J'ai rendez-vous avec Philippe, je lui dis poliment.

La fille part le réveiller, tandis que je patiente dans le salon où dorment une dizaine de potes à lui.

Philippe arrive, les cheveux en bataille, le visage ravagé par l'acné et les yeux à peine ouverts. Lui non plus n'a pas eu le temps de mettre un pantalon. Je suis tombé sur le gang des slips.

On enjambe les sacs de couchage pour rejoindre la cuisine. Philippe pousse un peu la vaisselle qui s'entasse et dégage un coin de table.

— Tu veux boire quelque chose ? me dit-il d'une voix d'ado bien pourrie.

Je regarde les cadavres de bouteilles qui décorent sa cuisine.

— Un thé, si tu as, je lui réponds.

Philippe remplit un verre d'eau chaude au robinet et me jette un sachet dedans. Je sors mon carnet de notes, comme un bon assistant, et j'attends l'arnaque.

Philippe me tend son script : *Homme libre, tu chériras la mer*. Notre ami est poète, même s'il a un physique à garder des chèvres. Le script ne fait que trente-cinq pages, mais un mec qui met la mer dans son titre ne peut pas être foncièrement mauvais.

Philippe habite à Besançon, dans le Doubs. Sa famille a une grande propriété là-bas, une sorte de ferme fortifiée qui date du XVIIIe siècle. Sa grand-mère vient de décéder et lui a laissé un héritage de 700 000 francs. Il veut faire ce film à sa mémoire.

— Et l'équipe technique est dans le salon ? je demande avec inquiétude.

— Non, non. C'est que des potes. On a fêté mon anniversaire, me répond-il.

Philippe avoue ne rien y connaître et cherche une équipe pour réaliser son rêve. Il veut tourner dans la propriété familiale. Il a besoin de quelques acteurs, le reste sera joué par les membres de sa famille. Je lui promets d'étudier son cas et je quitte l'appartement en essayant de ne réveiller personne.

Je débriefe Dominique et on commence à lire le script. L'évocation du poème de Baudelaire n'est que lointaine et on ne voit la mer qu'une fois, pour un lever de soleil. Pour le reste, on dirait du Pialat. Sans Pialat. Mais le boulot est rare et le gars est touchant. On passe quelques jours à faire le budget et à le tordre pour qu'il rentre dans l'enveloppe laissée par la grand-mère.

On revoit Philippe dans un bar. Cette fois-ci, il a mis un pantalon et abandonné ses potes. On lui dicte nos conditions. Quatre semaines de tournage, douze techniciens nourris et logés sur place et deux semaines payées d'avance. Philippe est fou de joie. Il y a une candeur, une gentillesse chez ce mec qui le rendent touchant et sympathique. On dirait un poisson-clown. Heureusement qu'il est tombé sur nous. Il y a quelques requins qui naviguent dans le cinéma qui n'auraient fait qu'une bouchée du pactole de la mamie.

Rendez-vous gare de l'Est. Philippe et moi partons en repérages à Besançon. Il paye les billets en chèque, avec une carte d'identité qui tombe en lambeaux. Elle a fait trois tours de machine à laver avant qu'il s'aperçoive qu'elle était dans la poche de son jean.

À cause de sa carte d'identité pourrie, un policier en civil, en manque d'activité, nous embarque pour un contrôle. On se trouve dans une petite salle d'attente, au commissariat de la gare. Philippe est super nerveux, moi pas du tout. On n'a rien fait, pas de quoi s'inquiéter. Puis, discrètement, Philippe jette une petite boule de papier d'aluminium sous le banc. Mon sang se glace. Je suis tombé sur un drogué, pire : un trafiquant.

— C'est quoi ce truc ? je demande, livide.

— C'est rien. C'est un peu de shit qui me restait de la fête, me dit-il, avec son 2 de tension habituelle.

Je suis en panique. Je ne bois pas, ne fume pas et n'ai jamais essayé aucune drogue de ma vie et, alors que je viens à peine de démarrer ma carrière, je vais prendre dix ans de taule pour trafic. Tous les films noirs du ciné-club me passent dans la tête. En plus, je suis persuadé que cet homme, que je connais à peine, me ment et qu'il y a de la coke ou de l'héro dans sa boulette.

Je scrute la pièce, à la recherche d'une caméra cachée. Combien d'abrutis se sont débarrassés de leur dope dans cette pièce avant nous ? Ça sent le piège à plein nez, mais je ne repère aucune caméra. Le flic revient et nous rend nos papiers, en conseillant à Philippe de refaire sa carte d'identité.

Je passe le trajet de Paris à Besançon à scruter derrière mon épaule pour m'assurer qu'on n'est pas suivis. Mais je vois déjà un peu trop de films et tout le monde se fout de ces 3 grammes de shit.

Le corps de ferme est immense. Il est collé à une chapelle qui appartient au domaine. Une aile luxueuse est réservée à la famille. Les fermiers du coin enlèvent leur béret pour saluer Philippe, en jean troué, avant la mode.

Ici, c'est l'Ancien Régime. Certains domestiques n'ont pas été tenus au courant de la Révolution française. La mère est à moitié folle, la sœur une pure autiste et le grand-père est perché. Si les services sociaux font une descente, tout le monde va finir à l'HP.

Philippe me fait visiter sa chambre d'ado. Posters aux murs, des tas de vêtements sales et deux enceintes qui montent jusqu'au plafond. Il met Pat Benatar à fond. On ne s'entend plus, sauf une rumeur lointaine, celle de sa sœur qui hurle de baisser la musique. Les autres membres de la famille s'en foutent, ils sont tous sourds.

Quelques semaines plus tard, deux camions entrent dans le corps de ferme. Un camion « caméra machinerie », un autre « groupe électro ». Pour le reste, on a deux breaks. Magali, la femme de Pierre Jolivet, fait les costumes, mais aussi le maquillage, la coiffure et un peu le ménage. On a un machino, un électro et un chef opérateur-cadreur. L'équipe est vraiment réduite au minimum, il n'y a que des baroudeurs qui ont du mal à boucler leurs fins de mois. Philippe n'a pas d'expérience, mais il est enthousiaste et nous fait une confiance aveugle. C'est touchant et, du coup, personne n'abuse de lui, bien au contraire. Il a un véritable amour pour son film et, même si on sait déjà tous qu'on n'est pas sur un chef-d'œuvre, on respecte cet amour. Il n'est pas nécessaire d'être beau pour être aimé. Il faut juste être sincère.

En quatre semaines, le film est bouclé et Philippe a fait tous les plans qu'il voulait. Je continue à faire le suivi du film pendant la postproduction qui durera trois mois.

Puis, un jour, le film est terminé et Philippe fait une projection à Paris, avec ses potes et sa famille. Le moment est fort. Il arrive même à faire pleurer sa sœur. On se quitte bons amis, mais le film ne sortira jamais en salle.

À peine ce film terminé, je suis contacté par un producteur. Ses bureaux sont rue de La Trémoille, dans le 8e arrondissement. C'est du sérieux. Il prépare un film et leur premier assistant vient de les lâcher. Ils ont besoin d'un pompier. Ça tombe bien, je viens de m'entraîner quatre semaines à la caserne de Besançon.

Le producteur me demande ma filmographie comme premier assistant.

— Pialat, Faraldo, Grandperret et Philippe de Choin, un jeune cinéaste prometteur qui sera sûrement en sélection à Cannes, je lui réponds sans aucune gêne.

Je mens allégrement, mais comme le gars vient du porno, il y a peu de risques qu'il ait croisé Pialat.

Je suis engagé dans la seconde et je démarre le lendemain.

Le film s'appelle *Les Bidasses aux grandes manœuvres*. Le metteur en scène vient du théâtre de boulevard et s'appelle Raphaël Delpard. La vedette est Michel Galabru. Ce n'est pas avec ce rôle qu'il aura un César, mais il pourra toujours se payer une des œuvres de l'artiste. Pour le décor, le producteur a trouvé un château et son grand domaine. Même en plissant les yeux, on ne peut pas le confondre avec une caserne, mais le producteur connaît bien l'endroit, il y a tourné quelques pornos et le deal a déjà été passé avec le châtelain, déçu de voir débarquer des militaires. Il aurait préféré des infirmières.

L'urgence, c'est le casting. Le film a du budget, mais pas assez pour embaucher un directeur de casting, et c'est moi qui hérite du job. Je cherche six jeunes garçons et six jeunes filles. J'en fais défiler six cents de chaque. Deux minutes par candidat. Je vois tous les bellâtres de Paris, les rejetés du cours Florent, les fins de série et même quelques anciens GO du Club Med. Le bilan est pauvre. Que des fils de riche, venus de Neuilly en voisins, et des filles en mal de vivre dans leur pull en mohair rose. Tous me racontent leurs vies insipides en accéléré. Mais un jour, il y a un mec bizarre qui débarque. 1,93 mètre, une carrure de déménageur, un nez d'aigle et un regard de mérou.

Il s'appelle Jean Reno.

Le gars est physiquement impressionnant. On n'est plus chez les crevettes. De plus, Jean est muet comme une carpe. Je lui demande s'il a une photo et il me sort un composite de son sac. Le gars est photogénique, à n'en pas douter.

— Et à part ça ? Tu as déjà tourné un peu ? Cinéma ? Théâtre ? je lui demande, un peu impressionné par la bestiole.

Jean me prend le composite des mains et le retourne, toujours sans rien dire. Au dos du composite, il y a sa filmographie.

— Ah ! C'est pratique de… de l'avoir mise au dos, je balbutie, tellement déstabilisé par l'aura du personnage.

Je promets de le contacter et nous nous serrons la main. Le gars ne m'a pas adressé la parole de tout le rendez-vous. Ni bonjour ni au revoir. Pas un seul mot. Je suis subjugué.

Je fonce dans le bureau de Raphaël pour lui annoncer que j'ai trouvé une perle. Raphaël me répond, en voyant la photo, qu'il n'a pas vraiment le profil d'un jeune premier. J'en conviens, mais j'insiste pour qu'il soit dans le casting. Il serait parfait dans le rôle du sergent incorruptible. Raphaël est sceptique, mais accepte que je lui monte un rendez-vous.

Quelques jours plus tard, Jean Reno revient à la production. Le rendez-vous avec Raphaël dure cinq minutes. À la sortie, Jean vient me voir dans mon bureau. Son visage a changé. Le colosse a les pieds fragiles et l'émotion à fleur de peau.

— Je suis désolé pour l'autre jour. J'ai été odieux, mais c'est dur ce métier et on se protège comme on peut, me lâche-t-il avec une honnêteté désarmante.

En une phrase, il vient d'entrer dans ma vie. Je ne connais encore rien de la sienne, mais je sais déjà que nous venons de la même planète. Nous traînons tous les deux nos carcasses dans le même océan de solitude.

— J'ai un rôle pourri pour toi, mais si tu as besoin d'argent..., je lui dis avec franchise.

— Je prends, répond Jean sans hésiter.

Il a déjà deux enfants.

— Je n'oublierai jamais ce que tu as fait pour moi aujourd'hui, me dit Jean, au bord des larmes.

J'espère bien qu'il me rendra la pareille, car j'ai écrit un court-métrage dans lequel il serait parfait et je sais déjà que je n'aurai pas les moyens de le payer.

Le matin, comme tout bon premier assistant, je suis le premier à arriver au château, et tous les matins, Jean est déjà là, sur le perron, habillé en sergent, les bras croisés dans le dos.

— Bonjour, soldat Besson, me balance-t-il.

— Mes respects, sergent Reno, je lui réponds, comme d'habitude.

À coups de petites blagues et de clins d'œil, notre complicité se met en place et nous jetons les bases d'une amitié probable. Pour le reste, mon metteur en scène rame. Il n'a aucune notion de cadre ni des axes de caméra à respecter. Il ne connaît que les planches de théâtre.

Vingt fois par jour, il demande s'il peut mettre la caméra ici ou là. Vingt fois, je lui réponds qu'il saute l'axe et que ce n'est pas possible.

— Encore cet axe ?! Il m'emmerde cet axe !! Où je peux me mettre alors ? vocifère-t-il à longueur de journée.

Patiemment, je lui propose des axes, des placements, des cadres. Je fais le boulot à sa place, mais ça ne me dérange pas, bien au contraire. Ça me permet de m'entraîner, sans endosser de responsabilités. Au bout d'une semaine, Raphaël y a pris goût et il m'envoie systématiquement dégrossir la scène suivante. Quand il arrive, je lui propose le découpage et il approuve avec une satisfaction de général.

Michel Galabru a du mal à sortir de sa loge. Ce tournage ne le passionne pas. Au bout d'un retard supérieur à trente minutes, c'est toujours moi qu'on envoie le chercher. J'entre dans sa loge et Michel baisse la tête, comme un enfant qu'on va gronder.

— Tu sais ton texte ? je lui demande gentiment.

— Moui ! me répond-il avec une grimace à pisser de rire.

Comme à chaque fois, je prends cinq minutes pour le faire répéter. Michel a la flemme d'apprendre ces phrases idiotes. Je le comprends.

— Plus vite on tourne, plus vite on rentre à la maison, j'argumente.

Michel se lève alors d'un bond et marche jusqu'au plateau en faisant le pitre, comme s'il allait à la guerre.

Une anecdote m'a particulièrement marqué avec lui. La scène se passe dans un bureau rempli de militaires et de notables. On n'est pas loin de tourner. Michel raconte des blagues à voix basse aux acteurs autour de lui et ils sont tous hilares. Soudain, le réalisateur demande le moteur et Michel se concentre dans la seconde. En revanche, les autres acteurs sont dans le vent, encore en train d'essuyer leurs larmes de rire. Il a dévенté tout le monde et tué la concurrence. Pas de survivants.

Raphaël n'a rien vu et il passe au plan suivant.

Moi je reste un peu sous le choc et je retiens la leçon. Les acteurs sont des animaux complexes, malins, touchants, terribles et puissants. Je vais devoir m'en méfier et apprendre à les connaître pour pouvoir les diriger.

1982

Jean-Jacques Beineix vient d'obtenir plusieurs nominations aux Césars. Lui aussi vient de nulle part et son film *Diva* a eu bien du mal à s'imposer. Jean-Jacques est le héros de toute une génération qui rêve de faire du cinéma. Il est notre modèle, la preuve que le succès est possible.

J'aimerais beaucoup voir la cérémonie, mais je n'ai pas la télé dans mon studio. Sur les Champs-Élysées, la boutique Locatel a une télé en démonstration, qui reste allumée toute la nuit.

Je me poste donc devant la vitrine, par un froid de canard.

Jean-Jacques Beineix monte sur scène et ça me remplit de bonheur et d'espoir. Malheureusement, la télé est derrière une épaisse vitrine et je n'entends rien de son long discours. Mais je lis dans ses yeux tout l'espoir dont j'ai besoin. Il est temps pour moi de refaire un court-métrage.

Après le désastre de mon premier court-métrage, le clip de Jolivet m'avait un peu rassuré sur mes capacités de metteur en scène. Quelques semaines auparavant, en traînant dans le 18e arrondissement, j'avais repéré un décor incroyable. Un cinéma était en démolition et l'un des murs avait été éventré. La salle était en étage et on pouvait voir, de la rue, les fauteuils rouges face à l'écran. Il y avait quelque chose d'obscène dans cette image, comme si on avait violé l'intimité du spectateur. Je me suis alors mis à repérer tous les chantiers où les immeubles étaient en cours de démolition, toutes ces maisons sans vie, en décomposition. Il y avait là des décors de fin du monde qui coûteraient une fortune s'il fallait les construire.

L'idée m'est alors venue d'une histoire simple dans un décor postapocalyptique. Un homme se bat contre un autre pour être le dernier survivant. Quand il gagne enfin, un troisième surgit et le tue. *L'Avant-Dernier* sera le titre du film. Le scénario ne va pas révolutionner le cinéma, mais je veux rester modeste, à mon niveau. Essayons de faire simple, beau et bon, ce sera déjà pas mal.

J'appelle Jean Reno et on prend un verre dans un bar pour en discuter.

— Je te préviens, je ne travaille pas gratuitement, m'annonce-t-il d'emblée.

J'avoue être un peu surpris par son agressivité et je tente, maladroitement, de lui expliquer que je n'ai rien pour faire le film et que je ne peux lui offrir que 100 francs de salaire (soit 15 euros).

— OK, c'est bon, on n'en parle plus, me dit-il.

Fin du deal. Ce n'est pas la somme qui lui importe, mais le principe. Être payé comme acteur le légitime. Sous cette carapace de grand dadais se cache une insécurité que je commence à découvrir. Un géant aux pieds d'argile. Il a décidément tout pour me plaire.

Pour l'autre rôle, je bois un verre avec François Cluzet. Il est en début de carrière, mais tout le monde parle de lui en ville. François est un cérébral. Il me pose un milliard de questions, sur l'histoire, la trajectoire des personnages, leurs contenus identitaires, leurs empreintes émotionnelles. Je lui rappelle que c'est un court-métrage de huit minutes, sur deux mecs qui se bastonnent, et que, même si le film est en noir et blanc, ce n'est pas *Citizen Kane*. Mais François est à fond. Il vit son métier à chaque respiration. Il est en ébullition comme un alpiniste au pied de l'Everest. Il serait capable de jouer du Molière au petit déj' et du Shakespeare au goûter. Je ne suis pas au niveau et ma proposition est trop faible. François passe, avec gentillesse.

Je raconte mes déboires à Pierre Jolivet qui, je le sens, le prend un peu mal. Pourquoi aller voir Cluzet quand son pote est juste là, à ses côtés ? Précisément parce qu'il est mon pote. Je suis en pleine crise de reconnaissance, je ne veux pas d'un acteur qui me fasse une faveur par amitié, je veux convaincre par mon travail. Mais à cette époque, je ne sais pas me vendre et personne ne s'intéresse à mon travail. Sauf mes potes, ceux qui croient en moi. Pierre, Jean et Éric sont les trois premiers.

Pierre et Jean auront les deux rôles principaux, et Éric fera la musique.

Je contacte Martine Rapin, la punk aux cheveux bleus de Valloire. Elle fera les costumes. Philippe de Choin, le réalisateur de Besançon, sera l'assistant. C'est son tour. Carlo

Varini, simple cadreur sur *Deux lions au soleil*, sera promu chef opérateur. Le tournage est prévu un week-end. Les décors sont naturels et nous ne demandons aucune autorisation. Le matériel caméra est emprunté à un tournage qui ne tourne ni le samedi ni le dimanche.

Dans l'usine de casques de mon beau-père, j'ai repéré tout un tas de déchets industriels. Martine et moi passons plusieurs nuits à fabriquer les costumes avec de la récup'.

Nous n'avons pas les moyens de louer une grue pour faire des mouvements aériens. Pas grave, on prendra une échelle. On fixe la caméra d'un côté, des contrepoids de l'autre et on se met au milieu de l'échelle pour faire le pivot. Avec un peu d'entraînement, ça vaut toutes les grues du monde.

La préparation du film se passe dans les bars. Pas question de louer des bureaux. L'argent doit être à l'image.

Je me souviens de Jean Reno ouvrant ses bras immenses au milieu du café, pour que Martine Rapin puisse mesurer son envergure. Notre bureau nous coûte trois cafés par jour, mais on change de café tous les jours pour ne pas abuser de la patience du patron.

Le samedi, à 6 heures du matin, le tournage démarre, comme une opération commando.

J'ai repéré chacun des plans que je dois tourner en moins de cinq minutes, si on ne veut pas se faire repérer par les vigiles qui rôdent. À cette époque, il n'y a pas de plan Vigipirate et les gardiens de chantier passent plutôt leurs week-ends à dormir dans leur guérite.

Chaque décor est un immeuble éventré ou en miettes. On a l'impression de passer le week-end à la fin du monde.

Le format du film est en Cinémascope et je soigne l'architecture de chaque plan. Pierre et Jean sont dociles et le tournage se passe comme une lettre à la poste. Je commence à mieux tenir mon sujet.

Je finis le film assez rapidement et on organise une projection d'équipe. Nous attendons devant la salle de projection car, juste avant nous, Bertrand Tavernier est en train de visionner les rushes de son dernier film. Les deux équipes se croisent et Pierre invite Bertrand à rester pour voir notre court-métrage. Bertrand est un poids lourd du cinéma, respecté de tous, et mon cœur bat la chamade.

Fin de projection. Bertrand a un sourire aux lèvres. Il me félicite, mais reste professionnel et me formule quelques critiques. Il ne pouvait pas me faire plus plaisir. Les compliments ne servent à rien, à part flatter notre ego. En critiquant le film, Bertrand vient de m'accepter. Je fais maintenant partie de ce métier et ça me fait un bien fou de le savoir.

Nous essayons de présenter le film à plusieurs festivals et il est sélectionné à celui du film fantastique d'Avoriaz, dans la section court-métrage.

Direction les Alpes et cette charmante station de ski qui ressemble à un grand vaisseau spatial posé sur la neige.

Il y a dix courts-métrages sélectionnés. On assiste à leur projection, qui ne se passe pas très bien. Le public est totalement indiscipliné. Les gens se foutent des films et sortent des vannes en permanence. On dirait *Les bronzés font du ski*. C'est vrai que les films ne sont pas terribles, mais nous avons tous trimé pour arriver jusqu'ici et nous méritерions un minimum de respect.

Mon film passe en avant-dernière position et le titre apparaît sur l'écran : *L'Avant-Dernier*. Tout le monde explose de rire en applaudissant.

— C'est pas trop tôt ! hurle un journaliste, et la salle se bidonne.

Impossible de voir le film dans ces conditions et je préfère quitter la salle.

Le Grand Prix du court-métrage revient à un certain de la Rochefoucault. Cheveux longs et grande écharpe, il arrive tout droit de Neuilly. Son film est ésotérique à souhait et ferait passer Godard pour un comique. Il empoche 20 000 francs et le droit de revenir l'année prochaine avec un autre court-métrage. Le mien n'a aucun écho et passe totalement inaperçu. Je n'ai pas la carte et je repars bredouille.

De retour à Paris, je décide de finir mon script qui se passe dans le métro. Pierre me donne un coup de main, et l'histoire commence à tenir la route. Je démarche les premiers producteurs.

Le véritable changement, c'est que maintenant j'ai deux films à montrer. Le clip de Jolivet et *L'Avant-Dernier*. Un film musical en couleurs et un de science-fiction en scope, et noir et blanc. La palette est large, mais il me manque une chose essentielle. Un nom. Je suis inconnu au bataillon et je ne fais partie d'aucune grande famille du cinéma. La plupart des producteurs ne me reçoivent même pas. La seule qui fait l'effort s'appelle Marie-Christine de Montbrial. Elle travaille chez Gaumont. Elle a la trentaine, bourgeoise à souhait, de la voix jusqu'aux talons, mais un sourire de maman. Elle ne sait pas si j'ai du talent, mais mon acharnement et mon amour du cinéma la touchent. Elle me conseille de trouver du cast si je veux avoir une chance de trouver du financement.

Je me tourne de nouveau vers François Cluzet. J'ai maintenant des films à lui montrer et je sens que ça le rassure un peu, mais François a la cote et il a du mal à s'engager. J'arrive à lui arracher un « peut-être » que je transforme aussitôt en un « oui » définitif auprès de Marie-Christine.

Mais Gaumont est une vieille dame qui ne connaît pas le jeune acteur, et le métro s'arrête. Marie-Christine m'annonce la nouvelle par téléphone et je suis anéanti. Je suis assis dans un fauteuil, au milieu du petit appartement qu'on m'a gentiment prêté pour deux mois. Je n'ai plus la force, la vie m'abandonne. Je ne suis rien. Je n'ai pas de talent. Pas de famille. Pas d'amour. Et maintenant je n'ai pas d'avenir.

Dans ces cas-là, je pleure toujours une ou deux heures, comme un orage qui aurait besoin de se vider. Puis j'attends.

Avec un peu de vent, il finira bien par passer. Le matin, je n'ai plus rien à pleurer et le ciel s'éclaircit de nouveau.

En descendant chercher quelque chose à manger, je passe devant un immeuble en démolition. Les décors de fin du monde sont toujours là, un peu partout dans Paris. Dispos. Pas chers. J'ai l'impression qu'on m'envoie un message. J'ai perdu au grattage, mais il me reste une chance au tirage.

Une conversation que j'ai eue avec André Naudin, bruiteur de mon court-métrage *L'Avant-Dernier*, me revient en mémoire. Il avait adoré le film et nous avait dit, à Pierre et à moi :

— Pourquoi ne faites-vous pas un long-métrage avec ça ? L'histoire est bonne, vous avez tous les décors gratos et vous n'avez pas besoin d'une grosse équipe. Et puis, si vous savez faire un court, vous savez faire un long.

Sur le moment, je l'avais trouvé encore plus dingue que nous ; mais à la réflexion, son analyse tenait la route. Un long-métrage, c'est un court qui dure plus longtemps.

J'appelle Pierre et lui fais part de mon enthousiasme. Il est partant. Jean Reno et Éric Serra suivent aussi. Pierre et moi écrivons le script en une semaine. Il fait douze pages. Le film s'appellera *Le Dernier Combat.*

Pierre sort son carnet d'adresses et descend les noms les uns après les autres. Deux personnes sont prêtes à l'aider. Deux femmes. La chanteuse Marie-Paule Belle et la productrice Michelle de Broca. Pierre a réussi à les convaincre de mettre 30 000 francs (5 000 euros) chacune sur le projet. Merci à elles deux, éternellement. De tout le show business, ce sont les deux seules personnes qui ont cru au projet. Il y a de quoi s'interroger sur la capacité de notre système à se renouveler.

Comment est-il possible que personne du métier n'ait pu détecter que ce gamin aux deux courts-métrages avait la capacité d'écrire soixante films, d'en réaliser dix-huit et d'en produire cent cinquante ? Tous les gens du milieu automobile qui ont croisé Lewis Hamilton à 12 ans savaient déjà qu'il serait bon.

Mais l'art n'est pas un sport et l'artiste est le seul à savoir. Les autres sont au bord du quai et regardent passer les bateaux.

Tous les producteurs et tous les distributeurs de Paris refusent le film, comme tous les studios américains ont refusé *Star Wars*, plus gros succès de tous les temps. L'exemple de George Lucas me motive et nous continuons nos recherches de financement, mais en dehors du cinéma.

Quatre personnes vont nous venir en aide.

La première s'appelle Constantin Alexandrov. Russe d'origine, il tient une agence de voyages. Il nous promet 300 000 francs (50 000 euros).

La deuxième est Philippe de Choin. Le réalisateur n'a pas dépensé tout l'héritage de sa grand-mère et il m'offre ce qui lui reste.

La troisième personne est le propriétaire d'un magasin de chaussures, pote des Jolivet. Le gars mise 20 000 francs (3 000 euros), avec classe.

Le dernier est un garçon rencontré par hasard. Il a eu un accident de voiture qui lui a arraché la jambe. Il veut bien me donner l'argent de l'assurance, à condition d'avoir un petit rôle dans le film. J'accepte, mais je ne lui donnerai finalement jamais le rôle. Par contre, il sera sur le tournage tous les jours.

Voilà les quatre producteurs de mon premier film. Les quatre vrais producteurs, au sens noble du terme. Ils ne sont pas là pour gagner de l'argent, mais pour suivre un artiste, pour participer à une aventure, à un rêve. Et rêver n'a pas de prix.

Pierre Jolivet et Jean Reno ont les deux rôles principaux, mais il me faut un troisième homme. Jean Bouise est mon premier choix. J'adore cet acteur, mais nous n'arrivons pas à l'approcher, son agent fait barrage.

À l'époque, Artmédia est la plus grosse agence de comédiens et elle est incontournable. Je n'arrive même pas à rencontrer l'acteur. Heureusement, quelqu'un de notre entourage connaît Isabelle Sadoyan, son épouse, et nous passons par elle pour joindre le comédien.

Rendez-vous est pris dans un bar. Jean vient avec Isabelle. Ils sont beaux à voir tous les deux. De vrais tourtereaux. Les deux ont aimé le script et le court-métrage, et Jean accepte de faire le film. Je suis fou de joie, mais je m'inquiète aussitôt de son agent, qui n'est pas dans la boucle et qui risque de mal le prendre. Jean me rassure. Il est d'accord sur l'argent et le nombre de jours. Pour le reste, il s'occupera lui-même de rassurer son agent.

Les artistes doivent créer en cachette de ceux qui les représentent ? C'est le monde à l'envers. Comme s'il fallait cacher sa foi dans une cave, pour ne pas être vu à l'église.

– 14 –

Peu à peu l'équipe se forme et le film se prépare. Mon premier assistant est un copain, rencontré sur une pub. Il est un peu plus âgé que moi et écrit, lui aussi, son premier long-métrage. Il est plus intello et beaucoup mieux organisé que moi. Il me regarde foncer tête baissée avec un certain amusement, mais ma détermination le fascine. Et puis un jour, à force de me voir foncer dans des murs de plus en plus épais, il en conclut que je vais m'assommer et préfère quitter le navire. Il n'a même pas trouvé un autre job mieux rémunéré, il pense simplement que je suis totalement inconscient et que je ne vois pas la réalité en face.

— Tu ne feras jamais ce film, Luc. Tu ne connais personne et tu n'as pas une thune. Tu rêves, me dit-il comme un ami pris de pitié.

Je le prends mal, mais il y a si peu d'arrogance dans sa démarche que je ne peux même pas l'insulter. Je prends juste l'onde de choc dans la poire et je regarde mon mur de certitudes se fissurer. Mais il est trop tard pour douter. On ne fait pas demi-tour au milieu de l'océan.

— C'est bien d'avoir de l'ambition, mais là tu t'entêtes et ça devient de la bêtise, ajoute-il comme une banderille de plus pour faire plier le taureau.

Mais je préfère la bêtise à la honte.

— L'ambition, c'est juste de rêver plus fort que les autres, je lui sors, avec fierté.

Le gars sourit et me souhaite bon courage, avant de quitter la pièce, pour toujours.

Quand on n'a pas d'argent, on ne choisit pas les meilleurs, on choisit ceux qui veulent bien faire le film pour presque rien.

Je trouve un nouveau premier assistant. Un bègue. Le gars est sympa, mais on perd un temps fou à se comprendre. Pour gagner du temps, j'essaye de finir les phrases à sa place, mais je tombe toujours à côté et la réponse est encore plus longue à venir. Du coup, je reformule mes questions pour qu'il puisse répondre seulement par oui ou par non.

Il me ramène plein de potes à lui, tous au chômage et qui aimeraient bien le rester. Ils ne veulent pas être déclarés. Pour l'instant, ça ne me gêne pas trop, puisque de toute façon je n'ai pas de quoi les payer.

L'autre solution pour trouver des techniciens pas chers, c'est de les faire monter en grade. Je propose donc à Carlo Varini, cadreur sur le film de Faraldo, de passer chef opérateur. Il a déjà fait la lumière de mon court-métrage, mais ce sera son premier long-métrage officiel.

Le tournage se prépare, bon gré mal gré, à coups de bouts de ficelles et d'huile de coude.

Trois semaines avant le premier jour de tournage, le bègue prend une heure pour m'expliquer qu'il démissionne. Il vient de trouver un boulot sur un téléfilm bien rémunéré. Je ne peux pas vraiment lui en vouloir, il n'est pas payé depuis trois semaines. Le problème, c'est que le camarade s'en va avec la moitié de l'équipe. Plus d'assistant, plus de régie, plus de déco. Il reste Martine aux costumes et Carlo à la lumière. Le stagiaire à la mise en scène nous est resté fidèle et je lui propose de passer premier assistant. Il refuse poliment, car bien entendu il n'a pas le niveau.

— Ou tu es premier assistant, ou je te vire, je lui réponds sèchement.

Je n'ai plus le temps de faire dans la dentelle. Le film démarre dans quinze jours, on n'a pas de blé et aucune autorisation. Le gars accepte. C'est toujours mieux que le chômage.

Il s'appelle Patrick Alessandrin. Il a à peine 20 ans. Comme second, on lui colle un copain d'un copain qui arrive tout droit du Sud-Ouest avec son accent. Il s'appelle Didier Grousset. Quelques années plus tard, je produirai leurs premiers films respectifs.

À cette époque, on prépare le film chez Sophie Schmidt, qui est aussi ma compagne. On dirait un oiseau. Elle pèse à peine 40 kilos et fume un paquet de clopes par jour. On s'est rencontrés lors du montage de *L'Avant-Dernier*. Elle est assistante monteuse.

Son appartement est au dernier étage, sous les toits d'un immeuble, à Nation. Ça me rappelle Asnières. Il y a le salon, la cuisine et la salle de bains au bout du couloir, et la chambre à l'autre extrémité.

Sophie croit en moi, et c'est réciproque. Au-delà de l'affection, j'ai l'impression d'avoir trouvé une véritable amie. Elle n'a aucune complaisance et n'hésite pas à donner son avis sur tout, même quand on ne le lui demande pas. Mais son soutien est précieux et je me sens vraiment épaulé.

Côté budget, c'est la galère totale et on tient avec l'argent que Philippe de Choin a bien voulu nous avancer. Le gros du budget doit venir de Constantin Alexandrov, le tour-opérateur russe, mais il prétexte la pesanteur de l'administration pour reporter ses paiements.

Dans le script, il y a une scène qui se passe chez Darty. Comme c'est la fin du monde, le magasin est sous un mètre d'eau. La firme veut bien sponsoriser un peu, mais ils ne paieront leurs 10 000 francs qu'après visionnage du film, pour être sûrs que leur enseigne est bien à l'image.

Au premier jour de tournage, nous avons donc 1 800 francs sur le compte du film (300 euros). J'ai de quoi payer les repas du midi des deux premiers jours. C'est tout. Du coup, on commence à tourner à midi, en précisant, sur la feuille de service, qu'il faudra venir « en ayant déjeuné ». En même temps, on tourne dans des décors en ruine où il est impossible d'installer une cantine.

Le premier jour de tournage, je me réveille à 6 heures. Je prends un solide petit déjeuner, je relis mon script en entier et vérifie mon découpage technique de la journée. Je me sens prêt. Je prends le métro jusqu'à Garibaldi.

Nous tournons dans un immeuble totalement détruit. Des tonnes de gravats jonchent le sol dans un enchevêtrement cauchemardesque. Je marche jusqu'au décor et j'aperçois l'équipe au loin. D'un seul coup, une peur viscérale, primaire, me monte à l'estomac et je vomis tout mon petit déj'. Mes jambes tremblent. La voix de mon ex-premier assistant me revient en mémoire : « Tu te mens. Tu n'arriveras pas à faire ce film. »

La première chose qu'on apprend en plongée, c'est à ne pas s'affoler. La panique, c'est la mort. On doit respirer, se calmer et faire descendre son rythme cardiaque. Je suis au milieu du trottoir comme si j'étais pris dans un filet de pêcheur à 40 mètres de fond. Je ferme alors les yeux et m'oxygène calmement.

Quelle est ma mission aujourd'hui ? Faire huit plans.

Tu sais faire un plan ? Oui.

Donc tu peux le faire huit fois ? Oui.

Tu ne joues pas ton film sur une seule journée, mais sur une année entière. Aujourd'hui, il faut juste faire huit plans. Pour faire une maison, on pose une brique à côté d'une autre brique, puis une autre brique et ainsi de suite, jusqu'à ce que ça fasse un mur, puis quatre.

Un film, c'est pareil. Un plan après l'autre.

La panique s'éloigne. Je me sens comme un cheval à qui l'on vient de mettre des œillères pour qu'il n'ait pas peur du vide.

Un plan après l'autre. C'est tout.

J'arrive sur le plateau comme si de rien n'était et les ordres fusent afin d'organiser le premier plan. En quinze minutes c'est plié. Il m'en reste sept à faire.

Le premier jour se termine avec facilité, avec aisance même. J'ai le sentiment d'avoir fait ce métier toute ma vie.

Les trois jours qui suivent sont une bagarre entre Pierre et Jean. Vingt-cinq plans au découpage. On a répété à mort, car on a tellement peu de pellicule que je ne peux faire que deux prises par plan.

Au quatrième jour, nous avons notre première séance de rushes et nous découvrons les premières images, dans un noir et blanc impeccable. Toute l'équipe est sous le charme. Chacun vient me féliciter et saluer ma maîtrise. Leurs compliments me remplissent de bonheur et mon ego se gonfle comme une baudruche.

Le lendemain j'arrive sur le plateau avec des Ray-Ban. Je suis déjà en route pour Cannes.

Je croise un figurant, la quarantaine, le genre d'acteur qui galère pour survivre. Il fait ce métier difficile depuis plus de vingt ans. Il en a vu passer, des petits cons de mon espèce.

— Ça y est ? Tu as tourné trois jours et tu te la pètes déjà avec tes Ray-Ban ? me lance-t-il.

Il ne m'agresse pas vraiment, il vient juste de me tendre un miroir. Je balbutie une réponse d'orgueilleux et je m'éloigne, mais sa phrase me trotte dans la tête. J'ai réussi une trentaine de plans, mais je n'ai pas encore réussi le film. J'ai juste un but d'avance à la mi-temps. Ce jour-là, j'ai compris que l'ego est le pire ennemi de la création et que l'humilité serait ma meilleure alliée. Je n'ai jamais remis mes Ray-Ban de tout le tournage.

Le vendredi matin, Pierre et moi réunissons l'équipe pour leur avouer que, ce soir, on ne pourra pas leur payer la semaine. Le Russe fait traîner et nous promet l'argent le mois prochain. En fait, il veut voir plus de rushes avant de confirmer son apport. L'équipe est fière des rushes et accepte le délai en râlant un peu, pour le principe. Je les remercie infiniment pour leur confiance et le tournage reprend.

Pour le montage, nous avons réussi à convaincre le monteur de Claude Lelouch de travailler sur le film. C'est pour nous une véritable prise de guerre, car il est le seul à avoir un véritable curriculum vitae. Quand on parlait du film, on ne mentionnait pas le réalisateur ou les acteurs, on disait simplement : « On a le monteur de Lelouch », et ça suffisait pour susciter l'admiration de tous.

Le gars a sa propre table de montage chez lui, une Steenbeck deux écrans, et a accepté d'avoir son salaire en différé. Il a aussi accepté de prendre Sophie comme assistante.

Le dimanche, je viens chez lui pour voir la première scène qu'il a montée : la bagarre entre Pierre et Jean.

J'ai découpé les vingt-cinq plans avec précision et je suis surexcité à l'idée de les voir s'enchaîner. Mais le monteur n'a pas respecté l'ordre des plans et a monté à sa guise. Je vois la scène une première fois et je reste coi. Ou il n'a rien compris à la scène, ou il a une vision ésotérique que je ne capte pas. Mais comme j'ai affaire à Son-Altesse-le-monteur-de-Lelouch, je prends des gants et lui demande de revoir la scène pour pouvoir m'exprimer plus clairement.

Le deuxième visionnage est encore pire. Le gars est à côté de la plaque. J'essaye poliment de lui faire comprendre que j'aurais bien aimé voir le montage dans l'ordre du tournage avant d'aller vers une autre proposition. Le gars sourit, arrête sa machine et se penche en arrière, avec une suffisance insupportable. Orson Welles va m'apprendre le cinéma.

— Écoute, mon gars, le tournage, c'est une chose. Tu extrais de la matière première, mais moi, au montage, je la façonne, je lui donne vie. La réalité du tournage n'est pas celle du montage. Moi, je suis là pour violer le metteur en scène, et faire sortir du film ce que lui-même n'a pas vu. Et si tu n'es pas d'accord avec ça, il vaut mieux qu'on arrête tout de suite notre collaboration.

Je n'arrive pas à croire que le gars me fait un tel chantage. C'est le premier jour de montage. Il sait que c'est la première semaine de mon premier film, il sait qu'on n'a pas d'argent, et il profite de cet état de faiblesse pour m'imposer ce qu'il n'osait probablement pas exiger de Lelouch. Le gars a besoin d'exister, comme nous tous, mais il oublie une seule chose : j'ai 20 ans et je n'ai rien à perdre, et s'il continue à mal me parler, il va se prendre un bourre-pif.

— Écoute, moi je tourne dans un ordre précis et c'est ça que je veux voir au montage, et je n'ai pas l'intention de me faire violer par qui que ce soit. Donc : salut ! je lui balance, les dents serrées.

Le gars panique. Son coup de pression est tombé à côté. Du coup, il devient mielleux, me couvre de compliments et me propose un arrangement, mais j'ai récupéré mes rushes et je suis déjà dans le couloir de l'immeuble.

Sophie passe cheffe monteuse.

La deuxième semaine, nous tournons rue Vivienne, dans un passage en démolition. Ils vont construire une partie de la Bibliothèque nationale de France. On a déjà tourné dans ce décor pour le court-métrage, on sait donc bien déjouer les rondes des gardiens du week-end. La grosse scène de la semaine est celle de la pluie de poissons, due à un énorme ouragan qui a charrié les océans et propulsé les poissons à plus de 1 000 kilomètres à l'intérieur des terres. C'est en tout cas ce qui est écrit dans le scénario.

Notre héros est dans une cour, au milieu de quatre immeubles en ruine, et un poisson béni lui tombe du ciel. Puis deux. Puis quatre. Puis il se met à pleuvoir des poissons. Aujourd'hui, n'importe quelle boîte de VFX vous fait ça dans la semaine, mais on n'a pas d'argent pour des effets spéciaux. Alors le dimanche matin, on convie tous nos potes, à qui on confie à chacun un cageot de poissons. Ce sont des tacauds, des poissons que l'on réserve plutôt aux chats. Nos amis grimpent dans les étages désaffectés et chacun se met à une fenêtre. Nos amis, mais aussi la maquilleuse, la costumière et tous ceux qui ne sont pas autour de la caméra.

Je motive Pierre. Il faut être bon tout de suite, car on n'est pas sûr que les poissons survivent à une deuxième prise.

Pour la pluie, mon assistant est parti voler deux tuyaux au BHV et on les branche chez la concierge de l'immeuble d'à côté.

Moteur. Un poisson, puis un deuxième, puis un troisième.

Pierre est dedans. Je hurle mes indications pour réguler la pluie de poissons, tandis que l'assistant agite son tuyau d'eau devant la caméra.

À voir de l'extérieur, c'est digne des pieds nickelés, mais le résultat est magique. ILM[1] n'aurait pas fait mieux.

On fait une deuxième prise avec les poissons qui veulent bien, mais la prise est moins bonne. Fin de tournage.

Tous les techniciens m'aident à ramasser les poissons et on les met dans une camionnette qu'un ami nous a prêtée pour un prétendu déménagement familial.

Une fois la poiscaille embarquée, l'accessoiriste fonce chez Kitekat, fabricant de nourriture pour chats, et revend le lot pour 3 000 francs. Il l'avait acheté 5 000 francs la veille, sur le port de Deauville. La plus grosse scène du film nous a donc coûté 2 000 francs, soit un peu plus de

1. Boîte de VFX créée par George Lucas.

300 euros. C'est la somme que dépense une production américaine pour mettre, tous les matins, des fleurs dans la loge d'une star.

Les semaines suivantes, on s'installe près du quai André-Citroën. Un quartier énorme, en démolition, où ils s'apprêtent à construire le futur siège social de Canal+. Il faut faire vite car les travaux avancent à grande vitesse.

Nos décors sont mitoyens avec la fourrière Ballard, sorte de grande halle de ferraille qui abrite des milliers de voitures maintenant bien garées.

Aujourd'hui, nous filmons la tempête de sable. « Un vent violent s'est levé et notre héros a bien du mal à rentrer chez lui », dit le script. Nous avons loué un ventilateur énorme, quasiment un moteur d'avion.

Pendant les prises, tout le monde est prié d'envoyer des pelletées de sable dans l'hélice afin de simuler la tempête.

On tourne plusieurs plans dans la foulée, jusqu'à ce qu'il ne reste rien des trois tonnes de sable qu'on a empruntées au chantier voisin.

La scène est super et on a du sable plein la tête pour la semaine.

Le brigadier responsable de la fourrière vient me taper sur l'épaule. J'enlève mes lunettes de baroudeur saharien et je le salue.

Il ne dit rien et se contente de lever le pouce, pas pour me féliciter mais pour me montrer les 2 centimètres de sable qui recouvrent sa fourrière.

Le sable que l'on projetait allait taper violemment sur le mur du fond, passait au-dessus de nous et se déposait plus loin sur ses voitures.

Je me confonds en excuses, et le reste de la journée sera consacré à nettoyer toute la fourrière.

Quelques jours plus tard, nous devons tourner la scène de Darty.

Nous avons repéré, au premier étage de notre immeuble du quai André-Citroën, une pièce immense ; nous en fermons les issues avec des petits murs de brique ; nous tapissons le sol et les murs avec des bâches en plastique que les paysans utilisent pour faire des points d'eau dans les bois.

Mon chef déco galère depuis le début. Il en a marre des bouts de ficelle, de la récup' et de son salaire qu'on lui promet. Il quitte le film brusquement pour un autre, en studio, avec salaire, budget et chauffage.

C'est un coup dur, car il part sans finir le décor et il a enfreint la plus élémentaire des règles : on ne descend pas d'un navire au milieu de l'océan. Le gars a choisi son petit confort, il restera un chef déco médiocre, pour le reste de sa carrière.

On termine le décor comme on peut et on vide deux camions-citernes d'eau saumâtre à 10 °C. Le décor est la copie conforme du sous-sol de Darty à la Madeleine.

Pierre saute d'une machine à laver à l'autre, en essayant de trouver une petite plaque à gaz, quand soudain un monstre invisible bouge dans l'eau et se rapproche dangereusement de lui.

Je n'ai trouvé aucun volontaire pour le rôle du monstre. Ils veulent bien manger une fois sur deux, être payés avec un lance-pierre, mais personne n'a envie de se jeter dans une eau gelée et insalubre, pour un rôle où même sa mère ne le reconnaîtra pas.

Je ressors ma combinaison de plongée et je confie le cadre à Carlo Varini. Martine m'a accroché tout un tas de détritus, et je dois longer le fond du bassin glauque, en apnée. Ce n'est pas ma plus belle plongée. On fait quelques prises et mon assistant me conseille d'arrêter, car mon visage commence à prendre une couleur qu'on ne voit en général qu'à la morgue. De toute façon, le décor fuit et il n'y a plus assez d'eau dans le bassin pour que je puisse faire une prise de plus.

Je me réchauffe près d'un petit radiateur à gaz quand le brigadier-chef, responsable de la fourrière, vient me voir de nouveau. Après la plage, la mer. Sa fourrière est inondée. Notre bassin du premier étage s'est vidé chez lui. L'équipe passera le reste de la journée à éponger la fourrière.

Pour la bataille finale, j'ai repéré un décor hallucinant, au carrefour Pleyel, dans un ancien bâtiment EDF. Il s'agit d'une salle de commande remplie de cadrans de contrôle, avec une verrière juste au-dessus. C'est magnifique. Mais mon assistant revient avec une info importante : les bulldozers sont prévus pour lundi et ils vont raser le décor dès le matin.

La scène était prévue sur deux jours. Il faudra donc la boucler dimanche, en une seule journée.

Le dimanche matin, à l'aube, on commence par tous les plans de poursuite. Vers midi, on se dirige vers la salle. Pour atteindre le décor, il faut littéralement ramper et traverser un trou dans le mur. C'est le seul moyen d'y accéder. De l'autre côté, c'est la fin du monde. Jean et Pierre sont à fond, tellement à fond que Pierre frappe le visage de Jean avec une grille de porte-bagage. Jean pisse le sang au-dessus de l'arcade. Les deux sparadraps que la maquilleuse a sur elle ne suffisent pas. Mon assistant appelle SOS Médecins et le gars débarque dans notre enfer. Il traverse des tonnes de gravats et rampe dans le trou pour arriver jusqu'à Jean, qui est assis sur un siège pliant. Sa carcasse immense est revêtue d'une armure préhistorique et il a toujours son épée à la main. On a tous des dégaines de zombies, comme une tribu apocalyptique, perdue dans un monde en ruine. Le docteur a de quoi prévenir la police et nous emmener tous à l'asile, mais le gars doit ressentir la passion qui nous anime et ne dit rien. Il se contente de recoudre Jean sur place. Quatre points de suture. Carlo Varini me prêtera l'appoint, car je n'ai même pas de quoi payer le docteur.

— C'est bon ? On peut continuer, Jean ? je lui demande avec inquiétude.

Jean acquiesce. Il est dans son personnage. Rien ne l'arrêtera. Il veut ce combat final avec son ennemi et il sait qu'il doit mourir ce soir. Mais l'incident nous a fait perdre du temps et nous arrivons au dernier décor avec deux heures de retard. Il est 16 heures. Dans une heure et quinze minutes, le soleil ne tapera plus à travers la verrière et nous n'aurons plus assez de lumière pour tourner.

Carlo pense que c'est impossible, mais a-t-on vraiment le choix ? Le décor sera détruit demain matin. Il faut donc changer la mise en scène. On fera toute la scène à l'épaule. Évidemment, on n'a pas le temps de répéter correctement la chorégraphie de la bagarre, mais j'ai déjà les deux ou trois premiers mouvements dans ma tête. Commençons par ça.

On fait sortir tout le monde de la pièce et on s'enferme, Jean, Pierre, Carlo, le pointeur et moi.

Premier mouvement. Je cadre une prise. Carlo fait la deuxième. Contre-champ. Mouvement suivant. On utilise les meubles, les murs, les accessoires trouvés sur place : on est dans une énergie créatrice inimaginable.

Rien ne dépasse, rien ne se perd, comme si on surfait sur une vague qui jamais ne s'arrête. Les plans s'enchaînent, comme un seul et même mouvement, fluide et rapide.

On est en sueur, on s'essuie avec nos tee-shirts. On change le magasin de la pellicule toutes les cinq minutes. Plus rien d'autre ne compte que ce mouvement qui nous emporte. C'est un moment d'osmose et de création inoubliable. Nous ne vivons que pour servir notre dieu, le film, quitte à mourir pour lui, comme ce décor qui, lui aussi, va mourir demain.

Dernier plan. J'ai la caméra sur l'épaule. Pierre massacre Jean à coups de barre de fer, puis s'écroule au sol. Il sort du cadre et, par instinct, je panote vers le haut. Le soleil est dans un angle de la verrière et disparaît à l'image. Fin du plan. Fin de la scène. On a essoré le décor jusqu'à la dernière goutte, jusqu'au dernier rayon de soleil.

Pierre et Jean se serrent la main comme deux samouraïs.

Je me suis assis par terre. Mes jambes ne me tiennent plus.

Le reste de l'équipe rentre dans le décor. On les avait presque oubliés.

Le décor est détruit le lendemain matin, comme prévu. Cette ancienne usine se trouvait à 100 mètres à peine d'une autre usine EDF, désaffectée depuis soixante ans, et qui deviendra, dans quelques années, la Cité du Cinéma.

Cette semaine, nous tournons dans une carrière toute blanche que j'ai repérée à quelques kilomètres du Petit-Paris, là où habite ma mère. L'avantage, c'est qu'elle pourra faire à manger pour l'équipe et nous apporter les repas sur le plateau. Il n'y a pas de petites économies.

La carrière est abandonnée. Des parois écorchées et blanchâtres, des collines éventrées. Un vrai décor de fin du monde.

C'est là que vit le « gang des voitures », une tribu de rescapés qui s'abrite dans des voitures délabrées.

À quelques kilomètres de là, un garagiste stocke des épaves dans son champ et il accepte que nous lui en empruntions quelques-unes. Il faut juste payer l'essence de sa dépanneuse qui doit faire les allers-retours pour emmener la quinzaine de carcasses jusqu'au milieu de la carrière. Une fois sur place, les techniciens du film sont priés d'aider à porter les voitures jusqu'à former un enchevêtrement photogénique.

Le tournage démarre, pour cinq jours. Tous les midis, ma mère nous apporte le déjeuner. Je lui ai demandé de mettre le paquet. Vu que je ne paye pas les techniciens, au moins qu'ils mangent bien. Ma mère assure et les gave comme des oies.

François passe sur le tournage, mais voir des carcasses de voitures empilées lui fait trop mal au cœur. Il ne reste que cinq minutes.

Le tournage se passe bien et j'utilise à fond les trois rails de travelling que nous avons pu nous payer.

Je n'ai que deux objectifs caméras pour faire tout le film. Un 32 mm et un 50 mm. On n'a pas les moyens de louer toute une série d'optiques pour la durée du tournage. Quand il m'arrive de vouloir faire un gros plan, on commande un 100 mm chez Alga. L'assistant caméra prétexte vouloir faire un test caméra dans la rue et confie l'objectif à un régisseur en voiture, qui fonce alors jusqu'au plateau. Je tourne mon gros plan, puis le régisseur repart donner l'objectif à l'assistant caméra qui l'attend devant chez Alga. Là, l'assistant rend l'objectif en prétextant un défaut pour annuler la commande, mais on repère vite notre manège. Du coup, il n'y a que trois gros plans dans tout le film.

Les rushes de la semaine dernière sont magnifiques et je commence à me sentir en confiance.

Seul point noir : on ne fait généralement que deux prises et l'une des deux est toujours floue. Le pointeur m'assure qu'il est dans ses marques, alors on vérifie l'alignement de la caméra. Rien à faire, on a toujours un « mou » à l'image. Heureusement, il y a toujours une bonne prise, mais ça réduit sérieusement mes possibilités au montage. On n'aura pas ce souci cette semaine, puisqu'on sera en extérieur avec un grand ciel bleu. Le diaph sera fermé et la profondeur de champ bien meilleure.

Je m'apprête à monter sur le travelling, quand une odeur m'interpelle. Je ne fume pas, mais je sais reconnaître l'odeur d'un joint, mon père tire dessus depuis des années. Il m'a d'ailleurs plusieurs fois proposé, mais vu l'œil glauque que ça lui faisait, ça ne m'a jamais tenté.

Je cherche, tel un fox-terrier, d'où peut bien venir cette odeur.

Elle vient tout simplement du pointeur, assis sur le travelling en train de tirer sur son pétard.

Ce n'était pas la caméra qui était mal alignée, c'était lui. Ce connard me fait des plans flous depuis dix jours parce qu'il fume comme un rat du matin au soir. Je passe en plus pour un con, car tout le monde le savait depuis le début.

L'engueulade est brutale. Le gars descend du travelling et je l'accompagne jusqu'à sa voiture. Son assistante, une fille au crâne rasé, une révoltée à 2 balles, suit le mouvement par solidarité. L'aventure s'arrête là pour eux.

Le lendemain, deux nouveaux assistants arrivent. Vincent Jeannot et François Gentit. Ils ont vu les rushes le soir même et sont ravis de nous rejoindre. Je ferai mes cinq prochains films avec eux.

Aujourd'hui, on profite du ciel bleu pour faire les plans larges.

La caméra est posée sur le travelling.

Action. Le groupe de survivants avance au milieu des carcasses de voitures. Le plan est beau, mais quelque chose me gêne au fond. En fait, il y a un homme qui vient vers nous, en plein milieu de l'image.

— Coupez !

On n'a pas de régisseur pour régler la circulation, mais quand bien même, que fait ce mec, perdu au milieu de cette carrière ? Il faut attendre une minute, le temps qu'il arrive jusqu'à nous, pour le savoir.

Le gars a la vingtaine, un corps de paysan et un look des années 1970. Il pointe du doigt une voiture, sans roue, au milieu de notre tas de carcasses.

— La voiture, là, c'est la mienne ! nous balance-t-il sur un ton menaçant, comme si on lui avait volé sa femme.

Sa voiture pourrie était dans le champ du garagiste depuis deux ans, mais il s'était habitué à la voir en allant au boulot.

— Je la veux maintenant, me dit-il comme un enfant gâté.

— Prends-la, je lui réponds avec malice.

Le gars comprend d'un seul coup qu'il ne va pas pouvoir repartir avec sa voiture sous le bras et ça le rend dingue. La colère et l'humiliation commencent à se mélanger et le gars devient vite con. Il ne bougera pas du cadre tant qu'il n'aura pas sa voiture. Moi, je suis en mode « fin du monde » et le gars est à quelques secondes de la voir.

Mon assistant m'éloigne et entame la négo avec lui. Il finit par nous louer sa voiture pour la journée : 20 francs ; 10 tout de suite, l'autre moitié en fin de journée. Je n'ai même pas 1 franc sur moi. Les techniciens se cotisent pour payer cet enfoiré et le tournage continue.

Grâce aux techniciens qui patientent pour leurs salaires, le film ne s'arrête jamais, mais les caisses sont plus que vides.

Les rushes sont toujours aussi beaux, mais nous remarquons des traces blanches, comme des effluves, sur certains plans. Le laboratoire nous jure, la main sur le cœur, que cela ne vient pas de chez eux, mais de la pellicule. Nous appelons alors le monsieur de chez Agfa qui, affolé, arrive sur le tournage. Il va mener son enquête. En attendant, il ouvre le coffre de sa voiture, rempli de boîtes d'échantillons, et nous offre une boîte de 120 mètres de pellicule. Un lingot d'or pour nous.

À partir de là, on l'appelle chaque semaine pour se plaindre. Dès qu'il arrive sur le plateau, un assistant lui prend sa voiture pour la garer hors champ et lui « emprunte » deux boîtes d'échantillons dans son coffre. Dix pour cent du film a été réalisé grâce à ce cadeau exceptionnel, généreusement offert par la maison Agfa.

Pour la petite histoire, les effluves blancs sur la pellicule venaient bien de chez eux. Un lot de pellicule avait transité par l'Allemagne, dans un train de marchandise transportant des déchets nucléaires. La pellicule avait été ainsi contaminée. Remarquez, vu le sujet du film, on était raccord.

La semaine suivante, nous tournons de nouveau dans la capitale. Généralement, le tournage démarre à midi, car le matin, Pierre cherche de l'argent dans tout Paris. Gaumont suit l'affaire, mais ne se mouille pas. Les autres compagnies de cinéma ne le reçoivent même pas.

Un jour, nous tournons rue Vivienne, à côté de la Bourse. Le siège social du Club Med est là et mon père travaille au troisième étage, avant sa mutation en Tunisie.

À l'heure du déjeuner, l'équipe de tournage est au restaurant et je n'ai pas de quoi payer la note. Quinze menus. Il y en a pour plus de 600 francs (100 euros). Je monte voir mon père et l'invite à déjeuner avec nous, pour lui annoncer, en fin de repas, que je compte sur lui pour régler la note. Mon père paye sans sourciller, mais je vois à son regard qu'il est inquiet pour moi. Je suis le capitaine d'un bateau ivre qui semble naviguer sans voile et sans boussole. Ce n'est pas tout à fait vrai. En fait, je sais où je vais. Là seule chose que je ne sais pas, c'est si j'y arriverai. Chaque journée de tournage qui se termine est un miracle et nous autorise à en démarrer une nouvelle, sans garantie de la finir.

Constantin Alexandrov a maintenant assez de rushes et il commence à débloquer de l'argent, au compte-gouttes.

Pierre a trouvé un distributeur. Pas la grande classe, mais le gars est paraît-il solide sur la région de Bordeaux. Il nous promet un à-valoir distributeur de 60 000 francs (10 000 euros), c'est-à-dire un contrat qui nous promet l'argent pour plus tard – une sorte de « bon pour ».

Il faut donc trouver une banque qui veut bien nous escompter la somme. Il existe des organismes spécialisés qui ont vocation à escompter les contrats de cinéma afin d'aider le secteur, mais on ne fait pas vraiment partie du secteur et ma société de production n'a même pas le droit de produire officiellement des longs-métrages, seulement des courts.

Pierre passera des matinées entières à essayer de régler ces problèmes, avant de venir endosser son costume de héros de fin du monde. C'est intéressant de constater, avec du recul, que le film se déroulait dans un monde post-apocalyptique où plus rien n'existait, et que ce monde-là nous était moins hostile que celui, bien vivant, de la société présente. Quand je rejoignais le plateau, j'étais dans la vie. Le reste me paraissait une gigantesque embrouille où l'humanité se perdait dans des faux-semblants.

Nous étions vivants dans notre rêve dévasté, et déjà morts dans notre réalité incontrôlable. Notre rêve nous protégeait de la réalité.

– 15 –

Le tournage s'achève. Onze semaines d'une galère interminable. Le film est arraché au néant, à l'impossible, mais c'est une fois qu'on dépasse la mesure qu'il n'y a plus de limite.

L'accessoiriste organise le dîner de fin de tournage dans la pizzeria de son père. On est tous heureux. Personne ne sait si le film sortira un jour, car la route est encore longue pour le finir, mais on sait déjà qu'on a marqué des points, et qu'on s'est glissés dans les failles d'un système qui ne nous accepte pas. Le monde de la création devrait être un monde ouvert, c'est pourtant l'un des plus fermés. Seule l'élite s'autorise elle-même à y entrer. Mais le cheval est entré dans Troie et les guerriers que nous sommes se battront jusqu'à leur dernier rêve.

Il nous reste une séquence à tourner, en équipe réduite. Quelques plans de désert avec Pierre qui marche dans les dunes. Nous partons pour Tunis, chez mon père.

Dès mon arrivée, je fonce au ministère pour obtenir les autorisations de tournage. Je poireaute près de quatre heures avant de piquer un scandale.

— Je suis envoyé par le ministère de la Culture français pour promouvoir la Tunisie, et c'est comme ça qu'on me traite ? je hurle dans les couloirs.

Quelques minutes plus tard, le ministre de la Culture me reçoit personnellement.

Sur son bureau, il y a deux coffrets de fiches de Monsieur Cinéma. J'ai donc affaire à un connaisseur, alors je lui parle de Delon, Pialat, Trintignant et de tous mes amis qui m'ont tant aidé.

Le ministre a les yeux qui brillent et j'ai maintenant son oreille. Je lui explique qu'on vient tourner quelques jours d'essais et si nous sommes satisfaits et bien reçus, nous reviendrons pour plusieurs semaines, pour tourner cet incroyable film sur le Sahara dont je ne peux rien lui dire pour l'instant, c'est top secret. Le ministre gobe tout et me met un coup de tampon sur mon autorisation.

Mon père s'est fait un copain, le patron d'Europcar, et il nous dégote une Renault 9 pour le week-end.

Nous partons pour 500 kilomètres de route, afin d'atteindre le vrai désert. Nous sommes quatre dans la voiture, avec le matériel. Pierre, Carlo, Vincent Jeannot, l'assistant caméra, et moi au volant.

Nous nous faisons contrôler une dizaine de fois, à l'aller et au retour. Souvent le gendarme qui nous contrôle regarde notre autorisation, mais on voit bien qu'il ne sait pas la lire. Il y a l'en-tête et le tampon ministériel et ça suffit à prouver que nous sommes en règle.

Nous tournons à peine quelques heures. Six plans.

Je me suis tellement approché des dunes qu'on a fini par s'ensabler ! On met deux heures à s'en sortir, en dégageant le sable à la main, puisqu'on n'a pas prévu de pelles.

Retour de nuit, sous les étoiles d'un ciel magnifique. On arrive pour le petit déjeuner. Mon père nous traite comme des héros et nous nourrit pour la semaine.

Retour à Paris dans la foulée. Le tournage est bel et bien fini. Je n'ai plus un gramme d'énergie en moi. Je tombe aussitôt malade et reste cloué au lit huit jours d'affilée.

Sophie a bien avancé sur le montage, mais pour l'instant le film n'a pas de son. Il faut l'imaginer. L'argent commence à devenir un véritable problème.

Nous n'avons même pas de quoi faire une copie vidéo pour qu'Éric Serra puisse commencer à travailler sur la musique.

Il faut donc finir le montage et faire une projection muette, en espérant que le film sera suffisamment bon pour convaincre des investisseurs de nous aider à le finir.

Il faut aussi se mettre en règle avec l'administration. Le film s'est fait à la sauvage et nous n'avons aucune existence officielle. Au CNC, la dame demande mon dossier de fin de tournage, alors que je n'ai pas ouvert celui du début de tournage. Je ne savais même pas qu'il en fallait un.

Je suis un sans-papiers, mais je viens d'un monde où on n'en avait pas besoin.

Je finis par trouver le nom d'un directeur de production.

Louis Duchesne. L'homme a la soixantaine. C'est un vieux de la vieille. Il connaît les ficelles et les règles, et ne travaille généralement que sur des films indépendants.

Je lui confie une grosse enveloppe dans laquelle j'ai accumulé toutes les notes de frais et factures du film. C'est la seule chose que j'ai faite. Louis n'en croit pas ses yeux et me regarde comme un indigène qui sort de la jungle. Il mettra six mois à tout régulariser et nous obtenir un numéro d'immatriculation qui officialisera le film.

Quelques semaines plus tard, nous organisons une projection pour notre fameux distributeur bordelais qui n'a toujours pas sorti une thune. Elle a lieu dans une salle des Champs-Élysées. C'est la première fois que je vois le film en entier, sur grand écran, et même si le film est un peu brut à voir sans le son, je suis assez ému. Le film tient la route. Il a son style. Les cadres sont beaux et les acteurs impeccables. Le propos est là et le film a des choses à dire. Patrick Grandperret sera fier de moi. Pour mes parents, on verra plus tard.

On peut dire que la projection se passe bien, mais le distributeur d'huîtres n'est pas de cet avis. Il estime que le film est mou, incompréhensible et sans intérêt. Il aurait « honte » de le montrer à ses partenaires, nous dit-il.

Le choc est dur, mais j'essaye de rester positif en écoutant ses conseils.

— D'abord, il faut qu'ils parlent dans ce film ! me dit-il en grognant.

J'essaye de lui rappeler que le concept du film, c'est que personne ne parle à cause des gaz qui ont détruit les cordes vocales de tous les personnages. C'était dans le script. De plus, même si le concept ne lui plaît plus, je ne vois pas comment on peut les faire parler, puisque le film est tourné et qu'on voit bien que les lèvres des comédiens ne bougent pas. Et là, le gars me sort le plus bel argument de l'histoire du cinéma :

— Tu n'as qu'à les faire parler quand ils sont de dos, me dit-il sans aucune trace d'humour.

Je suis sidéré. J'imagine un instant le film entier avec mes acteurs qui parlent de dos. Impossible. Pourquoi pas Jean Reno en tutu pendant qu'on y est ? J'ai l'impression d'être au bord du gouffre, celui qui sépare les financiers des créateurs. Est-ce qu'un producteur a fait la même remarque à Charlie Chaplin ? Il y a des chances.

Mais notre Bordelais n'en reste pas là.

— Il faut mettre de la couleur ! ajoute-t-il.

Je lui rappelle que c'était le deal de départ et que le film a été tourné en noir et blanc. Je lui précise aussi que ça donne un côté intemporel et que le film traversera le temps grâce à ça. Mais le gars s'en fout, puisque pour lui, l'avenir du film s'est arrêté aujourd'hui. Il propose de coloriser le film. On lui rappelle qu'on n'a pas les moyens de le faire, mais il insiste.

— Il y a une technique pas trop chère de peindre image par image. Vous n'avez qu'à leur peindre les yeux en bleu, au moins ça mettra un peu de couleur. Je connais une boîte polonaise qui vous fera ça pour trois fois rien, nous dit-il avec l'assurance propre aux imbéciles.

Je suis tellement abasourdi par ce que j'entends que je ne sais pas quoi lui répondre.

— Je vais y réfléchir, je finis par sortir comme on sort d'une impasse.

Le gars a senti mon désarroi et il en profite pour nous assommer de reproches et sortir son argument ultime :

— Et puis, il faut absolument retourner la dernière scène, avec la fille. Il faut qu'on lui voie les seins ! conclut-il, comme un chef qui connaît la recette.

Pour résumer, notre film manque de dialogues, de couleurs et de cul.

Je reste poli, mais Pierre a eu sa dose et commence à lui rentrer dedans. Il faut dire que la fille dont le Bordelais aimerait voir les seins est sa copine.

Le ton monte et Pierre commence à le menacer. Il est imbattable en impro et le gars manque vite de vocabulaire. Sophie, qui bouillonnait depuis le début, ne tient plus et l'insulte à son tour. Le Bordelais se retrouve cerné et bat en retraite sous un flot d'insultes.

En fait, il avait prévu de sortir du deal avant même la projection du film. Le reste n'était qu'une posture, une façon de nous réduire et de nous humilier, pour mieux nous laisser tomber en rejetant la faute sur notre dos.

Pierre m'en veut d'avoir organisé la projection et s'en va, un peu fâché.

Sophie ne décolère pas et finit par m'insulter en me traitant de faible. Elle s'en va aussi. Je me retrouve seul, sur les Champs-Élysées, face à mon avenir qui s'assombrit.

Après quelques heures de déprime, l'orage finit par passer. J'ai un bon film entre les mains, du moins j'essaye de m'en persuader.

Je retrouve le bruiteur, André Naudin, celui qui nous avait conseillé de faire un long-métrage d'après le court.

Le gars accepte de bruiter le film après ses heures de travail. J'assiste à tous les enregistrements et je découvre son monde.

André est un artiste. Il donne vie aux personnages, invente des sons qui parlent, qui enrichissent. À l'image, Jean Reno pousse sa brouette. À l'aide d'un vieil ustensile de cuisine, André crée un couinement de roue, qu'il cale sur sa brouette, et la scène devient comique, désuète ; le personnage de Jean s'affine, juste avec un couinement. Il devient balourd, un peu grotesque. Le guerrier sanguinaire est maintenant humain.

André passe des nuits à réécrire le film, avec ses mots à lui, qui agissent comme un révélateur sur du papier photo.

Pierre a réussi à convaincre un ami à lui, patron de RCA Music. Il va mettre de l'argent sur la table et produire la musique du film. Éric peut commencer à enregistrer et j'entrevois un peu la fin du tunnel.

Éric compose, puis joue presque tous les instruments, les uns après les autres. L'influence musicale est claire. La basse sonne comme Jaco Pastorius et son clavier comme Herbie Hancock. Il n'y a que le saxophone qu'Éric Serra ne maîtrise pas bien. Il fait appel à un jeune musicien, talentueux comme ce n'est pas permis.

Le patron de RCA passe écouter les morceaux. Il est plutôt satisfait et félicite Éric, avant de lui donner deux ou trois conseils. Le gars connaît son affaire et ça fait du bien de traiter enfin avec un pro. On est loin du Bordelais.

Le patron nous ramène, Pierre et moi, en voiture. En passant vers la Madeleine, on voit une grande affiche du nouveau spectacle de Chantal Goya.

— C'est nous qui produisons et ça cartonne ! nous dit le patron avec un sourire.

Aussitôt je m'indigne, du haut de mes 20 ans. Comment, lui, mélomane, passionné de free jazz, connaissant par cœur les œuvres de Miles Davis jusqu'à Weather Report, peut-il s'abaisser à travailler pour cette chanteuse de pacotille ?

Le gars me regarde avec un sourire bienveillant et me dit :

— Tu sais, Luc, c'est grâce à Chantal Goya que j'ai pu mettre de l'argent dans ton film.

Sa phrase claque dans ma tête, comme un coup de marteau.

Je viens de prendre une leçon. J'ai réagi comme un petit con de Parisien sectaire, de bobo râleur qui ne tolère que ce qu'il y a autour de son nombril. Le négatif ne crée rien, seul le positif est une porte ouverte sur le possible.

Positiver, c'est ouvrir des chemins, des possibilités. Ça ne donne aucune garantie de qualité ni même de faisabilité, mais ça élargit le champ d'action, quand le négativisme le ferme en permanence.

Tous les grands artistes que j'ai rencontrés par la suite avaient cette attitude, cette ouverture : Karl Lagerfeld, Moebius, Jean-Paul Gaultier, Herbie Hancock, pour n'en citer que quelques-uns.

En une phrase, j'ai compris que le succès d'une personne était une promesse pour tous les autres. Depuis ce jour-là, j'ai beaucoup de respect pour Chantal Goya et je la remercie de m'avoir permis de finir mon film.

Il n'est d'ailleurs pas tout à fait fini, ce film, puisqu'il nous reste le mixage. C'est l'étape ultime et la plus onéreuse.

SIS est une société de sonorisation qui se trouve à La Garenne-Colombes. André Naudin y a fait le bruitage du film. Le patron est plutôt sympa, mais il m'explique qu'il ne peut pas vivre en faisant des films gratuitement. Cependant, il a peut-être une solution. Ils vont bientôt tester un nouveau procédé, sur une nouvelle console. Évidemment, personne ne veut jouer les cobayes et aucun film n'accepte de s'y aventurer. Le patron me propose de mixer le film sur ce nouveau format, qu'il teste la nuit, après les heures d'ouverture. J'accepte tout de suite et nous démarrons le mixage le soir même, à 22 heures, sur une console posée sur des tréteaux. La machine tombe en panne toutes les cinq minutes et il nous faut attendre parfois des heures avant de reprendre le travail. Pas grave. On a installé une table de ping-pong dans l'auditorium pour passer le temps.

Au bout de quelques jours, la première bobine est mixée, le son pète grave et le film monte d'un cran. On n'est pas loin d'être fiers.

Quelques semaines plus tard, *Le Dernier Combat* sera le premier film en France à avoir été mixé grâce à ce nouveau format, appelé le Dolby Stereo.

1983

Pendant ce temps, on a réussi à être sélectionnés au Festival fantastique d'Avoriaz, cette fois dans la catégorie des longs-métrages. Un an à peine après la présentation de mon court-métrage, nous voilà repartis à la neige.

Comme le film n'est pas encore sorti du laboratoire, on demande à passer vers la fin du festival, et nous sommes programmés le dernier jour.

Je pars en avance, car il nous faut trouver un distributeur pour vendre le film à l'étranger. Sur le papier, ce n'est pas gagné. On a un film de science-fiction français, en noir et blanc, avec un jeune metteur en scène inconnu et un ancien comique dans le premier rôle. Les acheteurs ne vont pas se bousculer. Gaumont a marqué un intérêt poli, mais j'ai beau fouiller la neige, Marie-Christine de Montbrial est introuvable.

Le film passe dans huit jours, on a donc huit jours pour nous faire connaître. Huit jours pour éviter la faillite. Huit jours avant de définitivement vendre des frites au Prisunic.

Personne n'attend notre film et nous sommes à peine dans le catalogue du Festival. Il faut se faire connaître. Je vais cogner à la porte de tous les médias, de toutes les radios, et je me fais jeter de partout.

— C'est Paris qui décide, nous on ne peut rien faire, me répond-on inlassablement.

J'ai beau argumenter, leur expliquer que c'est leur devoir de parler de tous les films en compétition, personne ne bouge.

Je suis tellement déçu. Aucune curiosité. Ils sont tous englués dans leur confort en train d'asphyxier la différence, comme le lierre autour d'un arbre.

Le cinéma est fait par quelques rêveurs qui nourrissent une foule sentimentale et qui profitent à une bande de bourgeois sans ambition.

En huit jours, je n'ai fait aucune interview. En huit jours, je n'ai rencontré aucun distributeur. Je croise enfin Marie-Christine de Montbrial, entre deux tas de neige. Elle m'explique que Gaumont est débordé et qu'ils verront le film à Paris. Ça s'appelle botter en touche, avec le sourire et en Moon Boot.

Pendant ce temps-là, à Paris, la copie n'est toujours pas sortie du labo, ce qui m'inquiète, car on annonce une tempête de neige et que celle-ci fermera la route qui monte à la station. Je passe mon jeudi à arpenter la ville, noyée sous des tonnes de neige. Mes baskets se fissurent à cause du froid, les distributeurs sont terrés au fond de leurs suites et je n'ai toujours pas d'interview en vue. Je commence sérieusement à perdre espoir. J'ai l'impression d'avoir déjà gravi des montagnes, mais la société est un autre mur, invisible et sournois, que je n'arrive pas à franchir. J'ai essayé de rentrer par la porte, par la fenêtre et par la cheminée. Rien à faire. Il ne me reste plus qu'à rentrer en défonçant le mur.

Je débarque de force chez Radio 7 et je défends ma cause. Je promets même à la journaliste de venir avec des croissants à son émission du matin si elle m'invite. La fille finit par sourire. Il faut dire qu'il y a de quoi. Je ressemble à un bûcheron avec une tête de canari qui se promène dans la neige en baskets, trimbalant une valise en fer à l'effigie Coca-Cola. La fille poussera un peu son programme et nous fera une petite place dans son talk-show du matin. C'est ma première interview.

La copie est sortie du labo et mon assistant est en route pour Avoriaz. Mais le ciel s'assombrit et la neige tombe déjà sur les montagnes d'en face.

Vendredi matin, mon assistant m'appelle de la vallée. Impossible de monter jusqu'à la station, il n'a pas l'équipement. De plus, la neige tombe en abondance et les gendarmes ne vont pas tarder à fermer la route. Le film passe le samedi matin, il ne nous reste plus que quelques heures pour récupérer la copie.

J'appelle François. Ma mère m'a toujours dit que cet ours m'aimait bien, mais qu'il ne savait pas comment me le dire. Je vais lui donner l'occasion de me le montrer.

Il a deux heures pour rejoindre mon assistant, récupérer la copie et la monter jusqu'à la station. François n'est pas vraiment partant, mais ma mère le vire de son fauteuil et pousse son cul dans sa voiture. Ce n'est plus le moment de faire semblant et de jouer les autistes. Son fils a besoin d'elle et elle a besoin de son mari. Il lui doit bien ça, elle qui se sacrifie à longueur de journée pour lui.

François a compris le message, et ils partent de La Garde-Freinet, dans le Var, pour rejoindre Morzine, où les attend mon assistant. François récupère les bobines et prend la direction d'Avoriaz, mais les gendarmes ont fermé la route. Je suis à l'entrée de la station, à guetter la Mercedes qui n'arrive pas. Ma mère commence à paniquer. Si le film ne passe pas au Festival, elle va se manger une montagne de culpabilité pour le reste de sa vie. François, lui, a maintenant toutes les bonnes excuses du monde pour faire demi-tour. Il a essayé de venir, mais les gendarmes l'en ont empêché. Il est blanc comme la neige qui tombe.

Ma mère avait raison. Sous cette carapace, sous cette tonne de cambouis, il y a aussi un petit garçon qui a souffert. Manque d'attention. Manque d'affection. Comme moi. Et pour ne pas avoir mal, il a enfoui ses douleurs jusqu'au plus profond, jusqu'à les oublier. Et en oubliant les siennes, il a oublié celles des autres.

La situation est telle que de vieilles blessures se sont réveillées. Ses parents le voyaient ingénieur, il se rêvait pilote de course. Il comprend alors qu'en me sauvant la vie, il sauve aussi un peu la sienne. François commence à embrouiller le gendarme. Il lui dit qu'il va voir des amis à 500 mètres d'ici, et le gendarme finit par le laisser passer.

La neige tombe en bourrasque et François n'a pas de chaînes sur sa Mercedes. C'est maintenant qu'il va pouvoir prouver qu'il est un putain de pilote.

Trente minutes plus tard, j'aperçois des phares qui percent dans la nuit. Je sais que c'est lui. Je n'ai pas vu une voiture monter depuis trois heures et il n'y a qu'un taré comme lui pour prendre la route dans des conditions pareilles. La Mercedes se gare devant moi et j'ai les larmes aux yeux.

Je sais enfin que ma mère et mon beau-père m'aiment un peu, et il vaut mieux aimer de travers que de ne pas aimer du tout.

— Tu fais chier avec ton film ! me dit François, avant de se prendre un coup de coude de ma mère.

J'éclate de rire et les embrasse tous les deux. Quelques minutes plus tard, je suis dans la salle, pour les répétitions de la nuit. Le projectionniste assemble les bobines et nous nous projetons le film en entier. Le labo a fait un super boulot et la copie est magnifique.

Nous allons boire un verre après la projo. Dans le bar de l'hôtel, tout le monde y va de son pronostic pour le palmarès. Bien sûr, on n'est pas dedans, puisque personne n'a encore vu notre film. La première projection a lieu le lendemain à 10 heures du matin. On entend même quelques journalistes démonter le film sans l'avoir vu :

— Un inconnu qui fait de la SF en noir et blanc avec un ancien comique ? Laisse tomber ! Je rentre à Paris demain matin !

Ça sent le sapin et l'angoisse commence à monter.

Samedi, 10 heures. La salle est comble et le public de bonne humeur. Je vois passer le jury qui entre dans la salle : Gérard Oury, Michèle Morgan, Claude Rich, mais aussi George Miller, Jean-Jacques Annaud, Marthe Keller, Alan J. Pakula et Robert De Niro, le président.

En gros, je vois défiler *La Grande Vadrouille*, *La Guerre du feu*, *Les Hommes du président*, *Mad Max* et *Taxi Driver*. J'ai déjà mal au ventre avant même d'entrer dans la salle.

Le film démarre et le son est trop faible. Une salle pleine absorbe énormément le son et nos réglages de la veille n'ont servi à rien. Je fonce dans la cabine de projection pour remonter le son de 3 décibels.

Je reviens dans la salle, mais je reste debout, au fond, incapable de m'asseoir tellement je suis angoissé. Au bout de cinq minutes, quelques personnes sortent de la salle et je les maudis du regard quand ils passent devant moi. Mais d'autres se lèvent et sortent, puis d'autres encore. En quinze minutes, plus d'une quarantaine de personnes sont sorties et le flux n'a pas l'air de s'arrêter. C'est insupportable et j'ai des crampes au ventre, alors je quitte la salle pour aller vomir sur un tas de neige.

Je rejoins Pierre qui n'a pas voulu assister à la projo tellement il est stressé. On se retrouve au bar de l'hôtel, dépités, anéantis. Pierre a une faculté d'encaissement supérieure à la mienne et, au bout d'une demi-heure de déprime, il se ressaisit. On a fait le film, on en est fiers et c'est le principal. Maintenant, on s'est plantés, on fera mieux la prochaine fois. *The show must go on*.

Je le suis mollement et je sors une feuille de papier. Nous commençons à faire les comptes de nos dettes. Le laboratoire, Transpalux, l'Urssaf, la TVA et autres amabilités. La facture s'élève à près de 4 millions de francs – 700 000 euros. Ni Pierre ni moi n'avons la somme et on envisage le dépôt de bilan de la société, sans même savoir comment ça s'organise.

Au bout d'une heure de déprime, à broyer du noir et des chiffres, on décide quand même d'assister à la fin du film. Mais, quand on arrive devant le cinéma, la séance est déjà finie et les spectateurs sont en train de sortir de la salle. Il y a même un attroupement de gens qui discutent. Je m'approche pour écouter les commentaires. C'est assez facile d'approcher, puisque personne ne me connaît. Un grand gay, taillé comme un déménageur, est en train de hurler dans la neige :

— Ce film est génial !

Je m'approche et lui demande de quel film il parle.

— *Le Dernier Combat*. C'est un chef-d'œuvre ! me dit-il.

— Mais… c'est moi qui l'ai fait ! je lui réponds bêtement.

Le gars marque un temps, me demande mon nom et je suis prêt à lui montrer mon passeport.

Le gars se met de nouveau à hurler dans la station :

— Le film est génial et ce mec est génial !

Jean-Michel Gravier, journaliste à Radio 7, est donc officiellement mon premier fan.

Jean Bouise sort ensuite de la salle. Il a vu le film pour la première fois, il a un grand sourire et me félicite chaleureusement.

— Viens, il y a quelqu'un qui veut te rencontrer, me dit-il.

Et il m'amène jusqu'à l'actrice Marthe Keller, qui m'avait époustouflé dans *Bobby Deerfield* de Sydney Pollack, avec Al Pacino. Marthe est belle comme le jour et elle a un sourire d'ange.

— Je n'ai pas le droit de vous parler parce que je fais partie du jury, mais j'ai trouvé le film incroyable. C'est magnifique. Vous pouvez être fier de vous, me dit-elle avec son délicieux accent autrichien.

Moi je hoche la tête comme un pantin et je me retiens de lui demander un autographe. Marthe disparaît avec son jury. Pierre a, lui aussi, reçu beaucoup de compliments. Nos regards se croisent et il me fait un grand sourire avant de me prendre dans ses bras. On a frôlé la mort, mais elle ne viendra pas aujourd'hui.

Avec l'euphorie renaît l'espoir ; mais la seule façon de s'en sortir financièrement, c'est d'être au palmarès.

La nuit et le froid viennent geler la station. Il fait – 15 °C. Au bar de l'hôtel, bien au chaud, nous guettons le buzz, mais il n'y en a pas vraiment. Les grands journalistes sont déjà tous partis la veille, persuadés que le palmarès serait sans surprise. *Dark Crystal*, de Frank Oz et Jim Henson, les inventeurs du *Muppet Show*, est le grand favori.

Nous visons modestement les petits prix : le prix des Industries techniques, le prix des assurances GAN ou le prix TF1 nous irait très bien, mais rien n'est joué.

On s'installe dans la salle bondée et surchauffée. L'ambiance est électrique, car le jury n'a rien laissé filtrer. Jean-Michel Gravier, qui dépasse tout le monde d'une tête, est toujours aussi euphorique. Il n'est pas redescendu depuis le matin et crie au génie à qui veut bien l'entendre. Pierre est à l'autre bout de la salle. La foule nous a séparés.

La remise des prix commence et j'ai le cœur serré à l'annonce des petits prix. Nous n'en obtenons aucun.

Je rentre les épaules et je m'affaisse au fond de mon fauteuil. L'espoir aura été de courte durée. Quelques heures à peine, pendant lesquelles je me suis vu sortir de la mouise, mais le destin m'y remet déjà. Aucun prix d'interprétation, rien pour la cinématographie, rien pour la mise en scène.

Je suis tellement abattu, au fond de mon fauteuil, que je ne vois même plus la scène quand le présentateur annonce :

— Et maintenant, les choses sérieuses ! Les quatre derniers prix !

Même si je n'ai rien contre les vainqueurs, qui ont sûrement travaillé autant que moi, je n'ai pas vraiment le cœur à les célébrer. Alors je me renferme, je coupe à moitié le son et je m'enfuis dans l'un de mes mondes imaginaires, comme un enfant qui n'a plus envie d'entendre les reproches.

— Prix du public : *Le Dernier Combat* ! annonce le présentateur.

Sophie me met un coup de coude et m'offre un grand sourire.

Je ne comprends rien. Je pense d'abord à une blague, car je ne savais pas que ce prix existait, mais tout le monde applaudit, les yeux braqués sur moi.

Je monte sur scène comme un zombie, balance un vague « merci » et retourne m'asseoir. Je n'ai aucune idée de ce qui se passe.

— Prix spécial du jury : *Le Dernier Combat* ! hurle le présentateur.

La salle est en délire. Sophie me pousse de nouveau vers la scène où De Niro me remet le prix. J'ai l'impression que tout est faux, comme au cinéma. De Niro joue super bien, la figuration est à fond dedans et je suis persuadé qu'Alan J. Pakula va hurler « *Cut !* » et demander une nouvelle prise tellement j'ai été mauvais. De Niro me tend le micro. Je n'ai évidemment rien préparé et je balbutie une dizaine de mots, dans le désordre.

J'entends Jean-Michel Gravier qui hurle au génie deux fois plus fort et la salle le suit. C'est du délire. J'ai l'air d'un poussin qui sort de l'œuf et qui a gagné un poulailler.

Je retourne m'asseoir pour entendre le nom du vainqueur du Grand Prix qui est, sans surprise, *Dark Crystal*. Les deux metteurs en scène américains n'ont pas fait le déplacement et c'est un représentant du distributeur qui récupère le prix. Mais la cérémonie n'est pas encore terminée et Henri Béhar, journaliste au magazine *Première*, monte sur scène et prend le micro :

— Et maintenant, le prix de la critique est décerné, à l'unanimité… au *Dernier Combat* !

La salle est en délire, comme si la France venait de marquer le but qui l'emmène en finale.

Moi, je ne sais plus ce qui m'arrive. Mon cœur bat comme un diesel, trop d'adrénaline, trop de bonheur. Je n'ai pas l'habitude et je commence à tourner de l'œil. Quelqu'un me donne un sucre et je parviens à monter sur scène. Je reprends le micro et sors pratiquement les dix mêmes mots, dans un ordre différent. Tonnerre d'applaudissements et la foule commence à sortir. J'ai les bras chargés de mes prix et je me retrouve en chemise dans la neige, par – 20 °C. J'ai oublié mon pull dans le cinéma. Aussitôt, un nuage de journalistes s'abat sur moi. J'ai des micros plein la gueule et je vois leurs bonnettes aux logos d'Europe 1, RTL, RMC, France Inter. Tous ceux que j'ai essayé de contacter pendant huit jours et qui ne m'ont jamais reçu. Mais je suis trop heureux pour penser à la vengeance et je réponds, tant bien que mal, aux centaines de questions, aussi désordonnées que stupides :

— Ça vous fait quoi d'avoir gagné ?

— C'est une surprise, cette victoire ?

— Vous avez mangé quoi au petit déjeuner ?

— Vous aimez la station ?

Personne ne me parle du film, puisque aucun d'entre eux ne l'a vu. La nuée de journalistes s'éloigne, tels des moineaux affamés. Ma chemise est déchirée et il me manque deux boutons.

Quelqu'un me pose un manteau sur les épaules. C'est le distributeur bordelais, sorti de nulle part, qui réapparaît avec le succès et avec son sourire de croque-mort.

— Quel film ! me dit-il, d'une voix mielleuse et insupportable.

— Oui. C'est con qu'il soit en noir et blanc et sans dialogues ! je lui réponds, en laissant son manteau tomber sur la neige.

Devant le cinéma, c'est un capharnaüm et il y a des centaines de personnes qui discutent dans la nuit, au milieu de la neige. J'ai un peu de mal à retrouver les miens, mais je finis par tomber sur ma mère. Son visage est ravagé par les larmes. Elle pleure déjà depuis une heure. Elle se jette dans mes bras et me dit :

— Pardon ! Pardon !

Elle n'arrive pas à dire autre chose et me répète ce mot mille fois en sanglotant comme une enfant. Je la serre contre moi, mais elle n'arrive pas à se calmer.

— Pardon de quoi ? je finis par lui demander.

— De... ne... pas... avoir... cru... en... toi, balbutie-t-elle.

Sa phrase est tellement fragmentée de sanglots que j'ai du mal à la comprendre. Elle me parle de la peur, de l'angoisse, de l'incertitude, mais ce n'est pas le moment pour le grand bilan. Il faut profiter de cette fête qui ne durera probablement que quelques heures. François me regarde comme si j'avais gagné au loto. Il ne mesure pas très bien l'impact de tout ça, mais il a l'air content pour moi. Je le remercie encore de m'avoir sauvé la vie en apportant la copie. Il hausse les épaules et pousse ma mère dans la Mercedes. À minuit, par – 20 °C, dans 2 mètres de neige gelée, il va rentrer en voiture.

Je rejoins le Grand Hôtel où se déroule le dîner de clôture. À peine arrivé, je suis guidé par le maître d'hôtel à la place qui m'est réservée. Au passage, tout le monde me sourit, tout le monde me félicite et je m'étonne que tout le monde me connaisse. Il y a encore deux heures, le gars de la sécurité de l'hôtel ne me laissait même pas entrer. Ce changement de statut est tellement brutal qu'il me paraît suspect. Ce n'est pas moi qui ai changé en deux heures. Ce sont les autres. Moi, je suis juste plus heureux qu'il y a deux heures, mais je suis le même. Le matin, on me regardait comme un mendiant, mais ce soir le mendiant est invité à la table des rois.

C'est fou de voir comment la société est sensible à l'étiquette, à la marque. Pourtant, si j'ai du talent, je ne l'ai pas seulement depuis deux heures. Mais pour la société, les « prix » font la valeur.

Un homme m'attrape par le bras. Il a un grand sourire et un gros cigare. C'est Patrick Sabatier, l'animateur. C'est la première fois que je le vois en relief, en dehors de sa télé.

— Bravo Luc ! Formidable ! Dis-moi, tu parles anglais ? me demande-t-il.

La dernière fois que j'ai évalué mon niveau d'anglais, ma prof m'a mis un 2 sur 20 et a ajouté, en commentaire : « En progrès. »

— Bien sûr, je réponds à Patrick, qui n'en doutait pas.

Un grand metteur en scène comme moi, avec une telle notoriété, parle forcément anglais couramment. J'ai l'impression d'avoir une martingale, un crédit illimité. Ce soir, je peux annoncer que mon prochain film parlera d'un chou-fleur qui tombe amoureux d'un tournevis et tout le monde trouvera ça génial.

Sabatier m'entraîne sous l'escalier et me présente au patron de la Twentieth Century-Fox. L'Américain a un cigare encore plus gros que celui de Sabatier. Il m'en offre un, mais je refuse poliment. Le gars me parle en anglais et je comprends un mot sur dix. Ça ne m'empêche pas de prendre l'air intelligent et d'acquiescer par des petits mouvements de tête, comme une figurine à l'arrière d'une voiture. En gros, il me dit de le contacter dès que j'arrive à Los Angeles. Comme si j'y allais tous les week-ends. Je le remercie et garde sa carte. Dès qu'il s'éloigne, je ris tout seul. Je n'arrive pas à croire ce qu'il m'arrive. J'ai l'impression d'être un naufragé qui a erré en mer pendant dix ans et qui s'est fait repêcher par un bateau de milliardaires en train de faire la fête. Mais je ne boude pas mon plaisir et je profite de cette fête foraine où tous les manèges sont gratuits.

À la grande table du dîner présidentiel, Pierre se la pète, un cigare en bouche. Ça me fait sourire. Il a bien raison d'en profiter un peu, il a trimé comme un malade et le film ne se serait jamais fait sans lui. Je suis heureux de le voir heureux. Et puis, il vaut mieux en profiter maintenant, car on ne sait pas de quoi demain sera fait.

Jean-Jacques Annaud m'attrape par le bras, il a des choses à me dire. Je n'ose pas lui dire que j'ai vu *La Guerre du feu* trois soirs de suite et qu'il est le seul Français, avec Beineix, qui m'inspire. Il veut me parler promotion. Je dois suivre mon film et ne pas le lâcher. Je dois faire une tournée des grandes villes de province, puis le suivre dans chaque pays. J'écoute ses conseils d'une oreille attentive, mais je ne sais pas vraiment de quoi il parle. Dans mes rêves les plus fous, j'imaginais mon film projeté dans une salle des Champs-Élysées, mais je n'avais même pas pensé qu'il puisse sortir dans le reste de la France, et encore moins à l'étranger.

Jean-Jacques m'ouvre complètement l'esprit. Il faut que j'arrête d'être parisien, pour devenir citoyen du monde.

— Ton film est muet, tu n'as aucune barrière de langue et le message du film est universel. Tu peux sortir partout si tu te bats, me dit-il avec enthousiasme, comme s'il en était le producteur.

En fait, tous les choix artistiques qu'on a faits et qui n'étaient guidés que par l'économie se trouvent être maintenant des arguments commerciaux. Je n'avais jamais réalisé cet état de fait avant ma rencontre avec Jean-Jacques Annaud.

Mais pour l'instant, je n'ai pas de distributeur, dans aucun pays, et il va falloir me battre pour avoir une salle sur les Champs-Élysées.

Retour à Paris. Le lundi matin, nous avons des articles dans pratiquement tous les quotidiens. On épluche tout ça, Sophie et moi, dans notre petit salon, sous les toits de Nation. On est contents, mais on a du mal à croire qu'on parle de nous. L'histoire paraît trop belle et ne reflète pas la pauvreté dans laquelle nous sommes. Ma société est criblée de dettes et nous n'avons toujours pas de distributeur sérieux. Tous ces articles sont comme une pommade qui atténue un peu la douleur, mais ne soigne pas les plaies.

Les copains passent à l'appartement pour nous féliciter. Très vite, je ressens un décalage. Ils ne me parlent plus comme avant. J'ai droit à une forme de respect, de distance, comme si d'avoir vu ma tête partout dans la presse avait changé mon image ou, du moins, l'image qu'ils se faisaient de moi. Ils prennent des précautions, ne mettent plus les pieds sur la table, ne rotent plus en regardant le foot, ne vident plus le frigo sans me demander la permission.

Notre complicité a disparu, parce que mon nom est maintenant dans les journaux. Pourtant, j'ai l'impression d'être simplement de retour au vestiaire, après une victoire sur le terrain, mais l'équipe m'a sorti du lot. Je suis maintenant une célébrité et j'entends, pour la première fois, des potes me dire :

— On veut pas te déranger.

Depuis quand c'est devenu un souci ? Eux qui déboulaient à n'importe quelle heure, dormaient parfois sur le canapé et finissaient mes assiettes ?

Cette situation me déstabilise et j'ai l'impression qu'on veut m'enlever mes bases. Alors je surjoue l'inverse et je ne propose que des choses à faire ensemble. Mais peine perdue : cette nouvelle timidité les a gagnés, comme une lèpre. En quelques mois, presque tous mes amis s'éloignent et nous isolent. Ils se sortent eux-mêmes de l'image, comme pour ne pas la salir.

Je vis très mal cet abandon contre lequel je ne peux rien faire et je commence à maudire cette notoriété de papier qui, à part avoir flatté mon ego cinq minutes, ne m'a rien apporté.

Marie-Christine de Montbrial a laissé douze messages. Je suis heureux de voir qu'elle a retrouvé mon numéro. Même elle a changé. Elle ne me parle plus comme à un enfant.

En fait, elle m'aimait bien et me soutenait, mais elle était la seule dans cette grande maison et sa tâche ne devait pas être facile. Le destin lui donne aujourd'hui un peu plus de latitude. Elle veut organiser une projection chez Gaumont, celle que je réclame depuis des semaines.

— Avec plaisir. Quel jour ? je lui demande, ravi.

— Demain midi ? Si vous pouvez, me répond-elle avec empressement.

C'est la première fois que je vois une telle éclaircie dans son agenda.

Le lendemain, j'apporte la copie chez Gaumont et je discute avec le projectionniste que je connais bien. C'est peut-être celui que je connais le mieux dans les sept étages de l'immeuble Gaumont, car il m'a souvent passé les rushes du film, la nuit, sans rien dire à personne.

Il est vraiment heureux pour moi, je le sens. Il a aussi une petite pointe de fierté car, lui aussi, à son modeste niveau, a participé à l'aventure.

Rien n'aurait été possible sans la générosité de tous ces gens, simples amoureux du cinéma, ou simples défenseurs de la liberté de créer. La victoire du film est la victoire de chacun, comme une petite vengeance envers cette société qui réduit l'individu au rang de consommateur. À travers le film, chacun a créé un peu, chacun a échappé au contrôle, à la loi, même celle de la gravité.

On se fait une petite série de tests pour régler le son et l'image, puis je m'en vais boire un coup, histoire de ne pas angoisser pendant les quatre-vingt-dix minutes de projection.

Je reviens dans la cabine quelques instants avant la fin du film et je constate, avec stupeur, que la salle est pleine. Marie-Christine a invité tous ses nouveaux amis. Quand la salle se rallume, je reconnais tout l'organigramme de Gaumont.

Production, distribution, salle, vidéo, marketing, international. Ils sont tous là, même Toscan du Plantier, le directeur général, que je n'avais vu qu'en photo.

Avec sa belle moustache et son phrasé alambiqué, il semble venir tout droit d'une autre époque. Il a beaucoup aimé mon film et il m'en parle tellement bien que je ne le reconnais pas. À l'entendre, j'ai fait un film intelligent. Plus que moi.

Pour la première fois, je monte au septième étage, le septième ciel, le bureau du directeur. À cet étage, il n'y a plus que deux bureaux. Celui de Toscan du Plantier et celui de Nicolas Seydoux, le propriétaire, personnage mystérieux dont tout le monde parle, mais qu'on ne voit jamais. Toscan prend toute la place.

L'un brille dans la lumière, l'autre dirige dans l'ombre. La cigale et la fourmi.

Toscan me sort le grand jeu et je suis au spectacle. L'homme a du charme. À cette époque, Gaumont a plus de trente films en préparation chaque année, de Pialat à Fellini en passant par Gérard Oury. C'est le plus gros producteur européen, et faire partie de son écurie serait un privilège.

Il me demande si je pense déjà à mon prochain film. Ça fait deux ans que j'emmerde Marie-Christine de Montbrial avec *Subway*, mais visiblement le script n'est jamais arrivé jusqu'au septième.

Je lui raconte un peu l'histoire et il me coupe :

— Formidable ! Les dessous de Paris, l'envers du décor. Ambitieux. Moderne. C'est pour nous !

Il me raccompagne gentiment à la porte et me prie d'aller voir Marie-Christine pour l'intendance.

Le rendez-vous a duré sept minutes, ascenseur compris.

Gaumont va donc officiellement distribuer *Le Dernier Combat* et le sortir en salle, à condition que je règle un problème : le Bordelais.

Nous avons signé un contrat avec lui et maintenant que le film est passé par Avoriaz, notre homme se fait mielleux. Il nous promet une sortie glorieuse et une promotion royale, mais en attendant il n'est même pas capable de payer l'à-valoir qu'il était censé donner pendant le tournage. Il me donne un chèque ridicule, comme des cacahuètes avant le dîner. Je déchire le chèque devant lui et il quitte le rendez-vous en jouant les indignés.

Heureusement, grâce à quelques nouveaux amis chez Gaumont, on apprend que le Bordelais a bien sa carte de distributeur, mais seulement sur la région de Bordeaux. Il ne peut donc pas sortir le film dans le reste de la France. Or son contrat nous garantit une sortie nationale. Non seulement le gars est mauvais, mais en plus, c'est un escroc.

Un nouveau rendez-vous est pris avec lui. Il faut absolument qu'il signe la résiliation du contrat. Pierre et moi montons un petit stratagème. Nous rejoignons l'escroc dans le salon de l'hôtel de Frontenac, dans le 8e arrondissement. Pierre s'assied avec lui, je reste debout dans le hall de l'hôtel et je les observe de loin.

Pierre le démasque et lui met la résiliation du contrat sous le nez. L'homme s'offusque et fait son cinéma, mais il est tombé sur meilleur comédien que lui. Pierre prend l'air grave.

— Moi, j'essaye de résoudre les choses calmement, mais tu vois Luc, là-bas ? Je lui ai demandé de rester à l'écart, parce que s'il s'approche, il va te tuer, lui dit Pierre.

Moi, au loin, je suis prié de jouer le taureau qui voit rouge. Je fais les cent pas dans le hall en ruminant de haine.

— Il est devenu fou et j'ai un mal de chien à le tenir. Le gamin fait plus de 100 kilos et il n'a rien à perdre ! Il va te déchiqueter ! rajoute Pierre, l'air inquiet.

Moi, je lui jette des regards de lion affamé. J'ai presque la bave aux lèvres. Il a intérêt à signer, car la cage va bientôt céder.

Le Bordelais commence à avoir le front qui perle et Pierre lui glisse son stylo pour abréger sa souffrance. L'escroc finit par signer.

— Maintenant, je serais toi, je resterais sur Bordeaux quelque temps, lui balance Pierre avant de me rejoindre.

Dehors, on éclate de rire et on va fêter notre victoire au café du coin.

– 16 –

Gaumont devient officiellement le distributeur du film qui sortira sur onze copies. Sept à Paris et le reste en province.

Le budget publicitaire est très mince et l'effet Avoriaz est depuis longtemps estompé. La sortie s'annonce difficile, mais grâce à Pierre, très ami avec Yves Mourousi, le présentateur vedette du journal de 13 heures de TF1, nous avons enfin notre première télé.

Plus de dix millions de personnes le regardent tous les midis. L'émission est donc cruciale pour nous. Yves n'a pas vu le film, mais il a été touché par notre démarche.

On arrive à 10 h 30 du matin, histoire de préparer l'émission et de caler les extraits, mais Yves arrive à 11 h 50 – plus décontracté tu meurs. Moi, ça fait déjà deux heures que je fais des nœuds avec mes doigts. Problème du jour : une délégation russe, retranchée dans son ambassade à Paris, va se faire évacuer par la police. Les images en direct montrent des centaines de policiers qui encerclent l'ambassade. La rédaction est à cran, mais Yves a suivi l'affaire à la radio dans la voiture qui l'emmenait chez TF1.

— Dis-moi, Igor ? La folle de l'autre jour ? Il travaille bien à l'ambassade ? demande-t-il à son assistant.

L'homme confirme et Yves lui demande de trouver son numéro.

— Alors ? Et toi ? Ce film ? Raconte un peu, me lance-t-il.

Je balbutie quelques mots, incapable de me concentrer vu la situation que je vis en direct.

— Igor sur la une, lui dit son assistant.

Yves décroche.

— Alors ma poule ? C'est quoi ce bordel ? lui lance le présentateur en souriant.

La poule lui explique depuis l'ambassade que je vois à la télé, encerclée par la police.

La conversation ne dure pas longtemps.

— On se voit samedi, lui lance Yves avant de raccrocher.

Je m'inquiète de savoir si notre intervention, pour parler du film, est annulée, mais Yves me rassure :

— Non, c'est rien. C'est des conneries. Ils vont rentrer chez eux. C'est tout.

Quelques minutes plus tard, je suis sur le plateau quand le journal de 13 heures, regardé par la France entière, démarre.

Je suis aussi raide qu'un poteau sous haute tension.

Yves commence l'interview, à l'aise, gentil et surtout très positif envers le film, mais mes réponses sont sans cesse coupées pour faire place au direct.

À l'image, une colonne de Russes, sacs Tati à la main, montent dans des bus gardés par la police.

C'est compliqué d'expliquer un film de science-fiction, en noir et blanc, dans ces conditions, et l'interview est un véritable fiasco.

Igor-la-poule et son sac Tati m'ont ruiné ma promo.

Fin d'émission. Yves s'excuse, mais c'est la loi du direct. Il me souhaite bonne chance avant de s'enfermer en salle de rédaction.

Quelques jours plus tard, le film sort en salle.

Je suis sur les Champs-Élysées pour la première séance. Nous avons la petite salle du Gaumont Colisée (qui n'existe plus aujourd'hui).

Il y a une petite queue pour le film, une quinzaine de personnes. Je les dévisage les unes après les autres. Je suis tellement curieux de voir qui peut s'intéresser à mon film. Ils sont plutôt âgés. On les sent éduqués et très parisiens. Quelques étudiants. Ils n'ont pas l'air spécialement excités. Juste curieux. J'ai envie de les embrasser, un par un, de leur dire à quel point leur présence me fait du bien et que je leur serai éternellement reconnaissant. Ils ont décidé de me croire, de me faire confiance, sans même me connaître, comme cette jeune technicienne qui m'avait accueilli le premier jour de mon premier tournage.

Je comprends ce jour-là que les spectateurs font partie de notre famille. Eux aussi sont des croyants et nous avons le même dieu. Le film. Ceux qui le font et ceux qui le voient. La famille est maintenant au complet et le film peut démarrer.

Je reste près de la caisse. J'attends que le film soit bien lancé avant de me glisser dans la salle pour y sentir l'atmosphère, quand deux retardataires arrivent à la caisse.

Le couple a la soixantaine, arrivé tout droit du bled. Madame a un joli foulard sur les cheveux, monsieur a sorti son costume du dimanche.

— Doux places pour *Le Dernier Combat* s'il vous plit ! demande l'homme en ouvrant soigneusement son porte-monnaie.

J'avoue être très étonné de voir ces deux spectateurs, totalement atypiques par rapport au film. La curiosité me démange. Je les aborde gentiment et je leur demande pourquoi ils ont choisi de voir ce film.

— C'est parce que j'ai bien connu son père et quand j'étais jeune, je regardais ses combats à la télé ! me répond l'homme.

Je comprends aussitôt qu'il a confondu *Le Dernier Combat* avec *Édith et Marcel*, le film de Claude Lelouch sur la vie du boxeur Marcel Cerdan, qui sort le même jour que nous.

— Je vous souhaite un bon film, monsieur ! je lui lance avec un grand sourire.

Pas question de perdre deux spectateurs.

Je vais au café d'en face rejoindre les copains et on fait le cumul des entrées avec les autres salles parisiennes. On n'arrive pas à mille. Je n'y connais rien aux chiffres, mais ça me paraît faible.

Un jeune gars de chez Gaumont me rassure en me balançant plein de comparables, mais je n'ai pas vu les films dont il me parle, et ce qu'il me dit m'inquiète plus que ça ne me rassure.

En même temps, je comprends que la majorité des Français n'aient pas forcément envie d'aller voir un film en noir et blanc, sur la fin du monde, un mercredi à 14 heures. Espérons que les soirées seront meilleures.

Je retourne dans la salle du Colisée pour prendre la température. À l'image, Pierre Jolivet et Jean Bouise sont en train de se préparer à manger, dans un long plan-séquence et une ambiance minimaliste. Malheureusement, dans la salle d'à côté, Rambo est en train de détruire la ville et de pourrir mon film. J'ai juste envie de lui prendre son couteau et de lacérer sa copie. Mais dans un coin, j'aperçois mon couple de Marocains totalement dans le film et le hurlement animal de Stallone ne semble pas les gêner. Je m'en vais, un peu rassuré.

Le lendemain matin, c'est l'heure des comptes.

Pour sa première journée d'exploitation, le film a attiré quatre mille deux cents spectateurs sur la France, dont deux mille huit cent quatre-vingt-un à Paris.

Rambo et *Édith et Marcel* sont déjà à plus de cent mille chacun.

C'est un fiasco.

Le film n'existe pas. La presse est plutôt bonne, mais les articles font quelques lignes, quand Lelouch a plusieurs pages, à l'exemple du nouveau magazine *Starfix* qui a adoré mon film sur dix lignes et donné sa couverture à *Rambo*.

Ceux qui sortaient des salles étaient ravis, mais pas assez nombreux pour déclencher un « bouche-à-oreille ».

Il nous faut plus de bouches.

J'appelle Gaumont pour savoir s'ils n'ont pas oublié un zéro dans leur budget publicitaire ; malheureusement, ils sont de nouveau tous en séminaire. Je demande si cette convention soudaine se passe à Lourdes, mais ma blague ne fait rire personne.

Le problème est que nous risquons de perdre nos salles dès la deuxième semaine. À l'époque, la règle est simple : si la salle n'a pas passé la barre des mille spectateurs au dimanche soir (c'est-à-dire après cinq jours d'exploitation), le film est « virable ». On a sept salles et on est loin du compte, mais il n'est pas question d'en perdre une seule.

Nous décidons donc le vendredi d'imprimer un tract avec les meilleures critiques du film.

Je négocie avec le gars qui nous imprime habituellement les scénarios. Il nous fait un tract monocouleur à un tarif défiant toute concurrence et accepte que je le paye plus tard.

Nous rameutons tous les potes et, le samedi à 14 heures, nous sommes devant les sept salles parisiennes à distribuer nos tracts dans les files d'attente. On ne fait pas que les distribuer, on prend les clients un à un et on leur vend le film jusqu'à ce qu'ils changent de file. On pourrit Rambo et ses amphétamines, on détruit Édith et ses chansons d'un autre siècle, on les fait rire, on les attendrit, on fait appel à leur solidarité. Bref, on fait tout pour qu'ils aillent voir notre film, et on remet ça le dimanche.

Le lundi matin, Gaumont fait sa programmation pour la semaine suivante. Nous conservons nos sept copies sur Paris, mais en province, quelques copies sont déjà parties dans les villes voisines.

Le conseil de Jean-Jacques Annaud me revient en mémoire.

— Il faut suivre ton film, m'avait-il répété plusieurs fois à Avoriaz.

On se débrouille alors pour chourer la liste des directeurs de salle chez Gaumont et on les appelle un par un.

On leur propose de venir chez eux et de faire un débat dans la salle après le film. Les directeurs sont ravis. À cette époque, aucune équipe de film ne vient les voir en province, à part Jean-Jacques Annaud.

Les rendez-vous sont pris et nous passons le mois à suivre le film, de ville en ville. Pierre m'accompagne autant qu'il peut. En revanche, Jean Reno et Éric Serra sont là à chaque déplacement. C'est là que notre amitié se soude définitivement. Pour la vie.

Comme le concept est nouveau, les directeurs de salle se décarcassent et nous faisons des débats dans des salles archicombles.

Les débats se prolongent généralement sur le trottoir jusqu'à 2 ou 3 heures du matin. Les villes étudiantes sont les plus ferventes. Aix-en-Provence, Montpellier, Bordeaux, Toulouse sont des villes où l'accueil est exceptionnel. Il faut dire que notre show s'est vite rodé et qu'on assure le spectacle.

Ce sont des jours magiques et des souvenirs inoubliables.

Les échanges avec le public sont chaleureux et tellement authentiques. Nous sommes encore des inconnus et nous n'avons rien à perdre.

J'ai l'impression d'être un paysan qui discute avec celui qui vient de manger sa salade. Le lien est direct, vrai et tellement enrichissant. J'ai plus appris sur le film pendant ces rencontres qu'avec tous les articles de presse écrits sur lui. Je me souviens d'ailleurs d'une critique dont l'auteur citait trois films qui de toute évidence m'avaient inspiré. La phrase était tournée de telle façon qu'avec un humour cynique bien parisien, le journaliste insinuait même que j'avais tout simplement « plagié ». Le seul problème, c'est que je n'avais vu aucun des trois films en question. Ma culture cinématographique était, à l'époque, quasi nulle.

Intrigué par cette affaire, j'avais emprunté un lecteur de cassettes à un copain et j'avais loué les trois films que j'avais prétendument copiés. Les trois films étaient bons, surtout un, d'un certain Tarkovski, dont je n'avais jamais entendu parler. En revanche, je ne voyais aucun point commun entre ces trois films et le mien. Le mystère était entier, mais Pierre me donna la réponse plus tard.

— Il n'y a aucun point commun. Le mec balance des noms de metteurs en scène connus pour montrer qu'il a de la culture. C'est tout.

J'ai relu l'article sous cet angle et, d'un seul coup, tout faisait sens. Le journaliste ne cherchait qu'à dire du bien de lui-même. Merci à lui quand même, car il m'a fait découvrir Tarkovski.

Malgré tous nos efforts, le film ne parvient pas à passer la barre des cent mille spectateurs. En revanche, tout le milieu du cinéma a vu le film. Notre cote monte sérieusement et le film est sélectionné dans une douzaine de festivals.

La tournée mondiale commence.

Le premier festival est celui de Sitges, en Espagne. On se retrouve en compétition face aux mêmes films qu'à Avoriaz, à peu de chose près. À chaque festival, nous raflons un prix important et le public est conquis.

Nous arrivons au prestigieux festival italien de Taormina avec déjà cinq prix en poche.

Taormina est une ville magnifique, accrochée au flanc des montagnes siciliennes. La Méditerranée est là, toujours aussi noble, et je peux l'admirer de ma chambre d'hôtel.

Il y a un ascenseur qui descend au niveau de la mer, puis un tunnel qui vous emmène jusqu'à la piscine et au restaurant de la plage. C'est magique et tellement cinématographique. Ce serait un décor parfait pour un film. Je prends quelques notes. Si un jour j'arrive à faire un film sur le grand bleu, il faudra venir tourner ici.

La ville aussi est magnifique. C'est un enchevêtrement de petites rues et de maisons de pierre, posé là depuis toujours. J'apprends que, plus de sept cents ans avant le Christ, des Grecs venus de l'île de Naxos ont construit la ville. Naxos, la voisine de Ios, l'île de mon enfance. Plus de six cents ans plus tard, les Romains y ont construit un amphithéâtre de trois mille places. C'est là que le festival a monté son écran géant et que les films sont projetés, en plein air, face à la mer et sous un ciel étoilé.

Pour celui qui aime le cinéma, on a l'impression d'être au paradis. Seul bémol : l'installation sonore est moyenne et le bruit de la ville envahit la bande-son, ce qui n'est pas terrible quand on passe un film postapocalyptique où plus rien ne vit.

Mais ce n'est pas pire qu'avoir Rambo sur le siège d'à côté et je prends un plaisir immense à voir les films dans ces conditions.

Une jeune femme m'aborde, plutôt sympa. Elle est journaliste à *Première*. Je lui raconte l'anecdote de mon départ de Coulommiers et comment j'ai préféré acheter son magazine plutôt que mon billet de train. La fille se détend et on commence à parler cinéma, notre passion commune. On se fait des projections ensemble et on s'envoie un plat de pâtes entre deux séances. Je suis tellement heureux que le film soit fini et sorti. Tellement heureux de faire partie de cette famille, tellement heureux de sillonner le monde de festival en festival.

Je sais que l'orage finira par revenir, j'ai trop de dettes pour l'oublier, mais en attendant, je profite du soleil et de la paix qui m'est offerte.

Au bout de trois jours, la journaliste se tortille. Elle est mal à l'aise et finit par m'avouer que c'est elle qui a écrit la critique de mon film dans *Première*.

— Ah ? Super ! je lui lance avec un sourire, n'osant pas lui avouer que je n'en ai aucun souvenir.

— Non. Ce n'est pas super. Elle n'était pas bonne, finit-elle par lâcher.

Je cherche un peu dans ma mémoire et le souvenir d'une critique un peu pourrie me revient.

— Je ne comprends pas. Quand on s'est rencontrés, tu m'as dit que tu avais adoré le film ? je lui demande, un peu perdu.

— J'ai adoré, mais mon rédacteur en chef a trouvé ma critique trop positive et me l'a fait réécrire trois fois ! me dit-elle pour libérer sa conscience.

Le rédacteur en question s'appelle Márquez Posito. C'est en tout cas le surnom qu'on lui donne. Certains l'appellent aussi « le pharmacien », car, paraît-il, il dépanne l'intelligentsia parisienne en antidépresseurs de toutes les couleurs. L'homme passe sa vie entre les salles de projo et les Bains Douches, boîte branchée de l'époque, et écrit ses articles sur le trajet.

— Mais pourquoi tu l'as réécrit si tu n'étais pas d'accord avec lui ? je lui demande.

Elle me répond par un sourire presque ironique. Ma naïveté vient de se fracasser sur le cynisme de la société. Deux mondes. Sur une seule planète.

Le monde de l'argent, du plus fort, où la seule règle est de manger ou être mangé. Et puis le monde de l'art, où tout est simplement possible et acceptable. Prendre ou donner. Voilà le choix.

Le mien est fait. Je préfère être naïf plutôt que cynique. Quitte à souffrir.

D'un seul coup, le ciel de Taormina s'assombrit et l'orage revient.

Dans ma chambre d'hôtel, je finis par ouvrir l'enveloppe de mauvaises nouvelles que Louis Duchesne, mon directeur de production, m'a confiée. Les comptes sont catastrophiques. Le film n'a pas fait assez d'entrées pour rembourser les dettes et même la vente d'une diffusion à une nouvelle chaîne, appelée Canal+, n'a pas suffi à endiguer le problème.

Même ces enfoirés de chez Darty ne nous payent pas. On voit pourtant bien leurs panneaux à l'image, mais, sur le contrat, il y avait marqué « trente secondes à l'image », et il nous en manque cinq. On n'a pas les moyens de les traîner en justice et ils le savent. Tout ça pour 10 000 francs. Une goutte d'eau pour eux, un océan pour moi.

Je suis forcé de constater que la dimension économique d'un film est une composante incontournable. Un film qui gagne de l'argent (ou du moins qui rembourse son investissement) est un « bon pour un prochain film ».

C'est la règle. C'est comme ça. Il va falloir flirter avec le monde des cyniques.

Mais on peut aussi voir les choses autrement. Une danseuse peut créer autant qu'elle veut, elle a aussi une limite : son corps, qui finira par lâcher si elle lui en demande trop.

Avoir des limites, c'est avoir un cadre.

Même un peintre a un cadre.

Ma limite sera donc de convaincre. Je dois écrire des histoires qui enthousiasment tout le monde pour que l'argent ne devienne plus un problème. Voilà la nouvelle règle. Voilà la limite. Elle est, somme toute, assez saine.

On ne peut pas forcer un financier à vous suivre sur un film qui lui déplaît, pas plus qu'on ne peut forcer un spectateur à voir un film dont il n'a pas envie. Toutes ces questions me travaillent et je passe ma journée à broyer du noir, en regardant le bleu.

Pierre n'est pas dans cet état d'esprit. Il est à Taormina avec sa fiancée, il s'est acheté des lunettes de soleil Porsche et il kiffe à mort. Bien sûr, il le mérite et cela me fait plaisir de le voir profiter, mais l'avenir m'angoisse et on déjeune ensemble pour en discuter.

Je lui fais part de la situation de la société, de la réalité économique du film et du fait que, malgré les prix et les honneurs, nous sommes toujours dans la merde.

Pas question de rejoindre le clan des cyniques, mais maintenant que nous avons identifié l'ennemi, il nous faut apprendre à le combattre. Pierre me répond d'un sourire. Il est totalement confiant. Il est amoureux. Comme seule réponse à toutes mes interrogations, il me jette sur la table soixante pages écrites à la main. C'est son prochain film.

— Lis ça, ça va régler tous nos problèmes ! me dit-il avec sérénité.

C'était notre deal. Pierre m'aidait à faire mon premier film, je l'aidais ensuite à faire le sien.

Pierre est plus âgé que moi et je l'ai toujours suivi, avec admiration, avec amour. Ces soixante pages répondaient à mon angoisse. Pierre avait tout compris et pendant que je m'inquiétais, il bossait déjà sur la parade. Il avait un coup d'avance. Trop fort.

Je suis tellement heureux d'avoir un ami comme lui, tellement fier qu'il me donne ces soixante pages.

Mes angoisses s'estompent alors un peu et je retrouve le sourire.

Le soir même, je fais l'impasse sur la projection et je m'installe dans ma chambre pour savourer ces soixante pages.

Pierre m'a déjà raconté le concept du film, il y a quelques mois, et je le trouve génial : « Un flic va être obligé d'enquêter sur sa propre famille. »

Je découvre les soixante pages, puis je les lis de nouveau, plus lentement. Je me fais un thé et je les lis pour la troisième fois.

Je n'arrive pas à croire que je sois déçu. J'ai lu trois fois, persuadé de mal lire, de ne pas être assez intelligent pour comprendre, ou pas assez éduqué, mais je dois me rendre à l'évidence : c'est juste pas assez bon. Trop de confiance, trop de certitudes, pas assez d'efforts. Pas assez de sueur.

Ce n'est pas mauvais, mais c'est indulgent. Pierre est capable de dix fois mieux. Le lendemain matin, nous nous retrouvons pour le petit déjeuner et Pierre s'assied en conquérant, prêt à recevoir ses lauriers.

Douche froide. Je lui dis franchement ce que je pense du script. J'en rajoute même un peu, histoire de créer un électrochoc. Mais Pierre est trop en confiance pour voir la situation telle qu'elle est et il s'en sort avec humour en me traitant de *drama queen*, mais je continue à pilonner.

— On va mourir si on ne réagit pas, si on ne revient pas avec un film qui déchire tout ! je lui lance avec conviction.

Peu à peu, Pierre semble comprendre et sa bonne humeur disparaît. Il est maintenant muet, en état de choc.

Ça fait des jours que ces mauvaises pensées me taraudent. Un film est un rêve, mais on ne peut pas le faire en rêvant.

C'est la première fois que je lui parle comme ça. Je ne suis plus son assistant, je suis son partenaire, son égal.

Il est un peu abasourdi par ce changement, assez soudain, qu'il n'a pas vu venir, mais je suis en guerre et je ne veux pas y aller tout seul. J'ai besoin de mon ami. Pierre reste silencieux un long moment et finit par me dire qu'il va réfléchir à tout ça. C'est la seule chose que je souhaitais. Je l'assure de mon soutien, de mon amitié, et de mon engagement total sur son film.

Je lui propose même qu'on se mette au travail dès le lendemain, mais Pierre ne m'écoute qu'à moitié. La discussion l'a ébranlé. Il faut qu'il dorme dessus.

Le lendemain, on se voit de nouveau au petit déjeuner. Pierre a repris du poil de la bête, et ses lunettes Porsche. Je le sens d'attaque et je me réjouis de repartir au front avec lui. Mais c'est à mon tour de passer sous l'eau froide.

Pierre a longuement parlé avec sa fiancée, qui l'a rassuré et brossé dans le sens du poil. C'est lui le génie et je ne suis que son assistant, jaloux de son talent.

Les bras m'en tombent. Je n'ai que de l'admiration et de la reconnaissance pour lui. Aucune once de jalousie.

Ou alors juste quelques grammes, car je le trouve beau gosse et je ne me sens pas vraiment bien dans mon corps. Pour le reste, Pierre est, pour moi, un demi-dieu qui a eu la bonté de se pencher sur mon cas. Je me défends comme je peux, mais Pierre est fermé comme une huître. Je suis jaloux et arrogant et il fera son film sans moi, pour me donner une leçon.

J'ai l'impression que mon monde s'écroule de nouveau. J'ai mis vingt ans à le faire tenir debout et, d'un souffle, Pierre l'a fait s'effondrer comme un château de cartes. Je suis dévasté.

Il me fait payer le mal que je lui ai fait la veille. C'est plus facile que de m'entendre et de se remettre en question, mais son réflexe est humain, ou disons « masculin ».

J'essaye tout pour sortir de l'impasse. Je lui dis que j'ai relu pendant la nuit et que j'avais tort, et que le script est formidable.

J'avoue être une *drama queen* polluée par mes problèmes familiaux, je reconnais mon peu de talent qui n'est vivant que grâce à lui. Je dirais n'importe quoi pour ne pas le perdre, mais rien n'y fait. Pierre reste de marbre, emmuré dans ses certitudes. En quelques heures, notre amitié s'est détricotée, comme si deux enfants avaient tiré sur le fil de laine, chacun de son côté.

Je n'arrive pas à croire que l'histoire va s'arrêter ainsi, après tout ce que nous avons traversé ensemble.

Dans ces cas-là, il faut laisser faire le temps. Il n'y a que lui qui sait raccommoder ce genre de filet.

En attendant, *Le Dernier Combat* engrange treize prix internationaux et cumule près de 4 200 000 francs de dettes (700 000 euros).

De retour à Paris, j'essaye de résoudre les problèmes financiers. Didier Diaz, chez Transpalux, se montre grand seigneur. Il a adoré le film et je lui paierai ma dette plus tard, en revenant chez lui pour mon prochain film. Il est bien le seul à être persuadé que je referai un film. Bertrand Dormoy, le patron des laboratoires Éclair, a à peu près la même attitude. Gaumont lui a payé les copies, c'est déjà ça.

Grâce à l'argent du Russe, j'ai réussi à payer de petits salaires aux techniciens. Pas de problème de ce côté-là. Ils sont tous fiers d'avoir participé au film et ont tous déjà retrouvé du travail.

Il me reste à régler quelques organismes d'État, dont l'Urssaf.

La jeune fonctionnaire qui me reçoit n'en croit pas ses yeux. Mon dossier est dans tous les sens et semble avoir été géré par un enfant de quatre ans. Il faudra quatre rendez-vous pour qu'elle y voie plus clair et puisse m'annoncer ma dette : près de 1 800 000 francs (300 000 euros). Sans compter la TVA, les charges, les congés spectacle et j'en passe.

La jeune femme a pitié de moi et répartit mes remboursements sur quatre ans. Il va falloir que je bosse, maintenant.

Je suis heureux d'avoir fait mon film, qu'il existe, qu'il soit reconnu dans le monde entier et qu'il ait permis toutes ces belles rencontres, mais maintenant je dois payer ce bonheur et traîner près de 6 millions de francs de dettes (1 million d'euros), à 21 ans.

Le seul à n'avoir rien fait dans cette histoire et à avoir gagné un paquet de pognon, c'est l'État.

Même si le film a fait peu d'entrées, presque la totalité de la profession l'a vu et plutôt apprécié.

Alexandre Arcady m'appelle. Il fait partie des plus stupéfaits. Il me propose du travail. Il prépare un gros film, en Tunisie, et a besoin d'un réalisateur deuxième équipe. Je suis ravi et touché qu'il me propose le job. Je passe au bureau discuter mon contrat avec le producteur, Ariel Zeitoun. Je fais semblant de négocier, car pour moi la somme qu'il me propose est déjà énorme. Je n'ai pas l'habitude d'être payé pour faire du cinéma et j'aurais accepté la moitié avec plaisir.

Quelques semaines plus tard, je me retrouve en Tunisie sur le gigantesque tournage du *Grand Carnaval.* Je suis à peine arrivé qu'Alexandre Arcady me donne du boulot. Il y a une scène qu'il n'a pas pu finir la semaine dernière, et il aimerait que je lui fasse les quelques plans qui lui manquent. Il m'explique la scène en trente secondes et disparaît. La pellicule étant partie se faire développer en France, je n'ai aucun moyen de voir ce qu'il a tourné. Je m'appuie donc sur les rapports de scripts. Je vois les focales qu'il a utilisées, à quelle heure il a tourné et quel temps il faisait. Ensuite, je vais sur le décor pour trouver des indices. Il reste du talc sur la chaussée, ce qui m'indique les positions des travellings. Enfin, je m'appuie sur les acteurs, pour retrouver l'humeur et le rythme.

Jean-Pierre Bacri et Gérard Darmon ne sont pas spécialement contents d'être dirigés par ce gamin de deuxième équipe, ça leur donne le sentiment de jouer en deuxième division, mais je prends soin d'eux et ils finissent par accepter la situation. En fin de journée, la pellicule part à Paris et je n'ai aucun moyen de savoir si ce que j'ai tourné est raccord.

Les jours suivants, Alexandre me donne tous les plans pourris qu'il n'a pas le temps ni l'envie de faire. Les voitures qui démarrent, les tanks qui se garent, même les ânes qui avancent.

Ça ne me pose pas de problème. Je n'ai jamais eu autant de matériel à ma disposition et tous les plans m'éclatent.

Le tournage s'est installé dans une sorte de village de vacances, mais c'est un peu le Club Med du pauvre.

Tarak Ben Ammar est le producteur tunisien. Plutôt bel homme, il est sur tous les fronts, comme si on tournait dans son jardin. C'est lui qui a accueilli George Lucas quand il est venu quelques semaines en Tunisie pour tourner *La Guerre des étoiles*. Depuis ce jour-là, Tarak est tombé amoureux du cinéma.

Tout le casting est installé au village. Noiret, Hanin, Bacri, Darmon, Bruel, Benguigui et Fiona Gélin. Pour jouer les GI's, la production a fait venir deux cents figurants des États-Unis. Le reste de l'armée sera joué par des Tunisiens déguisés en Américains. Le soir, quelques New-Yorkais se regroupent autour d'un feu de camp pour jouer de la guitare. C'est là que je rencontre Arthur Simms et son frère, deux chanteurs hors pair qu'il ne faudra pas perdre de vue.

Même le jeune Bruel est inspiré et je le vois souvent gratter sa guitare et griffonner quelques textes. C'est vrai qu'il a du mal à exister comme acteur, au milieu de tous ces monstres sacrés. Espérons qu'il ait plus de chance dans la chanson.

Alexandre, notre metteur en scène, a la tête dans le sac. Le film est très gros et il est un peu tombé amoureux de son actrice. Le mélange des deux est redoutable et peut vous faire perdre pied. Il reste parfois des heures dans sa caravane alors que tout le monde l'attend sur le plateau, ou il filme son fils de 3 ans sur une balançoire alors que six cents figurants l'attendent pour la scène de la fête. Philippe Noiret commence à s'impatienter. Le bonhomme n'est pas du genre à jouer les figurants.

De mon côté, je suis en guerre avec le chef opérateur. À chaque fois qu'Alexandre pose sa caméra, j'essaye de poser la mienne dans un axe qui le couvre, puis je viens vérifier, à sa caméra, que je ne suis pas dans son champ de vision. Quand je retourne à ma caméra, elle a disparu, remplacée par un projecteur.

À chaque fois que je place ma caméra, le chef opérateur la fait déplacer. Le jeu commence à m'agacer. Je lui demande poliment où je peux me placer sans déranger sa lumière, mais le gars, du haut de ses quelques Césars, ne daigne même pas me répondre.

L'humiliation dure encore quelques heures et je finis par placer ma caméra entre deux tables du décor, en dessous du bord de la nappe, pour n'être vu par personne. Impossible d'y mettre un projecteur, il serait en plein dans le champ.

Je viens vérifier, au cadre principal, que ma caméra ne dépasse pas de la table. À mon retour, ma caméra a de nouveau disparu.

Il est 2 heures du matin, j'ai mangé un demi-kebab et mon sang commence à bouillir. Je trouve Son Altesse le chef-opérateur-de-mes-deux et je viens coller mon visage devant le sien.

— Tu touches encore une fois à ma caméra et je t'emplâtre ! lui dis-je, avec une sobriété apprise chez mon père.

Le message est bien passé et ma caméra ne bougera plus.

Je peux enfin couvrir mon metteur en scène et lui faire une dizaine de plans de coupe qui lui seront bien utiles au montage.

Le lendemain, Son Altesse Chef op' Ier me fait dire qu'il aimerait m'inviter à déjeuner. J'accepte avec plaisir. L'homme se fait délicieux et il m'explique qu'il était contre une deuxième équipe, car il ne pourrait pas contrôler deux lumières en même temps, sur deux axes différents. L'homme est perfectionniste et c'est tout à son honneur. Mais maintenant je suis là, à la demande du réalisateur, et il ne peut pas m'empêcher de travailler. C'est injuste.

L'homme me sourit et la paix se signe avec un thé à la menthe.

La semaine suivante, c'est la grande scène du débarquement. Debout à 3 heures du matin, direction la plage repérée la semaine précédente. Trois mille Tunisiens, habillés en GI's, se répartissent, de nuit, dans les barges de débarquement. Alexandre installe sa grue en haut d'une dune pour filmer la scène en plan large.

Ça va être dur de se cacher. Alors je fonce à la costumerie avec mon pointeur et nous nous habillons en GI's. Je peux maintenant circuler sur la plage, ma caméra à l'épaule, comme un reporter de guerre.

Les trois bateaux de la marine tunisienne sont au large et se dessinent dans la nuit. Tout est prêt et on regarde le ciel s'éclaircir peu à peu. On voit maintenant cette gigantesque armée américaine prête à débarquer, épaulée par la marine.

On voit aussi très bien le cargo qui s'est échoué sur la plage pendant la nuit. Arcady n'en croit pas ses yeux.

Il y a un bateau énorme au milieu de la plage, en plein dans son champ. Impossible de l'éviter. Pendant qu'ils cherchent une solution, l'assistant lance les répétitions. Moi, j'ai déjà réglé le problème. J'ai mis un gros bidon d'essence à l'effigie de l'armée US en plein sur la plage et le cargo est caché derrière.

Je tourne toutes les répétitions, histoire d'avoir plein de plans de coupe.

En haut de la dune, ils ont trouvé comment s'en sortir : ils vont déplacer la grue de 100 mètres à droite. Mais il faut que les trois navires de guerre tunisiens passent du côté gauche de la baie au côté droit.

Un commandant tunisien, en costume blanc impeccable, écoute Alexandre qui lui explique la manœuvre. Il acquiesce et s'éloigne un peu pour donner ses ordres dans un talky énorme.

— Allô ? Rachid ? Oui, alors, il faut que ti bouges vers la gauche et ti dis à Ahmed et Youssef qu'ils font pareil et qu'ils se mettent derrière toi en même temps.

J'essaie de ne pas rire. Le gars se tient comme s'il était au Panthéon, mais parle comme s'il était au souk. Espérons qu'entre militaires, ils se comprennent.

À midi, les trois bateaux de guerre sont dans tous les sens, au milieu de la baie.

Alexandre s'impatiente, le commandant aussi.

— Youssef ? Ti con ou quoi ?! Ji t'ai dit la gauche de toi, pas derrière ! Il faut longer la plage, comme si ti rentrais chez toi, et ti t'arrêtes avant ! Derrière Youssef ! postillonne-t-il dans son gros talky.

À 15 heures, les trois bateaux sont dans une position encore plus ridicule et surtout infilmable.

Alexandre capitule et annonce la fin de journée.

Les chars et les trois mille hommes de troupe reprennent la route en camion, en direction de Bizerte.

Il me vient alors une idée. Sur le chemin du retour, il y a une longue ligne droite qui longe la mer. Avec un peu de chance, je pourrais avoir la colonne entière et le soleil qui se couche derrière eux.

Je saute dans une Jeep et fonce à l'avant de la colonne. Caméra sur pied. La route est légèrement en creux et la colonne militaire s'aligne peu à peu. Les chars d'abord, puis des dizaines de camions, ainsi que des GI's qui marchent sur le bord de la route. Le soleil descend encore un peu et rougit l'image. J'ai maintenant toute l'armée dans le cadre et je commence à filmer en longue focale. C'est magnifique. J'ai même la mer sur la gauche de l'image et, à ma grande surprise, je vois apparaître, derrière le cap, les trois bateaux de guerre, parfaitement alignés, qui retournent vers le port de Bizerte.

On aurait voulu cette image qu'on ne l'aurait jamais eue.

Quelques semaines plus tard, Alexandre m'appelle de la salle de montage. Il vient de découvrir tous les plans de coupe que je lui ai faits.

— Tu me sauves la vie ! me dit-il avec affection.

Mais c'est moi qui le remercie pour sa confiance. J'en ai encore tellement besoin.

– 17 –

1984

Dès mon retour à Paris, on me propose encore du boulot. Incroyable. J'en ai réclamé tous les jours pendant des années, et maintenant je n'ai plus à courir, mais juste à écouter mon répondeur. *Le Dernier Combat* a vraiment tout changé.

Le job en question est une pub pour les collants Dim. En noir et blanc. C'est pour ça qu'on m'appelle, comme si c'était ma spécialité. En fait, le pubard ne réfléchit pas plus que ça : un jeune réalisateur en vue réinvente la fin du monde en noir et blanc, c'est parfait pour filmer des collants.

Le monde de la pub est très particulier et je n'accroche pas vraiment. Trop de faux-semblants, trop d'ego, trop de bagarres pour le pouvoir. Ce n'est pas ma famille, mais je suis heureux de l'expérience. D'abord, ça m'a permis de surpayer tous mes potes techniciens que j'avais sous-payés pendant si longtemps, puis de jouer avec des tonnes de matériel que jusqu'alors je n'avais vu que dans des catalogues.

Et puis, c'est la première fois que je filme une femme. Construire la lumière qui la rende belle, trouver les angles qui lui allongent les jambes. Filmer une femme est un privilège, un plaisir que je ne connaissais pas, une autre façon de découvrir le féminin. Ma caméra tourne autour d'elle, comme un vent léger qui l'amuse.

Devant la caméra, un acteur montre ses muscles, tandis qu'une actrice donne son âme. C'est comme ça. Il y a un abandon immédiat chez l'actrice qu'on est obligé de provoquer chez l'acteur. Sauf Depardieu qui sait tout faire. Il est à la fois la belle et la bête.

Les choses se sont un peu améliorées avec Pierre Jolivet. Il m'a puni quelques mois, mais à force de persévérance, il me tolère de nouveau. Il a écrit une deuxième mouture de son scénario qu'il accepte enfin de me faire lire. Je le lis et l'inonde aussitôt de compliments. Je n'ai pas envie de refaire l'erreur de Taormina, où je lui avais dit ce que je pensais vraiment, comme un ami est censé le faire. Ce coup-ci, j'en fais trois tonnes, mais Pierre n'est pas dupe. Je suis mauvais acteur et je joue faux. Le scénario a toujours les mêmes défauts, et Pierre ne les voit toujours pas. En revanche, ma démarche le touche et notre amitié semble pouvoir repartir. Il me propose même de prendre quelques parts dans la boîte de production qu'il s'apprête à monter. Je suis ravi et flatté, et rendez-vous est pris chez l'avocat, dans quelques semaines.

De retour à la maison, mon répondeur me propose encore du travail. Isabelle Adjani a fait un album de chansons et le producteur (qui bosse aussi chez Gaumont) m'a proposé comme réalisateur du premier clip. Cette fois, c'est du sérieux. Isabelle a vu *Le Dernier Combat* et a donné son accord. À cette époque, Adjani est une star absolue. Il suffit qu'elle dise « oui » à un rôle pour que le film se finance dans la journée.

Notre premier rendez-vous se passe plutôt bien. Elle arrive au café avec une heure de retard, emmitouflée comme pour la montagne. Elle se protège de tout. De la lumière, des regards, des miroirs, des courants d'air, des microbes…

À peine assise, elle me complimente. Pas trop. Juste ce qu'il faut. Elle est intelligente et sincère. Elle sait reconnaître un metteur en scène quand elle en voit un, me dit-elle. Sa reconnaissance me touche énormément. Moi qui pensais que la star serait écrasante, que je n'aurais jamais mon mot à dire, juste à servir la déesse…

Bien au contraire. Un acteur a besoin de quelqu'un qui le prenne en charge, quelqu'un qui l'assure et le rassure, pour qu'il puisse s'abandonner. Le metteur en scène, c'est le filet du trapéziste. L'acteur peut maintenant faire semblant de risquer sa vie.

Isabelle m'offre sa confiance presque instantanément.

J'en suis hyper flatté. Pas question de la décevoir, je vais me défoncer pour elle.

La chanson écrite par Serge Gainsbourg s'appelle *Pull marine*. Isabelle n'est pas sûre d'elle, car chanter n'est pas son métier. Elle a pris beaucoup de plaisir à faire l'album, mais maintenant qu'il faut le sortir, elle est en plein doute. Peur d'être moquée, peur que cela nuise à sa carrière. C'est vrai que le public est parfois difficile. On lui appartient, et non l'inverse. Le public peut nous aimer un jour et nous haïr le lendemain.

Mais Isabelle s'inquiète pour rien. Les chansons ne sont pas prétentieuses et tout le monde a compris qu'elle s'amusait entre deux films. J'ai un peu travaillé avant de venir, et je lui raconte le scénario que j'ai imaginé pour la chanson. Isabelle est emballée et donne son accord avec enthousiasme. La production se courbe, dit « amen », et la préparation du tournage commence dès le lendemain.

Le tournage est assez long, car Isabelle passe beaucoup de temps au maquillage et aux costumes. Je n'ai pas l'habitude. Je n'ai travaillé qu'avec des survivants de l'apocalypse, crasseux de la tête aux pieds.

Une fois qu'elle est devant la caméra, c'est magique. Elle est faite pour la lumière. Dès qu'elle est à l'image, elle absorbe tout et ses yeux vous hypnotisent. Ce n'est pas la peine de se compliquer la vie avec le décor ou les accessoires, ils deviennent inexistants. Isabelle est une super pro, polie avec tout le monde et à l'écoute de son metteur en scène. Que du bonheur. Je n'ai pas l'impression de travailler, juste d'être un sacré veinard.

Il y a un coproducteur sur le film, un businessman qui veut se lancer en politique. Il s'appelle Bernard Tapie. Son assistant demande s'il peut se poser en hélicoptère à côté du studio.

— Il vient d'où ? demande mon assistant.

— De Paris, lui répond le gars.

— Mais… le studio est à Stains, à 3 kilomètres de Paris ?!

— Oui, mais on nous a dit que le quartier n'était pas sûr !

Je ne connais pas encore le gars, mais je sais déjà que je ne voterai pas pour lui, et espérons qu'il ne devienne jamais ministre des Banlieues.

Finalement, il viendra en voiture, comme tout le monde. Ce sera l'occasion pour lui d'admirer Stains, ville fleurie, où les habitants ont de beaux sourires à offrir.

Isabelle est venue avec son boyfriend, qui passe sa journée dans la loge. Warren Beatty est une star américaine dans toute sa splendeur. Grand, beau, fort, souriant et intelligent. Il vit sa vie comme dans un film, comme si la caméra ne cessait jamais de lui tourner autour. Il est l'image même de l'Amérique, puissante et attractive. En quelques secondes, je me sens comme un plouc, avec ma baguette coincée sous le bras.

Warren passe sa journée dans la loge d'Isabelle à écrire les discours de Gary Hart, qui se présente aux élections présidentielles américaines. Du coup, il y a des mecs de la CIA qui traînent partout dans les couloirs, avec des spaghettis dans les oreilles.

Le plateau commence à ressembler au Festival de Cannes.

Tapie déboule, avec quatre heures de retard. Il fait le tour du plateau et serre quelques louches. Il se fend d'un compliment à Isabelle et salue Warren Beatty sans savoir qui il est. Ses assistants le guident comme un enfant pressé sur un tapis roulant qui jamais ne s'arrête. Il n'a pas le temps de s'attacher, d'apprécier ni même de comprendre. Une image en a déjà chassé une autre. Pourtant le gars a l'air nature, plutôt sympa, touchant même. Mais la politique va l'abîmer, c'est sûr.

Dernier jour de tournage. Demain, Isabelle s'envole avec Warren pour New York. On doit donc tout finir ce soir, et les heures supplémentaires s'accumulent. Le régisseur enchaîne les livraisons de pizzas et nous terminons à 5 heures du matin, exténués mais heureux.

Avec tout ça, j'ai complètement oublié le rendez-vous avec Pierre chez l'avocat. Je devais signer les documents pour faire partie de sa société à 18 heures. Pris dans la folie du tournage, j'ai totalement zappé et il n'y a pas, à cette époque, de portable pour le prévenir.

Le lendemain, Pierre est furieux. C'en est trop. Maintenant que je tourne avec des stars, je me fous de mes potes et j'oublie ce qu'ils ont fait pour moi. C'est évidemment faux et, même encore aujourd'hui, il ne se passe pas une semaine sans que je pense à lui et à ce qu'il a fait pour moi. Mon affection et ma reconnaissance lui sont éternelles.

Mais à cette époque, je suis encore très jeune et pris par un tourbillon qui m'enivre. J'ai l'impression d'être un ado en train de danser et qui oublie l'heure et la promesse qu'il a faite à ses parents.

Pierre est fier et entier. Il n'accepte ni mes explications ni mes excuses. Pierre est droit. Trop peut-être. Il me punit comme un adulte, alors que je ne sais même pas encore ce que c'est. Notre histoire s'arrête là, à ma plus grande tristesse. Il fera son premier film sans moi, sans que je puisse l'aider en quoi que ce soit. Le film sortira quelques mois plus tard et ne sera pas un grand succès. Tous les défauts que j'avais soulevés à Taormina sont encore là. On ne peut pas faire un film seul. Mais ça, grâce à lui, je le savais déjà.

Par le biais de la bande d'Arcady, j'ai rencontré un scénariste, Alain Le Henry, qui accepte de travailler sur *Subway*. J'en suis déjà à la cinquième version. Pierre m'a aidé quelquefois, mais le scénario n'est pas encore abouti. Je n'ai qu'une galerie de personnages qui n'arrivent pas à se croiser. Alain Le Henry est un rigoureux. Les rendez-vous sont précis, ses pages bien rangées et son appartement est impeccable. J'ai l'impression d'être au musée. Mais cette rigueur a des vertus et le scénario se met peu à peu en ordre de marche. Alain avance comme un notaire et moi comme un chien fou, mais le mélange donne vite des résultats. Les personnages principaux ont meilleure mine et finissent par se croiser dans les méandres du métro.

Je sais déjà que le personnage du roller sera culte. Il faut dire que je me suis inspiré d'un vrai roller, pick-pocket, que j'ai rencontré durant l'une de mes nuits où j'étais enfermé dans le métro.

Fidèle à ma promesse, je reprends contact avec Richard Anconina. Il est maintenant un acteur coté, il a déjà reçu un César pour sa magnifique interprétation dans *Tchao Pantin*. Nous prenons un verre et je suis tellement fier de lui donner le script, fier de nous, de notre parcours.

Il y a à peine trois ans, on galérait au fond d'une chambre d'amis, on partageait nos restes. Maintenant, on peut se battre pour payer l'addition. Accolade. Richard part le sourire aux lèvres et le script sous le bras.

Pour le premier rôle féminin, j'ai une idée un peu folle : Charlotte Rampling. L'actrice est une star magnifique. On prend contact avec son agent et, miracle, elle accepte le rendez-vous.

On se retrouve au bar d'un hôtel chic. Charlotte a la voix qui ensorcelle. Les yeux aussi. J'ai l'impression d'être Mowgli devant Kaa le serpent. Sa bourgeoisie me fascine. Elle est venue avec son mec, Jean-Michel Jarre, qui malheureusement parle plus qu'elle et essaye de se placer pour faire la musique du film. Je reste poli, mais pas question de trahir Éric Serra. Charlotte feuillette le script comme si elle feuilletait un *Vogue*. Plus femme, tu meurs. Elle serait parfaite dans le rôle.

À cette époque, Gaumont traverse une mauvaise passe. Ils ont investi massivement en Italie et il semblerait que les Romains aient plus dépensé d'argent dans les palais vénitiens que dans les films à faire. Toscan semble un peu affaibli par cette affaire et la liste des trente films en préparation s'amenuise chaque semaine.

Mais *Subway* y figure toujours et je continue à préparer.

Anconina m'appelle. Il ne peut pas faire le film. Je pense tout de suite à un problème de dates, mais c'est un problème de lignes ! Richard a compté les lignes qu'il avait dans le script et il en a moins que dans *Tchao Pantin*, alors il ne peut pas se permettre de faire le film. Les bras m'en tombent. Le chien fou qui mordait la vie à coups d'éclats de rire est devenu un teckel de salon qui mange à heures fixes. Je suis tellement dégoûté que je ne perds même pas mon temps à le convaincre.

Il a rejoint le côté obscur, tant pis pour lui, et je lui souhaite bonne chance pour sa carrière de garçon de café.

Premier rendez-vous de travail avec Charlotte. Elle a aimé le script, mais a des commentaires. Elle a bien sûr une expérience que je n'ai pas et sa voix est tellement belle que j'écoute la leçon avec plaisir. Mais elle est versatile et le script change de direction en fonction de ses humeurs. Un jour, elle est enthousiaste et s'apprête à dire oui, le lendemain, le travail s'allonge et elle repousse son engagement.

Les contrats avancent avec Gaumont, mais rien ne se signe.

Il y a des « si » partout, des attentes de réponses dans tous les sens. Je suis en train de préparer un vrai film, avec un vrai producteur, des vrais acteurs, en suivant toutes les procédures et les règles du CNC, et pourtant rien ne se concrétise vraiment.

Je commence à regretter le bon vieux temps où on ne respectait rien et où on arrachait les films au néant, comme une bande de pirates.

Je ne suis pas à l'aise dans cet establishment. Je n'ai pas besoin d'un temple en or pour prier mon dieu. Même pas d'un tapis. Je commence un peu à déprimer. Je me sens comme un goéland qui attend le vent du large. Mais un matin, je reçois une bonne nouvelle inattendue. *Le Dernier Combat* est nominé aux Césars, dans la catégorie meilleur premier film. Incroyable. Après quatorze prix internationaux, mon pays me reconnaît. Je m'achète une veste pour l'occasion et, le jour J, je me pointe à la cérémonie avec mon petit carton d'invitation. J'entre dans la salle magnifique en retenant mon souffle. Tout le cinéma français est là, sans exception. Robes longues, parures de diamants, costumes impeccables. C'est impressionnant, mais très vite je me sens mal à l'aise. Tout le monde se connaît, se sourit, s'embrasse, se prend dans les bras, mais moi je ne connais personne et je traverse la salle, aussi invisible qu'un serveur.

La seule personne que je connais, c'est Charlotte, qui me fait un sourire rapide et gêné. Pourtant, la veille, on a passé trois heures chez elle à bosser sur le script. Mais ce soir, je ne suis qu'un jeune metteur en scène avec qui il ne convient pas de s'afficher. Alors je la laisse papillonner autour des grands réalisateurs et je rejoins la place qu'on m'a attribuée. Je suis sur le côté, dans un coin pourri. Je sais déjà que je n'ai pas une place de vainqueur. La soirée est longue, ennuyeuse et prétentieuse. Je rentre chez moi, bredouille, en métro.

Cette soirée m'a mis la rage. Je regarde la station Auber et je me promets de revenir ici pour tourner mon deuxième film et mettre une claque à tout le monde.

Je n'ai toujours pas mon acteur principal. Pour le rôle, je me suis inspiré de Sting, le chanteur de Police.

— Pourquoi tu ne lui demandes pas, à lui ? me balance un copain.

L'idée ne m'avait même pas traversé l'esprit. Sting est une star internationale. Sa chanson *Roxane* est numéro 1 dans les radios du monde entier. Le gars passe sa vie dans les avions ou dans des stadiums remplis de fans en délire.

Mais il n'y a que celui qui n'essaye pas qui peut être déçu.

On trouve son avocate à Londres et le miracle se produit. Sting veut bien voir *Le Dernier Combat* et me rencontrer. J'hallucine. En fait, Sting aimerait bien faire du cinéma, et commencer par un jeune auteur ne le gênerait pas. On est loin d'Anconina.

Je prends mes bobines sous le bras et je fonce à Londres faire les réglages dans une salle de projection qu'on a louée pour l'occasion. Sting arrive seul, un peu fermé, me dit poliment bonjour et la projection démarre. Je suis au fond de la salle, la main sur le bouton du volume, au cas où *Rambo* serait dans le quartier. Au milieu du film, Sting lève ses deux pouces en l'air. Il est en plein dedans et semble ravi. Fin de projection. Sting affiche un grand sourire, me félicite et devient chaleureux, comme si je faisais maintenant partie de son monde, de sa bande.

Il m'invite à boire un verre et on s'installe au pub d'en face. En cinq minutes, il y a une centaine de fans collés derrière la vitre du bar, mais il les ignore, ou plutôt il vit avec. Il a l'habitude. Sting a démarré comme professeur d'anglais au fond d'une ville de province. Lui non plus n'est pas né riche, lui aussi n'a qu'un seul dieu, la musique. C'est elle qui lui coule dans les veines, et rien d'autre. J'ai l'impression d'avoir trouvé un grand frère.

Je lui raconte *Subway* en franglais et, au bout d'une heure, il me dit :

— *All right, let's do it*.

Il me prend dans ses bras, met ses lunettes de soleil et fend la foule de fans pour rejoindre son chauffeur.

Son avocate, aux cheveux rouges, me saute dessus avec un grand sourire :

— C'est génial ! *Congratulations* !

Je n'arrive pas à y croire.

— Mais… quand il dit « *Let's do it* », ça veut dire qu'il veut faire le film ? je lui demande, un peu perdu.

L'avocate est hystérique. Elle connaît Sting depuis des lustres et elle sait qu'il ne passe jamais plus de dix minutes en rendez-vous. Nous sommes restés deux heures à discuter. J'ai pulvérisé le record.

— Sting veut faire le film, articule-t-elle comme si j'étais sourd.

Je finis par comprendre, mais je m'inquiète aussitôt. Je ne suis pas sûr d'avoir assez d'argent pour me payer une star internationale comme lui.

— Il est archimilliardaire et il s'en fout de l'argent. Il prendra la même chose que Charlotte Rampling et ça ira très bien.

J'ai l'impression de rêver debout.

À cette époque, comme il n'y a pas de portables, je ne peux pas partager mon bonheur et j'ai envie de hurler dans le train qui me ramène à Paris. Je fonce immédiatement chez Gaumont et force le bureau de Toscan du Plantier. Je suis tellement heureux que j'ai peur d'exploser. Toscan bouscule son emploi du temps et me reçoit entre deux rendez-vous.

— Pour le rôle principal, j'ai l'accord de Sting ! je lui sors, en me retenant de hurler de joie.

— Qui ? me répond Toscan, en relevant à peine sa moustache.

La sono s'arrête. Quelqu'un vient de tirer sur la prise. Je ne savais pas qu'il existait encore une personne sur terre qui ne connaissait pas Sting. Manque de bol, c'est lui, Toscan du Plantier, l'homme qui a le droit de vie ou de mort sur mon film.

Toscan écoute France Inter, regarde Bernard Pivot, va à l'opéra et flâne au Louvre. Il est passé à travers les mailles du filet. J'ai dix secondes pour parfaire son éducation.

— Vous connaissez les Beatles ? je lui demande.

— Oui, me répond-il, avec hésitation.

— Eh ben, Sting, c'est les Beatles à lui tout seul.

Mais Toscan réagit à peine. J'ai l'impression de lui parler football, lui qui ne jure que par *Carmen* de Bizet, qu'il est en train de produire.

Je réclame sa confiance. Sting est l'idole des jeunes et il accepte même un salaire de misère. Il faut sauter dans un avion et le signer tout de suite avant qu'il se réveille et ne change d'avis. Toscan va y réfléchir. Je ne l'ai pas convaincu.

J'en parle à Charlotte Rampling, qui réfléchit.

— C'est intéressant, mais ce n'est pas un acteur, me rétorque-t-elle.

Le gars chante tous les soirs devant cent mille personnes et douze caméras, ce n'est pas mon petit film qui va le déstabiliser.

Charlotte demande à le voir, pour en avoir le cœur net. Sting accepte et nous allons à Londres pour un dîner que Trudy, la femme de Sting, a organisé chez elle.

Charlotte est aimable, mais jamais vraiment ouverte. Elle garde toujours une distance très anglaise et ne s'emballe sur rien. Son approche est froide et méthodique. Je profite du voyage pour essayer de fendre l'armure, mais rien n'y fait. Charlotte est dans sa tour, protégée par sa classe et sa hauteur. Arrivée devant chez Sting, elle me prend de court :

— Luc, Sting est anglais comme moi. J'aimerais lui parler un petit moment avant qu'on soit tous ensemble. Donne-moi dix minutes, merci.

Je ne sais pas quoi répondre car elle a trop d'assurance. Elle entre chez Sting et je poireaute dans la rue. Je n'ai pas encore compris le mouvement, mais ça sent le mauvais coup.

Dehors, il fait froid et la nuit est tombée. Deux adolescentes sont à la grille. Elles font partie du fan-club de Sting. Elles se relayent toutes les deux heures, vingt-quatre sur vingt-quatre, sept jours sur sept. Au cas où Sting aurait besoin de quelque chose. Je sympathise un peu. Leur dévotion est absolue. Sting est leur dieu, comme le cinéma est le mien.

Au bout d'un quart d'heure, je sonne à la porte.

Trudy m'accueille, gentille et aimable, mais l'ambiance n'y est pas.

Sting paraît embarrassé. Quant à Charlotte, je ne la reconnais plus. On a l'impression qu'elle est sur scène. Elle raconte sa vie, ses rencontres, son expérience, son talent. Elle en fait trois tonnes pour impressionner Sting, pour instaurer dès le départ un rapport de force, de pouvoir. On est au spectacle, à écouter Charlotte dans sa grande scène. Puis elle finit par me lâcher :

— On a parlé, Sting et moi, et nous sommes d'accord. Le script n'est pas fini et il y a encore beaucoup de travail.

Je suis atterré. La trahison est complète, et tout ça avec charme et bienveillance. À l'anglaise.

Sting baisse les yeux, Trudy a un sourire crispé. Je me ferme comme une huître, comme un enfant. Le dîner se passe. Sans moi.

Charlotte fait ses adieux et quitte la scène comme si elle avait encore du travail. Je reste chez Sting, il m'a proposé de dormir chez lui. Dès que la porte se referme, j'explose. Je suis furieux contre Charlotte qui m'a trahi et je ne veux même plus d'elle pour le film. Je le veux lui et personne d'autre. Sting sourit et me rassure. Il a compris le manège et l'a juste laissée faire. Il m'assure de son amitié et de son soutien et je me détends un peu.

Ensuite, on prépare quelques sandwichs et je l'accompagne dehors. Il marche jusqu'aux deux fans qui poireautent devant chez lui et leur donne les sandwichs. Ils échangent quelques mots, sobres, polis, pas d'hystérie. Ils se connaissent, ils se respectent. Ce sont les pièces d'un même puzzle. Ce que Sting leur donne à travers ses chansons, elles le rendent à travers leur présence. La scène est simple et tellement touchante. On est loin de Charlotte et son grand orchestre.

Au matin, une petite musique me réveille. Je descends jusqu'au salon. Sting est au piano et fredonne les paroles d'une nouvelle chanson. Je me mets dans un coin et profite du petit concert privé.

— *I hope the Russians love their children too*, chante-t-il de sa voix cassée et si particulière.

La chanson deviendra un tube planétaire. Avant même le petit déjeuner, il vient de gagner des millions de dollars, juste en se laissant aller, en nous donnant un petit peu de lui-même. Il ne nous a rien vendu, il nous a juste donné. C'est le principe de l'art et c'est pour ça que je l'aime. Créer, c'est comme faire un don de sang.

De retour à Paris, j'appelle Charlotte. Comme elle ne se décide pas, j'ai décidé pour elle. Et je la vire du film. À la française. Charlotte accepte avec flegme. J'ai presque l'impression de lui rendre service. Dans la foulée, j'appelle Isabelle Adjani.

— Le rôle n'est pas écrit pour toi, mais si l'histoire te plaît, je peux réécrire, je lui dis avec franchise.

Isabelle éclate de rire.

— C'est bien la première fois qu'on me vend un film en me disant qu'il n'est pas pour moi, me répond-elle avec humour.

Il faut avouer que je suis un peu con. Isabelle a tous les scripts de Paris entre les mains et les producteurs se prosternent devant elle pour qu'elle daigne en lire un.

Je passe voir Isabelle, à la sortie d'une émission de radio, et je lui donne le script. Maintenant, il va falloir être patient.

Le soir je dîne avec Sophie, dans notre nouvel appartement vers Pigalle. Une copine à elle est venue de province. Elle dormira sur le canapé.

Le matin, au petit déjeuner, la copine semble troublée.

— Vous… vous connaissez Isabelle Adjani ?

— Oui, on a fait un clip ensemble, je lui réponds.

— C'est possible que ce soit elle qui ait appelé au milieu de la nuit ?

Le téléphone a sonné dans le salon, à 2 heures du matin, et quelqu'un prétendant s'appeler Adjani m'a laissé un message.

— Et c'est quoi le message ? je lui demande, déjà tendu comme un arc.

— Ben elle a dit que le script était génial et qu'elle voulait faire le rôle.

J'explose de joie. Isabelle est vraiment la plus grande. Elle a lu en quelques heures et a déjà donné sa réponse, quand Charlotte me faisait mariner depuis des mois.

Je préviens Gaumont. Mon script, qui la veille nécessitait encore du travail, devient en une nuit le meilleur script de l'année. Tout se débloque.

Sting-Adjani. Je n'arrive pas à y croire. C'est une affiche de rêve. Reste à régler la question du planning.

Adjani doit faire le film d'Andrzej Zulawski avant le nôtre et Sting doit organiser sa tournée mondiale. Les dates ne matchent pas.

Nous préparons le film rue de Ponthieu. Par le plus grand des hasards, Zulawski prépare le sien dans le même immeuble que nous. On voit ses bureaux de l'autre côté de la cour. Les deux premiers assistants se connaissent. Isabelle a déjà tourné avec Zulawski et leurs rapports n'ont pas l'air simples, mais leur film est prioritaire et je n'ai aucun problème avec ça. Il faut juste qu'on ait leurs dates pour pouvoir organiser les nôtres. Mais Zulawski n'est pas coopératif. J'essaye de le joindre pour lui expliquer ça, sans succès.

Mon assistant l'a repéré. Il est au café d'en face. Je descends aussitôt.

— Bonjour, je m'appelle Luc. C'est moi qui fais le film avec Isabelle après le vôtre, je lui dis avec un grand sourire et tout le respect que mérite ce grand metteur en scène.

— Ah ? C'est donc toi qui me trahis ? Qui me poignarde dans le dos ? me répond-il, comme s'il saignait déjà.

Malheureusement pour lui, je suis passé chez Pialat. Je connais ce genre d'animal, qui se nourrit de la culpabilité, du désarroi, de la déstabilisation.

— Vous devez confondre. Moi, quand je poignarde, je le fais de face.

Le ton est donné. On peut maintenant boire un coup.

— Isabelle adore ton film. Elle a été très claire sur le sujet, tu es prioritaire et je suis ravi de passer après toi. Il faut juste qu'on se coordonne avec les dates, je lui dis avec franchise.

Andrzej se détend un peu. J'en profite pour lui témoigner mon admiration. Pas trop, sinon on devient vite suspect.

Lui dégueule sur le cinéma, sur son producteur, sur les gens, sur la vie. Pourtant, derrière tout ce noir, on ne voit que ses blessures, son manque d'amour. Les artistes ont décidément tous ça en commun. On se quitte sur une poignée de main chaleureuse.

Plus tard, il finira par trouver une autre raison pour ne pas faire le film.

Sting est très arrangeant, mais on n'arrive toujours pas à lui donner de dates et Toscan n'a toujours pas bougé sur son contrat. La réponse que je redoutais finit par arriver. Sting m'appelle directement. Il ne peut plus mettre en attente les dates de sa tournée mondiale. Il me propose qu'on se retrouve sur un prochain projet et me souhaite bonne chance.

Je suis triste, mais le gars est tellement classe, et je n'ai aucun argument à lui opposer. Toscan est à la ramasse et on prépare le film comme des branquignols.

Comme je suis toujours aussi fan de François Cluzet, je le propose à Isabelle Adjani. Le rôle n'est pas vraiment taillé pour lui, mais je le sais capable de jouer n'importe quoi. Isabelle l'aime beaucoup, mais elle vient juste de tourner avec lui dans *L'Été meurtrier* et préférerait ne pas reformer le couple de nouveau.

— Tout est nouveau dans ce film, il faut aller jusqu'au bout, quitte à prendre un inconnu, me dit-elle.

Quand toutes les stars de son niveau se protègent, Isabelle continue à prendre des risques. Elle veut sa maison sans porte et sans fenêtre, balayée par les vents.

Une jeune agent a quitté une grosse agence à la mode pour ouvrir sa petite boutique. Isabelle l'a suivie. Elle aime quand ça bouge. La jeune femme s'appelle Marjorie. Elle est franco-américaine, mais ressemble à une vraie New-Yorkaise. Elle n'a pour l'instant que trois clients : Isabelle Adjani, Jean-Hugues Anglade et un jeune comédien qui démarre, Christophe Lambert, qui vient juste de finir son premier film en anglais, avec Hugh Hudson. Ça s'appelle *Greystoke*. Il y joue Tarzan.

On accroche tout de suite, dès la première rencontre. Christophe est un ado qui a poussé trop vite. Il a un cœur énorme et des blessures de tous les côtés. Il a aussi un charme étrange, venu d'ailleurs, comme d'une autre planète. C'est son point commun avec Sting. Sa coupe de cheveux vaguement bruns est un calvaire, mais on peut arranger ça. Il a surtout une qualité primordiale à mes yeux. Il n'est pas vicieux. Il est comme il est, un vrai gentil, un vrai tendre, un vrai naïf. Il a toutes les qualités pour devenir le Fred de *Subway*. On se tape dans la main. Christophe ayant le même agent qu'Isabelle, le contrat se fait en dix minutes.

Le reste du casting s'étoffe. Jean Bouise, évidemment. Impossible de tourner sans lui. C'est notre église. Au passage, je propose un petit rôle à Isabelle Sadoyan, son épouse. Richard Bohringer se souvient du petit Luc qui l'écoutait patiemment au fond des bars et il accepte le rôle du fleuriste. Jean-Pierre Bacri se souvient aussi de moi, pour les quelques plans qu'on a faits ensemble sur *Le Grand Carnaval*. Il jouera Batman, le flic justicier. Michel Galabru sait que je ne vais pas le lâcher sur son texte et il accepte de jouer le commissaire Gibert.

Pour remplacer Anconina, je pense à un jeune acteur qui m'a bouleversé dans un film de Patrice Chéreau. Il s'appelle Jean-Hugues Anglade. Ça tombe bien, il est aussi chez Marjorie. Le garçon est timide, introverti et parle peu. En revanche, il a un charisme indéniable et une voix faite pour le cinéma. Jean-Hugues ne ressemble pas du tout à l'image que je m'étais faite du personnage. Le roller est un dur, monolithique, un peu ras des pâquerettes. Mais s'il devenait sensible ? Un peu perdu, jamais à l'aise ? Écorché ? Si, en fait, il collait plus à la personnalité de Jean-Hugues ? Ça serait beaucoup plus intéressant. Alors, plutôt que de forcer Jean-Hugues à rentrer dans le costume du roller, je modifie le personnage pour qu'il aille comme un gant au comédien.

Je propose le rôle de Baguette à Jean Reno. Un batteur au chômage qui erre dans le métro à la recherche d'un boulot. Jean va s'entraîner pendant des mois à la batterie.

J'ai aussi un rôle de bassiste. Je le propose naturellement à Éric Serra. Il n'est pas comédien, mais au moins il ne fera pas semblant de jouer de la basse. Les frères Simms, repérés sur *Le Grand Carnaval*, rejoignent le groupe de musiciens, maintenant au complet.

Il me reste encore un petit rôle à distribuer : le mari d'Adjani dans le film. Il me faut un cynique, froid et puissant. J'ai l'homme parfait. Constantin Alexandrov, le producteur russe du *Dernier Combat*. Le gars est sympa, mais quand il ne sourit pas, il fait peur même à Adjani.

Régulièrement, je suis chez Isabelle, dans son bel appartement en rez-de-chaussée. Elle veut parler de son personnage et répéter son texte avec moi. J'adore ces moments-là. Isabelle est gracieuse et douce, et nos lectures se font toujours autour d'un thé et de quelques gâteaux. On est aussi gourmands l'un que l'autre.

Un jour, j'arrive chez elle pour notre séance de travail habituelle, mais les volets sont fermés. Je sonne et personne ne répond. Au bout d'un moment, la porte s'entrouvre à peine et je me glisse à l'intérieur. Isabelle se cache.

— Que se passe-t-il ? je demande, un peu inquiet.

— Ils ont annoncé ma mort, me répond Isabelle.

Le bruit courait en ville, depuis quelques heures, qu'elle était décédée à cause du sida. La nouvelle était dans toutes les rédactions et tout le monde la cherchait partout pour confirmer l'information. Alors Isabelle se cachait pour voir si un journaliste aurait l'audace de sortir l'info sans vérifier.

Les répétitions se passent donc à chuchoter dans le noir et je suis prié de sortir par la porte de derrière, car il y a maintenant une dizaine de paparazzis dans la rue. Un journaliste finit par craquer et l'info de sa mort est annoncée, au conditionnel.

Isabelle Adjani sera obligée d'aller au journal de 20 heures de TF1 pour prouver qu'elle n'est ni morte ni malade. Affligeant. Et je vous parle d'une époque où Internet n'existe pas encore…

Côté Gaumont, ça ne va pas fort. La société à la marguerite est dans la tourmente à cause de deux affaires, l'une au Brésil, l'autre en Italie. Il semblerait que certains collaborateurs aient abusé de la confiance de Nicolas Seydoux, le grand patron, pour détourner des sommes colossales. Toscan du Plantier ne fait pas partie des indélicats, mais il est directeur général. Sa responsabilité est donc engagée et son siège menacé. Du coup, la liste des trente films en production fond comme neige au soleil. Chaque semaine, un ou deux films s'arrêtent. Chaque semaine, *Subway* passe à travers les gouttes. À quelques semaines du tournage, il n'y a plus que trois films sur la liste. Un film sud-américain, un film de Pialat et le mien. Personne ne me rassure et je prépare mon film avec cette épée de Damoclès en permanence au-dessus de ma tête.

Côté techniciens, je reprends presque tous ceux du *Dernier Combat*. Je suis tellement heureux de pouvoir enfin leur proposer des salaires décents. Je reste bien évidemment fidèle à Didier Diaz chez Transpalux et à Bertrand Dormoy chez Éclair.

Édith Colnel, qui m'avait accueilli chez Gaumont à l'époque des magazines, est maintenant free-lance. Je lui propose d'être la directrice de production, en charge de surveiller le budget et de s'assurer qu'il ne dépasse pas. Tâche qui s'annonce vraiment difficile, car Gaumont réduit son apport financier tous les jours.

Le budget était de 22 millions de francs, il est maintenant de 14. Il faut en plus que je signe la garantie de bonne fin du film. C'est-à-dire que si le film dépasse, c'est pour ma pomme. J'accepte. Ça ne me pose pas vraiment de problème, je n'ai pas de pommes.

En revanche, j'en profite pour mettre une condition. Si je suis responsable du budget et de ses dépassements, je veux aussi être responsable du reste et pouvoir décider de tout. Je réclame donc le *final cut*, c'est-à-dire le droit à décider seul du montage définitif du film. *Deal*. Gaumont confirme définitivement le film, à quelques semaines du tournage. En fait, je me suis inquiété pour rien.

— On n'arrête pas un film avec Adjani, me confie Toscan, avec un sourire malicieux.

Merci à Isabelle. Pour toujours.

Il n'y a qu'un service qui me pose un problème : je n'ai pas de chef décorateur et on tourne après-demain. Marie-Christine de Montbrial m'en propose un.

— Il est âgé, mais charmant et très talentueux, me dit-elle, avec sa petite voix bourgeoise que je finis par aimer.

On lui envoie tout de suite le script. Il a la matinée pour le lire car j'ai déjà pris rendez-vous avec lui à 14 heures.

Je déboule à moto et me gare devant son immeuble cossu du 6e arrondissement. L'appartement est immense, l'homme tout petit. On dirait Yoda. Je suis tellement nerveux et pressé que je suis à la limite de l'impolitesse.

— Bon, le script ? Ça vous a plu ? je lui balance, sans préambule.

L'homme sourit et me sert une tasse de thé sur une table tellement basse que je n'arrive pas à glisser mes genoux dessous.

— Oui, c'est amusant. Ça m'a rappelé *Zazie dans le métro*, me dit-il avec un accent des pays de l'Est.

Je ne connais pas le film qu'il me cite en référence.

— Bon, voilà le budget et votre salaire. Je suis désolé, mais c'est à prendre ou à laisser, parce que c'est moi qui suis responsable du budget et je n'ai pas de marge de manœuvre.

L'homme sourit encore.

— L'argent, c'est pas très important. On s'arrangera. Parlons plutôt de ce script formidable, me dit-il, toujours aussi zen.

Je commence à me détendre et la conversation tourne à l'artistique. Marie-Christine avait raison, l'homme est délicieux. Dans son salon, il y a des toiles de maîtres sur tous les murs. Des originaux de Cocteau, de Chagall. Je commence à me dire que j'aurais quand même dû prendre le temps de jeter un œil sur son curriculum vitae. On fait une pause et il m'indique les toilettes. Dans le couloir, il y a des étagères, dont l'une est cassée. Là s'entassent des Césars et des Oscars, couverts de poussière.

J'aurais vraiment dû me renseigner sur le mec avant de l'agresser avec mon budget. De retour dans le salon, je passe en mode respect et j'arrête de faire le chien fou.

On finit par se serrer la main et se donner rendez-vous dès le lendemain, à la station Auber, pour un premier repérage.

Dès que j'arrive chez moi, j'ouvre le dictionnaire du cinéma, à la page « T » comme Trauner, Alexandre de son prénom.

Le gars a fait les décors de plus de cent films, dont *Les Enfants du paradis*, *Sunset Boulevard*, et deux ou trois films d'Orson Welles.

Je me sens con comme ce n'est pas permis. Comment j'ai pu être aussi bête et arrogant ? Le lendemain matin, je m'excuse auprès de lui et je lui dis la vérité. Ça le fait beaucoup rire. Il n'a pas été offensé une seule seconde. J'ai l'énergie et l'empressement des gens qui créent, il connaît ça par cœur, depuis cinquante ans.

Quelques semaines plus tard, il me présente ses décors, peints à l'huile sur planches de bois. De véritables œuvres d'art, j'en ai les larmes aux yeux. Je sais que j'ai encore beaucoup à apprendre et je me sens tellement privilégié d'être entouré d'artistes aussi généreux.

Deux ou trois jours après, nous visitons les Studios de Boulogne. Entrer dans un studio avec Trauner, c'est comme entrer dans une église avec le pape. Les gens enlèvent leur chapeau, ils l'appellent « maître ». Mais le petit Hongrois se fout des honneurs, sa tête est déjà en train de construire.

À l'entrée, je croise le gardien qui m'avait chassé quelques années auparavant. Je le salue d'un beau sourire, mais l'homme ne me reconnaît pas. Pas grave. Je ne suis pas en mode vengeance. J'ai mon deuxième film à faire.

On va construire en studio tous les décors « interdits » du métro, ceux où le public n'a pas le droit d'aller.

Quelques jours plus tôt, nous avons rencontré la dame de la RATP responsable des tournages. Pas facile. À longueur de journée, elle me sort la phrase que j'ai le plus entendue depuis que j'ai commencé dans le cinéma :

— Ça va pas être possible.

Elle refuse la moitié des scènes du script. Je reprends donc l'écriture et lui concocte, en quarante-huit heures, une version édulcorée où tout le monde il est beau, tout le monde il est gentil. Elle gobe tout et nous donne son aval. Toutes les scènes supprimées seront tournées en studio, ou côté Forum des Halles (qui ne dépend pas d'elle). Elle ne nous a pas laissé d'autre choix que de lui mentir. Il me reste juste deux scènes que je ne pourrai pas faire en studio : l'attaque des vigiles dans une rame de métro et le roller qui saute par-dessus la voie. Démarrons le tournage, on verra en cours de route.

Christophe Lambert revient de chez le coiffeur. Il a maintenant les cheveux blonds en bataille. La coupe de Sting. Ça lui va super bien et il devient Fred, le héros paumé de *Subway*.

– 18 –

Premier jour de tournage.

On commence par une cascade, sans acteur. La Peugeot 205 GTI et la Mercedes qui la poursuit doivent sauter un escalier, au bout d'une impasse.

Le cascadeur règle le tremplin de réception sur lequel il doit atterrir, il a des Ray-Ban et se la joue Clint Eastwood.

Mercedes n'a pas voulu participer au film, donc on en a loué une chez Hertz. Si la cascade est bien réglée, il ne devrait pas y avoir de problème.

Jack Lang, le ministre de la Culture, vient sur le tournage pour assister au premier plan. Je suis content de le voir mais je ne comprends pas trop ce qu'il fait là. Je n'ai pas conscience que *Subway* est le tournage le plus *hot* du moment et qu'il est bon de s'y montrer avec quelques photographes. Je ne vois rien de tout ça, trop absorbé par ma cascade qu'il ne faut pas rater.

La 205 s'élance, vole au-dessus de la caméra puis atterrit en bout de tremplin, les roues avant déjà sur le bitume. C'est chaud. Le cascadeur doit ralentir un peu, sinon il sera hors tremplin de réception.

Le cascadeur, toujours avec ses Ray-Ban, fait semblant de revoir ses calculs. Il se la joue bac + 8, alors qu'on sait tous qu'il a arrêté l'école en quatrième pour voler des mobylettes.

La Mercedes s'élance, s'envole et retombe 15 mètres après le tremplin de réception. La prise est formidable, mais le châssis de la Mercedes est cassé en deux.

— C'est normal ? demande Jack Lang.

Je ne lui réponds même pas et je fonce vers le cascadeur pour le traiter de tous les noms.

— Je ne comprends pas, j'avais pourtant calculé ! me dit-il avec une tête de Calimero.

— Mais t'as rien calculé du tout ! Tu ne sais même pas compter jusqu'à 2 !

Je ne décolère plus et le gars rentre chez lui. En métro.

Heureusement, le plan est superbe et il n'y a pas eu de blessés. Vers 1 heure du matin, le régisseur déposera la Mercedes devant chez Hertz avec un mot d'excuses.

Dès le lendemain, les acteurs arrivent et les journées s'enchaînent avec plus de sérénité.

Le tournage dans le métro se passe de 22 heures à 5 heures du matin. On distribue du carotène à l'équipe. La lumière des néons en permanence n'est pas bonne pour les yeux.

On tourne avec une nouvelle pellicule, de la Fuji 250. Les électros se sont fabriqué des hottes de pères Noël remplies de tubes néon, afin d'harmoniser les couleurs dans les couloirs du métro.

On a même fixé un mini-néon au bout d'une perche de son, afin de venir mettre un peu de lumière sur le visage d'Isabelle. On a aussi loué un nouveau système, qui arrive tout juste des États-Unis, le Steadicam. Le système est fabuleux et nous permet d'être beaucoup plus agiles.

J'ai étudié les flux dans les couloirs. Les gens arrivent régulièrement par vagues, comme la mer. Il faut donc attraper le rythme et tourner entre deux vagues. Le système fonctionne bien et nous faisons l'économie d'une figuration qui aurait été trop lourde à gérer.

Pour les plans de courses dans le métro, nous descendons un karting et nous fixons la caméra dessus. Le pilote n'a plus qu'à suivre Christophe poursuivi par Batman et Robin.

Première nous a contactés. Ils veulent faire un gros sujet sur le film. Je rencontre donc le fameux rédacteur en chef, celui qui avait fait réécrire trois fois la critique du *Dernier Combat* qu'il jugeait trop bonne. Mais je n'en fais pas état. Avançons. Ils veulent faire venir leur photographe. J'accepte à condition que rien ne sorte sans notre accord. Ils acceptent. Parole de journalistes.

Christophe Lambert est bien dans son rôle et on s'entend à merveille. Mais un jour, tout bascule. *Greystoke* vient de sortir au cinéma. Les gens commencent à le reconnaître dans le métro et Christophe devient une star en quelques semaines.

Lui ne change pas vraiment, mais tout le monde change autour de lui. Il est invité partout, se fait draguer par toutes. On lui propose des deals et des films dans tous les sens.

Il doit lutter pour rester concentré et je l'aide à garder un peu les pieds sur terre.

Édith Colnel me prévient : on dépasse. De 1 million de francs, peut-être un peu plus. J'entends, mais je ne change rien. Je me débrouillerai après. Pas question de lâcher quoi que ce soit sur la qualité du film. Mais tout n'est pas qu'une question d'argent. Je me souviens par exemple du petit pull de Christophe que Martine Rapin (la fille aux cheveux bleus de Valloire) avait trouvé aux puces. J'étais tombé amoureux de ce pull, mais Martine n'avait qu'un seul exemplaire. Tant pis, on a pris le risque. Pas de sécurité. Dès que Christophe finissait sa journée, Martine récupérait le pull et le mettait dans son sac. Elle dormait même avec le pull sous son oreiller, pour ne pas le perdre. Ce pull était plus précieux qu'une rivière de diamants et Martine a angoissé pendant les seize semaines du tournage.

Adjani est juste un ange. Dispo, ouverte, à l'heure. Un rêve. Quand je la filme, j'ai l'impression de manger des gâteaux.

Les rushes sont magnifiques et Isabelle est lumineuse. Tous les matins, on finit vers 6 heures et on se retrouve, à quelques-uns, autour d'un bon petit déjeuner.

Martine Rapin, Carlo Varini, Jean Reno… les anciens. Ce n'est que mon deuxième film, mais j'ai le sentiment que nous avons déjà bien roulé ! Ma peau commence déjà à durcir.

Un matin, *Première* est en kiosque. Ils ont fait douze pages sur le film, sans nous prévenir, sans nous faire choisir ni valider les photos. Je suis fou de rage et ce ne sont pas les quelques excuses bidon que le rédacteur en chef bégaye qui vont me calmer.

C'est quoi cette bande de baltringues ? Dans la nature, aucun animal n'est aussi vicieux. À part la hyène, peut-être.

En plus, l'article se veut gentil, mais ne reflète en rien le tournage. Ils sont venus sur le plateau quelques jours, mais n'ont rien compris. Ils ne parlent pas la langue. L'article n'est que grimaces et ricanements. Rien n'est sincère. Rien n'est vécu. Ils se disent « plongeurs », mais ils n'ont de l'eau que jusqu'aux chevilles.

Espérons seulement que ces journalistes-là sont des exceptions et que l'on croisera quelques professionnels sur la route.

Les six premières semaines sont dans la boîte. Gaumont et TF1 sont contents, les techniciens ravis et les rushes impeccables. Du coup, tout le monde se détend et commence à se la péter un peu. Le souvenir du *Dernier Combat* me revient alors en mémoire. Les mois de galère à payer des dettes, à convaincre les gens d'aller voir le film.

Tout le monde roucoule et se félicite sur le plateau, mais personne ne sait vraiment où se situe le film. Ce n'est pas parce qu'on mène à la mi-temps que le match est gagné. Il faut absolument monter d'un cran. Il faut s'arracher, traquer la suffisance et le plaisir et les remplacer par de la sueur. Je veux être fatigué d'avoir essayé.

Le lendemain, c'est la scène de la danse sur le quai du métro. Jean-Hugues Anglade danse avec Isabelle, Christophe vient prendre sa place. Je fais cinquante-deux prises. Mon niveau d'exigence est monté de cinq crans. Tout le monde s'affole, sauf Isabelle. Chercher la perfection est son jeu favori.

Le lendemain, je recommence le même plan. Seize prises. Les techniciens sont perdus, mais maintenant réveillés. Tout le monde va alors monter d'un cran et le film va devenir magique.

Mais la magie a un prix et Édith, la directrice de production, m'annonce que les dépassements ont encore augmenté. On a passé la barre des 2 millions de francs que je m'étais fixée. Il faut maintenant apprendre à jongler. Monter la qualité en descendant les coûts.

J'aurais bien aimé qu'on m'apprenne ça à l'école, plutôt que la date de Waterloo.

Le tournage touche à sa fin. Nous avons été exemplaires avec la dame de la RATP et elle finit par accepter le saut du roller au-dessus des rails. On a mis une planche fine et large, qui va d'un quai à l'autre pour lui prouver qu'il n'y a aucun danger. La caméra est au niveau de la tranche, donc on ne la voit pas. Le saut paraît réel, mais sous un autre angle, totalement sécurisé.

Pour la scène du braquage en pleine rame, ça va être plus compliqué. Je n'ose même pas lui en parler. Je sais qu'elle refusera. Alors, le dernier jour, on prétexte des plans de coupe pour s'installer à Auber. J'ai repéré un train vide qui reste à quai toutes les dix minutes. On prépare notre coup, aussi minutieusement qu'un casse.

Deux copains acteurs sont costumés en transporteurs de fonds et attendent mon signal, à l'autre bout du quai. Carlo fera le plan à l'épaule. On a répété le mouvement sur le parking. Je branche la dame de la RATP sur ses vacances et elle commence à me parler de l'Afrique. Le piège se referme. Clin d'œil au premier assistant qui s'éclipse.

Une minute plus tard, une voix résonne dans la station. La dame de la RATP est réclamée au poste de commande. Elle s'excuse auprès de moi et nous quitte. Au moment même où elle disparaît dans l'escalator, les deux convoyeurs de fonds arrivent en courant, Bohringer le fleuriste et Christophe le héros se mettent en place.

L'accessoiriste sort deux flingues de son pantalon et les donne aux acteurs. Je sors une veste RATP d'un sac plastique, l'enfile et me visse une casquette sur la tête. Grâce à une clé en triangle que j'ai piquée pendant les repérages, j'ouvre la cabine de la rame et prétends être le conducteur. « Action. »

Les deux convoyeurs se font braquer par Christophe, tandis que le fleuriste me tient en joue. Le plan fait quarante secondes d'après nos repérages. Le temps pour aller à la salle de commande et revenir est de quatre minutes trente.

On enchaîne donc trois prises à la suite, sans même couper la caméra. Les prises sont de mieux en mieux. Plus fluides, plus rapides. Je suis persuadé que la prochaine sera meilleure, mais d'après nos calculs, nous n'avons plus le temps de la faire. La dame de la RATP va réapparaître sur le quai d'une seconde à l'autre. Tant pis. On prend le risque. La pression monte et on a maintenant vraiment le sentiment de faire un casse. La prise est super. J'enlève ma veste et ma casquette, au moment où la dame de la RATP arrive sur le quai. Martine fout la veste sous son pull et repart dans l'autre sens.

— Désolée, c'était un appel au PC, me dit-elle en me rejoignant.

— Rien de grave ?

— Je ne sais pas, la personne a raccroché.

Dans son dos, les convoyeurs s'éclipsent et Bohringer cache les flingues sous ses fleurs. La scène est dans la boîte. Le casse est réussi.

Le grand bonheur sur ce film, c'est la diversité des acteurs. Richard Bohringer, le poète qui ensorcelle l'équipe de sa voix magique. Jean-Pierre Bacri qui fait rire tout le monde avec son jeu décalé. Michel Galabru et sa fausse bonhommie machiavélique qui se glisse dans le texte comme du miel dans les trous d'une tartine. Christophe Lambert, oiseau déplumé, apatride, comme un félin aveuglé par les phares. Jean Reno, le survivant de l'apocalypse, qui tape avec ses baguettes sur tout ce qui lui tombe sous la main et sans dire un mot. Isabelle, divine propriétaire des lieux. Elle est au cinéma ce que Cléopâtre est à l'Égypte. Jean-Hugues Anglade, animal blessé, perdu, inquiet, introverti, photogénique. Même sa voix nous émeut. Anconina ne lui serait pas arrivé à la cheville.

Et puis Jean Bouise. Le patron. Le métronome. Le juge de paix. Celui qui, tous les matins, vous rappelle les raisons pour lesquelles vous aimez ce métier.

J'apprends tellement auprès de tous ces acteurs. Ils me proposent tellement de couleurs à mettre sur ma palette que j'en suis grisé, à ne plus savoir quoi peindre. Les possibilités sont infinies et me sont toutes offertes. Je suis le plus heureux des metteurs en scène.

Merci à eux, du fond du cœur.

Le tournage se termine par une grande fête. C'est la tradition. Les finitions se passent bien et cette fois-ci je n'ai pas à courir après l'argent. Nous avons du temps pour le montage, un bel auditorium pour mixer proprement (en Dolby) et Éric Serra enregistre au Palais des Congrès.

On ne travaille plus en cachette, dans l'ombre des grands. On a notre place, même si elle n'est pas réservée.

À la cantine des auditoriums de SIS, les grands monteurs envoient leurs stagiaires réserver leur table dès 11 heures du matin, tandis qu'un autre stagiaire va chercher leurs gants blancs au pressing du coin.

Les gants blancs étaient l'objet symbolique des monteurs qui touchaient la pellicule. Les grands maîtres n'enfilaient que le gauche, pour être plus chics.

Le premier jour, on se retrouve donc autour d'une table pour déjeuner, à l'ombre, et on observe ce ballet de petits marquis qui parlent du cinéma comme un évêque parle de Dieu, en oubliant qu'il ne l'a jamais rencontré.

Je découvre peu à peu un monde inconnu qui gravite autour des films. Un monde fait de postures, de prétention et de dogmes.

Seuls les films sérieux sont dignes, seuls les pauvres sont des artistes et seuls ceux qui font partie de l'élite sont légitimes.

Comme je suis dans la catégorie des « gros veinards qui bossent avec Adjani » et que je parle des films comme un cuisinier, je perds instantanément toute crédibilité. Je ne suis plus qu'un mécréant attiré par la lumière et l'argent.

Pour être honnête et talentueux, il faut tourner un drame social dans sa cuisine, pas une comédie déjantée en couleur et en musique, qui s'annonce comme le gros succès de l'année.

La perspective de ce succès leur est déjà insupportable et les équipes des autres films français tournent la tête à mon passage, alors qu'ils n'ont pas vu une seule image. Ça m'attriste, mais j'ai un film à finir. Le midi, je reste donc dans ma salle de montage, avale un sandwich, et je bosse dix-huit heures par jour.

Isabelle m'invite à dîner. Elle veut avoir des nouvelles du film.

Je la rassure, mais elle n'était pas vraiment inquiète.

— Tu sais ce que tu vas tourner après ? me demande-t-elle, toujours curieuse de tout.

J'avoue ne même pas y avoir pensé. Une idée peut-être.

Un film sur la mer. Isabelle est intriguée et me questionne. Elle fait une grave erreur. Il ne faut jamais me lancer sur ce sujet, car je ne sais pas m'arrêter. Je peux parler de la mer pendant des jours, je peux vous déverser des tonnes d'histoires jusqu'à ce que vous soyez trempé de la tête aux pieds.

Isabelle m'écoute avec gourmandise, ses grands yeux bleus écarquillés. En deux heures, je lui ai fait visiter tout l'océan.

Isabelle devient, ce soir-là, la première fan officielle du *Grand Bleu.*

Le premier montage se termine. Le film est bon, mais beaucoup trop long. C'est une évidence. Deux heures vingt.

Le plaisir de tourner m'a fait oublier une règle essentielle : l'équilibre entre ce qu'on dit et combien de temps on prend pour le dire. Dès que cette balance penche d'un côté ou de l'autre, on perd l'équilibre.

Trop rapide, on perd l'essentiel, le point de vue, la subtilité, la compréhension.

Trop lent, on s'expose à l'ennui, la redondance, la prétention.

Moi, j'ai tout filmé comme si chaque scène était la plus importante. Erreur de débutant, amoureux et affamé.

Je fais une première projection pour Gaumont et TF1 qui est coproducteur. À cette époque, TF1 est encore une chaîne publique. Le patron sort de sa Jaguar et m'enfume de son cigare avant de me serrer la main. Vieux beau élégant, bronzé à la lampe, écharpe rouge en cachemire et costume bleu satiné. On dirait un pubard de la Côte d'Azur. Il promène sa femme comme un caniche sur la Croisette. Tout ce que j'aime.

Le gars est suffisant. Le cinéma, c'est lui. Il s'écroule sur son fauteuil, déjà fatigué d'avoir été obligé de venir jusqu'à La Garenne-Colombes.

J'ai le désagréable sentiment de revenir à l'école et d'affronter mes profs en conseil de classe.

Ma force est bien fragile. Je me suis musclé pendant toutes ces années et certes ma peau est maintenant une carapace, mais c'est si facile de retourner une tortue et de la mettre sur le dos.

Je respire un grand coup et je fais le petit speech habituel.

— Le film n'est pas fini, pas mixé, pas étalonné et il est trop long de dix minutes, mais on travaille dessus.

— C'est bon, on connaît le speech, me balance le gars de TF1 en ricanant.

Le film démarre. Deux heures de torture.

La projection est un désastre. J'ai fait une erreur fatale : dans la salle, il n'y a personne de moins de 50 ans, et aucun des spectateurs n'a mis les pieds dans le métro depuis son adolescence.

J'ai l'impression d'avoir fait écouter du rap à un banquier.

Le patron de TF1 me dit que ce ne sont pas dix minutes qu'il faut couper, mais au moins une demi-heure, et me prédit un flop, comme pour mon ami Beineix et sa *Lune dans le caniveau*.

À côté de lui, sa femme, qu'il traite comme un accessoire, essaye de faire entendre sa petite voix. Elle a bien aimé et elle a envie d'en parler. Son mari l'ignore. Elle n'y connaît rien et ne fait pas partie du sérail. Dans son dos, elle m'envoie quand même un sourire et lève le pouce.

En partant, elle me prend à part et me chuchote à l'oreille :

— Je retournerai le voir avec mes enfants, je suis sûre qu'ils vont adorer.

Les femmes ont toujours cette capacité à sentir la détresse et à ne jamais l'utiliser. Contrairement aux hommes.

Elles savent que le réconfort soigne les plaies et nous remet sur la route.

Elles savent aussi qu'il faut toujours aider un enfant fragile, même quand il est caché dans le corps d'un homme.

Cette projection m'a bien perturbé. Pas question de mettre les critiques sur le compte de la bêtise. Il faut les assumer, les disséquer, les trier et récupérer tout ce qui peut être utile à rendre le film meilleur.

On commence à couper, par petites touches, sans faire mal à la bête.

J'ai bien une idée de coupe, qui nous ferait gagner six minutes d'un coup, mais Isabelle est dedans et je ne sais pas comment gérer cette affaire. Je finis par l'appeler et elle vient au montage, à La Garenne-Colombes. Elle s'installe devant la table de montage et regarde la coupe comme un chirurgien regarde une radio.

— Bien sûr. C'est mieux. Enlève, me dit-elle, tranchante comme un scalpel.

Elle va même encore plus loin et me propose d'enlever aussi la scène d'avant. On essaye la coupe en direct et c'est effectivement beaucoup mieux. On a gagné douze minutes d'un coup.

Isabelle traite les images comme de la matière première, même si elle est dedans. Moi je suis encore amoureux de mes images et je n'arrive pas à m'en séparer.

Isabelle est un docteur. Elle ampute, mais elle fait ça bien. Mon regard sur le montage change grâce à elle. Je ne monterai plus jamais pareil. Je passe de réalisateur à garagiste.

Édith Colnel a fini ses comptes. Je sais qu'on a dépassé d'au moins 2 millions et je m'y suis préparé.

Mais Édith m'annonce un dépassement de 7 millions de francs et je tombe de ma chaise.

— Mais je ne comprends pas ?! À la fin du tournage, tu m'as dit qu'on était aux alentours de 2 millions ?!

— Ben oui mais… J'avais pas tout calculé, me répond-elle bêtement, et je comprends d'un seul coup qu'elle ne sait pas compter.

Je lui hurle dessus. Elle est autant directrice de production que je suis chef coiffeur.

C'est le cauchemar du *Dernier Combat* qui recommence, mais les dettes sont à payer plus tard. En attendant, il faut assurer les finitions et prier pour que le film soit un succès.

Le film est maintenant terminé et il fait moins de deux heures. Je crois qu'on a bien travaillé. Éric a fait un super boulot et l'image est d'un bleu électrique qui lui donne une modernité incontestable.

J'appelle Isabelle pour lui montrer le film. Elle me demande si Warren Beatty peut assister à la projection. L'Américain pense à lui donner un rôle dans son prochain film et aimerait beaucoup voir ce qu'elle a fait dans *Subway*.

Il est évidemment le bienvenu.

Warren saute dans le Concorde et arrive le soir même.

On dîne tous ensemble dans un restaurant chic. Ils me font goûter des petits œufs tout noirs. « Ça s'appelle du caviar », me précise Isabelle. Je préfère les petites crêpes qui l'accompagnent.

Isabelle me fait parler de la mer et du *Grand Bleu*, mais Warren m'intimide. Pas longtemps. Je me jette à l'eau et nous voilà partis pour un tour en bateau.

Le lendemain, je projette *Subway* aux deux tourtereaux.

Warren me félicite et m'avoue que ce n'est pas Isabelle qu'il voulait voir. Il n'a aucun doute sur son talent. C'est moi qu'il venait juger, et il est satisfait. Il veut produire mon prochain film. Celui sur la mer. Isabelle me lance un sourire complice.

Quand un producteur français vous dit qu'il va produire votre prochain film, vous savez déjà qu'il y a une chance sur deux qu'il se dérobe.

Warren Beatty le joue à l'américaine et il me donne un chèque de 25 000 dollars, comme ça, de la main à la main. Une avance pour que je sois tranquille, pour que je puisse bosser sereinement. On fera les contrats plus tard.

Je ne sais pas quoi dire. Je pensais que ces moments-là n'existaient qu'au cinéma.

Je le remercie, encore sonné par son geste.

Pas question d'encaisser le chèque tout de suite. Je passe la semaine à l'exhiber devant tous mes potes qui s'extasient en voyant la signature de la star.

Mais pour l'instant, il faut que je reste concentré. J'ai un film à sortir.

La sortie s'annonce grosse. Fini les sept salles du *Dernier Combat*. Gaumont a sorti l'artillerie lourde. On sera sur plus de deux cent cinquante copies. J'en ai la tête qui tourne.

La dame de la RATP me réclame une projection depuis déjà des semaines et je trouve tous les prétextes du monde pour reculer cette échéance. Elle doit donner son approbation et elle a le pouvoir théorique de bloquer la sortie du film.

On est donc encore obligés de monter un stratagème.

On commence par montrer le film à Yves Mourousi, qui est emballé. Il veut présenter le journal de 13 heures en direct de la station Auber et glisser entre deux escalators, comme le roller dans le film.

On organise alors un rendez-vous entre Mourousi et le grand patron de la RATP. La dame de la RATP hurle. Elle veut voir le film avant le rendez-vous. Pas de souci. On le lui montre… deux heures avant. La fille est blême. Attaque de convoyeurs, fleuriste braqueur, cascades dangereuses, clandestins vivant dans le métro et flingues qui se baladent.

— Vous m'avez menti ?! me dit-elle, d'une voix chevrotante.

— Oui, mais si vous aviez été plus ouverte, je n'aurais pas eu à le faire.

— Mais vous avez outrepassé toutes les limites ! suffoque-t-elle.

— Le cinéma n'a pas de limites, je lui rétorque en haussant les épaules avec une mine désolée.

Mourousi serre la paluche du patron de la RATP, tout excité de rencontrer la star. La dame de la RATP est derrière.

Mourousi est au courant de mon problème et il met le paquet. Il promet une émission à la gloire de la RATP qui sera regardée par 10 millions de Français. Le patron a les yeux qui brillent, tandis que la dame de la RATP lui tire sur la manche et essaye d'en placer une. Rendez-vous est pris et les deux hommes se tapent dans la main, mais la dame insiste, jusqu'à irriter son patron.

— Quoi ? Qu'est-ce qu'il y a ?

— Le film. Il y a des choses qui s'y passent. Je ne suis pas sûre que notre image…, balbutie-t-elle.

— On y voit un chauffeur de rame se faire sodomiser ? lui balance-t-il.

Mourousi rit fort à sa blague pour l'encourager.

— Euh… non, répond-elle, totalement prise au dépourvu.

— Eh bien, tout va bien alors ! lui dit-il en raccompagnant Mourousi à la porte.

Quelques jours plus tard, le célèbre présentateur de TF1 fait son journal de 13 heures au milieu de la station Auber, glisse entre deux escalators et bat tous les records d'audience.

Le jour de la première, je traite la dame de la RATP comme une princesse et je la place juste derrière Isabelle Adjani.

Le film sort quelques jours plus tard.

Sur les Champs-Élysées, il y a une queue immense devant le cinéma Gaumont Ambassade. Que des jeunes, venus en métro.

Le premier jour, le film réalise vingt-huit mille quatre cent quatre entrées à Paris, sur vingt-huit salles.

C'est un triomphe. Le film est premier au box-office.

Évidemment les journalistes m'éreintent, puisque je ne leur appartiens plus. Ils m'ont découvert, mis en avant, et maintenant je les trahis en appartenant à tout le monde. Je suis heureux du succès, mais je sens déjà de l'aigreur qui s'accumule. Le succès déplaît. Le succès agace. J'avoue ne pas bien comprendre le concept. Pour moi, le succès est un bonheur que je souhaite à tout le monde.

– 19 –

Quelques semaines plus tard, je suis invité à Cannes. Je ne dormirai pas sur la plage, on m'a donné une belle chambre au Majestic. Je m'autorise à ressortir mes Ray-Ban. J'ai l'alibi du soleil.

Je m'installe en terrasse pour prendre un thé. Le film est toujours numéro un au box-office et je me sens comme le gagnant du loto.

Pourtant, je suis seul à ma table et personne ne m'aborde. En quelques heures, je comprends à quel point je ne fais pas partie de ce métier. Je ne suis pas né dans la bonne clinique. Je n'ai pas fréquenté les bonnes écoles. Je n'ai pas la bonne famille.

J'ai poussé comme une mauvaise herbe, entre le sable et les cailloux. On écorche mon nom et on traite mon film de clip pour ados attardés. Je commence à être détesté. Moi qui faisais des films pour être aimé.

Pendant ce temps, la dame de la RATP démissionne de son poste et part s'installer en Afrique.

Christophe Lambert est devenu une star. Après *Greystoke* et *Subway*, il prépare *Highlander*. Il ne se passe pas une semaine sans qu'il soit en couverture d'un magazine.

Je le rejoins à New York pour la sortie du film aux États-Unis. Quelques salles seulement : c'est le sort réservé aux films en langue française. Cent une salles maximum, contre plus de trois mille pour les grosses machines américaines. On s'en fout : « Le plus dur, c'était de sortir de la cave », chante NTM à la radio.

On nous a réservé à chacun une suite, dans un somptueux hôtel, en plein Manhattan. Christophe est déjà là depuis plusieurs semaines et je frappe à la porte de sa suite. Une sublime mannequin noire m'ouvre la porte. Elle est nue, à peine couverte d'un bout de drap. *Welcome to New York.*

Je pense m'être trompé de chambre, mais la jeune femme me rassure et m'explique que Christophe ne va pas tarder. Elle me propose même de l'attendre à l'intérieur. Je vais plutôt l'attendre au bar.

Christophe me rejoint une heure plus tard. Il était en répétition. On prévoit d'aller dîner dans un italien.

— Ça t'embête si De Niro vient avec nous ? me dit-il comme s'il me parlait de son cousin.

— Ben non, je réponds bêtement.

De Niro. La star absolue. Le pape. Le *Taxi Driver* de New York, que j'ai croisé quelques secondes sur la scène d'Avoriaz. L'acteur arrive dans le hall de l'hôtel, presque incognito. Il passerait pour un comptable tellement il est discret. En revanche, dès qu'il vous serre la main, on sent toute sa puissance. Celle de son regard qui scanne et de son sourire qui vous anesthésie. Ce gars-là n'est pas une star par hasard.

Il est venu avec Christopher Walken, qui traînait par là. Son copain depuis *Deer Hunter*.

— Ça vous dérange si Al Pacino se joint à nous ? demande gentiment Robert.

Je crois à un gag, mais quelques minutes plus tard Al Pacino débarque avec Harry Dean Stanton, l'acteur mythique d'*Alien*.

Al a les cheveux très longs, comme Robert.

L'un tourne *Revolution* de Hugh Hudson, l'autre *Mission* de Roland Joffé. Tout ce petit monde s'entasse comme des sardines dans un SUV, direction le restaurant.

Terry Gilliam nous a rejoints. Même à Cannes, je n'ai jamais vu une table pareille. Je suis coincé entre Al Pacino et Christopher Walken. De Niro est en face de moi, à côté de Christophe. Je me débats avec mes trois mots d'anglais et fais tout pour ne pas suer à grosses gouttes, tellement je suis stressé. Je plonge ma tête dans ma tomate-mozzarella comme une autruche plante sa tête dans le sable. Mais la table entière est tendue, presque terne.

Cette bande brille sous les projecteurs, mais se referme dès qu'il n'y en a pas. Une bonne brochette d'introvertis.

Une directrice de casting anglaise vient saluer Christophe et le félicite pour cette table incroyable. Seule ombre au tableau, la petite tête blonde, vissée sur un corps de bûcheron, qui ne lui dit rien du tout. Christophe lui explique qui je suis et la fille se met à hurler en plein restaurant :

— *Oh my God ! You are the director of* Subway *?*

Tous les regards se tournent alors vers moi et je me sens rougir à vue d'œil. C'est le moment le plus embarrassant de ma vie.

Pacino sourit, De Niro ricane et les autres se marrent.

La fille me fait un speech d'une minute sur mon chef-d'œuvre et j'aimerais la payer pour qu'elle arrête.

Du coup, la table se relaxe et l'ambiance devient plus sympathique. Al Pacino se met à me parler du court-métrage qu'il prépare. Il m'a pris pour un intellectuel français. Moi, je hoche la tête poliment, mais je ne comprends quasiment rien de ce qu'il me dit.

À 22 heures, tout le monde rentre chez soi. On travaille tous demain. Sauf Christophe. Il récupère sa fiancée, encore plus belle quand elle est habillée, et ils partent faire la tournée des boîtes. Le décalage horaire m'assomme et je vais me coucher. Pas la peine de rêver, j'ai juste à me repasser le fil de la soirée.

Même dans mes rêves d'ado les plus fous, je n'aurais jamais imaginé un tel dîner.

Ce qui m'a marqué le plus, c'est la générosité et la simplicité avec laquelle ils m'ont accepté. Ça fait vraiment chaud au cœur.

Retour à Paris, où les dettes m'attendent. Toscan du Plantier s'est fait virer. Le succès de *Subway* n'a pas réussi à le sauver. Trop d'embrouilles et de pertes. C'est Patrice Ledoux qui le remplace à la tête de Gaumont. Ils ont remplacé un prince par un comptable. Le gars a une tête de banquier, alors je lui parle de ma dette que j'aimerais bien réduire, vu les profits que Gaumont a faits sur le film.

— Combien tu veux ? me demande-t-il brusquement.

Je ne me suis pas encore posé la question. J'étais encore sur le principe.

— Euh… 1 million ? je balbutie.

Le chiffre me paraît énorme.

— OK, 1 million. Maintenant on parle de ton prochain film.

Le gars calcule plus vite que son ombre. Une fois rentré chez moi, j'ai le désagréable sentiment de m'être fait avoir. Il m'a donné ce que je lui ai demandé, mais il me reste encore 6 millions de dettes, que Gaumont aurait dû assumer. Je ne suis décidément pas fait pour les affaires.

Je vais voir TF1, coproducteur du film, et sollicite leur bon cœur. Rien. Zéro. *Nada*. Démerde-toi avec tes dettes. À 20 ans j'avais 3 millions de dettes, à 25 j'en ai 7. Je progresse.

Je n'ai plus qu'une solution pour payer tout ce que je dois à l'Urssaf et autres organismes sympathiques : faire un autre film et espérer qu'il cartonne.

La première version du *Grand Bleu* me plaît bien. Je l'ai fait traduire et je l'envoie à Warren Beatty. Il me confirme qu'il y a encore du boulot dessus. Il me propose de travailler avec une scénariste américaine, chez lui, à Los Angeles.

Sa maison est sur Mulholland Drive, la fameuse route de crête qui surplombe Hollywood. Son voisin de gauche est Jack Nicholson, celui de droite Marlon Brando. Le genre de voisins à qui on a envie de demander du sel toutes les cinq minutes. Sa maison est grande et luxueuse, avec une vue incroyable sur la vallée.

Warren court sur un tapis roulant, face à un écran géant bloqué sur CNN. Isabelle se promène de la cuisine à la piscine et semble s'ennuyer un peu. Je soupçonne Warren de m'avoir fait venir aussi pour que je lui tienne compagnie. Le plaisir est pour moi.

La scénariste s'appelle Marilyn. Elle a la quarantaine. Sa voix est douce et agréable. Elle n'y connaît rien à la mer, mais elle sait fouiller la psychologie des personnages. Les Américains ont une approche du script bien différente. La méthodologie est plus précise, plus technique, plus rigoureuse. Ils travaillent longtemps sur le châssis, quand les Français sont déjà en train de choisir la couleur des sièges.

J'apprends beaucoup avec elle et sa douceur n'est pas désagréable. J'avais pour habitude d'arracher les choses. Elle m'apprend simplement à les cueillir.

Un matin, je suis réveillé par des bruits de pneus. Il y a dix voitures de police dans la cour. Un gars de la CIA entre dans ma chambre sans frapper, et vérifie qu'il n'y a personne dans mes placards. Il pourrait au moins dire bonjour.

La maison est remplie d'agents en civil. Gary Hart est venu chercher ses discours que lui écrit Warren. Le gars est en maillot de bain, au bord de la piscine, et se fend la gueule avec Isabelle, tandis que Warren, dans la cuisine, retouche le discours.

C'est là que Jack Nicholson débarque, en peignoir.

Bienvenue à Hollywood.

Jack n'a plus de café. Il vient donc le boire chez Warren. Normal. Il n'y a plus qu'à attendre que Marlon Brando vienne se faire une tartine.

Cette vie hollywoodienne est incroyable et je ne remercierai jamais assez Warren de me laisser ainsi en profiter. Mais ma tête est ailleurs.

Elle est déjà dans le bleu, et je préférerais en discuter pendant des heures sur un coin de table plutôt que de me faire balader en ville par son chauffeur. Warren n'a pas beaucoup de temps pour moi. Ni pour personne d'ailleurs.

Retour à Paris, avec la deuxième mouture en main. Je sais déjà comment aborder la troisième. En attendant, je file sur la Côte d'Azur pour rencontrer Christian Pétron, cinéaste plongeur. Il me montre les caméras sous-marines qu'il a fabriquées dans son atelier. Le gars connaît son affaire, mais je veux tourner en scope. Aucune caméra n'existe dans ce format. Il faut partir de zéro et en construire deux. Christian se sent à l'aise pour construire les caméras, mais le problème ce sont les objectifs. Il faut traiter la diffraction de l'eau, la colorimétrie et même la salinité. Bref, il faut fabriquer des objectifs sur mesure. Christian connaît un ingénieur suisse qui serait capable de les calibrer.

Quelques semaines plus tard, Christian m'envoie son devis. Il faut débourser 300 000 francs (50 000 euros) et patienter huit mois. Il est donc impératif de lancer la fabrication dès à présent, si on veut tourner l'été prochain.

Je prends l'avion pour New York. Warren tourne *Ishtar* avec Isabelle et Dustin Hoffman. Il m'a invité sur le tournage. Je me mets dans un petit coin et je les observe travailler.

La metteuse en scène est un peu perdue et se fait balader par ces monstres sacrés. Warren impose son rythme, d'une lenteur infernale.

En fait, il laisse les portes ouvertes en permanence et ne décide qu'en dernière limite, quand tout le monde est au bord de la crise de nerfs.

Dustin Hoffman ne se laisse pas faire et le taquine en permanence. C'est un vieux renard, à l'œil brillant. Il est aussi à l'aise sur un plateau qu'un poisson dans l'océan. Dustin est impressionnant. Il s'imprègne de tout et joue avec tout. Il fait jouer ses pieds, même quand ils ne sont pas à l'image.

C'est la première fois que je vois un grand acteur américain au travail.

Je passe la journée à ne regarder que lui.

J'aimerais tellement pouvoir un jour travailler avec lui, même si je m'en sens pour le moment incapable.

Dîner avec Warren et Isabelle. Toujours pas de contrat, toujours pas de notes sur le nouveau script et toujours pas d'argent pour commencer à fabriquer les caméras. Il ne dépensera rien tant que le script ne sera pas fini, et comme pour le finir il faudrait qu'il me donne ses notes, je me sens comme un hamster qui tourne dans sa roue.

Retour à Paris. J'ai rendez-vous avec Patrice Ledoux. Sous ses allures de notaire de province, le gars n'est pas si mal. Il est au moins franc-tireur, avance vite et fait ce qu'il dit.

L'inverse de Warren Beatty.

Patrice Ledoux me travaille au corps. Il veut *Le Grand Bleu*. Je me confie un peu à lui et lui parle des difficultés que j'ai avec Warren. Patrice sent ma fragilité et me propose un rendez-vous avec Nicolas Seydoux, le grand patron, l'homme invisible. Nicolas était toujours resté dans l'ombre de Toscan du Plantier, Ledoux a l'intelligence de le pousser un peu dans la lumière. Il souhaite que Nicolas vienne sur le devant de la scène, s'affirme et prenne part aux discussions sur les films. En lui laissant le pouvoir, Patrice sait très bien qu'on ne pourra pas le blâmer, lui, en cas d'échec.

J'entre donc, pour la première fois, dans le bureau du grand chef au septième étage. Au septième ciel.

Nicolas n'est clairement pas de la même famille que moi. La sienne est riche et noble, depuis plusieurs générations. Son éducation est parfaite et son phrasé digne d'un ministre.

Le rendez-vous est assez surréaliste. On dirait une noble girafe qui discute avec une loutre sortie de l'eau. La Fontaine se serait régalé.

Pourtant, dès le premier jour, j'ai remarqué une petite brillance au fond de ses yeux. Une lueur que je connais bien. Celle qu'on trouve dans le regard des enfants, frustrés ou mal aimés, ou simplement abandonnés. L'enfant Nicolas a souffert. Pas financièrement, c'est sûr, mais affectivement. Il cache ses émotions derrière des paquets de mots bien agencés, mais la douleur est là, juste derrière les mots.

On commence à parler de la mer. Nicolas écoute et son œil brille de plus en plus. Cet homme-là aime la mer, il n'y a aucun doute. Il m'avoue que là où il se sent le mieux, c'est quand il est sur son bateau. Je lui dis alors que moi, là où je me sens le mieux c'est quand je suis sous le bateau. Le feeling est passé et, contre toute attente, la girafe et la loutre décident d'aller ensemble à la plage.

Warren Beatty a été super, mais son rythme n'est décidément pas le mien. Je n'ai pas envie d'attendre deux ans pour faire un film. Je lui envoie une jolie lettre, le remercie pour tout et reprends ma liberté. Je glisse le chèque de 25 000 dollars dans l'enveloppe, histoire d'être correct.

La semaine suivante, son avocat me renvoie le chèque par la poste. Décidément, mon anglais doit être vraiment mauvais, car il n'a rien compris. Je renvoie le chèque, qui me revient une nouvelle fois quelques jours plus tard.

Il y a donc un problème. Patrice Ledoux appelle l'avocat pour en avoir le cœur net.

Warren Beatty dit qu'il a un contrat avec moi et qu'il entend bien le faire respecter. Je tombe des nues. Je n'ai jamais rien signé avec personne. Patrice Ledoux mène alors son enquête et découvre le pot aux roses.

Marjorie, l'agent d'Isabelle, a prétendu me représenter et lui a presque donné *Le Grand Bleu* pour avoir un meilleur deal sur *Ishtar*. Par un simple télex à Warren, Marjorie lui a filé les droits du *Grand Bleu* pour 25 000 dollars. Elle n'avait aucun droit ni aucune autorité pour le faire, mais les gens qui abusent de la poudre blanche ne s'arrêtent pas à ce genre de détail.

Une fois les droits en poche, par télex, Warren a été voir son pote, patron de la Fox, et a obtenu une avance de 500 000 dollars pour produire le film.

Accepter de reprendre mes 25 000 dollars l'obligeait donc à rendre les 500 000 à la Fox et Warren n'en avait absolument pas l'intention, vu qu'il en avait déjà dépensé une bonne partie. Bonjour l'embrouille.

Isabelle n'a rien à voir dans tout ça et elle est affligée d'apprendre la situation.

Je n'ai pas encore fini mon script que déjà il ne m'appartient plus. Pour récupérer mes droits, il me faut faire un procès à Marjorie, à Warren et à la Twentieth Century Fox. Patrice Ledoux a consulté ses avocats. Il y en a pour dix ans.

Je n'arrive pas à croire que le film le plus important de ma vie, qui la retrace en partie, qui est l'essence même de mon existence, ne m'appartient plus. On m'a volé mon nom, mon identité. Ma vie.

Patrice ne voit qu'une solution : il faut racheter les droits à la Fox. C'est le monde à l'envers. Je dois acheter au receleur ce qu'il m'a volé. Pire encore : Warren est vexé et il veut que je m'excuse de l'avoir offensé ! En découvrant son petit jeu, je l'ai mis en porte-à-faux face à son grand ami de la Fox.

Rendez-vous est pris dans un bar sur Hollywood Boulevard. Patrice me donne des cours en accéléré. Comment baisser son froc avec le sourire. Il s'avère que je n'ai pas le choix et qu'au moindre dérapage, je perdrai mes droits. Patrice m'oblige à rentrer dans une boîte que mon corps refuse.

Warren est en retard. J'en profite pour prendre l'air à l'arrière du bar. La rage est en moi, comme un orage prêt à éclater. Je sens que je ne tiendrai pas et que je vais perdre mes droits à jamais. Alors d'un seul coup, je me mets à massacrer des poubelles à coups de poing en hurlant ma colère. Mes mains sont en sang. Je retourne au bar et j'enroule mes poings dans deux serviettes. L'orage est passé. Je peux maintenant attendre calmement que Warren arrive, avec ses deux heures de retard.

L'acteur joue les artistes blessés et il attend sa pommade. Je courbe alors l'échine, serre les dents et lui dis ce qu'il veut entendre. Que je suis un petit con qui n'a pas mesuré le privilège qui m'était offert de travailler avec lui, que je sollicite de sa bonté qu'il me laisse faire mon petit film français. Je n'ai rien connu de plus humiliant de ma vie.

C'est la démonstration de l'abus de pouvoir dans toute sa splendeur. Aucune grandeur d'âme. Aucun scrupule. Juste l'aliénation d'un être par un autre.

Il a une fourmi au creux de la main et n'attend qu'un mot de travers pour l'écraser. C'est la première fois que je sens la nocivité du pouvoir. Mal employé, il ne sert plus à créer, mais à détruire.

Pendant que je lui dis les mots doux qu'il veut entendre, je me promets deux choses. Ne plus jamais me retrouver dans une telle situation, et ne jamais utiliser le pouvoir comme une arme de destruction massive. Le pouvoir doit être celui de créer et d'aimer, pas d'anéantir.

– 20 –

Quelques semaines plus tard, je signe le contrat de mon troisième film chez Gaumont.

Avant de me lancer sur une nouvelle version du scénario, il y a quelqu'un que je dois absolument rencontrer : Jacques Mayol.

On trouve sa trace par l'intermédiaire d'un avocat italien qu'on ne peut joindre que le mercredi. Va savoir pourquoi, Mayol est sur l'île d'Elbe et on ne peut pas le déranger pendant ses entraînements.

Il faudra attendre qu'il passe éventuellement à Marseille pour voir sa famille. Un jour, l'avocat nous appelle et nous avons enfin rendez-vous. Demain midi, à Marseille, gare Saint-Charles.

J'arrive au rendez-vous avec une heure d'avance, tellement je ne veux pas le rater.

Je vais enfin rencontrer mon idole. J'ai le cœur qui bat fort. Le bonheur de le rencontrer, mais aussi l'angoisse que mon projet ne lui plaise pas. Je veux m'inspirer de sa vie, mais je ne peux le faire qu'avec son accord, sa volonté.

Midi cinq. Même au milieu de la foule, Jacques Mayol est facile à repérer. C'est le seul qui a le nez en l'air et avance à son rythme.

Il ne voit absolument pas les milliers de gens pressés qui l'entourent. On dirait qu'il visite une forêt vierge.

Il a un sourire de dauphin et toujours sa petite moustache à la Clark Gable. C'est un bel homme, qui se tient droit et vous regarde dans les yeux. Rien ne semble l'atteindre ni l'inquiéter. Il n'est que de passage dans ce monde de terriens et ne compte pas y rester longtemps. Trop de bruit. Pas assez d'air.

— Viens, on va voir la mer, me dit-il, à peine les présentations faites.

On se retrouve assis au bout du port, à regarder l'eau qui brille. Ça le calme. On commence à discuter. De tout. De rien.

Notre conversation est complètement décousue et n'a aucun sens.

Il écoute à peine ce que je lui dis, me coupe sans arrêt, répond à côté de mes questions et, d'un seul coup, il a faim. On dirait un ado en pleine crise d'hormones. C'est en fait un poisson qui se débat en dehors de son bocal. La journée se passe comme ça, à courir dans Marseille en bavardant, comme si on avait 14 ans.

D'un seul coup, il doit partir, il a mal à la tête. Il n'y a pas assez d'air pour lui. Je n'ai absolument pas eu le temps de lui dire tout ce que je voulais faire, et je crains qu'il se soucie du projet comme de sa première palme. Puis, au dernier moment, il me serre dans ses bras et me dit :

— C'est bien que tu fasses un film sur le bleu. Les gens doivent savoir. Fais-le. Je te fais confiance. À plus tard.

Puis il traverse le boulevard sans attendre le feu rouge et manque de se faire écraser quatre fois. Un chauffeur marseillais l'insulte de son accent coloré, mais Mayol ne l'entend pas. Il a la tête déjà sous l'eau.

Patrice me demande comment s'est passé le rendez-vous et je lui mens allégrement :

— Tout va bien. Il adore l'idée et il est d'accord pour participer !

Mayol n'a rien dit de tout ça, mais je sais que si je le respecte et fais un beau film, il sera content. Le reste ne l'intéresse pas.

L'été arrive et Patrice Ledoux avance un peu d'argent pour la fabrication des caméras et pour que je puisse partir en repérages. On loue un bateau de 14 mètres. Départ d'Antibes. L'idée est de descendre en Corse, puis de longer l'Italie, traverser la Grèce par le détroit de Corinthe, puis faire le tour de chaque île du Dodécanèse. Je ne connais que Ios. Je veux être sûr que l'île de mon enfance est la plus belle. Le voyage dure quatre-vingts jours, comme celui de Jules Verne. Jean Reno et Éric Serra m'accompagnent. C'est la plus belle aventure qu'on ait vécue tous les trois.

Tous les matins, je monte sur le pont pour écrire la nouvelle version du scénario, face à la mer, cette Méditerranée que j'aime tant. Ensuite on pêche un peu, histoire de nous nourrir, puis on visite les îles, une par une, méthodiquement.

Quelques semaines auparavant, j'ai emmené Jean dans une piscine, à côté de chez lui, à Saint-Germain-en-Laye.

Il sera parfait en Enzo, mais il me faut d'abord vérifier son aptitude à l'eau. Le premier essai est un désastre. Il nage moins bien qu'une enclume. On a un an pour faire de lui un plongeur. Sur le bateau, Jean plonge tous les jours et prend doucement les allures d'un marin, mais il n'est pas facile de faire rentrer un taureau andalou dans la peau d'un poisson.

Éric Serra s'adapte presque plus vite que lui. La mer lui plaît et l'inspire. Arrivés en Grèce, nous faisons le tour de chaque île et nous explorons chaque baie, chaque crique, chaque plage. Je mitraille tout en photos et prends des carnets entiers de notes.

Contre toute attente, Ios, l'île de mon enfance, reste la plus belle.

Je retrouve l'hôtel où mes parents avaient travaillé. Manganari n'a pas bougé. En longeant la côte, je retrouve même le rocher sous lequel je cachais mes palmes étant petit.

Je veux tourner là et voir Jacques Mayol récupérer ses palmes sous le même rocher. Je suis doucement en train d'entremêler nos deux histoires. Je ne connais pas assez la vie de Mayol, alors je lui prête la mienne.

Son grand rival à l'époque est Enzo Maiorca, un Sicilien. J'ai essayé de le contacter, mais son avocat fait barrage et nous dit que son client n'a pas envie de participer à l'aventure.

Comme il n'existe à l'époque aucun livre sur Maiorca, je ne sais rien de lui, à part les quelques anecdotes qu'a bien voulu me confier Mayol. J'aurais aimé rendre hommage à ce grand plongeur italien, mais je suis dans l'incapacité de le faire, alors je change son nom. Il s'appellera désormais Enzo Molinari et je vais lui inventer deux frères, une sœur et une mère. Je vais construire un personnage sur mesure, un antagoniste parfait qui fera réagir et évoluer le personnage de Mayol.

Deux frères ennemis. Deux versions de la mer. Mozart et Salieri. Il n'y a plus qu'à écrire la symphonie, mais c'est facile à dire et plus compliqué à faire. Je rame à mort sur le script. Je n'arrive pas à expliquer Mayol, à mettre en place son arc, à définir l'évolution qui l'emmènera de A à Z.

Je sens les choses, mais je n'ai pas assez d'expérience pour faire ce travail, même en y passant dix-huit heures par jour.

Robert Garland est un scénariste américain. Nous travaillons ensemble plusieurs semaines. Le gars est agréable, bon technicien, mais il préfère les plaines du grand Ouest aux criques qui bordent le grand bleu. Pour autant, le scénario se structure davantage et je commence à y voir plus clair. Nous en sommes à la septième version.

Dans un magazine de cinéma, j'ai repéré la petite photo d'une actrice qui me plaît bien. Elle est l'héroïne d'un film qui sort bientôt en France : *Recherche Suzanne désespérément*, avec Madonna. Elle s'appelle Rosanna Arquette. Son agent nous arrange un rendez-vous à Los Angeles.

Rosanna est magnifique, drôle, sa voix est unique et son charme ravageur. Elle parle tellement vite que mon anglais médiocre ne me permet pas de tout saisir. Alors je ris à toutes ses blagues que je ne comprends pas. Au bout d'une heure, elle me laisse enfin parler et je lui raconte la mer, avec amour, avec passion. Rosanna a les larmes aux yeux. Je sens que cette belle crevette va faire partie de la bande. Elle étouffe à Hollywood. Elle veut de la culture, de l'aventure, du hors-piste. Elle ne sera pas déçue, on est les champions de la catégorie.

Quelques semaines plus tard, le contrat est signé et Rosanna plonge dans l'aventure. Elle est vraiment courageuse, car elle ne connaît ni les acteurs ni la production. Elle prend un risque énorme. Sa carrière commençait à décoller, les grands studios lui faisaient les yeux doux, et elle décide de partir six mois au fin fond de la Grèce pour faire un film avec un parfait inconnu. Seulement voilà, elle est tombée amoureuse du bleu et de la folie qui nous anime.

Merci à Rosanna, éternellement, pour son courage, son talent et son amitié. Autant vous dire que son agent fait la gueule de la voir disparaître pour six mois et il fait tout pour l'en dissuader, allant même jusqu'à inventer des vaccins tropicaux pour la Grèce. Mais rien n'y fait. Rosanna reste sur le pont, contre vents et marées. Le casting avance bien, mais il me manque l'essentiel : l'acteur principal.

Je retourne voir Christophe Lambert, mon camarade de *Subway*. Il n'a pas vraiment le physique pour le rôle, mais je sais que je peux le faire bosser. Christophe nous avait rejoints, Jean, Éric et moi, pendant les repérages en bateau, et il avait passé quelques jours à bord. Je l'avais initié à la plongée, mais Christophe a trop d'énergie, trop d'envie, trop de passion. Il n'a pas le temps d'apprendre et il découvre la plongée au pas de course, comme un adolescent qui visite un musée.

Je lui donne finalement le script, mais Christophe ne rentre pas dedans. Il ne sent pas l'atmosphère et estime qu'il n'a rien à jouer. Il faut dire qu'il sort de *Highlander* où il a un sabre à la main dans chaque plan, et je lui propose de jouer un pingouin qui sait à peine marcher.

Je le prends mal, mais je n'insiste pas trop car je sais, au fond de moi, que ce n'est pas lui.

J'écume tous les castings, mais je ne trouve personne. Il n'y a qu'un seul acteur qui a le physique pour le rôle, Gérard Lanvin. Gaumont serait ravi, mais l'image de l'acteur ne colle pas vraiment au personnage. Enfin, ne jugeons pas sans savoir : Gérard accepte la rencontre.

Le gars est vraiment sympa, nature, authentique et assez ouvert. L'idée l'intéresse, mais il se sent terrien et veut prendre son temps pour y réfléchir.

Doucement, je commence à imaginer comment faire rentrer sa grande carcasse à la Ventura dans la peau d'un dauphin. Ça ne va pas être facile, mais j'ai revu tous ses films et le gars a du talent. On devrait y arriver.

Gérard me rappelle. Il est descendu à Biarritz et s'est assis plusieurs heures sur un rocher face à la mer.

— Ça va pas le faire, Luc. La mer ne me parle pas. Je suis trop terrien. On ne va pas y arriver, me dit-il, presque triste.

Gérard a vraiment essayé et je ne me sens pas de le convaincre. Il a de l'instinct et il sait mieux que moi.

Retour à la case départ. Je n'ai pas l'acteur principal du film et ça commence à m'angoisser. Nous lançons un casting aux États-Unis, côte est et ouest, et un autre à Londres.

La huitième version du script est meilleure, mais personne n'ose maintenant se mouiller. Quand un film est à deux doigts de se faire, c'est le moment où il est le plus fragile. Les gens doivent maintenant se commettre et c'est généralement là qu'ils commencent à faire machine arrière.

Gaumont a du mal à monter le film. TF1 traîne les pieds, Canal+ aussi. Le film est en anglais et ça ne leur plaît pas.

— Un film français doit être en français ! avait scandé le patron d'une chaîne à l'époque.

— Les films sur la mer ne marchent jamais ! avait sorti un autre génie de la télé.

Le film se heurte au conformisme bien français.

J'ai encore une fois affaire aux gardiens du Temple. Pourtant, la réalité économique est simple à comprendre : un film en langue française sort dans dix pays, un film en langue anglaise sort dans quatre-vingt-dix. Le cinéma n'est pas là pour défendre la langue française. Ce n'est pas son métier. Le film est en anglais, mais c'est un film français, parce que son réalisateur, son producteur, son personnage principal, son âme, sa musique et toute l'équipe technique sont français. Van Gogh est hollandais, ses iris sont français et le tableau est à New York. L'art n'a pas de frontière ni de langue et je défendrai toujours cette idée que l'art est le seul pays qui n'a pas besoin de passeport. C'est au ministre de la Culture de défendre la langue française, pas au cinéma. D'ailleurs, demande-t-on à la photographie ou à la sculpture de défendre la langue française ? Les Japonais ont lu Victor Hugo en japonais, ça reste Victor Hugo.

Nicolas Seydoux commence à montrer le bout de son nez. Il aime beaucoup le script et il veut faire le film. Il est le premier à véritablement se mouiller et il envoie chier tout le monde. Gaumont fera le film, avec ou sans télé. Cette prise de position radicale rassure soudain les indécis et les chaînes viendront gentiment suivre le mouvement.

Patrice Ledoux a une idée pour un dernier polish sur le scénario. Francis Veber, l'homme aux millions d'entrées. J'avoue être un peu sceptique sur le moment. Francis est le roi de la comédie et je pense qu'il sera moins à l'aise avec un dauphin qu'avec une chèvre.

Mais Francis a aussi la réputation d'être un grand scénariste. Il en a déjà écrit près d'une centaine.

— Laisse-le te proposer des choses. Si ça ne te plaît pas, tu ne les prendras pas, me dit Patrice avec bon sens.

J'accepte et rendez-vous est pris chez Francis, pour une dizaine de séances.

Francis est accueillant et plutôt chaleureux. Nous nous mettons rapidement au travail.

À la première lecture, il me demande de raconter l'histoire et il me coupe sans arrêt pour me poser une seule et même question :

— Pourquoi ?

Je réponds comme je peux, mais à chaque réponse, il me repose la même question : pourquoi ?

Je commence à suer. Le gars me pousse dans mes retranchements et met le doigt là où ça fait mal. Je ressens le film, la mer, le bleu, mais ma structure n'est pas assez solide. Il faut remplacer le bois par de l'acier.

Francis n'attaque jamais mon travail, mais il met en lumière toutes ses faiblesses. Il est vraiment là pour m'aider et il sait comment faire.

Les semaines suivantes se passent à merveille, nous sommes comme deux compagnons qui travaillent au même ouvrage.

Rapidement, la structure se renforce, des scènes se déplacent et la rivalité entre Jacques et Enzo se précise.

À chaque fois que Francis arrive sur une scène sous-marine, il tourne les pages, comme s'il ne voulait pas y toucher.

— Dès qu'on est sous l'eau, tu sais de quoi tu parles. Je n'ai rien à dire, m'explique-t-il gentiment.

Il sait déjà que ces scènes-là seront visuelles et musicales et qu'il ne peut pas y apporter grand-chose. Francis est précis, efficace et respectueux de l'œuvre qu'il manipule.

J'apprends plus en dix jours avec Francis qu'avec tous les scénaristes avec qui j'ai bossé avant. Grâce à lui, le scénario est maintenant prêt à être tourné. Il ne me manque plus qu'à trouver un acteur pour le rôle de Jacques.

Rosanna vient à Paris pour faire ses essayages costumes. Je suis un peu embarrassé car je n'ai pas encore d'acteur à lui présenter.

— Pourquoi tu ne fais pas le rôle, toi ? me sort-elle comme une évidence.

Mon premier réflexe est de lui répondre bêtement.

— Ben... parce que je ne suis pas acteur !

Rosanna insiste.

— Le personnage passe la moitié du temps sous l'eau et personne ne jouera mieux cette partie que toi. Après, pour l'*acting*, tu es bon en répétition, et je pourrai t'aider, ce n'est pas si compliqué ! Il faut juste que tu perdes 10 kilos !

Ses arguments sont pleins de bon sens, mais le film me paraît déjà assez compliqué à mettre en scène pour que je ne me rajoute pas un job supplémentaire. Et puis, si je joue, qui va me diriger ? L'idée ne m'emballe pas mais, en même temps, je n'ai pas d'autre solution, et puis l'enthousiasme de Rosanna m'interpelle.

C'est une super actrice. Si elle me sent capable et qu'elle soit prête à prendre le risque, c'est qu'elle doit être sûre de son coup. Je décide donc trois choses : de me mettre en deuxième choix, de m'organiser des tests de comédiens et de commencer un régime au cas où.

On organise les tests pour la semaine suivante. Pour me diriger, j'ai besoin de quelqu'un d'assez robuste qui n'aura pas peur de me dire si je suis mauvais. J'appelle Jean Becker, rencontré lors d'un festival. Ça le fait rire et il accepte de me diriger pour les essais qui sont prévus le lundi, car le week-end je dois foncer à Londres pour voir le dernier casting.

J'ai cinq comédiens à voir. Quatre Anglais et un Américain. Le premier arrivé est l'Américain. Je le vois dans la suite de l'hôtel. Il s'appelle Jean-Marc Barr.

Ce qui me frappe tout de suite, c'est sa belle gueule. Il y a quelque chose d'angélique dans son visage. Sa voix est douce et il a l'air aussi paumé que Mayol à la gare Saint-Charles.

En fait, il vient de se faire voler sa voiture, il a perdu son appartement et la fiancée qui allait avec, et il est au chômage. Et en plus, ça le fait rire.

Je lui demande s'il a déjà plongé. Il était maître-nageur sur les plages de San Diego quand il était ado. Il parle anglais et français couramment. J'ai l'impression que Dieu vient de m'envoyer une perle.

Je remercie Jean Becker et remplace mes tests par ceux de Jean-Marc. Je le présente à Rosanna. Le courant passe aussitôt. Rosanna est partante. J'abandonne mon rôle avec soulagement. Jean-Marc sera Jacques Mayol. Le film devient une réalité.

1987

Nous sommes à quelques semaines du tournage.

J'habite un appartement un peu plus lumineux, à côté du Trocadéro. Je suis en couple avec une comédienne. Je ne suis plus avec Sophie, la monteuse de mes deux premiers films. La transition entre les deux mondes nous a été fatale. On est passés de l'ombre à la lumière. Notre amitié a survécu, mais notre amour en a souffert.

Ensuite, je me suis installé avec une autre jeune fille, Magalie, pendant deux ans, mais notre histoire s'est arrêtée aussi. Je suis en pleine construction affective et je fais l'erreur d'aller toujours vers des jeunes filles qui sont dans le même état émotionnel que moi.

Je ne sais toujours pas bien comment marche l'amour. On ne m'a pas appris. Mon modèle familial est une catastrophe et le Club Med un mauvais professeur. Du coup, je me suis fait une idée de l'amour, sans vraiment le ressentir ou le comprendre. Le seul schéma que je connaisse, c'est celui que Disney me rabâche depuis des années : « Ils s'aimèrent, ils vécurent heureux et eurent beaucoup d'enfants. »

Après ma rupture avec Magalie, je me suis mis en couple, pas avec une fille, mais avec une femme. Je ne suis pas armé pour ça. Ma naïveté et mon manque affectif sont trop flagrants. Je n'ai pas de défense naturelle. Ce n'est pas son cas. Elle est comédienne et connaît déjà très bien la société et tous ses fonctionnements. Elle va rentrer en moi comme dans du beurre et pulvériser ma fragile image de l'amour. Sa vision à elle est différente. Manger ou être mangé. Armé ou désarmé. Une vraie mante religieuse.

Très vite, elle est enceinte. L'idée d'avoir un enfant me ravit et me panique à la fois. Je ne suis absolument pas prêt et, en même temps, j'ai tellement besoin de créer une famille, tellement envie de serrer cet enfant dans mes bras.

Ma tête est à l'envers et mon cœur est perdu. Je ne parlerai pas davantage de cette femme, avec qui je n'ai rien en commun, sauf cet enfant qui arrive bientôt et que j'ai décidé d'aimer, malgré les tromperies de sa mère, même enceinte.

La trahison fait donc vraiment partie de ma vie. Quelqu'un a dû m'offrir un abonnement à la naissance. J'ai tellement besoin d'une famille que je me laisse abuser. Tant pis. Je n'ai pas envie de punir cet enfant avant même qu'il arrive. En attendant, je me jette corps et âme dans mon film, ce *Grand Bleu* qui, décidément, joue avec ma vie.

À cinq semaines du tournage, les caméras sous-marines ne sont toujours pas prêtes et les techniciens commencent à s'entraîner en piscine.

Marcus, mon ancien chef de plongée au Club Med, organisera et surveillera les tournages en eaux profondes. Jean-Marc s'entraîne dur, mais il est très à l'aise. Quant à Jean… il a disparu. Son entraîneur ne l'a pas vu depuis deux jours.

J'appelle chez lui, mais sa femme non plus ne l'a pas vu depuis deux jours. On contacte ses amis proches, mais Jean est introuvable. Je commence à m'inquiéter et on appelle tous les hôpitaux et les commissariats de Paris. Aucune trace de Jean. Je prends ma moto et je vais voir ses amis proches les uns après les autres. Jean a ses habitudes dans un restaurant tenu par un couple gay, amis de longue date, mais ils n'ont aucune nouvelle non plus.

Je commence à paniquer. Je m'assieds à mon bureau, ferme les yeux et fouille ma mémoire pendant des heures à la recherche d'un indice, de quoi que ce soit qui pourrait me mettre sur la voie. Rien. La disparition de Jean est un mystère total. Un minuscule détail me revient soudain à l'esprit : l'un des proprios du fameux restaurant m'a semblé étrange. Il y avait comme un léger décalage entre la disparition de Jean et la façon dont il avait réagi, quelque chose de mal vécu ou de mal joué. C'est le seul élément auquel je peux me raccrocher, alors je décide de retourner au restaurant.

Dès mon arrivée, je vois la panique sur le visage du restaurateur. Bingo. Ils savent quelque chose. Je demande à leur parler et nous nous asseyons tous les trois à une table du restaurant, vide à cette heure-là. Je reste silencieux quelques instants, puis je leur dis, d'une voix calme et posée :

— Écoutez… Je démarre mon film dans quatre semaines. C'est le film le plus cher de l'histoire du cinéma français et son acteur principal, Jean, a disparu. Ce film, c'est toute ma vie. Alors si j'apprends, de près ou de loin, que vous saviez quelque chose et que vous ne m'avez rien dit, je reviens et je vous casse les deux jambes et les deux bras. Maintenant, je vous redemande pour la dernière fois : savez-vous où est Jean ?

Les deux garçons hochent aussitôt la tête, le visage déjà en sueur.

Je pousse un long soupir.

— Il est où ?

— En Sologne. Dans notre maison de campagne.

— Vous avez un téléphone là-bas ?

— Oui.

— Je peux avoir le numéro ?

L'un des garçons me griffonne le numéro, d'une main tremblante, sur la nappe en papier.

— Merci, je lui lâche avec soulagement.

J'attrape le gros combiné sur le comptoir et je compose le numéro. Jean décroche.

— Allô ?

— C'est Luc.

— Ah ?!… Tu m'as trouvé ?

— Ben oui ! Qu'est-ce qui t'arrive, Jean ?

Jean laisse tomber les filtres et me parle comme à un frère.

— Luc, j'ai relu le script. T'es complètement fou ! On n'arrivera jamais à faire ce film. C'est *Ben-Hur* sous l'eau, ton truc ! C'est colossal, je ne serai jamais à la hauteur !

Jean s'effondre. Il est mort de trouille. Lui aussi doit passer le cap. Il doit accepter que le film n'est plus un fantasme qu'on se plaît à raconter dans nos dîners, mais une réalité. Il y a celui qui dit qu'il va aller sur la lune, et puis il y a celui qui y va.

— Comment on va faire, Luc ?! Comment on va faire ! s'énerve-t-il.

Jean est en panique et je sais que je n'ai qu'une minute pour trouver les bons mots. La tâche lui paraît surhumaine et il faudrait être un dieu pour l'accomplir. Il faut absolument que je le ramène à quelque chose d'humain. Faisable par n'importe qui.

— Jean, tu sais faire un plan ?

— Comment ça ?

— Ben, un plan ! On dit moteur, action et coupez ! Un plan, quoi !

— Oui, un plan je sais faire.

— Alors on va faire un plan, et après on en fera un autre. Alors, à ta question de « comment on va faire », eh ben, on va faire un plan après l'autre !

Jean reste muet. Je sens que ça carbure dans sa tête. Je viens de mettre deux œillères à un cheval qui avait peur du vide.

— Bon… Vu comme ça… On devrait y arriver, finit-il par lâcher.

Le lendemain, Jean est de retour à l'entraînement.

Le soir même, je décide d'emmener Jean et Jean-Marc sur la Côte d'Azur en attendant le tournage. Je veux qu'ils voient la mer toute la journée. Je veux qu'elle leur parle, qu'elle les rassure et les apprivoise. Nous passons plus de six heures par jour dans l'eau. En trois semaines d'entraînement, Jean descend à 40 mètres en apnée et il est capable de retenir son souffle pendant plus de trois minutes.

« La mer, tu sais toujours quand elle te veut et quand elle te veut pas », dit Enzo dans le film.

Jean Reno devient Enzo Molinari et la mer devient son amie pour la vie.

Le tournage démarre le 11 mai, en même temps que le Festival de Cannes. Une seule des deux caméras sous-marines est prête et la vidéo ne marche pas. Il faut donc cadrer à l'aveugle en suivant les flèches posées sur un viseur en plastique.

Il y a un peu de mer pour ce premier jour de tournage. La moitié de l'équipe est déjà malade, tandis que l'autre moitié essaye de mettre la structure à l'eau. C'est un bordel sans nom. Les techniciens posent leurs outils sur le pont qui, à cause du roulis, se retrouvent rapidement au fond de l'eau.

On arrête là le massacre et Marcus et moi descendons à 50 mètres de fond pour récupérer tous les outils égarés.

Il nous faudra passer trois jours en mer pour que l'équipe se coordonne et qu'on arrive enfin à tourner notre premier plan.

Malheureusement, la pellicule doit remonter à Paris pour y être développée et je ne peux voir les plans que trois jours plus tard. À l'image, Jacques Mayol a la tête coupée et des tonnes de bleu sous les palmes.

Le cadre est trop bas et ça fait trois jours qu'on tourne comme ça. Du coup, je modifie le tir et cadre plus haut, mais trois jours plus tard, le résultat n'est pas meilleur : j'ai du bleu au-dessus des têtes et j'ai coupé les palmes ! Je mettrai douze jours à cadrer correctement.

Douze jours de tournage et pas un seul plan dans la boîte. Pas une seule seconde d'utile à montrer dans le film. Patrice Ledoux commence à paniquer. Les films sur la mer ont mauvaise réputation et il faut absolument que je sorte quelques plans valables, sinon il arrêtera le film.

Aujourd'hui la mer est plus calme et l'équipe est silencieuse sur le bateau. Je me mets à 40 mètres. Jean-Marc fait un passage au bout de sa gueuse, puis c'est au tour de Jean. Le bleu est magnifique et immense. J'espère que c'est dans la boîte.

Je me mets à 3 mètres pour mes quarante minutes de palier de décompression. Je sors quelques Vache qui rit que je gobe pour ne pas mourir de faim. Une petite ardoise, pendue au bout d'un fil, vient me donner un message : « Il faut aller à l'hôpital. Urgent. »

Je comprends que l'arrivée de Juliette est imminente. J'écris sur l'ardoise : « Envoyez-moi l'oxygène. »

L'oxygène permet de diminuer le temps de décompression par deux. Seul inconvénient, ça vous met dans un état d'euphorie extrême, ce qui n'est pas vraiment compatible avec la conduite en voiture.

Je fais le trajet entre Le Lavandou et l'hôpital de Nice en moins de temps qu'il n'en faut pour le dire et en bousillant un train de pneus.

– 21 –

Le 22 mai 1987, par un bel après-midi, Juliette Besson naît.

J'ai très peur de la porter, mais la sage-femme ne me demande pas mon avis et me la colle dans les bras.

Même si la peur me terrasse, je dois avouer qu'avoir un nouveau-né dans ses mains est la plus belle sensation qui existe au monde. J'ai des larmes plein les yeux et je n'ose même plus respirer. Heureusement que je suis entraîné avec les garçons, je peux tenir plus de quatre minutes en apnée.

Juliette est belle, fragile, en paix. Elle est enfin la preuve de mon existence et je lui jure un amour éternel.

Le soir même, les rushes redescendent de Paris. Il y a trois plans magnifiques. Le film démarre enfin sa vie, en même temps que Juliette. Mais rien n'est jamais gagné et le bonheur est toujours plus court que le malheur. Le temps se gâte, la mer se lève et les médecins ont décelé un problème au cœur de Juliette. L'oxygène circule mal.

— C'est une enfant bleue, me dit le médecin.

Quelle ironie. Les docteurs se veulent tout de même rassurants. Ils lui donnent un traitement et nous demandent de la faire suivre à la rentrée.

Le tournage reprend malgré les mauvaises conditions. Pour éviter le temps gris, nous tournons toutes les scènes de nuit. À partir de 80 mètres de fond, il n'y a plus de lumière. Donc toutes les scènes sous-marines censées se passer à cette profondeur, ou plus, sont tournées de nuit, à 30 mètres de fond.

Les nuits sont différentes et les paliers interminables, mais nous engrangeons les plans, les uns après les autres.

Au bout de huit semaines de tournage sous-marin, nous avons une centaine de plans dans la boîte. Rosanna nous rejoint et le tournage terrestre peut enfin démarrer.

Après quelques scènes sur la Côte d'Azur, nous nous installons à Taormina, en Sicile. Je vais enfin tourner dans tous les endroits merveilleux que j'avais repérés quelques années auparavant, pendant le festival.

C'est maintenant le cœur du film, là où les personnages se rencontrent, se définissent. Rosanna et Jean-Marc semblent s'apprivoiser et sont à deux doigts d'entamer une petite romance, ce qui n'est pas pour me déplaire, bien au contraire.

Je leur ai même pris des places pour aller voir un opéra dans le magnifique théâtre antique. Le jour dit, je prétexte un mal de tête pour les laisser seuls au spectacle.

Jacques et Johanna se tournent autour, Jean-Marc et Rosanna font de même. De l'autre côté, Marc Duret (Ricco dans *Subway*) a rejoint son frère Enzo et ils ne se quittent plus.

Taormina est en Sicile et pour tourner là-bas, vous êtes obligé de demander une protection. Le régisseur s'est renseigné et a fait un deal avec le patron local. Je me retrouve avec trois gars de la mafia sur le plateau. Ils sont toujours un peu à l'écart et pas très bavards. Leurs poches de veste sont largement déformées par les objets contondants qui se cachent dessous. Le chef m'a à la bonne. Je crois que ça l'amuse de me voir courir dans tous les sens pour une cause aussi futile.

Un jour, il me voit énervé. Je n'arrive pas à régler un plan sur le boulevard en bord de mer. Il y a des milliers de touristes et la police du coin est affalée sur le muret.

Le *capo* me demande ce qu'il se passe et je lui explique mon problème. Il siffle un grand coup pour attirer l'attention du chef de la police, puis d'un geste explicatif, lui ordonne de faire évacuer la voie. En moins de deux minutes, le bord de mer est vide. Le pouvoir de ces gens-là n'est pas une légende.

À partir de là, je sympathise avec lui et m'autorise à lui poser quelques questions, surtout une qui me brûle les lèvres.

— Pourquoi, quand vous arrivez au restaurant le midi, vous ne regardez jamais le menu et le patron vous apporte quand même à manger ?

Le *capo* sourit, sûrement amusé par mon sens de l'observation.

— Si le patron reconnaît notre autorité, il nous sert directement ce qu'il a de meilleur, et même si ce n'est pas très bon, ce n'est pas grave. S'il ne nous reconnaît pas… il apporte le menu, me répond-il en souriant.

J'ai l'impression d'être dans *Le Parrain.*

L'homme a passé tout le tournage à quelques mètres de la caméra à veiller sur moi. Grâce à lui, la foule se dispersait, les camions des techniciens restaient ouverts, le matériel n'était pas volé et les trains arrivaient à l'heure.

Les journées sont dures, mais c'est le bonheur. J'en profite. Je sais qu'il ne dure jamais longtemps.

Patrice Ledoux m'invite à prendre le petit déjeuner. Ce n'est jamais bon signe. Nous nous voyons à 6 h 30, sur le balcon de sa suite, face à la mer immense.

Entre deux croissants, il me balance douze pages de script sur la table.

— On a douze jours de retard. Comme on compte à peu près une journée de tournage par page, j'ai relu le script cette nuit et j'ai enlevé les scènes qui ne servaient à rien. Comme ça, on récupère notre retard, me sort-il avec un aplomb insupportable.

Pas un mot sur les plans magnifiques qu'on voit tous les soirs aux rushes, pas un mot sur mes trois comédiens qui se comportent admirablement bien, pas un mot encore sur les premières scènes montées qui sont spectaculaires. Rien. Juste du business. Retour chez les cyniques. Manger ou être mangé.

Il est mal tombé aujourd'hui. Je suis galvanisé par mes rushes et je mangerais un âne avec ses sabots. Je prends ses feuilles et je les jette par-dessus le balcon. Patrice s'étouffe avec son croissant.

— Mais ça ne va pas ? Qu'est-ce que tu fais ? De quel droit tu te permets… ? Tu es irresponsable ! Je suis ton producteur ! s'offusque-t-il.

— Justement ! Tu n'es pas scénariste !

— Non… mais…

— Alors de quel droit tu te permets ? Tu m'as vendu Francis Veber que tu as payé une fortune pour visser le script, et toi, dans la nuit, tu vas déboulonner tout ce qu'il a fait, jeter des scènes comme ça, parce qu'elles ne te paraissent pas utiles ? C'est toi qui es complètement irresponsable ! je lui dis en hurlant.

— Mais le budget du film explose et c'est quand même bien mon rôle de trouver des solutions !! explique-t-il.

— Les solutions, c'est moi qui les trouverai, maintenant si tu veux enlever des scènes, tu appelles Veber, tu le fais venir ici, on bosse la nuit s'il le faut, mais c'est lui qui dévisse et reboulonne, et personne d'autre ! En attendant, je vais tourner toutes les scènes qui sont dans mon script !

Je gonfle la poitrine et quitte la table comme un orgueilleux, mais au fond de moi, je n'en mène pas large. Ça passe ou ça casse.

Patrice n'apparaît pas sur le plateau pendant trois jours.

Je sais que, dans mon dos, il essaye de se faire des alliés, mais le directeur de production lui assure que je suis économe et la script lui confirme que je ne perds pas une seconde.

En fait, je mets la pression à toute l'équipe et il n'est pas humainement possible d'aller plus vite, sauf à faire moins bien.

Patrice n'appellera jamais Francis Veber et finira pas me faire confiance pour réduire le dépassement.

Retour à Paris, pour quatre semaines de tournage en studio. J'ai dix jours de retard que je rattrape heure par heure, minute par minute. Et puis, d'un seul coup, le ciel décide de s'assombrir.

Juliette fait son check-up de la rentrée, comme prévu, mais les médecins de Nice ont mal diagnostiqué. Juliette reste à l'hôpital et doit être opérée d'urgence dès le lendemain.

Mon monde s'écroule. Je ne comprends pas ce que je paye. Le ciel me donne un enfant qu'il veut me reprendre ? Puis un film qu'il ne veut pas que je finisse ? Comme si je devais choisir entre l'un et l'autre ? C'est quoi ce jeu pervers ?

Mes jambes ne me tiennent plus. Mon ventre me fait mal, en permanence. Je ne peux plus parler sans aspirine tellement ma tête bourdonne. J'arrête le tournage. Juliette passe sur le billard. Elle a à peine cinq mois.

Le chirurgien l'ouvre, sort son cœur et travaille dessus pendant quatre heures. Quatre heures pendant lesquelles la vie n'a plus de sens. Je ne suis plus qu'un animal terré dans son trou, qui attend la mort. La sienne serait pire que la mienne.

Juliette part en réanimation. Elle est allongée sur un lit dix fois trop grand pour elle. Une dizaine de tubes lui entrent dans le corps.

Le chirurgien a remplacé une artère qui mène au cœur, car une partie était atrophiée. Il l'a remplacée par une artère de bœuf. Taille huit.

J'ai l'impression d'entendre un plombier. Il faut maintenant attendre vingt-quatre heures pour savoir si la greffe a bien pris. Vingt-quatre heures à voir mon bébé dans le coma. Vingt-quatre heures à pleurer, à supplier tous les dieux.

L'opération n'est pas concluante. L'artère est trop petite. Juliette retourne sur le billard, de nouveau pour quatre heures. Le chirurgien lui enlève l'artère de huit et la remplace par une artère de dix. Je n'ai plus ni force ni courage. Je me liquéfie à vue d'œil. Mais l'opération se passe bien et Juliette retourne en réanimation.

Elle a maintenant une quinzaine de tubes qui lui entrent dans le corps. Il faut de nouveau attendre vingt-quatre heures. J'ai l'impression d'en compter chaque seconde.

On ne mange plus, on n'entend plus et le jour et la nuit ne font pas de différence. Les larmes coulent de nos yeux sans que nous puissions rien y faire, et quand nous n'avons plus rien à pleurer, notre corps fabrique de nouveau de l'eau pour que nous puissions continuer à pleurer.

La greffe a bien pris, mais maintenant il y a trop de sang qui lui arrive au niveau du cœur. Juliette repasse sur le billard pour la troisième fois, dans la même semaine. Le chirurgien place un petit clip sur l'artère en question, afin de réduire un peu le débit.

Retour à la réanimation.

Juliette y restera dix-sept jours, avant que les médecins puissent se prononcer. Tous les matins, on compte les tubes qu'elle a dans le corps. À chaque fois que l'infirmière en enlève un, on prend ça pour un signe d'espoir. C'est le seul chiffre qui compte dorénavant dans ma vie. Le nombre de tubes qui lui entrent dans le corps. Le chiffre descend peu à peu. Jour après jour. Douze, onze, dix, neuf… Dix de nouveau, onze… Neuf… Huit… La vie se réduit à ce chiffre. Juliette est toujours dans un coma artificiel.

Et puis un jour, alors qu'il reste encore sept tubes, le chirurgien nous annonce qu'ils vont la sortir de son coma. Juliette ouvre un œil vaseux, embrumé. Elle met du temps à faire le point, à savoir où elle est. Au bout d'un moment, elle finit par me voir et me jette un regard noir, un regard d'adulte.

— Qu'est-ce que tu m'as fait ? semble-t-elle me dire.

Ce regard me glace à jamais et je prends une montagne de culpabilité sur la tête. Le chirurgien a bien vu la scène, et avec une grande intelligence, me rassure et me déculpabilise. C'est la nature qui lui a joué des tours, et non pas ses parents.

Juliette va rester encore trois semaines à l'hôpital, mais elle est maintenant hors de danger. En revanche, il faudra qu'elle repasse sur le billard d'ici un an, quand elle aura grandi et ses artères aussi.

Doucement, j'entends de nouveau. Surtout la voix de Patrice Ledoux qui me demande depuis dix jours si je suis capable de reprendre le tournage. Le film a pris beaucoup de retard.

J'en parle au chirurgien qui me rassure.

— Juliette n'a pas besoin de vous pour l'instant. Il faut que vous soyez en forme pour elle quand elle sera de nouveau sur pied, me dit-il avec gentillesse et intelligence.

Repartir au travail est la meilleure chose à faire.

Je me résous donc à reprendre le tournage, qui se déplace à New York. Patrice Ledoux m'attend à l'aéroport. Il m'a pris une place sur le Concorde mais le plaisir n'y est pas. Je n'arrive ni à sourire ni à vraiment parler.

Le mal de ventre est toujours là et j'ai des crises de larmes toutes les cinq minutes, comme un hoquet incontrôlable.

Patrice essaye de me changer les idées.

— Tiens, j'ai une nouvelle qui va te faire plaisir : devine qui avait donné son accord pour te remplacer sur ton film, au cas où tu n'aurais pas pu le reprendre ?

Patrice n'a aucune idée de la violence de la phrase qu'il vient de prononcer. En temps normal, je crois que je lui aurais mis ma main dans la gueule, mais aujourd'hui, je suis incapable de réagir, même à ça.

— Non, je lui réponds sans émotion.

— Jean-Jacques Beineix ! me dit-il, avec un grand sourire satisfait.

— … Ah…, je finis par lâcher, avant de m'éclipser aux toilettes pour ma crise de larmes périodique.

J'apprendrai plus tard, de la bouche de Beineix, qu'il avait été flatté quand Ledoux lui avait dit qu'il était la seule personne par qui j'aurais accepté d'être remplacé ! Patrice nous l'avait jouée à l'envers, à tous les deux.

Le tournage de New York est douloureux pour moi, mais j'essaye de ne pas faire payer les acteurs et les techniciens, qui m'ont vraiment soutenu durant cette épreuve.

Je joue l'énergie, la patate retrouvée, mais j'appelle Paris toutes les heures pour le décompte des tubes.

Après cinq jours de tournage à New York, Juliette n'a plus qu'un seul tube dans son corps, celui qui sert à l'alimenter.

Maintenant, il va falloir faire remonter mon taux d'énergie. Il me reste encore douze semaines de tournage, six mois de montage et quinze jours de dépassement à rattraper.

Je décide de plonger de nouveau dans mon film. C'est encore le moyen le plus efficace de ne pas penser à la prochaine opération de Juliette.

L'équipe s'installe en Grèce pour six semaines. On tournera à Ios, l'île de mon enfance, et à Amorgos.

Je n'ai pas trouvé, en casting, un gamin pour jouer Jacques Mayol enfant. Je me rabats donc sur mon deuxième choix, ma roue de secours : Bruce, mon petit frère. Il a maintenant 10 ans et il est beau comme un dauphin. Pas la peine de lui apprendre à jouer le gamin dans la lune, il l'est en permanence. Bruce ne parle pas, à personne, et passe son temps dans l'eau. Un vrai petit Mayol.

Pour jouer son père, j'avais tout d'abord pensé à Enzo Maiorca, le vrai. La symbolique aurait été géniale. Enzo jouant le père de Mayol. Mais le plongeur sicilien refuse tout contact et je me rabats là aussi sur mon deuxième choix : mon père. Il a la carrure du personnage, plonge comme un pro et il est sur le tournage en permanence, puisque c'est lui qui entraîne Jean Reno à la musculation.

Naturellement, mon petit frère Bruce vient sur le tournage avec sa mère et son père. C'est-à-dire ma mère et mon beau-père François. C'est là que les choses se compliquent. Sans le faire exprès, j'ai réuni mes parents dans le seul endroit où je les ai vus heureux, sur l'île de Ios, dans le petit village de Manganari.

Mon père est venu avec Cathy, sa femme, et tout ce petit monde dort au même endroit. Le jour du tournage, je vais donc demander à mon demi-frère de pleurer la mort de son père, qui est joué par le mien, sous les yeux de son vrai père, qui le regarde. Tout ça devant ma mère et ma belle-mère.

Bonjour Freud. Comment ai-je pu me mettre dans une telle situation ? Un tel nœud familial ?

Je décide d'oublier l'état civil de chacun et de me concentrer sur mes personnages. Je les dirige et les motive comme des inconnus et, au bout d'un moment, le petit Mayol pleure la mort de son père avec une vérité déchirante.

François regarde la scène avec douleur. Son fils pleure la mort de son père, qui n'est autre que ce pirate qui voulait sa peau dans la neige. Ma mère ne sait plus où se mettre, tandis que Cathy verse une petite larme. Elle est la seule à regarder la scène comme si elle était déjà au cinéma.

Depuis le début du tournage, il y a une scène que Jean Reno redoute. La mort d'Enzo. Plusieurs fois, il est venu me voir pour en parler. Il ne sait pas comment s'y préparer et je le sens en panique. J'essaye de le rassurer en lui rappelant que cette scène ne se tourne pas tout de suite et qu'il aura le temps d'apprivoiser son personnage. Il saura alors comment la jouer. Je ne lui dis rien de plus car je connais mon Jean. Si je le nourris maintenant, il va ruminer la scène pendant des mois et va me sortir quelque chose de prémâché, d'usé par le temps. Je veux qu'il soit vrai dans cette scène. C'est essentiel. Il faut qu'il se fasse confiance, ce qui n'est pas simple chez ce grand gaillard.

Une semaine avant de tourner la scène, nous sommes sur Ios, à l'hôtel Manganari. Jean m'agrippe sur le port et me dit avec confiance :

— La scène de la mort d'Enzo, je l'ai. C'est bon.

Ce qu'il faut traduire, en langage de Jean, par :

— Je sais comment la jouer sans me faire mal et te niquer à la caméra parce que tu n'y verras que du feu.

Je regarde Jean avec un sourire de *poker face*.

— Tant mieux, je lui réponds sans aucun autre commentaire.

La semaine suivante, le jour de la grande scène est arrivé.

Nous sommes sur la plate-forme de plongée, ancrés au large de Ios. Jean-Marc est assis au bord, les pieds dans l'eau.

Jean est allongé sur ses genoux et Jean-Marc le tient dans ses bras. Enzo va sortir ses dernières paroles, avant de rejoindre le bleu, pour l'éternité.

La caméra est au-dessus des deux comédiens, positionnés de telle façon que Jean ne peut plus vraiment bouger.

Jean fait une première prise, pour se chauffer, puis il enchaîne trois prises, plutôt correctes. C'est ce que je craignais. Jean se tient à la rambarde qu'il s'est construite depuis des mois.

Il veut jouer la mort d'Enzo, mais il ne veut pas la vivre. Il a trop peur de réveiller en lui des douleurs qui remontent sûrement à son enfance. Il ne veut pas se faire mal. Alors j'enchaîne les prises sans faire de commentaire. Au bout de la huitième prise, son armure commence à se fissurer et son visage se tend.

— On recharge ! je hurle à l'assistant caméra en soufflant d'ennui.

Jean est sur le point de craquer. Comme il ne peut pas bouger, il me fait signe d'approcher.

— Qu'est-ce qu'il se passe, Luc ? me demande-t-il, comme un enfant perdu.

Je plante mes yeux dans les siens.

— C'est tout ce que tu as à me donner, Jean ? Je t'ai écrit ce rôle, je t'ai fait confiance et tout ce que tu me donnes, c'est ça ? De la merde ? Je croyais que tu étais mon ami ? Tu peux être généreux une fois dans ta vie ? J'en ai marre de gâcher de la pellicule, alors je te donne encore une chance, c'est la dernière prise.

Je remonte derrière ma caméra, sans le regarder.

J'ai probablement été trop loin, mais tant pis. Il faut que ça sorte et il n'y a pas d'autres méthodes avec Jean. Il faut arracher la dent sans prévenir.

Moteur. Jean ne bouge pas. Ne dit rien. Il se vide. Puis, lentement, Enzo monte en lui, et Enzo va mourir. Jean sort une prise magique, d'une pureté, d'une honnêteté, d'une simplicité incroyables.

— Coupez ! je crie à l'équipe.

Puis je regarde Jean avec un grand sourire ému.

— Tu vois, quand tu veux, je lui dis avec malice.

— Tu n'es vraiment qu'un enfoiré ! me dit-il en essuyant ses larmes.

J'éclate de rire et je m'allonge sur lui pour un gros câlin et on roule dans l'eau tous les deux.

Jean est mon ami pour la vie et Enzo est maintenant éternel.

Cette nuit, nous devons tourner la scène sur le ponton, où Johanna dit adieu à Jacques, qui va descendre à tout jamais.

Ça fait déjà trois soirs qu'on repousse la scène, à cause du mauvais temps. Malheureusement, le vent a décidé de forcer davantage. J'en ai marre de cette malchance qui toujours nous poursuit et, par rage, je décide de tourner quand même la scène. La rage de Johanna et la rage du metteur en scène. En cumulant ces énergies, j'obtiendrai peut-être quelque chose. On se bat toute la nuit. Johanna hurle sur Jacques, le metteur en scène sur les techniciens et le vent sur la Grèce.

Mais mon choix était le bon. L'énergie qui se dégage de tout ça est incroyable et on arrache la scène comme des lions arrachent des morceaux de viande. Rosanna sort ses tripes et met la chair de poule à toute l'équipe. Jean-Marc est à bout et lâche tout. Plus intense, c'est difficile.

À force de ténacité et de pression, j'ai réussi à rattraper cinq jours de dépassement. Mon idée est de pouvoir faire deux jours de plans sous-marins, dans le grand bleu de mon enfance. Le bleu ici est plus beau que nulle part ailleurs. Il est puissant, cristallin et insondable. Je grappille des minutes sur chaque plan pour pouvoir me payer ces deux jours-là.

À la fin de la journée, j'ai réussi à faire tous mes plans et je rentre à Manganari, heureux de savoir que demain je vais pouvoir plonger.

Mais en arrivant au port, je vois le bateau du matériel qui s'en va. On m'explique que la script a eu une crise d'appendicite et que c'était le seul bateau disponible pour l'emmener à l'hôpital le plus proche, sur l'île de Santorin que l'on voit en face, à deux heures de navigation.

— Vous avez débarqué les caméras sous-marines ? je m'inquiète aussitôt.

— Non, mais pas de souci. Le bateau l'a déposé et revient ce soir, me dit le régisseur.

Je crains le pire et, quand on le craint, il finit toujours par arriver.

Le vent se lève. En une heure. Force 7. Tous les bateaux ont interdiction de sortir des ports dans toutes les îles.

Je vais regarder Santorin pendant quarante-huit heures. Mes caméras sont là-bas et je n'ai rien à tourner. Je maudis la terre entière et shoote dans tous les cailloux qui m'approchent.

Comble de l'ironie. Ce n'était même pas une appendicite. Juste un mal de ventre qui aurait pu être soigné ici, mais on est encore tombé sur un médecin qui a mal diagnostiqué.

Les caméras finissent par revenir et, bien qu'on soit dimanche, les techniciens m'autorisent à tourner quelques plans sous-marins. Ils seront magnifiques et partiront directement au montage.

La lumière descend et l'ingénieur du son aimerait bien avoir un son clair de la gueuse qui glisse le long du câble.

Pour que l'on soit parfait, il faudrait qu'il n'y ait aucun plongeur de sécurité dans l'eau, juste l'apnéiste qui descend à la gueuse.

Pas question de faire plonger Jean-Marc ou Jean sans sécurité, alors je me propose. Le câble est positionné à 50 mètres, mes palmes flottent sous l'eau et je me prépare à faire une belle apnée. J'ai les mains sur la gueuse. Richie, l'accessoiriste (le fils de M. Guillet, le staffeur de *Moonraker*), tire sur le câble et ma gueuse s'enfonce.

Je descends le long du câble, dans ce bleu sans fin, avec pour seul bruit celui du glissement de la gueuse. J'arrive à 50 mètres, après une minute d'apnée. Je laisse le câble se tendre et couiner, car le son est particulier. Je profite de ces quelques secondes d'immensité, de paix, d'absolu.

Je n'abuse pas trop, car il n'y a aucune sécurité autour de moi. J'attrape la poignée et tourne la manette qui doit gonfler le ballon de remontée. Pschitt. La bouteille est vide.

La panique me poignarde, aussi rapide qu'une piqûre de guêpe. J'attrape le câble et me hisse rapidement à la palme. Je sens l'oxygène qui se consomme à grande vitesse dans mon corps. Je n'arriverai pas en haut à ce rythme-là. Je le sais, alors je me calme, vide mes muscles de toute tension, et laisse ma combinaison me remonter doucement. J'ondule légèrement, comme un dauphin, pour aider à la remontée.

Je vois maintenant la surface. Si je reste bien calme, ça devrait passer.

J'émerge et engouffre une grande goulée d'air dans mes poumons. Je mets quelques secondes à m'en remettre, car le manque d'oxygène m'a fait tourner la tête.

— Trois minutes dix ! me hurle Richie avec un grand sourire.

— Richie… La bouteille était vide, je lui réponds, essoufflé.

Richie devient livide. C'est maintenant lui qui est à deux doigts de tomber en syncope.

L'ingénieur du son écoute la prise que je viens d'enregistrer. Il est ravi. Tant mieux. Le son sera utilisé sur toutes les plongées du film.

Retour à Paris pour un bref séjour.

Juliette est sortie de l'hôpital et commence à avoir un peu de rose sur ses joues. Une couleur que je n'avais jamais vue sur son visage.

Nous avons encore trois semaines de tournage sous-marin à faire sur la Côte d'Azur.

Malheureusement, le plancton de fin d'été est déjà apparu et l'eau est trouble. Après quelques jours dans une eau infilmable, nous nous rabattons sur la Corse, où le plancton ne devrait pas arriver avant une semaine.

Mais la mer est mauvaise et on poireaute des jours entiers. Même le tournage de nuit est un calvaire. Bon gré, mal gré, on arrive à arracher une trentaine de plans, mais on n'arrive pas à finir car le plancton est arrivé.

Équipe réduite de nouveau. Nous partons pour les îles Vierges, dans les Caraïbes, pour tourner les scènes avec les dauphins.

Mandy est un spécialiste. Il dirige un centre marin sur une île au large de la Floride. Il a mis trois dauphins dans un avion, en baignoire première classe, et les a lâchés dans une baie de l'île, qu'on a pris soin de fermer par un filet à ras de l'eau, pour qu'il soit invisible de la surface.

La baie est magnifique, avec une eau cristalline. Mais, à l'arrivée des dauphins, ça devient le souk. En fait, les poissons considèrent les dauphins comme des étrangers. Ce sont des animaux terrestres qui se sont mis à l'eau il y a seulement quelques millions d'années. Des nouveaux, en quelque sorte.

De plus, le dauphin bat sa queue verticalement alors que tous les poissons battent leur queue horizontalement. Et il fait des bulles, des bruits bizarres et il s'amuse de tout, même à les bouffer. C'est vraiment un sale étranger, un sale gosse, un enfant terrible.

Alors, dès que les poissons voient un dauphin, c'est la panique. La baie devient trouble en quelques heures. Il faudra attendre trois jours avant de tourner dans une eau correcte.

Tous les matins, dès 6 heures, je viens nager avec eux dans la baie. Ils sont curieux et m'accompagnent pendant ma balade. Un jour, je repère un dauphin qui arrache une touffe d'herbe marron au fond de l'eau. Il joue un peu avec, puis la laisse. Dans la seconde, un autre dauphin vient pulvériser la touffe d'herbe. Ça ressemble fort à un jeu. Je plonge à mon tour, arrache une touffe marronnasse et, en remontant vers la surface, je la lâche. En moins d'une seconde un dauphin vient la pulvériser à une vitesse impressionnante. C'est bien un jeu, et ils m'ont accepté dans l'équipe. Tous les matins, je viens donc jouer à « la touffe » avec trois dauphins.

Le tournage avec eux n'est, en revanche, pas des plus faciles.

Les dauphins passent leur journée à jouer, à manger et à faire l'amour.

Ils peuvent donc faire une prise et disparaître pendant une demi-heure pour se livrer à leurs passions. Au bout d'un moment, il y en a toujours un qui revient devant la caméra avec son sourire narquois et qui accepte, éventuellement, de faire une deuxième prise.

Vu la difficulté de travailler avec eux, je me demande comment je vais réussir à faire ma grande scène avec les dauphins.

La Buf Compagnie (qui réalisera plus tard *Arthur et les Minimoys*) travaille sur un dauphin en 3D. Richie et son père en ont même construit un en résine, grandeur nature. Mais tous ces artifices ne suffiront pas et je sens que la scène sera ridicule.

Je me confie à Mandy. Peut-être que ce spécialiste aura une idée.

Il en a une. Il connaît un groupe de dauphins sauvages, au nord, dans les Bahamas, qui se laisseraient sûrement filmer.

— Tu te fous de moi ? rugit Patrice Ledoux. Tu veux affréter un bateau pour aller filmer des dauphins en pleine mer parce que ton copain Mandy les connaît ?!

Je sais bien que tout ça ne tient pas vraiment la route, mais c'est mon seul espoir.

— Donne-moi une raison, une seule, pour te dire oui ! me dit Patrice.

J'ai beau chercher, je n'en ai aucune. Alors je lui sors :

— Parce que… je le sens.

Patrice reste bouche bée, à court d'arguments.

Deux jours plus tard, un DC3 pourri nous dépose, pour le week-end, au nord des Bahamas. Nous embarquons sur un bateau loué et Mandy nous guide en pleine mer. Après quelques heures, sortis de nulle part, un banc de *Stenella delphis*. Des dauphins tachetés. Il y en a une trentaine.

On fixe à toute vitesse la caméra sur une torpille et on jette l'ensemble à l'eau. Je me mets à 5 mètres et j'avance à fond.

Aucun dauphin à l'horizon. J'essaye de ralentir, mais l'accélérateur est bloqué. Impossible de m'arrêter. Il va falloir que je continue comme ça pendant trente minutes

– la durée d'autonomie de la batterie. Soudain, j'entends clairement leurs cliquetis. Ils savent très bien que je suis là, depuis la seconde où je me suis mis à l'eau.

Il faut juste attendre de voir s'ils sont d'humeur à jouer.

Je vois une masse s'approcher face à moi, comme un gros banc de poissons. Dans le doute, je mets ma caméra en route. C'est en fait le groupe d'une trentaine de dauphins qui arrivent sur moi, à toute allure. Je ferme les yeux. Je sens l'eau bouger autour de moi. Quand j'ouvre de nouveau les yeux, ils ont fait demi-tour, se sont mis à ma vitesse et m'entourent de toute part.

Rapidement, ils se poussent pour être devant ma caméra pour jouer, comme ils le font à l'avant des bateaux. Je n'en crois pas mes yeux et j'ai envie de hurler mon bonheur.

Je tourne sans discontinuer mais, très vite, je n'ai déjà plus de pellicule et je ne peux pas m'arrêter car ma torpille est toujours bloquée. Alors je vais à gauche, à droite, je fais des loopings dans tous les sens et les dauphins s'amusent à me copier.

Au bout de vingt-cinq minutes, mes bras n'en peuvent plus, mais heureusement la batterie commence à faiblir et la torpille s'arrête.

L'équipe remonte la torpille à bord, à l'aide d'un treuil. Je suis dans un état d'euphorie extrême. Jamais je n'aurais pensé avoir des plans aussi beaux, c'est dix fois mieux que dans mes rêves les plus fous. Il y a des plans qui vont rester dans l'histoire du cinéma, j'en suis sûr.

Pendant que je déblatère comme un kangourou sous ecstasy, l'assistant vérifie la caméra. Elle n'a pas tourné. Je n'ai aucune image. Cet imbécile de Christian Pétron avait, comme à son habitude, fermé la batterie pour faire des économies d'énergie.

Mon corps se gonfle d'un seul coup et la rage m'envahit. Je me mets à hurler et à shooter sur tout ce qui dépasse. Je n'en peux plus de ce sort qui s'acharne, et comme je ne peux pas mettre un bourre-pif à Dieu, je vais étrangler Christian Pétron.

Mais l'homme a entendu mes hurlements, dignes de la bête du Gévaudan, et il a pris la sage décision de sauter à l'eau et de se cacher sous la coque. Le chef électro, Jean-Claude Reux, un vieux de la vieille, m'attrape alors le visage.

— Regarde ! Regarde ! J'ai fixé la caméra sur la torpille de réserve. Les dauphins sont toujours là et dans une minute tu es à l'eau !

Je souffle toujours comme un taureau prêt au combat, mais j'aperçois effectivement les dauphins qui semblent tourner autour du bateau. Marcus me met une bouteille sur le dos et me jette à l'eau.

Deuxième prise.

Cette torpille est plus petite et moins puissante, mais le voyant de la batterie caméra est maintenant bien au vert. Dès que la torpille se met en marche, le banc de dauphins se regroupe et me fonce dessus. Moteur.

Le balai redémarre, là où on l'avait laissé. Aussi gracieux, aussi créatif, aussi joyeux. La pellicule terminée, l'équipe recharge la caméra en un temps record et je retourne sur la piste de danse.

Au total, je ferai quatre magasins pleins. Les dauphins ont joué avec moi jusqu'à ce que le soleil commence à rougir et que la lumière ne soit plus suffisante pour filmer. Christian, de son côté, a pris la deuxième caméra et a aussi assuré quatre bobines de film.

Le soir, on fête ça au champagne. Jamais nous n'aurions imaginé faire de telles images, au milieu de l'océan, avec un groupe de dauphins sauvages. Merci Mandy. Merci Patrice.

Le lendemain, je prends les rushes et je fonce à l'aéroport. Je veux développer les huit bobines au plus vite, tandis que Christian continue à filmer au cas où. Je fais tout le trajet avec les bobines sur le ventre tellement j'ai peur qu'on me les abîme. Au laboratoire, je reste devant la développeuse jusqu'à ce que la pellicule sorte du bain. Ensuite je fonce chez Gaumont pour me projeter les rushes.

Malheureusement la salle est prise. Le président de la République François Mitterrand est en train de mater un film. Il se fait souvent des petites projos privées, comme ça, le week-end. Je poireaute une demi-heure à l'entrée de la salle, puis le président finit par sortir. On me présente.

— Vous nous préparez un nouveau film ? me demande-t-il gentiment.

— Oui, et je viens de filmer des dauphins en pleine mer. C'est incroyable ! Vous voulez voir ? je lui lance, excité comme une puce.

— Ah ? Pourquoi pas ! répond-il, en retournant dans la salle avec moi.

La première bobine est magique. Quatre minutes de pure beauté. Sans aucun son. J'ai des larmes dans les yeux. Tous les rushes sont impeccables. Pas une rayure. Une lumière parfaite.

Au bout de trois bobines, je suis toujours en extase, mais Mitterrand commence à se lasser.

— C'est formidable, mais je vais devoir vous laisser, j'ai un peu de travail ! me dit-il aimablement.

Je lui dis à peine au revoir tellement je suis hypnotisé par les images qui défilent à l'écran.

C'est la plus belle séance de rushes que j'ai faite de ma vie.

Départ pour le Pérou, pour la scène de la rencontre entre Jacques et Johanna. Afin de réduire un peu le budget, j'ai coupé la scène en deux. La première partie se tournera au Pérou, l'autre sur les hauteurs de Tignes, dans les Alpes.

Nous affrétons un train pour l'équipe, qui partira de Cuzco pour rejoindre le col de La Raya, à 4 320 mètres.

Le président péruvien a eu la bonté de nous prêter son wagon personnel, marqué de son sceau. Le train mettra six heures à faire les 120 kilomètres qui nous séparent de La Raya, au rythme des pannes en tout genre !

Vers 14 heures, le train s'arrête de nouveau, mais ce n'est pas une panne. Un homme à cheval a arrêté le train. À travers la fenêtre, il n'y a qu'une plaine immense, un plateau situé à plus de 3 000 mètres et bordé de montagnes dont les sommets culminent tous à 7 000 mètres.

À une centaine de mètres du train, une colonne d'hommes à cheval semblent attendre quelque chose.

Notre guide et traducteur déboule dans notre wagon, le visage en sueur. Il nous annonce que le groupe de cavaliers fait partie du Sentier lumineux, une bande armée d'opposants au régime en place. Ils ont arrêté le train parce qu'ils ont vu le wagon du président. Et on est dedans.

On dit au guide qu'il suffit de leur expliquer le malentendu et qu'on n'est pas là pour faire de la politique, mais juste un film.

— Je le leur ai dit ! nous jure-t-il.

— … Et ?

— Et ils veulent savoir de quoi parle le film ! me répond le guide.

Patrice Ledoux me tape lâchement sur l'épaule.

— Qui d'autre peut mieux parler du film que toi ?

Je descends du wagon et me dirige à pied vers la colonne de cavaliers. Les herbes sont hautes et le manque d'oxygène est horrible. Je mets dix minutes pour arriver jusqu'à eux et j'ai le temps de bien apercevoir leurs flingues, dignes des meilleurs westerns. J'arrive enfin au pied du leader, à bout de souffle.

L'homme a des cartouchières en travers de la poitrine, une grosse moustache et un sombrero. On dirait Marlon Brando dans *Viva Zapata !*. Je me présente en souriant, mais je ne décroche aucune réaction. Pour lui, je ne suis qu'un gamin qui sort d'un wagon qu'il n'aime pas. L'ambiance est tendue et, en cas de coup de feu, je ne vais pas pouvoir courir vers le wagon. Ils vont me tirer dessus comme sur un lapin sans pattes.

— Le chef aimerait savoir le sujet du film, me traduit le guide.

La solitude m'envahit d'un seul coup.

Il va falloir que je raconte, à 3 000 mètres d'altitude, une histoire d'amitié entre un homme et un dauphin, à un guérillero du Sentier lumineux qui n'a probablement jamais vu la mer.

Soufflons d'abord un grand coup et essayons d'y voir le positif.

Ça fait des mois que je me pose la question de savoir si *Le Grand Bleu* est une bonne histoire. Je vais enfin avoir la réponse, parce que si cet homme patibulaire me laisse repartir, c'est que mon histoire tient la route. Je me lance, à coups de gestes et de grand son. Le guide traduit au fur et à mesure. Je raconte Jacques Mayol, son ami Enzo, son amour pour Johanna et son autre amour, plus fort encore, pour la mer et les dauphins.

Au bout de dix minutes, je suis épuisé, le visage en eau.

Le chef m'a écouté, sans sourciller, sans m'interrompre.

Il marque un moment et le silence s'installe. Il n'y a que son cheval qui fait du bruit. Il me dévisage, comme s'il cherchait une vérité au-delà des mots qu'il n'a pas compris.

Mes yeux s'embrument. Je lui ai donné tout ce que je suis. Je n'ai pas d'autre vérité à lui offrir.

L'homme lève le menton et dit quelques mots au traducteur.

— C'est bon, on peut y aller.

L'homme tire sur les rênes de son cheval et la cohorte s'éloigne rapidement. Je ne saurai jamais si mon histoire lui a plu, mais j'espère qu'un jour, il pourra voir le film et constater à quel point j'ai aimé filmer son pays.

Le col de La Raya est entouré de sommets à 7 000 mètres. Il y a la petite maison du chef de gare et une église. C'est tout.

J'ai prévu un plan de grue qui donnera de la majesté pour introduire la scène. Sauf qu'il n'y a pas de grue de cinéma dans tout le Pérou. À part au musée. Pas de problème, on fait sortir la grue du musée, on la met dans un camion et elle se tape les 600 kilomètres de piste pour arriver jusqu'au tournage. Je m'installe sur la plate-forme, tandis que quelques Péruviens montent dans la nacelle qui sert de contrepoids. Ils sont cinq, avec leurs petits bonnets. On dirait qu'ils sont au balcon d'un théâtre, à regarder le spectacle. L'image est surréaliste. Le soir, on dîne tous sous une grande tente, montée pour l'occasion.

D'un seul coup, un orage éclate. Un truc monstrueux. Rien n'est petit dans la région, à part les habitants.

Les éclairs tombent du ciel et se séparent pour trouver la cime des montagnes, de part et d'autre de la vallée. On dirait la fin du monde. Il commence à grêler, des morceaux de glace qui frisent le kilo et dont certains percent la tente.

— Tout le monde sous les tables ! je hurle sans attendre.

Les techniciens se jettent à terre et se regroupent sous les tables à manger. Le bruit est assourdissant. Le sol tremble sous le poids de la grêle qui s'abat. Je croise le regard de Rosanna, à quatre pattes sous la table. Elle est vraiment loin de Hollywood. La situation est tellement absurde qu'elle éclate de rire.

On est là, bloqués sous des tables, à 4 000 mètres, à cause de grêlons gros comme des boules de pétanque, alors qu'on fait un film sur la mer et les dauphins. Le cinéma vous fait décidément faire n'importe quoi. Rosanna a un rire vraiment communicatif, et bientôt c'est le fou rire général.

L'averse ne dure pas longtemps. Dehors, la vallée est recouverte de grêle et l'orage s'éloigne.

Les techniciens peuvent enfin rejoindre leur tente détrempée pour essayer de dormir sans oxygène.

Quelques jours plus tard, l'équipe se réduit un peu et nous partons pour les Maldives tourner les scènes sous-marines que nous n'avons pas pu finir en Corse. Il fait 40 °C et toute l'équipe est en maillot de bain. Certains ont encore le bonnet péruvien sur la tête, histoire de faire rire tout le monde.

L'eau est claire et tellement bonne. Ce n'est plus du travail, mais du pur plaisir. Nous devons tout de même tourner deux scènes. Le petit Jacques avec la murène et le père de Jacques qui pêche des éponges. Richie a même rapporté des éponges de Grèce pour faire plus authentique. En revanche, ce qui n'est pas raccord du tout, ce sont les poissons tropicaux.

Marcus est chargé de les éloigner. Il se poste hors champ et ouvre son sac rempli de bouffe. En quelques secondes, il disparaît sous un nuage de poissons. Je m'étouffe de rire à le voir se débattre avec un millier de poissons. Pendant ce temps-là, mon petit frère descend tranquillement, en apnée, et va nourrir sa murène.

Les scènes sont pliées en deux jours et on s'accorde tous une journée de repos avant de partir. Évidemment, j'en profite pour aller plonger.

Direction : Tignes.

Le choc thermique est violent. Il fait – 10 °C et la ville est sous 2 mètres de neige.

On a troqué nos pirogues contre des ratracks pour monter notre matériel jusqu'au petit lac qui surplombe la ville.

Le chef déco y a installé quelques baraquements et un totem péruvien. C'est là que Jacques Mayol fera ses plongées sous la glace – le vrai Jacques Mayol a réellement plongé sous la glace au Pérou. Quand on voit le mal de chien qu'on a eu à organiser ces fausses plongées, j'imagine l'enfer qu'à dû vivre Mayol pour réaliser les vraies.

Pour les plans sous-marins, on se rapatrie sur le grand lac de Tignes. C'est plus facile d'accès. On creuse deux trous dans la glace, à l'aide d'une tronçonneuse. Jean-Marc devra descendre dans l'un, longer le plafond de glace pendant trente secondes et ressortir par l'autre trou.

Marcus et Marco font la sécurité, en bouteilles, hors champ de la caméra. On enduit le corps de Jean-Marc d'une épaisse couche d'huile, avant de lui enfiler sa combinaison. L'eau est à 1°C. Jean-Marc est concentré. Je descends me mettre en place, sous la glace, avec ma caméra. Mon assistant agite un bâton dans le trou de glace, signe que l'acteur va bientôt apparaître.

Moteur. Jean-Marc s'enfonce sous la glace, dans l'eau gelée.

Je le suis à la caméra. Il est simple, élégant et touche le plafond de glace comme s'il caressait un miroir. La prise est belle, mais il va trop vite. Je lui en demande une autre. Jean-Marc s'exécute et prend un peu son temps. C'est mieux, mais j'en réclame une troisième, plus lente encore, plus sensuelle. Je veux qu'il avance comme si l'eau était chaude.

Jean-Marc repart pour une troisième prise, élégante et gracieuse. J'aimerais tout de même en refaire une, juste au cas où, mais je m'approche du trou et je regarde Jean-Marc qui grelotte, les pieds dans la glace. Son visage est bleu et ses lèvres sont violettes. Même son œil commence à blanchir.

— Celle-là était super ! Fin de journée ! je lui lance avec un sourire.

Je sens un profond soulagement dans le regard de Jean-Marc, tandis que les costumières lui jettent instantanément des tonnes de couvertures sur les épaules. C'est la seule fois du tournage où j'ai lâché quelque chose.

Dans les tournages, il y a toujours une scène que l'on traîne au plan de travail, une que l'on repousse sans arrêt, pour diverses raisons. Sur *Le Grand Bleu*, c'est la scène de Jacques et Enzo qui boivent du champagne au fond de la piscine. On devait la faire à Taormina, dans la vraie piscine de l'hôtel, mais on n'a pas eu le temps. On devait ensuite la faire à Paris, puis dans un hôtel à Lima.

On la fera le dernier jour de tournage, dans une piscine de Val-d'Isère, par – 15 °C. Richie a fait chauffer la piscine à bloc et a déblayé les tonnes de neige qui l'entourent.

Jean et Jean-Marc sautent à l'eau, en costume de soirée. En apnée, Enzo ouvre la bouteille de champagne et trinque avec son ami. Le plan dure deux minutes. Je les filme avec émotion.

Ils trinquent à leur amitié, mais aussi à la fin du film, car c'est le dernier plan. Vingt-deux semaines de tournage terrestre. Vingt-quatre semaines de tournage sous-marin. Neuf mois d'une aventure incroyable, ou la vie et la mort se sont entrechoquées en permanence. Le film de mon enfance. Le film de ma vie. Je suis toujours en train de filmer ces deux zigotos qui boivent du champagne sous l'eau et j'ai envie de rester là, avec ma caméra, pour l'éternité.

Je ne sais pas encore vraiment qui je suis, mais je sais maintenant ce que j'ai fait. J'ai gravé mon nom sur une pierre et le temps ne pourra pas l'effacer. J'ai l'impression enfin d'exister.

– 22 –

1988

À l'époque, le montage numérique n'existe pas. La pellicule est montée à la main et ça prend des siècles. On s'est installés chez SIS, fidélité oblige. Il y a toujours les mêmes prétentieux qui me font la gueule et les mêmes stagiaires qui se battent pour réserver les tables de leurs maîtres.

Je reste enfermé dans ma salle, quasiment vingt-quatre heures sur vingt-quatre. Nous sommes à la bourre, car on parle de nous pour faire l'ouverture du Festival de Cannes. Il nous reste six mois pour tout finir. Le tournage et le montage sont deux réalités différentes. Je trouve tous les plans sublimes, mais, dès que je les vois montés, ils perdent de leur charme. Je suis un peu perdu, j'ai l'impression que rien ne marche. Il faut simplement que je m'y habitue. C'est un peu comme un album de musique où la première écoute n'est jamais vraiment la meilleure. Il faut se faire à la musique, à la nouvelle sonorité, au nouveau langage.

C'est plus long pour un film et j'ai des nœuds au ventre pendant les trois premiers mois. Éric est aussi à la bourre pour la musique. Il attend le montage qui ne vient pas. Je finis par lui montrer la première grande plongée de Mayol, histoire qu'on puisse commencer à bosser. Projection sur grand écran. Éric a des larmes plein les yeux. La scène l'a bouleversé. Il se demande même s'il va être à la hauteur.

C'est la première fois que je constate une émotion sur le film. Un moment un peu magique, un petit miracle. Quelque chose qui échappe à la pellicule et vient toucher le cœur des gens. Ce qui est drôle, c'est que, malgré tous les efforts et les milliers d'heures de travail de tout le monde, il y a, au bout du compte, quelque chose qui nous échappe. Ce n'est pas nous qui contrôlons l'émotion finale. C'est le spectateur. Nous, on doit juste avec force, courage et humilité, s'approcher au plus près de la vérité. Mais ce n'est jamais nous qui l'avons, c'est celui qui la voit.

Nous restons toujours des cuisiniers derrière leurs fourneaux, vous serez toujours ceux qui dégustent. Et c'est très bien ainsi.

La scène des dauphins est enfin montée. Ça fait des mois que je l'attends. On décide de se faire une petite projection pour fêter ça. En musique provisoire, j'ai monté une chanson de U2. Je m'installe confortablement dans la salle et je me prends la scène en pleine poire. Des larmes roulent sur mes joues.

Le bonheur de voir mes meilleurs amis sur grand écran. La nostalgie du tournage qui maintenant s'éloigne. Mon enfance. Il y a tout pour me faire craquer.

La lumière se rallume. Je sèche un peu mes larmes et me retourne vers l'équipe de montage.

— Alors ? je leur demande fièrement, n'ayant aucun doute sur leurs réactions.

Mais les visages sont fermés, presque embarrassés.

— Ben qu'est-ce qu'il se passe ? je leur demande, inquiet.

Le chef monteur regarde ses pieds, les autres admirent le plafonnier.

Le malaise est palpable. L'assistante monteuse, plus âgée que les autres (30 ans !), finit par prendre la parole.

— Luc, on aime bien aussi les dauphins, mais la scène est trop longue

— Quoi ?! Mais pas du tout !! L'émotion passe à fond ! On ne voit pas le temps passer ! Ça dure à peine trois minutes !! je balbutie.

Je me sens asphyxié par la trahison et je me débats comme un chien qui voudrait se débarrasser d'un fil à sa patte.

— La scène fait neuf minutes trente, c'est beaucoup trop long, me répond l'assistante avec un calme qui me donne envie de la tuer.

Je me mets automatiquement en mode Calimero.

— OK, le film est trop long et je veux bien couper où vous voudrez, mais pas cette scène-là. Elle est miraculeuse. C'est toute ma vie qui est là, sur l'écran. Ne me demandez pas ça, s'il vous plaît.

Le silence s'installe et tout le monde se découvre subitement une passion pour ses chaussures.

Le cinéma a deux ennemis. L'ego et le plaisir. On ne doit jamais l'oublier si l'on veut avoir une chance de réussir son film.

Il faut deux ans pour faire un film, il faut deux minutes pour le rater. La scène des dauphins fera finalement une minute quarante.

Cannes approche et le film est loin d'être fini.

Éric Serra commence à livrer les premiers morceaux. Le générique du début est magique. Ça sent bon. Il faut juste réduire le film qui frôle pour l'instant les trois heures, même amputé de la scène des dauphins.

L'ancienne journaliste de Radio 7, la seule a m'avoir reçu à Avoriaz, est maintenant rédactrice en chef de *Première*, tandis que le très fameux Márquez Posito est parti monter un magazine concurrent, *Studio Magazine*.

Leur slogan en dit long : « Ce qu'il restera du cinéma. »

Plus prétentieux tu meurs. Encore des curés qui vous expliquent comment il faut parler à Dieu.

Je ne peux pas montrer le film en entier aux patrons de *Première*, puisqu'il n'est pas fini, mais je leur montre une bobine. Ils sont emballés.

La couverture de *Première* sera un dauphin en gros plan avec ce slogan magnifique et drôle à la fois : « La star de Cannes est un dauphin. »

Au montage, le rythme s'est encore accéléré. On travaille sept jours sur sept et je ne dors que quelques heures, parfois à la salle de montage. Je suis dans un tel état de stress et de fatigue que je finis par tomber dans les pommes dans la salle.

Le médecin me fait une injection et me prescrit un arrêt de quatre semaines. Je lui demande s'il n'aurait pas plutôt de quoi me faire tenir quatre semaines. Je lui promets de me reposer après.

Il me donne un truc généralement réservé aux chevaux.

— Au-dessus de ça, il y a la cocaïne, mais je ne fais pas ce genre d'article, me dit-il avec un humour un peu décalé.

L'ouverture de Cannes et la sortie du film m'angoissent, mais moins que la perspective de la nouvelle opération de Juliette. Ça fait maintenant dix mois. Elle doit repasser sur le billard.

Le chirurgien consulte son calendrier et cherche une date. Je sens que le ciel va encore me jouer un tour. J'en suis sûr. Le chirurgien a son doigt qui court sur l'agenda.

— Voyons… le… le 10, me dit-il, avec satisfaction.

Le 10 mai. Jour d'ouverture du Festival de Cannes. Jour où *Le Grand Bleu* est présenté. Je deviens blême.

— Le 10, ça vous va ? ajoute-t-il.

J'ai le sentiment que le ciel s'amuse avec moi et tire sur mes nerfs comme sur une pelote de laine, mais il n'est pas question pour moi d'opposer ma fille et mon film.

— Le 10 c'est parfait, je lui réponds avec une voix brisée.

Mais le chirurgien est intelligent et il a bien senti mon malaise.

— Vous savez, j'ai dit le 10, mais j'aurais pu aussi bien dire le 11 ou le 12. Ça ne change pas grand-chose. Vous avez un souci le 10 ?

Je n'ose pas le lui avouer. J'ai peur de bouleverser l'ordre des choses, peur que ma fille m'en veuille un jour de l'avoir fait passer après mon film. Je reste sur ma position, mais le docteur insiste et finit par m'arracher la vérité.

— C'est juste que... mon film fait l'ouverture du Festival de Cannes, je finis par lui dire d'une petit voix tremblante.

— Le 12 ça sera parfait ! me répond-il avec entrain.

Je sens que les quarante-huit heures, entre le 10 et le 12, vont être copieuses.

Magali, la chef costumière, nous a fait fabriquer de beaux costumes bleus. Pour Jean-Marc, Jean et moi. Rosanna sera en petite robe vichy. La presse réclame déjà le film, mais il n'est pas fini et je refuse de le montrer. L'attaché de presse me fait part de la tension qui anime tout ce petit milieu. Poivre d'Arvor exige de voir le film, *Libération* se sent humilié et Bévérini, chez TF1, promet des représailles.

Pourquoi déjà tant de haine ? Parce que le magazine *Première* vient de sortir avec un dauphin en couverture et d'écrire que la star de Cannes, c'était lui. Comment avons-nous osé ? C'est aux gardiens du Temple de décréter ce genre de chose. C'est à la presse de décider qui doit vivre ou bien mourir. Pour qui se prend-il ? Pour Napoléon qui se couronne lui-même ?

La pression est tellement forte que l'attaché de presse est au bord de la crise de nerfs. Avec ma naïveté habituelle, je décide d'écrire une lettre aux journalistes. Je m'excuse de ne pas leur montrer le film en avance, en expliquant qu'il n'est pas prêt et que je préférerais qu'ils le découvrent sur l'écran géant du palais, plutôt que dans une petite salle de presse.

Évidemment, ils le prennent mal et aucun d'entre eux ne croit à ma sincérité. Je suis juste le roi du marketing qui essaye de la leur faire à l'envers, et tout le monde est persuadé que *Première* n'aurait jamais fait sa couverture sans avoir vu le film en entier. C'est pourtant la vérité, mais ils ne sont pas là pour ça.

Espérons que le film calmera les esprits.

La copie est enfin sortie du laboratoire. On commence les tests dans la grande salle, vers 2 heures du matin. L'image est magnifique. Le son est parfait. 9 h 30 du matin. Première projection de presse. Au grand palais.

Je suis en face, assis au fond du bar du Majestic, à me bouffer les ongles. Pas question de m'approcher du palais. J'ai l'impression de revivre la projection du *Dernier Combat*, à Avoriaz, où Pierre et moi étions au fond d'un bar à faire les comptes de nos dettes, le ventre noué.

Les premiers retours m'arrivent. Le film s'est fait siffler. Huer. La rumeur d'un désastre envahit la Croisette, comme une brume annonçant la mort. Déjà, j'aperçois des gens qui ricanent, d'autres qui n'osent plus croiser mon regard, d'autres encore qui s'éloignent.

Un flop à Cannes, c'est comme avoir la peste.

Je croise Henri Béhar, ancien journaliste à *Première*. C'est lui qui m'a remis mon prix de la critique à Avoriaz. Je sais que lui me dira la vérité.

— Bon, ben c'est raté, c'est raté ! Ça arrive à tout le monde. Tu feras mieux la prochaine fois, me balance-t-il, un peu mal à l'aise.

C'est tout ce qu'il reste de ces années de travail ? De ces centaines d'heures passées sous l'eau ? Mon corps se vide. Ma base s'écroule. Même mes proches s'éloignent, comme si j'étais radioactif. Le moment est d'une violence incroyable. Jamais je ne pourrai l'oublier. J'aimerais disparaître, traverser la Croisette, me jeter à la mer et partir à jamais avec les dauphins, les seuls qui me comprennent.

Mais mon calvaire n'est pas fini. Il faut encore que j'attende le 12 et l'opération de Juliette.

Je me ressaisis en me passant un peu d'eau sur le visage et je vais à la conférence de presse.

L'ambiance est tendue. Personne ne s'intéresse à celui qui a perdu le match. Les questions sont connues, les réponses aussi.

Ils sont totalement passés à côté du film. On ne peut pas venir à Cannes avec de belles gueules aux cheveux courts, des dauphins et de la belle musique. Il faut venir avec une Kalachnikov et des lunettes noires. On n'est pas là pour aimer, on est là pour tuer.

À 13 heures, j'assiste au lynchage de Rosanna qui se fait massacrer en direct, au journal de TF1, par le journaliste Alain Bévérini, comme prévu.

— Ce film n'a pas de scénario et encore moins de metteur en scène, bave-t-il avec l'excitation que lui permet son petit pouvoir.

La pauvre Rosanna ne comprend pas, car la traduction ne lui arrive, à travers son oreillette, que beaucoup plus tard.

Gilles Jacob, digne président du festival, prend sa défense, ainsi que celle du film, et en colle une à Bévérini. Avec classe.

Le pouvoir fausse les choses. Enlevez-moi le mien, il me restera un peu de talent et quelques films. Le jour où Alain Bévérini a perdu le sien, il est simplement retourné à sa médiocrité.

19 heures. Nous montons le tapis rouge pour la projection du soir, dans nos beaux costumes bleus et avec nos ventres bien noués.

Il y a dix ans à peine, je rangeais mon costume de militaire dans la consigne de la gare de Cannes. Aujourd'hui, je fais l'ouverture du Festival. J'ai quitté Coulommiers il y a douze ans, avec *Première* sous le bras. Aujourd'hui mon film est en couverture du magazine.

Il y a dix ans, je voyais des images de Jacques Mayol pour la première fois, aujourd'hui un film entier lui est dédié. Il y a vingt ans, un dauphin me sauvait la vie en me donnant un peu de cette affection qui me manquait tant. Aujourd'hui, il est la star du Festival de Cannes. Je me sens blessé, meurtri, humilié, mais il n'est pas question que je gâche à jamais ce beau moment, en haut des marches du Festival. Mais la rumeur court depuis le matin, et le public du soir est un peu nerveux. J'ai deux heures vingt pour essayer de les détendre.

La projection commence. Rosanna me tient la main d'un côté, Jean Reno de l'autre. Trois mille six cents pingouins vont regarder l'aventure du *Grand Bleu*. Musique d'Éric Serra. Images en noir et blanc. Le petit Jacques court pieds nus sur les falaises d'Amorgos. Jusqu'ici, tout va bien. Le public se laisse faire. Puis d'un seul coup, en bas de l'image, je vois la barre de l'image suivante qui apparaît, comme si le film était en train de monter vers le plafond. C'est infime, mais ça progresse, et au bout de cinq minutes on commence à voir le haut de l'image suivante. Mon front commence à perler.

— Le cadre !! crie quelqu'un dans l'assistance.

Soudain j'aperçois un homme en costume qui fend ma rangée pour venir jusqu'à moi.

— Monsieur Besson, on a un petit souci. Le presseur latéral du projecteur numéro 1 a lâché et l'image remonte, me chuchote-t-il à l'oreille. Pour l'instant, j'ai un gars qui tient le presseur avec son doigt, mais c'est douloureux et il ne peut pas tenir longtemps. Donc, ou on arrête la projection pour réparer, ou on laisse comme ça.

Je ne sais pas ce que j'ai fait au ciel pour qu'il me fasse chier comme ça en permanence.

Je ne sais pas ce que je paye. Ma tête carbure, mais avant de répondre aux grandes questions, il faut répondre à la petite.

— Je vous envoie cinq collègues à moi et ils vont se relayer pour tenir le presseur jusqu'à la fin du film, je lui dis avec autorité.

— OK, me répond-il comme un soldat trop content d'avoir trouvé un gradé.

Je quitte mon rang, réquisitionne cinq camarades disséminés dans la salle et le projectionniste les guide jusqu'à la cabine.

Au bout de quelques minutes, qui me paraissent interminables, l'image se stabilise. Je passe le reste du film à suer, guettant toutes les cinq minutes le moment où un doigt viendra en remplacer un autre sur le presseur. La projection devient un enfer. J'ai l'impression de passer deux heures la gueule ouverte chez le dentiste.

Je vois la fin du film comme un soulagement et, contre toute attente, nous avons droit à une longue *standing ovation*. Le public a vu le film. A vu *mon* film. Là où je ne voyais qu'un doigt sur le presseur, ils ont vu Jacques et Enzo, Johanna et les dauphins. Je vois même quelques visages en larmes. L'émotion est passée. La projection de presse du matin était un désastre, celle du soir est un bonheur. Ceux qui font des films et ceux qui les voient sont décidément dans le même camp.

Le lendemain, retour chez les cyniques.

Le Film français a sorti son petit tableau des critiques.

Vingt spécialistes donnent tous les jours leur avis sur les films.

Ça va de « 1 étoile » à « 4 étoiles », avec « la palme » réservé aux chefs-d'œuvre.

Le Grand Bleu obtient un « double zéro », sur toute la colonne.

C'est la première fois qu'un film affiche un tel résultat dans l'histoire du festival. La presse est unanime. *Le Grand Bleu* est une bouse.

C'est sur cette bonne nouvelle que nous attaquons notre journée de presse. Vingt-cinq interviews à enchaîner, dans la bonne humeur. Je fais le premier avec Jean Reno. On a le moral dans les chaussettes, mais on se raccroche au souvenir de la belle projection du soir. La journaliste arrive en retard. Elle est désolée. C'est vrai que nous, on n'a rien foutu depuis deux ans, c'est pour ça qu'on est à l'heure.

La fille a vingt-cinq pass qui lui pendent autour du cou. Tous les films, toutes les fêtes. Normal, elle est responsable de la culture chez *Télé 7 Jours*.

— Alors je n'ai pas eu le temps de voir le film, mais j'ai quand même quelques questions.

Ça démarre mal. On n'est pas d'humeur à se faire insulter davantage. On a eu notre dose.

— Première question : alors, Jean-Luc Buisson, quel effet ça vous fait, pour votre premier film, d'ouvrir le Festival de Cannes ?

Jean et moi restons sans voix. Ça doit être une caméra cachée, ce n'est pas possible. Mais la femme attend sa réponse, droite dans ses bottes. Je lui corrige ses fautes avec gentillesse, et lui précise que *Le Grand Bleu* est mon troisième film.

— Ah !? *Subway* c'est vous ? me lance-t-elle avec un sourire niais.

En revanche, *Le Dernier Combat*, elle n'en a jamais entendu parler.

Elle a dû être nommée à la culture il y a deux minutes, je ne vois pas d'autre explication.

— Et vous, Jean Reno ? C'est donc la première fois que vous jouez au cinéma ? Vous faisiez quoi avant ?

La fille a poussé le bouchon un peu trop loin et je vois mon Jean qui se tend comme un arc. Ça va lui péter à la gueule. Jean se lève, déplie sa carcasse et se met à hurler d'une voix de stentor.

La fille se prend une bourrasque, un flot d'insultes et de postillons.

Dans ces cas-là, Jean est incontrôlable.

La fille se recroqueville comme une souris affolée par les barrissements d'un éléphant. Elle finit par rassembler ses affaires et quitte la pièce au pas de course, des larmes plein les yeux.

Jean tourne dans la pièce comme un boxeur sur le ring après une victoire par KO.

— Putain, ça fait du bien ! finit-il par lâcher.

On éclate de rire. C'est vrai que ça fait du bien de lâcher un peu cette pression qui s'accumule depuis des semaines.

Le reste des interviews se passe, sans grand intérêt. La moitié des journalistes n'a pas vu le film et l'autre moitié se délecte de notre échec annoncé par la première.

Les premiers chiffres tombent. Les entrées ne sont pas bonnes. On n'est même pas à la moitié de *Subway*. La vague des médias a tellement été mauvaise qu'elle a véritablement dissuadé les gens. Il faut se rendre à l'évidence. Le film est un flop total. Gaumont est dans la merde et je suis mort.

C'est sur ces bonnes nouvelles que je remonte à Paris pour accompagner Juliette à l'hôpital Necker, l'hôpital des enfants. On l'amène au bloc à 11 heures. L'opération doit durer environ deux heures. Je pars déambuler dans le quartier et je fais semblant de faire du shopping. L'envie n'y est vraiment pas. Je me repasse ces dernières années dans la tête.

Mes parents absents. Ma scolarité médiocre. Mon amour pour la mer qui m'a poussé à faire ce film qui signe ma perte. Et le ciel qui s'amuse avec moi jusqu'à me menacer de m'enlever ma fille.

Je ne sais pas ce que je paye. Je ne sais pas ce que j'ai mal fait.

Je ne me suis jamais senti aussi perdu de ma vie. Mais le ciel ne peut pas être aussi mauvais, ce n'est pas possible. Il doit y avoir une raison, un espoir quelque part. Tout ne peut pas appartenir aux cyniques. Mon esprit commence à divaguer, mon imagination fait le reste et je pars de nouveau dans le seul endroit qui me protège. Mon monde à moi, celui dans lequel il y a une logique, celui dans lequel une bonne action est récompensée, celui dans lequel on peut parler au ciel et lui demander une faveur, une seule.

J'aimerais que Juliette survive. C'est tout ce que je demande à tous ces dieux qui sont autour de la table et qui me regardent.

Quatre heures plus tard, Juliette est toujours au bloc. J'attrape un médecin dans le couloir. Juliette a changé de bloc.

— Pourquoi ils l'ont changée de bloc ? je demande, déjà inquiet.

— Je ne sais pas, mais c'est jamais bon signe, me répond cet abruti, qui a raté son concours de psychologie de mille points.

La rage monte en moi. Je n'ai plus beaucoup de barrières. L'animal n'est pas loin.

J'agrippe le gars par le col avec la force d'un gorille.

— J'attends ma fille, alors tu vas aller te renseigner et tu reviens là ! lui dis-je, les dents serrées.

L'humanité m'a quitté. Je ne suis plus qu'une boule de nerfs. Sans peau. Sans âme. Ma survie tient à celle de Juliette.

Au bout de cinq heures d'intervention, le chirurgien sort du bloc. Il est torse nu, en sueur.

— Désolé, ça a été un peu long. Tout va bien. J'enfile une chemise et je vous vois dans cinq minutes, nous dit-il sous son masque hygiénique.

Quelques instants plus tard, il s'assied à son bureau et sort une feuille de papier. Il nous dessine un cœur et nous explique son opération.

— Bon, ça c'est le cœur, vous vous souvenez ? Alors j'ai enlevé cette artère, celle qui nous embête depuis le début. J'en ai mis une de 9 à la place. Celle-là, elle ne bougera plus. Pendant que j'y étais, j'ai limé les clapets, ici et là. Comme ça, c'est fait !

Il parle comme un plombier, fier de son ouvrage.

Je n'ose pas poser la seule question qui m'intéresse.

— Mais... Ça veut dire que... elle va vivre ? je murmure, la gorge serrée.

— Elle ne pourra pas faire les Jeux olympiques au lancement de marteau, mais pour le reste elle est tranquille jusqu'à 80 ans, me répond-il avec humour.

Tout se lâche à l'intérieur de moi. Je me dégonfle comme une baudruche, comme une falaise de glace qui tombe dans l'Atlantique. Mes larmes coulent toutes seules, sans que je puisse rien y faire. À quoi bon y faire : ce ne sont pas des larmes de malheur. Juliette va vivre. Le reste n'a aucune importance. Je n'ai rien demandé d'autre pour tous les Noëls à venir. Juste ça. La laisser vivre. Je ne sais toujours pas si Dieu existe, mais je le remercie au cas où, car c'est bien la première fois qu'il m'entend.

Juliette pourra voir un jour ce *Grand Bleu* que je lui ai dédié.

Je suis criblé de dettes, mon film est un fiasco, mon cœur est en miettes, mais Juliette est vivante. C'est le principal.

Le soir, je me couche, mais je n'arrive pas vraiment à m'endormir. J'essaye de mettre les choses à plat, une sorte de bilan de ces trente premières années. Elles sont assez catastrophiques, mais je suis encore vivant, c'est déjà pas mal.

— Si tu avais à refaire *Le Grand Bleu*, le referais-tu exactement pareil ?

Je réfléchis longuement à la question. Je l'ai fait avec mon cœur, sans mentir, avec l'intelligence qui était la mienne à ce moment-là. J'ai le sentiment d'avoir fait le mieux que je pouvais, alors :

— Oui, je referais exactement le même film.

— Alors, si tu es en paix avec ça, dors, me dit une petite voix.

Je suis responsable du film, pas de son succès ou de son insuccès. Juste du film. Tu voulais faire du cinéma ? Tu en fais. Alors ferme ta gueule, dis merci et avance. Ces mots magiques viennent défaire tous les nœuds que j'ai dans le ventre et, en cinq minutes, je m'endors comme un nouveau-né.

Le lendemain, les entrées du film montent légèrement et des jeunes commencent à se donner rendez-vous au Grand Rex.

Jour après jour, et malgré une presse horrible, les spectateurs remplissent les salles. Le public finit par adopter le film et le défendre. Le film restera soixante semaines à l'affiche et réalisera près de dix millions d'entrées en salle. *Le Grand Bleu* devient un phénomène de société et sera considéré comme le film de la décennie.

J'ai 29 ans. Rien ne sera plus pareil dorénavant. Le succès et l'argent sont des facteurs qui me sont encore inconnus et que je vais devoir apprendre à gérer. Le monde va être plus grand, mais les amis plus rares et les ennemis plus nombreux.

Mais du moment que je trouve quelque part, dans le bleu, un dauphin pour me sourire, alors tout ira bien.

À ma femme.
À mes enfants.
À mes parents.

Composition et mise en pages
Nord Compo à Villeneuve-d'Ascq

Impression réalisée par CPI BRODARD & TAUPIN
La Flèche (Sarthe), en septembre 2019

N° d'édition : 4062/01 - N° d'impression : 3035269
Dépôt légal : octobre 2019

Imprimé en France

FSC
www.fsc.org
MIXTE
Papier issu
de sources
responsables
FSC® C123930